现代西方经济学教程

下　册
（第二版）

魏　埙　蔡继明
刘骏民　柳　欣　编著

南开大学出版社
天津

图书在版编目(CIP)数据

现代西方经济学教程. 下 / 魏埙等编著. —2 版.
天津:南开大学出版社,2001.7 (2013.7 重印)
经济学核心课系列教材
ISBN 978-7-310-00527-7

Ⅰ.现...　Ⅱ.魏...　Ⅲ.现代资产阶级经济学—高等学校—教材　Ⅳ.F091.3

中国版本图书馆 CIP 数据核字(2001)第 12740 号

南开大学出版社出版发行
出版人:孙克强
地址:天津市南开区卫津路 94 号　　邮政编码:300071
营销部电话:(022)23508339　23500755
营销部传真:(022)23508542　　邮购部电话:(022)23502200
*
天津泰宇印务有限公司印刷
全国各地新华书店经销
*
2001 年 7 月第 2 版　　2013 年 7 月第 22 次印刷
880×1230 毫米　32 开本　12.25 印张　305 千字
定价:22.00 元

如遇图书印装质量问题,请与本社营销部联系调换,电话:(022)23507125

前　言

这本教材，是为适应高等院校经济学科本科生教学需要，并在我们几年来教学实践的基础上，编写而成的。

现代西方经济学基础原理，主要包括微观和宏观两大部分。我们把这本教材统称为《现代西方经济学教程》，分上下两册出版。上册为微观经济学原理，下册为宏观经济学原理。

国外这种教材很多，新版本层出不穷。总的说来，虽然大同小异，但在内容和严谨性上还是不断有所充实和改进。近些年来，我国国内有关这种教材的译本和编著也已出版了很多，各有优点和特点。我们这本教材，则是在参考国内外已有版本的基础上，兼收并蓄，扬长避短，力求在系统、全面、严谨、深入浅出、吸收最新成果上有所努力和进步。

目前，我国高等院校的财经专业大都同时开设了马克思主义政治经济学和现代西方经济学这两门基础理论课程。我们认为，对二者不能同等视之。马克思主义政治经济学是各个经济学科的理论基础。开设现代西方经济学，是为了开阔眼界，增加专业知识，批判地吸收其合理的、有用的成分，为我国的社会主义现代化建设所用。因此，必须明确开设现代西方经济学这门课程的目的性；并且在同时学习马克思主义政治经济学和现代西方经济学的过程中，必须以前者为指导，明辨是非，有比较、有鉴别、有批判地学习后者。

限于我们的水平，本教材有不足甚至错误之处，望批评指正。

编　者

1991 年 6 月

目　录

第一章　宏观经济学的产生与发展

现代宏观经济学是战后逐步在凯恩斯主义的基础上形成的。它经历了 20 世纪 60 年代最辉煌的时期，也经历了 70 年代“滞胀”的沉重打击。到了 80 年代，自由主义的新古典经济学曾经对宏观经济学的基本理论造成了重大影响，各国政府一度转向自由主义的经济政策。直到 90 年代，由于新凯恩斯主义的兴起和美国进入新经济时期所取得的持续增长，才使得在重新强调政府干预经济必要性的基础上恢复了宏观经济学的活力。

与微观经济学不同，宏观经济学研究经济总量之间的关系，例如，GDP、一般物价水平、失业率、利率、汇率等宏观经济变量。但是，这并不是说宏观经济学根本不涉及微观问题。在最近 20 年的宏观经济学的发展中，许多宏观经济学的重大进展都是在对宏观经济学的微观基础进行深入研究的基础上做出的。但是微观经济学并没有提供完全适合宏观经济学的微观基础，研究宏观经济学的学者经常会碰到涉及微观经济学的一些新问题。对于刚刚建立市场经济的中国来说，当代西方的宏观经济学并不能提供完全适合中国目前情况的宏观经济理论，即使是若干年以后，也不能保证西方的宏观经济理论能够完全适合中国的情况。但是，作为市场经济宏观运行的一般原理，当代西方国家的经济学仍然有许多正确的内容值得借鉴。

第一节 现代宏观经济学的产生

现代宏观经济学的产生有两个主要的源头:一是罗斯福新政,它在实践上为国家干预经济提供了成功的例证;二是凯恩斯的《就业、利息和货币通论》的出版,它从理论上建立了现代宏观经济学的基础。

一、1929 年～1933 年的大危机与罗斯福新政

资本主义国家的政府在 1929 年～1933 年大危机以前,一直是相信古典经济学的。这一理论否认经济危机的必然性,认为市场经济可以自动对经济进行调整,市场机制可以纠正局部的和暂时的危机,使经济总是自动处于充分就业的均衡状态。对于经济危机,政府不必恐慌,只要有足够的耐心,经济危机总会过去。任何时候,政府都不必做什么。显然,古典经济学是一种消极的经济学、无为的经济学。它除去对市场经济的运行作近乎于"完美无缺"的解释以外,没有任何作为。在整个 19 世纪和 20 世纪初,周期性经济危机虽然一次次地对资本主义的生产力造成巨大的破坏,但总能在一定时期内恢复。尽管这种恢复往往十分痛苦,其期限也与古典经济学家所说的暂时性和局部性危机相去甚远,但政府还没有被逼到非采取措施不可的地步。

以 1929 年 10 月 21 日的"黑色星期一"(美国纽约股票市场暴跌)为标志,资本主义各国相继爆发了空前严重的经济危机。在此后到 1933 年的一段时期内,资本主义各国的存货大量积压,企业纷纷倒闭,失业大幅度增加(美国的失业率曾一度达到了 25%)。在这种情况下,市场经济可以自行调节到充分就业状态的信条从根本上被动摇了。政府如不及时采取有效措施恢复经济,整个资本主义制度将面临崩溃。为了增加就业、刺激生产,当时的美国总统

罗斯福采取了一系列的干预经济的措施，这就是所谓的“罗斯福新政”。“新政”从 1933 年 3 月开始实行。其主要措施可以分为两大类，一类旨在整顿经济秩序，加强政府对经济活动的监管；另一类是为了提高有效需求、增加就业而采取的措施。

在大危机期间，整个经济秩序处于极度混乱的状态，金融秩序的混乱又首当其冲。由于大危机期间整个金融系统几乎被破坏殆尽，为了恢复金融秩序，新政在对旧有的银行等金融机构进行整顿的同时，对金融体制进行了重大的改革：放弃金本位，禁止黄金在国内流通；建立联邦储蓄保险公司，对小额存款进行保险；在加强对大银行进行监管的同时，由复兴金融公司在必要时予以贷款支持。新政对金融体制的整顿和改革使得金融秩序得以恢复，金融体制的良好运行为国民经济的全面恢复打下了基础。

罗斯福新政对现代财政政策的重大影响是其通过增加政府开支提高有效需求的一系列措施。如果说罗斯福新政中的货币政策还与对金融业的整顿和监管措施混在一起，从而只是现代货币政策雏形的话，其财政政策则可以名副其实地称做现代财政政策的开端了。新政中旨在提高有效需求的措施主要有：建立社会保障体系，对低收入家庭进行补贴，提高他们的收入水平；增加政府开支，举办公共工程；对农业生产进行补贴等。这些政策后来成为扩张性财政政策的基本内容，对战后财政政策的制定和执行产生了重大的影响。

二、凯恩斯主义与现代宏观经济政策

对战后现代宏观经济政策的形成产生重大影响的另一个因素是凯恩斯主义被普遍接受。国家对经济的干预几乎在任何国家的近代史中都不乏先例，但是凯恩斯主义将这种干预理论化了，这就使国家对经济生活的干预活动被系统化和规范化了，并作为政府的一项经常性的职能固定在国民经济中 。现代宏观经济政策的基

本含义不是政府偶然对经济的宏观干预，而是政府对经济生活进行的系统化和规范化的日常性干预。这种更具理性的干预与宏观经济理论的发展有密切的关系。

凯恩斯主义理论认为，资本主义经济不能自动保证总是处于充分就业状态。在现实经济中，就业不是实际工资的函数，劳动的供给量要受到名义工资假象的蒙蔽。一方面，名义工资存在着刚性，一旦名义工资确定，即使经济出现衰退，工资也不会下降，这样，在经济衰退时就会出现失业上升的现象，这就否定了古典理论关于工资有充分灵活性从而就业总会自动保持在充分就业水平的观点；另一方面，工人提供劳动的多寡会受到货币假象的蒙蔽，从而在货币工资上升时，会提供更多的劳动，使得经济扩张。这意味着当执行扩张性的财政政策的时候，总需求会增加，导致对劳动的需求增加，引起名义工资上升和就业增加。凯恩斯否定了古典理论的"两分法"，"人们不会受货币假象蒙蔽"的观点被凯恩斯否定了。他提出，当货币供给量增加的时候，可以增加总需求，促进就业的增加。凯恩斯指出，总需求由总消费、总投资和政府支出三大部分构成。随着经济的增长，人们的收入会逐步提高，但人们的消费却会因边际消费倾向递减而以递减的速度上升。这就是说，在经济正常的扩张时期，会出现总消费不足的现象。凯恩斯否定了古典经济学家将总投资看作是利息率函数的观点，认为利息率是预期利润的函数，随着经济的扩张，资本的边际效率是递减的，因此资本的预期利润将随着经济的增长而下降，这将导致投资需求不足。鉴于这样的认识，凯恩斯论证了资本主义经济将随着经济增长自动出现总需求不足的现象，导致经济衰退。同时，他也论证了纠正市场经济出现这种偏差的方法，就是由政府通过增加政府开支来提高有效需求，刺激经济，增加就业。这就为宏观经济政策奠定了理论基础。

宏观经济政策的目标从一开始就牢牢地盯在充分就业上，而且主要是针对经济衰退确定的目标。其手段主要有两个，一是财政政策，二是货币政策。在经济衰退时，政府可以通过增加政府开支和降低税率来提高有效需求，刺激经济增长，降低失业率。中央银行也可以通过增加货币供给量，降低利息率，刺激投资，使总需求增加。根据凯恩斯的这些基本观点，国家财政的职能不再仅限于为政府各项开支和建立公共设施提供资金的范围，它扩大到了为整个经济服务的范围。国家财政的新的立足点，使得传统的理财方式受到了挑战，凯恩斯提出了在经济衰退时期实行赤字财政的主张。在经济衰退时，税收会因人们收入的下降而下降。在这种时候，要实行凯恩斯主义的扩张性财政政策，增加政府开支和减少税收，就会引起财政赤字。这就冲击了传统的“节俭”观念和“量入为出”以及“平衡预算”的理财思想。赤字财政必然会引起政府债务的增加，凯恩斯认为借债是经济衰退时的权宜措施，在经济繁荣时期政府将出现财政赢余。因此在现代宏观经济政策创立的初期，长期出现财政赤字的情况并不在考虑的范围之内。在提出财政政策的同时，凯恩斯也提出了货币政策主张。对货币总量进行有效的宏观控制并针对经济的景气情况适当调节货币供给量，以帮助实现充分就业的均衡，应成为中央银行的基本职能之一。但是初期的货币政策主张，还是将协助刺激经济、消除失业作为其主要目标。中央银行在二战前，其主要经济职能还没有转到对国民经济进行控制和调节的轨道上来。随着凯恩斯主义关于货币政策的理论的发展，对中央银行职能的重新认识和相应的改革已经提到资本主义各国政府的议事日程上来。

在理论上为宏观经济政策奠定基础的还有瑞典的米尔达尔①

---

① 卡尔·岗纳·米尔达尔.货币均衡论(1933).中译本.商务印书馆，1963年版

和波兰的卡莱茨基[①]。英国经济学家琼·罗宾逊在对“凯恩斯革命”的定义中，将这三位经济学家并列为凯恩斯主义经济学的创始人[②]。

第二节 凯恩斯主义宏观经济学的鼎盛时期

二次大战以后，经过较短的国民经济恢复时期，从 50 年代开始，资本主义各国相继进入了“混合经济”时期，也就是国家干预下的市场经济时期。宏观经济学从此与资本主义经济结下了不解之缘。与国家偶然对经济的干预不同，战后西方国家政府逐步接受了凯恩斯主义理论指导下的一系列宏观经济政策。50 年代到 60 年代，是现代宏观经济学的形成时期，也是凯恩斯主义的鼎盛时期。

一、新古典综合派的宏观经济学

战后，在以萨缪尔森为代表的一批美国经济学家的努力下，逐渐形成了“新古典综合派”的宏观经济学。一系列在凯恩斯基本理论基础上的最新研究成果被综合在一起，形成了所谓的“宏观经济学”。而传统的经济学理论，包括价格理论、消费理论、生产理论、市场理论以及分配理论和一般均衡理论与福利经济学则被冠以“微观经济学”的名称。

第一，新古典综合派对凯恩斯的理论作了自己的解释，认为国家干预经济的主要理论依据是在一定条件下出现的有效需求不足。他们与英国新剑桥学派对凯恩斯的解释不同，他们认为，凯恩斯提出有效需求不足的基本立足点是三大心理规律（边际消费倾

---

① Michal Kalecki. Selected Essays on the Dynamics of the Capitalist Economy 1933～1970. Cambridge University Press, 1971

② 琼·罗宾逊，约翰·依特韦尔. 现代经济学导论. 中译本. 商务印书馆. 1982 年版

向递减，预期利润率递减和灵活偏好）和工资刚性，而不是新剑桥学派强调的收入分配不公平问题。他们吸收了菲利浦斯提出的工资（从而物价）与失业率成反比的所谓“菲利浦斯曲线”所表明的观点，将通货膨胀与失业率对立起来，并用凯恩斯创立的“总收入—总支出”模型来阐述所谓的“需求决定论”。在阐述需求决定论的过程中，他们充分利用了希克斯创立的“IS－LM”模型，从而更明确地阐述了凯恩斯关于货币并非实际经济上覆盖的一层“面纱”，而是对总需求有重大影响，从而影响整个经济状态的思想。

第二，新古典综合派吸收了哈罗德和多马的经济增长理论，从而在宏观经济学中增加了动态的和长期的研究。后来，经济增长理论成为宏观经济学一个重要的分支，对经济增长的研究直到现在仍然是不断深入的一个重要的课题。动态的和长期的宏观经济研究的另一个重要课题是经济周期问题。在新古典综合派的理论中，萨缪尔森的“乘数－加速数”模型是一个典型的例子。

第三，从60年代末开始，国际经济学的一些内容，如国际收支与汇率的分析、国际间价格与汇率的比较关系等也一度被收入宏观经济学。到70年代以后，国际经济学则逐渐独立出去成为一门独立的学科，而留给宏观经济学一个“开放的模型”来解释开放条件下的宏观经济运行，较著名的有“蒙代尔－弗莱明”模型。

第四，新古典综合派还对总需求进行了专门研究，包括对消费函数和投资函数的研究。消费函数的研究增加了持久收入理论和生命周期理论。投资需求理论则重点对预期收入的分析和投资成本的分析作了更深入的研究。

第五，宏观经济政策的研究也是新古典综合派的一个重要的贡献，他们继承了凯恩斯的理财思想，强调赤字财政对消除失业的积极作用，并将政府借新债还老债看作一种基本无害的游戏。在货币政策方面，他们强调利息率对投资的调节作用，强调货币供给量对利息率的控制作用，并形成了一整套宏观经济政策，用以调节总需求。这就是所谓需求决定论指导下的宏观经济政策。

美国早在1946年就通过了《就业法案》,规定政府应"以一切可行的手段,促进最大限度的就业"和"生产力与购买力"的提高。英国在1956年也发表了《充分就业的经济意义》的白皮书,将充分就业规定为政府的基本经济目标。50年代初,资本主义工业国家的主要任务是恢复被战争破坏殆尽的国民经济。随着50年代中期资本主义各国相继恢复了本国的经济,资本主义开始进入一个经济高速发展的时期。美国和英国一开始就是在凯恩斯主义的政策下开始其高速经济增长的,而法国则在很大程度上将经济计划引入其国民经济,并推行了国有化的政策。二次大战的战败国日本、西德和意大利在1945年到50年代初的一段时期内,经济迅速得到恢复,并在政府强有力的干预下步入其历史上最快的发展时期。这些国家在50年代迅速的经济发展中,政府的积极干预起了重要的作用。正是在这样的前提下,60年代当美国的肯尼迪总统执政以后,由于成功地运用了凯恩斯主义的干预政策,使得凯恩斯主义经济学及其政策主张成为资本主义各国政府执行宏观经济政策的指导理论。这个时期其宏观经济政策目标的重点是保持经济的持续增长,增加就业,轧平经济周期。

五六十年代资本主义国家在积极的宏观经济政策干预下,取得了空前高速经济增长的业绩。发达国家的实际GDP以每年平均5.1%的速度增长,其中,美国为4.4%,加拿大为5.6%,法国为5.5%,意大利为5.5%,英国为2.9%,日本为10.3%,西德为4.3%[①]。资本主义国家在60年代的高速经济发展还表现在其经济内容的质量方面。战后,汽车、飞机制造业、造船、石油化工、塑料、电子等行业发展迅速,其产品的性能和质量都是战前无法相比

① United Nation. Handbook of International Trade and Development Statistics. 1989

的。特别是战后冷战中的军事竞争，使得西方政府拨付巨款支持与军事工业相关的高科技研究和相关产业的发展。军事订货在相当大的程度上成了资本主义国家刺激经济发展的一个重要的原动力。此外，和平的国际环境和战后较为稳定的固定汇率制度，使得发达国家之间的经济贸易有了长足的发展。

二、财政政策

宏观经济学的基本目的在于指导政府对经济的干预，因此早期的财政政策和货币政策就成了宏观经济学最初的重要成果。美英等国家是从干预经济的短期效果角度重视财政政策的。在这些国家兴起的宏观经济学将需求管理作为制定宏观经济政策的理论基础，重视短期的总需求调节。财政政策主要是通过增加或减少税收以及政府开支来调节经济。美国在 1963 年肯尼迪政府时期提供了一个需求管理的典范。肯尼迪政府在 1961 年～1963 年间，不断扩大政府支出，并实行减税，以刺激总需求，使经济加快增长的速度。肯尼迪的成功，使得此后到 70 年代中期的一段时期内，西方政府对财政政策在短期内的作用深信不疑。在其他国家，当经济出现衰退迹象的时候，通过增加政府开支和减税来刺激经济、提高经济增长率、降低失业率已经成为一种工作中的常识。在整个 50 年代和 60 年代，西方资本主义国家财政政策的主要方向还是扩张性的，紧缩性政策很少。由于这个时期凯恩斯主义刚刚兴起，政府的财政赤字还不像 70 年代那样严重，通货膨胀也还没有严重得足以使人们对凯恩斯主义政策产生怀疑，因此这个时期财政政策的扩张性特征主要是针对经济衰退和为了加速经济增长。对于财政赤字，多数西方政府并没有给予重视，因为这个时期的凯恩斯主义经济学认为财政赤字除去有一些微小的挤出效应以外，基本是无害的。而不断积累的公共债务，也被认为是一种基本无害的再分配游戏。

社会福利政策在这个时期也受到了充分的重视。在欧美发达国家，执政的大多数是受到一定社会主义思潮影响的"民主党"、"工党"等主张社会改革应朝着更公平方向进行的政党，他们在相当程度上重视提高社会福利对稳定经济从而稳定社会的重要意义。因此，在60年代西方各国政府基本上都重视财政政策，社会福利开支不断增加。如美国1965年中后期约翰逊实行的"大社会计划"(即社会福利计划)；法国和英国在60年代随着国有化浪潮，政府的福利支出迅速扩大，以至于靠政府支付收入的就业者占了就业总量的近1/3；瑞典就更典型，其福利政策可以追溯到20世纪初，到60年代就已经建立了相当完备的社会保障体系。

福利政策的基本内容包括：制定最低工资法、实行收入贫困线的补助政策、对贫困人口的补贴、养老金计划、医疗保险制度，以及遗产和高收入者课以较高税率的税收措施等等。福利政策的作用有两个方面，一是对收入分配起长期调节的作用，能够较长时期使因收入差距过大而产生的总需求不足得到改善；二是在短期也可以起调节总需求的作用，如短期增减某项福利开支等措施。福利政策的执行使得西方国家有效需求不足的现象在50年代到60年代得到了相当大的改善，从而对稳定其经济发展的环境、刺激经济增长起到了重要的作用。

三、中央银行制度与货币政策

国家银行和国有银行在西方主要资本主义国家建立得很早，可以追溯到19世纪，甚至更早。但是，国家银行和国有银行与现代的中央银行不同，中央银行的基本任务是从整个国家的宏观经济角度来调节和管理国家的金融活动；而国家银行基本上是从政府的角度来执行其职能的，在其建立之初往往主要是为政府财政服务的，是隶属于政府的。在西方国家，通常认为政府的利益与公众的利益并不完全一致，因此，在公众利益与政府利益发生冲突的时候，这种区别就显得格外重要。站在整体经济利益基础上的中央银行制度是战后在凯恩斯主义宏观经济思想基础上建立的。例如，美国的联邦储备银行成立于1913年，但是，美国经济学界公认其开始起现代中央银行的作用却是在第二次世界大战以后。当然，这并不是说早期的国家银行从来没有站在整个经济的角度干预过经济，而是说它们建立的目的是不一样的。国家银行的基本目的是为政府筹资服务，而中央银行的基本目的却是为整个经济的调整服务并监管全国的金融活动。

有意识地、经常性地通过中央银行的货币政策来调节经济是五六十年代逐步固定在西方资本主义国家的经济生活中的。在这个时期，货币政策的主要工具在各国间稍有不同。在美国、英国和德国等国，货币政策基本上是通过"公开市场业务"买卖二级市场的政府短期债券、调整中央银行的再贴现率和法定准备金比率来实现的。这是货币政策的主要执行手段，但也有一些例外，例如在日本，一方面，日本的中央银行一直缺乏独立性，从而直到1997年新的银行法公布之前，多是在大藏省的直接干预下执行货币政策；另一方面，日本大藏省属下的"资金运用部"以直接控制信贷规模的方式来实现其货币政策目标。法国在1986年以前，其中央银行——法兰西银行也缺乏独立性，并基本以直接控制信贷规模的方式来实行其货币政策。在这个时期，意大利中央银行也将直接控制信贷规模作为其货币政策的一个重要工具。

货币政策的方向主要分为紧缩性货币政策和扩张性货币政策。在中央银行独立性较强的国家，直到60年代末以前，货币政策还主要是隶属于财政政策，在经济衰退时配合扩张性的财政政策增加货币供给量，以降低利息率，刺激投资扩张；在通货膨胀率较高时则减少货币供给量，提高利息率，减少投资，以减少总需求。这个时期的货币政策的中间目标多是以利息率为主。在中央银行独立性较差的国家，货币政策的中间目标与其最终目标是很难分开的，在他们直接控制信贷规模的时候，其最终目标和中间目标都是信贷规模和货币供给量。而在这些国家，利息率通常也是由政府直接控制的，因此，法定利息率本身既是货币政策的目标，也是货币政策的手段。60年代末，由于西方国家的通货膨胀率开始大幅度上升，货币政策的独立性开始加强，出现了为了降低通货膨胀率而采取紧缩性货币政策并辅以紧缩性财政政策的情况。

总之，到60年代末，西方发达国家已经建立起了中央银行制度，货币政策也已经成为发达国家宏观经济政策中的一个基本内容。

在五六十年代，宏观经济政策基本上是在菲利浦斯曲线的认识基础上制定的。菲利浦斯曲线描述了通货膨胀率与失业率之间的替代关系，这种关系是在经验研究基础上由英国经济学家菲利浦斯于50年代末创立的[①]。根据菲利浦斯曲线，通货膨胀与经济衰退不可能同时发生，因此在制定宏观经济政策的时候，主要是在通货膨胀率和失业率的不同组合之间进行选择。高失业率总是伴以低通货膨胀率，而高通货膨胀率又总是伴以低失业率。制定宏观经济政策时不必考虑同时采取紧缩的货币政策与扩张的财政政策这种相反方向政策的结合。在60年代，财政政策和货币政策在采取的方向上基本上是一致的。

四、其他宏观经济政策

在五六十年代，宏观经济政策之所以引人注目，在一定程度上与凯恩斯主义在美国的成功关系密切。这在很大程度上使人们的注意力集中在凯恩斯主义经济理论中强调的两大政策上，即财政政策和货币政策。实际上，即使在美国，政府也不是仅仅用这两种

---

① Phillips A W. The Relation between Unemployment and The Rate of Change of Money Wages in The United Kingdom 1867～1957. ECONOMICS, 1958

政策来调节经济活动，只是在“对宏观经济进行微调”的意义上这两大政策才是主要的。

一般地说，政府干预经济主要就是通过立法实现的。但是，这个手段并不是凯恩斯主义国家干预政策的结果。当古典经济学占统治地位的时候，国家通过立法来维持竞争的市场秩序，维护私有权，贯彻政府充当“守夜人”的职能。但是，在凯恩斯主义盛行的时期，立法同样被作为国家积极干预经济的手段，并被用来建立国家干预经济的政策体系框架。例如各国普遍用立法形式规定中央银行对经济的调节职能，并通过立法来建立社会福利保障体系等等。立法往往也被用做临时性干预经济的手段，如通过立法批准建立大型公共设施，开发落后地区等等。60 年代，美国的肯尼迪政府通过减税法案刺激经济加速增长也是一个典型的利用立法来执行积极财政政策的例子。

美国和英国在这个时期，基本上是通过财政政策、货币政策和立法手段来干预经济。但是，在欧洲大陆，各国政府的干预手段和宏观经济政策的内容却更加丰富多彩。法国在这个时期却更多地利用“经济计划”的形式来干预经济，并辅以国有化的政策。在意大利，国有化和指导性经济计划也起着重要的作用，政府直接对经济的行政性干预在意大利也是一个不可忽视的干预方式。在日本，产业政策在五六十年代就开始起重要的作用，其实现的方式虽然离不开税收优惠、财政补贴、优惠贷款等措施，但其目的却与美、英传统的财政政策和货币政策大相径庭。在前西德，五六十年代就已经注意长期性的干预措施，并十分注意政策的连续性。这在一定程度上符合 80 年代以后普遍实行的供给派政策，因为供给方面的问题实际上就是长期的问题，或者说，旨在长期起作用的政策必然会影响到供给方面。60 年代欧洲和日本的这些非传统的干预政策，为其在后来宏观经济政策上形成本国特色奠定了基础，也使得这些国家在后来的发展中获益匪浅。

随着五六十年代发达国家经济的国际化发展，对外贸易和对外投资迅速增长，因此调整对外经济关系就成了政府干预经济的又一项重要内容。在这个时期，国际货币体系尚维持着固定汇率制度，各国政府的财政政策在刺激对外贸易中起着重要的作用，特别是关税政策、非关税壁垒的贸易政策，以及其他以贸易保护主义为基础的政策和以贸易自由主义为基础的政策等，都与财政政策有着密不可分的关系。一般地说，发达国家虽然基本上实行贸易自由主义，但在多大程度上实行贸易自由主义，往往要看当时的具体情况。这个时期，多数发达国家都制定了刺激出口、鼓励对外贸易的政策，有些国家还制定了吸引外资的优惠政策。

总的来说，布雷顿森林体系创造了相对稳定的国际货币环境，在50年代和60年代刺激了国际贸易的发展。这个时期，国际收支的不平衡，通常不是通过调节汇率来纠正的，在对外政策中，汇率也基本上不是调节的对象。但是，到60年代末，美国由于连年贸易逆差，美元贬值的压力越来越大，美国政府不得不在外汇市场上用黄金和其他国家的硬通货买进美元以稳定美元的汇率。虽然这个时期汇率本身不是调节的对象，但是为了维持固定汇率，各国政府和货币当局就必须经常在外汇市场上通过买卖本国的货币来稳定汇率。尤其是60年代末，这种经常性的外汇干预，已经成了一些国家的沉重负担，并严重地影响着发达国家经济的正常运行，也严重抑制了其货币政策的效果。

第三节　新古典学派与新凯恩斯主义

70年代，西方经济开始进入严重的滞胀阶段，传统的凯恩斯主义宏观经济政策遇到了严重的挑战，60年代几乎被公认的菲利浦斯曲线所描述的通货膨胀率与失业率之间的替代关系不再存在。传统的凯恩斯主义者一方面寻求新的政策调节途径和方式，另一方面也试图在凯恩斯主义基本理论的基础上来解释“滞胀”的原因。政策出了问题，批评铺天盖地，从左派到自由主义者，从主张社会改革到主张完全自由化。到70年代中期，新古典学派逐渐显露头角，他们开始受到官方和经济学界的注意。到了70年代末，一方面凯恩斯主义政策的所有新尝试都失败了，从而使政府和公众彻底丧失了对凯恩斯主义的信心；另一方面，新古典的理论影响不断扩大，并最终被主要资本主义国家的政府所接受。于是，从70年代末到80年代初，开始了宏观经济政策的全面转型。发达国家在80年代先后走上了自由化的道路，从而实行的是新古典学派或与其相近的宏观经济政策。在宏观经济政策上，各个发达国家都有一些自己的特点，那种凯恩斯主义一统天下的局面开始改变。但是，整个80年代，在自由主义大原则下的宏观经济政策并没有给西方发达国家带来经济繁荣，仅仅是帮助他们从严重的通货膨胀下解脱出来，其经济增长率一直较低，“滞胀”中的“滞”并没有得到解决。进入90年代，新凯恩斯主义在美、英等国兴起，政府再次加强对经济的宏观干预。新凯恩斯主义的政策更强调长斯性政策和结构性政策，这些政策在相当程度上涉及了微观经济行为，从而从供给方面对经济进行更具有长期意义的调节。长期性的政策在一定意义上带有经济计划的色彩，因此，90年代末我们在目睹“计划经济”消亡过程的同时，也看到“经济计划”正在世界范围内兴起。

一、70年代的“滞胀”与新古典学派的兴起

从60年代末开始西方发达国家的通货膨胀日益严重，到了70年代，各国都先后出现了两位数的通货膨胀率。传统的凯恩斯主义经济学家将其解释为“成本推起的通货膨胀”，即将通货膨胀归因于石油输出国组织提高石油价格和工会提高工资。但是，他们面对严重的“滞胀”局面所能提出的政策基本上仍然是传统的财政政策和货币政策。理论上的混乱导致了政府政策的混乱，在更加频

繁地交替使用扩张性政策和紧缩性政策的同时，西方各国政府程度不同地采取了“收入政策”，其目的是通过对收入的控制来抑制通货膨胀。最典型的措施是尼克松政府在1971年采取的冻结工资和物价90天；其结果是完全失败，通货膨胀不但没有控制住，而且在解除冻结以后，物价上涨得更厉害。英国的情况与美国十分类似，只是英国的工党政府反应更加迟钝一些。在意大利，政府使用“指数化工资”的措施来抑制通货膨胀。在法国，对付通货膨胀的手段中行政性措施也占有重要的地位。这些国家的政策虽然有所不同，其共同的特点是在传统财政政策和货币政策作用不明显或基本失效时就转而加强行政性的手段。但是，其效果很差。在传统凯恩斯主义基础上的宏观经济政策根本对付不了“滞胀”的局面，必须寻找更有效的政策措施。

早在60年代就颇有影响的货币学派最先站出来反对凯恩斯主义宏观经济政策，他们认为，“滞胀”的基本原因是政府频繁使用凯恩斯主义政策所致。实际上，财政政策基本上是不会对经济中的实际变量起作用的，它只对经济的名义变量起作用，所以必然会破坏市场经济自发的运动机制，导致市场信息扭曲。加上政府频繁交替使用紧缩和扩张性的货币政策，导致通货膨胀日益严重。他们主张政府基本上放弃对经济的宏观干预，让市场机制自发地起作用，中央银行只要将货币供给量控制在与实际经济增长率水平相适应的水平上，通货膨胀就会被控制住，而经济增长率将会在市场机制自动作用下达到一个自然的增长率，失业率也会固定在自然失业率的水平上。

货币学派对宏观经济政策失效机制的论证，导致了理性预期学派的产生和发展。理性预期学派的一个重要的理论命题是，人们在预期上不会犯系统性错误，当人们正确地预期到政策的结果时，政策就会失效，只有预期不到的政策才会起作用，而政府是不能长期蒙蔽公众的，人们会很快熟悉新政策，并对自己的预期作出调整。所以，宏观经济政策基本上是不起作用的，即使在短期内起作用，其效果也不可靠，而市场机制的自发作用要比政府政策可靠得多。理性预期的命题在经济学界引起了巨大的反响，宏观经济学也因此发生了重要的变化，经济学家不能不在政策的效果中考虑人们的预期问题。可以说，理性预期学派在相当程度上使得宏观经济学的研究发展到了一个新水平。除了主张放弃国家干预经济的宏观经济政策之外，理性预期学派并没有提出政策上的建设性意见，只是它使得政府更加重视市场机制自发的调节作用，避免那些可能破坏市场机制的干预性措施。

在美国，另一个引人注目的新学派是供给学派。这个学派提出的理论并不像理性预期学派那样令人难懂；但是，其对宏观经济学的深远影响却丝毫不亚于理性预期学派。同时，供给学派的政策主张简单明了，对处于困境中的西方政府有着巨大的吸引力。供给学派的政策主张主要是针对"滞胀"的，他们的基本政策是通过减税来刺激供给。这在凯恩斯主义者看来是荒唐的，因为，在通货膨胀严重时期，减税属于扩张性财政政策，它将会提高总需求，使本来已经十分严重的通货膨胀更加严重，是对"滞胀"的雪上加霜，是天方夜谭，不可能实现。此外，由于当时美国政府连年出现巨额财政赤字，减税必然会带来更严重的财政问题。因此，供给学派的代表人物阿瑟·拉弗提出了税率变动与税收总额变动关系的著名曲线——拉弗曲线。拉弗曲线解释说，存在着一个最佳的税率，税率过低和税率过高都会使税收减少，美国当时的税率处于过高的水平，因此，按照供给学派的政策减税，不但可以医治持续已久的"滞胀"，而且也可以增加税收，减少财政赤字。供给学派的政策很快得到了政府的重视，而且在发达国家产生了巨大的影响。尽管供给学派也反对频繁地采取需求调节的政策，主张充分重视市场自发的调节机制，但是，供给学派并不像上述两个学派一味地反对宏观经济政策，而是提出了政府应该从供给方面来考虑宏观经济政策的新命题。供给方面的政策实际上是从长期调节方面来考虑政府的经济干预政策，这为后来各国普遍实行的长期性的税收调整计划和其他旨在长期对经济起作用的经济计划，在理论上铺平了道路。

上述三个学派被西方经济学界统称为“新古典经济学”。他们的共同特点是强调市场自发调节机制的作用，反对频繁使用需求管理政策来干预经济。货币学派的货币政策和供给学派的减税政策及其思路受到了西方政府的高度重视，并在70年代末到80年代初在发达国家普遍实行。

二、80年代的宏观经济政策转型

进入80年代以后，发达国家先后开始了宏观经济政策的转型。政策的基本方向已经从凯恩斯主义的需求管理政策向着更加自由化的方向转变。50～60年代，西方主要资本主义国家将治理衰退和刺激经济增长作为主要目标，70年代则是将衰退和通货膨胀同时作为调节的对象，但是，由于政策手段单一，不得不频繁采取相反的政策措施。80年代，他们则在相当长的一段时间内将通货膨胀作为最主要的问题来对待，经济衰退则相对退居次要地位，因此，整个80年代，经济增长缓慢一直伴随着西方发达国家。

1. 财政政策的转型

进入80年代以后，发达国家先后改变了财政政策的传统做法，开始将消除财政赤字、巩固财政作为财政政策的基本目标。严重的财政赤字导致了巨额的公共债务，而公债的逐年扩大一方面导致财政负担扩大，税收的潜在负担日益沉重；另一方面，赤字的逐年扩大，或者意味着投资将越来越多地被挤掉，或者意味着国际收支将朝着逆差的方向发展。世界经济一体化迅速发展的80年代，人们越来越意识到国内财政政策对国际收支从而对汇率的重大影响。到80年代中期以后，多数国家在考虑财政政策的同时，都将消除赤字、稳定国际收支作为一个需要重点考虑的方面。在80

年代，减税也成为西方政府财政政策变化中一道亮丽的风景线。在美国，里根政府实行了减税计划；在英国，撒切尔政府也在调整其税收结构，实行大规模的减税。减税的财政政策甚至被认为是降低通货膨胀率的重要条件之一。在70年代以前，减税被看作增加个人可支配收入从而增加总需求的短期措施；但是，在80年代，减税被看作一种长期性的措施，它在长期的作用是刺激人们的投资以及工作的积极性，刺激劳动生产率的提高，刺激经济增长。税收结构也开始受到政策制定者们的普遍重视，通过税收结构的调整，可以对产业结构、收入分配结构、消费者和生产者的税收负担分配以及进出口的产品结构等进行调整。在财政支出方面，多数国家试图削减财政支出，尽管困难重重，但是，福利开支还是在80年代被大规模地削减。例如，英国的撒切尔政府在80年代初就大规模地削减了福利开支，同时还设法增加企业利润，提高折旧率，以便刺激经济增长。

总之，80年代的财政政策发生了很大变化，首先是短期调节向长期调节转化；其次是普遍实行巩固性财政政策；第三是实行减税、削减政府开支等旨在刺激供给的措施，并开始注意到税收政策对其他结构性调整政策的作用。

2. 货币政策的转型

80年代初以后，西方发达国家普遍将通货膨胀作为头号敌人，开始了以治理通货膨胀为主要目标的货币政策转型。在凯恩斯主义盛行的60年代，货币政策还被作为控制总需求的一个主要手段，从而主要用来刺激总需求、降低失业率和促进经济增长。但是，到了80年代初，货币政策已经被当作治理通货膨胀的主要手段了。根据货币学派的理论，通货膨胀的最根本原因在于货币供给量增长太快，而纯粹的财政政策对货币供给量是基本上不起作用的，因此，只有控制好货币供给量才能有效地控制通货膨胀。在80年代初，多数发达国家都采取了货币学派的主张，将货币政策的中间目标从控制利息率转移到控制货币供给量。中间目标的转变是80年代货币政策最引人注意的变化之一。与其相关的另一个重要的变化是对所控制的货币定义的变化，各发达国家相继从80年代初控制M_1逐步转向对M_2、M_3以及更广义货币供给量的控制。目标货币定义的变化一方面反映了随着西方金融创新的发展，短期金融资产与主要用于媒介交换的货币M_1之间的界限越来越难以划分了；另一方面也反映了这个时期货币当局稳定货币供给量从而稳定物价水平的基本政策目标。传统的对利息率的控制往往不得不使货币供给量经常处于剧烈的变动之中，根据货币学派的理论，当货币供给量变动的时候，物价水平就一定会受到影响。他们认为，扩张性货币政策的时滞比紧缩性货币政策的时滞要短得多，在货币供给量频繁变动的时候，就只会引起越来越严重的通货膨胀。因此，以稳定物价为基本目的的货币政策就只能将货币供给量作为中间目标。在日本，中央银行的独立性仍然较差，货币政策在一定程度上仍然需要一定的行政性手段来支撑。意大利中央银行也在一定程度上采用一些信贷规模控制的办法来抑制通货膨胀。

80年代货币政策另一个引人注目的变化是政府制定政策时更多地考虑到了国内利息率调整对汇率的影响。由于1973年以后浮动汇率制度的实行和资本市场的国际化发展，大量国际游资在国际间流动，当发达国家之间产生较大的利息率差额时，资金的国际流动就会导致汇率的相应波动。在这种情况下，货币政策当局开始将调整利息率当作调整国际收支，特别是调整汇率的一个重要手段。这样，货币政策当局就在保持国内物价稳定的同时，还要考虑其汇率的稳定。在80年代，这两个问题通常是矛盾的，当为了稳定国内物价、降低国内通货膨胀率的时候，一般要减少货币供给量，这时利息率通常会提高，导致外部资本的流入，大量流入的资金在一定程度上会增加中央银行的基础货币，导致货币供给量增加，冲击紧缩货币政策的效果，不利于维持原来的汇率，特别是对那些采取盯住汇率制度的国家，除非放弃原来的汇率使本国货币升值，而这样一来，又会打击本国的出口，同时刺激本国的进口，导致经常项目的逆差(但总的国际收支会因资本项目的大量顺差而有盈余)。例如，美国虽然不是盯住汇率制度，其在1982年也因为国内财政赤字的不断扩大和巨额公债导致国内利息率大幅度提高，引起了国外资金的大量流入，导致美元升值，使得美国在资本项目大量盈余的情况下，出现了经常项目的赤字。这也是国内财政政策对货币变量产生影响，从而对汇率产生影响的一个典型例子。

3. 货币政策与财政政策的协调

在60年代，货币政策和财政政策在方向上通常是一致的，当财政政策采取扩张性措施的时候，货币政策通常也是扩张性的，反之也是如此。到了70年代，货币政策与财政政策虽然在大部分情况下，仍然保持着一致性，但在时间上却出现了较大的错位。特别是在政策转向的时候，经常出现前一个扩张性的货币政策经过一段不长时期的时滞之后，紧跟一个相反的紧缩性的财政政策。但是，这种情况主要还不是有意识的，而是政策转向过于频繁所致。到了80年代，有意识地分别采取相反的货币政策和财政政策成了相当普遍的现象。例如，美国在80年代初到80年代中期的财政政策是扩张性的，货币政策却是紧缩性的，其目的是通过扩张性的财政政策来刺激经济增长，通过紧缩性的货币政策来抑制通货膨胀。而在英国，撒切尔政府却实行了相反的政策组合，即财政政策是紧缩性的，货币政策却是扩张性的。这两种完全相反的政策组合在他们各自的国家都成功地降低了通货膨胀率，但又都在刺激经济增长方面显得软弱无力。在财政政策和货币政策协调方面，80年代开始有了较大的进步。

4. 结构性政策和其他政策

70年代由凯恩斯主义者针对成本推起的通货膨胀采取的“收入政策”到80年代被彻底放弃了。代之而起的是旨在影响经济行为，从而导致经济结构变化的所谓"结构性政策"。结构性政策包括：导致经济中所有制结构变化的私有化政策，导致微观行为变化和收入分配结构变化的税收结构政策，以及针对产业结构变化而采取的各种财政补贴、减免税、优惠贷款等政策。

在80年代，结构性政策最引人注目的是私有化。多数发达国家为了提高经济效率、刺激私人从事经济活动的积极性，都先后实行了私有化政策，大量国营企业被出售，甚至一些通常被认为由私人经营必然会产生自然垄断的行业也被私有化了。除去法国直到80年代中期才开始私有化之外，其他发达国家都在80年代初就开始实行大规模的私有化计划。私有化的广泛实行，在一定程度上刺激了人们从事经济活动的积极性，使得一些国家的经济有所好转。但是，整个80年代，西方国家的经济增长率一直不高，私有化也没有使得他们重新回到60年代那种高速经济发展的状态。

产业政策在80年代也格外引人注目。产业政策最成功的是日本。日本60年代就已经尝到了产业政策的甜头，70年代，日本受到"滞胀"打击的程度相对较小，其产业结构调整政策的实施起了很大的作用。日本产业政策的成功对新兴市场国家的影响较大；在发展中国家，产业政策也普遍受到了重视。发达国家普遍重视产业政策是从80年代开始的，此后一直给予充分的重视。产业政策的主要目的是扶植新兴产业的发展和高科技产业的发展，以加速产业结构的更新。同时，有些国家也有意识地扶植中小企业和第三产业的发展，以增加就业并促进经济的平稳发展。产业政策并没有独立的政策手段，它的实行主要是靠政府的指导性计划和与其相配合的税收结构调整，优惠的税收、信贷条款以及相应的法律、管理条例等等的实施。

在80年代，各发达国家都十分重视对科技发展和教育发展以及人力资本方面的国家投入，制定了发展高科技的政策以及相关措施。这与西方经济学家关于人力资本在经济增长中作用的理论发展有密切的关系。在80年代，一些旨在改善经济环境的政策也受到了重视；在80年代末，许多国家都将治理环境污染作为政府发展经济时需要特别给予重视的方面，制定了相关的法律，采取了税收上、补贴上的一些措施。其他一些政策，如交通政策、能源政策等等的目标通常总是与其总的经济政策目标相配合的，其执行的手段也依然离不开财政政策所用的税收、补贴以及相关的法律、管理条例的颁布等等。

三、新凯恩斯主义的兴起与90年代的宏观经济政策

80年代西方发达国家已经成功地控制住了通货膨胀，但是，经济增长仍然普遍达不到60年代的水平，而且失业严重，经济走走停停。这使得人们对新古典学派的理论产生了怀疑。同时，在80年代中期以后，一些凯恩斯主义者吸收了新古典学派的部分理论和方法加以发展，并在坚持凯恩斯主义基本观点的基础上，逐步形成了新凯恩斯主义经济学。新凯恩斯主义经济学在90年代产生了重要的影响，特别是对美国和英国，而其他发达国家虽然不能完全被看作是采纳了新凯恩斯主义，但其政策方向与新凯恩斯主义基本一致。

1. 新凯恩斯主义经济学

新凯恩斯主义经济学产生于80年代，其政策主张兴盛于90年代。其代表人物多为美国经济学家，如Q. A. 阿克罗夫、J. 耶伦、G. 曼奎、B. 伯纳克等人。新凯恩斯主义经济学坚持政府干预经济的主张，但是，却吸收了理性预期学派的理性预期的观点和"预期到的宏观经济政策无效"的观点。他们认为，在当代市场经济中信息是不对称的，而且工资和价格的变动具有粘性，这样，在短期仍然会出现偏离自然失业率的现象，出现有效需求不足，因此，需求管理政策仍然是必要的和起作用的。新凯恩斯主义并不仅仅是坚持传统凯恩斯主义短期需求管理的主张，他们还特别强调供给学

派从供给方面调节经济的思路，主张从长期着手、从供给方面着手来考虑经济政策。新凯恩斯主义还强调巩固性的财政政策，认为财政赤字对经济是有害的，它会引起投资的减少（基础效应）和贸易逆差的增加。此外，新凯恩斯主义者还研究了一些新的现象和机制，如提出了在货币政策起作用的机制方面，不应只考虑利息率，还应该考虑普遍存在的信贷配给机制。新凯恩斯主义同传统凯恩斯主义相比，已经发生了一些重大的变化，他们所主张的宏观经济政策更全面，也更深入，既考虑需求方面，也考虑供给方面；既考虑长期，又考虑短期；既注重微调政策在短期的作用，又重视结构性政策在长期的效果。可以说，新凯恩斯主义者继承了传统凯恩斯主义者关于国家应该干预经济的基本主张，既吸收了新古典经济学的一些合理的理论和政策主张，又在吸取 80 年代以来一些宏观经济实践中经验教训的基础上，发展了国家干预经济的理论，使得国家干预经济的政策体系发展到了一个新的水平。

实际上，政府干预经济从来就没有停止过。即使在自由主义盛行的 80 年代，也是如此。进入 90 年代，总的方向仍然是自由化，但是，政府的作用却比 80 年代大大加强了。加强政府干预并不是简单地恢复到以前的状态，而是政府干预政策的质量大大提高了。其中，最引人注目的是更加注重长期调节措施与短期调节的关系问题，损害长期利益的短期措施从根本上被放弃。而市场经济最长期的利益就是维护市场自发调节机制的高度灵活，因此，干预质量的提高就主要表现在充分发挥市场自发机制的结构性政策上。私有化并不是一味地扩大，自由化和非管理化也不是完全放弃政府的监管。尽管在自由化和加强政府监管之间仍然有许多问题，但是，坚持自由化的同时加强了政府干预就表明，发达国家实际上是在寻求市场自发机制与政府干预政策的最佳结合方式。这显然是一种进步。

2.90年代的财政政策和货币政策

90年代,巩固性财政政策在各发达国家盛行。其基本目标是通过消除财政赤字,减少公共债务,改善经济增长的条件。多数发达国家还实行了长期的减税计划,降低了企业的成本,刺激了投资和人们工作的积极性。从1992年以后,以美国为代表,发达国家先后进入经济增长的时期,尽管增长率还没有达到60年代的水平,但持续的经济增长使得人们对经济的信心大大增强,生产率也不断提高,经济停滞的状态正在得到纠正。财政政策比80年代更具有长期性,而且,在90年代初通货膨胀率普遍较低、失业率普遍较高的情况下,多数发达国家都采取了扩张性的财政政策,刺激需求,恢复经济增长。

在90年代,发达国家的货币政策基本上仍然以稳定物价为其基本目标,甚至将这个目标法律化。但是,由于新凯恩斯主义论证说,短期需求调节仍然是必要的,而且美国的一些旨在提高需求、刺激经济增长的政策已经收效,因此,降低利息率、有限度地增加货币供给量仍然不时被用来进行短期的需求调节,以刺激经济增长。

需要指出的是,在90年代的财政政策中,一些减税措施,并不是传统意义上对总需求的调节,它们在一定程度上也是结构性政策、科技政策、产业政策等方面的一些措施。而货币政策中经常进行的对利息率的调整,也不仅仅是为了对国内投资、物价水平以及国内需求的调节。利息率经常被用来调节汇率、国际收支等宏观经济政策目标,有时甚至是单纯为了这些外部均衡目标而进行调节。

在货币政策中,仍然能够看到一些较明显的政策手段方面的分工。如,公开市场业务主要用来对货币供给量进行短期调整,贴现率、基础利率则主要用来调整汇率和国际收支。在一些条件下,这些手段也用来进行国内目标的调整。但是,大多数情况下,主要目标不管是内部的还是外部的,都要同时考虑外部和内部的影响,纯粹地考虑内部或外部目标的货币政策基本上已经被放弃了。这是因为,各发达国家的开放性比80年代大大增强了,其经济之间相互依赖的程度也达到了前所未有的水平。此外,90年代以后,世界性的金融危机不断爆发,防止金融危机的冲击成为90年代货币政策的一个新任务。

3.90年代的政策组合与经济计划

90年代宏观经济政策的整体性大大增强了,甚至使得按传统政策分类来说明宏观经济政策已经变得十分困难。总的政策目标是稳定物价水平,增强市场竞争性和有效性,刺激长期持续的经济增长,降低失业率,刺激对外经济关系的发展,提高人民的生活质量。在实行具体政策的时候,通常更加注意不同政策措施的整体配合。在整个宏观经济政策体系中,财政政策、货币政策、结构性政策、产业政策、科技和环境政策以及区域性发展政策等等正在形成更具整体性的政策组合。各种带有长期目标、阶段性目标以及分步骤的经济计划越来越盛行。

4. 宏观经济政策的国际协调

90年代,另一个令人瞩目的现象是宏观经济政策的国际协调正在加强。尽管在政策协调上存在着种种矛盾和冲突,当面对较严重的国际金融危机和国际货币危机的时候,发达国家之间的宏观经济政策合作仍然能够进行。一般地说,这种政策协调主要是在货币政策上,而且主要停留在短期的利息率调节和采取共同干预国际货币市场的一些措施上。对于区域性集团,宏观经济政策的协调和合作正在向更全面的方向发展。例如,在欧盟,其成员国之间的宏观经济政策协调已经扩大到了几乎所有政策领域,包括财政政策、货币政策和结构性政策。

国家政策协调的加强主要有两个原因,一是区域一体化的加强和经济全球化的加强,二是世界性的金融危机更加频繁。经济一体化和全球化,使得国际间的各种经济联系大大加强。特别是货币市场，由于计算机和网络化的发展，使得国际间的资本流动变得更加快捷和方便。而当代的浮动汇率制度造成了大量的金融投机的机会，使得国际投机资本迅速扩张，从而使得国际货币体系的不稳定性加强。只有加强宏观经济政策的国际协调与合作，才能帮助各国有效地防止来自境外的金融冲击，保证国内正常的经济环境。

复习思考题

1. 宏观经济学是在什么条件下产生的？

2. 凯恩斯主义经济学的鼎盛时期，宏观经济政策主要用来针对哪类经济问题？

3. 新古典学派主要由哪些学派构成？他们的基本主张是什么？

4. 新凯恩斯主义继承了前人的哪些思想和理论？

第二章 国民收入的核算与循环

宏观经济学的研究对象是国民经济中的总量经济关系。所谓总量经济关系是指国民经济各个总量决定过程中的那些宏观经济运行关系。在国民经济的许多总量中，国内生产总值是最具有代表性的经济总量。因此，研究国内生产总值的决定因素及其决定过程，研究影响其增长、波动的因素及其作用机制等等，就构成了宏观经济理论的基本内容。要研究宏观经济运行关系，首先要详细了解国内生产总值的概念，以及其他几个重要的宏观经济变量；其次是要了解宏观经济的基本结构，即国民经济由哪些基本部分组成，总产出的循环流动是怎样把这些部分连结成一个整体的。本章的任务就是要考察上述两个问题，这是建立宏观经济模型、分析宏观经济运行机制的基本前提。

第一节 GDP 的核算

GDP 是 Gross Domestic Product（国内生产总值）的简称，是在一国范围内一年中所生产的最终产品和服务的市场总价值。与它相近的概念还有 GNP(Gross National Product)，即国民生产总值。国民生产总值是按照国民原则来计算的，而国内生产总值是按国土原则来计算的。两者的关系是 GDP＝GNP－得自国外的净要素收益。一般而言，国内生产总值和国民生产总值是不同的，但对中国来说，两者区别不大。

首先，GDP 和 GNP 是用市场价格来计算的。也许你要问：为什么要用市场价格来衡量?原因很简单,因为市场需要的产品才是有社会意义的产品,在以前的计划经济体系下,企业只为政府下达的计划生产,生产出来的产品不管社会是否需要,结果造成了极大的浪费。而在市场经济条件下,如果企业脱离市场就会受到市场的无情惩罚,所以没有人敢生产社会不需要的产品。所以这是我们坚持按市场价格来计算产品价值的第一个理由。第二个理由在于社会生产的产品千差万别,用途大相径庭,通过市场价格我们可以把千差万别的产品统一成一个单一的标准,这样既有利于统计核算,又有利于反映社会的总福利情况。

其次,计算 GDP 和 GNP 必须以最终产品为准。最终产品是指生产出来的产品不再作为下一级生产的投入品。如果不以最终产品为准,就可能出现重复计算的问题。比如,农民生产小麦,再把小麦卖给面粉厂,面粉厂把小麦加工成面粉再卖给面包师做成面包,每一道生产工序都相应增加了一定的价值,这个价值就是增加值。对于面包这个最终产品而言,小麦、面粉都是中间产品。

表 2.1　最终产品面包的价格＝所有面包生产中的增加值总额(单位:元)

面包的市场价格	小麦的增加值	面粉的增加值	面包的增加值
1.50	0.50	0.40	0.60

从上表我们可以看出,如果不按最终产品计算,而是包含了中间产品的价值,最后得出的总价值为 0.5＋0.9＋1.5＝2.9。显然出现了重复计算,这个重复就是对中间产品小麦和面粉的价值计算了两次。从上面的计算我们可以看出,最终产品价值等于各增加值之和,即 1.5＝0.5＋0.4＋0.6,所以计算 GDP 和 GNP 也可以用增值法来计算。由于社会所生产的产品价值最终都会归社会成员所有,因而全社会成员所得一定等于 GDP 和 GNP,例如上表,农民所得为 0.5,面粉厂老板所得为 0.4,面包师所得为 0.6,总和 1.5,所以 GDP 和 GNP 也可以用收入法来计算。

这里需要指出的一个特殊情况是,作为固定资产,它们虽然是中间产品，但由于它们的使用可以延续许多年，因而为了统计的方便，我们习惯上把它们计入当年的 GDP 中。

GDP 核算的基础是国民收入账户(National Accounts)。所谓国民收入账户，通俗地说，就是一个国家的账户，它与企业的账户并没有本质的区别。既然是账户，它必然要遵守一些基本的原则。学过会计的人都知道，记账的基本原则就是“有借必有贷，借贷必相等”。在国民收入账户中，我们同样要遵守这一基本原则，只不过国民收入账户中保持平衡的理由在于任何财富取之于民、用之于民，任何社会创造的财富都不会跑到天上去，不是 A 拥有，就是 B 所有，从全社会的角度看所有财富都属于社会，只不过所有权归属个人，因而在国民收入账户中生产和收入是必然相等的。由此我们可以推断出，从生产角度和从收入角度计算 GDP 应当是等价的。

一、生产流方法

从生产角度来计算 GDP 我们称为生产流方法。什么是流呢？流是流量的简称。当我们问一个人一年收入是多少的时候，收入就是一个流量，因为它是以往 12 个月的收入相加所得，也就是说，当我们可以把一个变量的过去值相加得到现在的总值时，这个变量就是一个流量。与流量相对应的另一个概念就是存量，存量就是某一个时点上的值，一般不能把过去存量的值相加得到现在的总值，现在测量到的值就是这一变量的总值，比如一国的人口数。此外，有些变量既是流量也是存量，比如投资，当我们说今年总投资为多少时，指的就是一个流量指标；而当我们说积累净投资额时，指的则是一个存量指标。

生产流方法就是我们只从最终产品来计算 GDP，只要是社会生产了一种产品，并且它不是中间产品，我们就按照市场价格乘以生产数量等于产品价值的原则记录下该产品的总价值。有多少种产品我们就可以得到多少种产品的价值。最后我们把所有产品的价值加总获得 GDP。不计算中间产品是为了避免重复计算。

二、收入流方法或支出流方法

在宏观经济中，收入和支出是一回事，因为你的收入正是他人的支出，因而收入流也可以看作支出流。在前面我们说到过有生产就必有收入，不可能社会生产的产品会无缘无故消失掉或跑到外太空去。因而我们只要记录下 A 今年收入多少，B 今年收入多少，C 今年收入多少等等，然后把所有人的收入加总就可得到整个社会的总收入——国民收入 NI(National Income)。

由于有生产就有收入，有收入就有生产，世界上没有无源之水，也没有无水之源，因而我们得到第一个会计恒等式：

$$GDP = NI \tag{2.1}$$

在现实经济活动中可能有些产品暂时没有卖出去，有生产却没有“收入”，对于这种情况我们引进存货和存货投资的概念。没有卖出去的产品我们把它看作生产者自己买了自己的东西——存货，然后再把它作为投资支出——存货投资。有收有支，国民账户仍然是平衡的。只不过我们把这种存货称为非自愿的存货和非自愿的存货投资。

第二节　GDP 分解

GDP 是一个高度概括的宏观经济指标，在 GDP 的里面还有一些我们需要了解的细节，这些细节有助于我们对经济系统进行更为深入的研究。

一、GDP 和 NI

要生产产品我们需要固定资产，固定资产的特点之一就是其价值不是一次性转移到新产品中去，而是逐步转移到新产品中，并以成本的方式得到补偿，这就是固定资产的折旧。固定资产是往年生产的产品。各国官方都规定，当年生产的新的固定资产价值应计入当年的GDP。但是，此后的若干年内，为了补偿固定资产的价值，要提取折旧费。其基本方式是在固定资产使用期限内将折旧费摊到所生产的产品的价格上，这样，由于包含了折旧费而提高的价格部分就没有任何相应的实际价值创造出来，它们作为GDP的一部分完全是虚构的。例如，一台新机器价值100万元，按照统计当局的规定，当年生产的新机器价值应计入当年的GDP。假定该机器10年报废，其折旧费按年度平均提取，每年将有10万元的价值摊到用该机器生产的产品的价格上，如果不从每年的GDP中减去折旧，由于每年的GDP统计中都包含了由于提取折旧费而提高了的商品的价格部分，10年以后，这台机器的价值将被计算两次。所以，GDP中减去折旧也是为了避免重复计算。此外，折旧是用来补偿机器损耗的，它不会成为任何人的收入。因而GDP和NI存在着差距，这种差距是由于GDP的具体核算方法产生的。在GDP中扣除折旧，我们就得到净国内生产总值NDP(Net Domestic Product)，即：

$$NDP = GDP - 折旧$$

除了折旧之外，政府还要向企业征收各种各样的间接税。所谓间接与直接是针对收入而言的，对收入直接征税被称为直接税，包括利润税、个人所得税等；间接税是指对营业额、企业销售额等等非收入所征收的税收。间接税与直接税相比，最主要的特点是可以将税收转移到商品的价格上。例如，政府征收货物税时，商人可以把货物税通过商品涨价的方式转移到消费者身上。一般而言，经济越发达越是以直接税为主，经济越是落后越是以间接税为主。由于间接税会造成税负的转移，一方面会使宏观经济政策出现扭曲，另一方面，税收的防止社会分配两极分化的功能也难以有效发挥。但是实行直接税要求整个社会有一较高的总体水平，比如高素质的税收人员、较为完善高效的税收财务体系和相应的金融制度，但这些条件都是发展中国家很难达到的，因而大多数发展中国家的税收体系都以间接税为主。由于间接税会提高商品价格，因而我们在计算 GDP 的时候如果不从 GDP 中减去间接税，就会出现重复计算。政府的间接税会成为政府雇员的工资、政府的公共费用支出等等的来源，这些支出会作为某些人的收入被计算在 GDP 中，但在商品的价格中我们已经计算过一次间接税，因而从 NDP 中扣除间接税才得到 NI，即：

$$NDP - 间接税 = NI$$

最后我们得到第二个会计恒等式：

$$GDP - 折旧 - 间接税 = NI \tag{2.2}$$

二、可支配收入

NI 概括了一个社会所有人的总收入，但总收入并不等于可支配收入。比如南开大学的教授，其一个月的总收入中要扣除住房公积金、医疗保险金和个人所得税；此外，他也会有一些额外的收入，比如国家发给的住房补贴和国家的特殊津贴等，进行了这些加加减减之后的钱才是这位教授可以自由支配的收入。我们计算全社会可支配收入 DI(Disposable Income)就是从 NI 中扣除相应的项目。

DI＝NI－社会保险费－经营利润税－企业留利－个人所得税＋国家的转移支付＋企业的转移支付＋……

在 NI 中扣除的各种各样的税费可以用直接税来抽象地加以概括，因为它们像直接税一样不可能发生转移。此外，政府不仅从我们这里拿走各种各样的税费，而且也给我们一些补贴等其他收入，我们获得这些收入时并没有付出相应的代价，仅仅因为我们是中国人，或是我们生活在贫困地区，或是我们年老体衰等原因，这些收入我们可以统称为转移支付。那么政府的总税收减去转移支

付就得到了净税收 NT(Net Taxes),因而 DI 又可以简化为:

$$DI=NDP-NT$$

有时也写作:

$$DI=GDP-NT \tag{2.3}$$

第三节　国民收入循环

从宏观角度看,市场可分为三大类:最终产品市场、生产要素市场和金融市场。其中,企业、家庭和政府是经济活动的参与者,经济活动又有国内经济活动和对外经济活动之分。通常我们把企业、家庭、政府和对外经济作为四个部门,也即作为四个总体来分析其活动。宏观经济学就是在三大市场和四大部门组成的宏观经济结构中,研究各经济总量的决定机制及其相互影响。

一、两部门的收入循环模型

企业和家庭是宏观经济活动的主体,所以先从这两个部门的经济活动及其相互关系讲起。企业部门是指所有生产最终产品和劳务的企业的总和;家庭部门是指生产要素占有者的总和,也是所有消费者的总和。家庭作为生产要素的占有者大致可分为:占有劳动生产要素的劳动者,占有资本的资本所有者和占有土地等自然资源的资源所有者。作为消费者,所有成员都是一样的,是用自己的收入购买最终产品。至于收入和产品如何在他们中间分配,宏观经济学不予考虑,这是微观经济学的任务。

两大部门之间的基本关系如图 2.1 所示。家庭部门向企业部门提供土地、劳动和资本等生产要素,企业部门向生产要素的所有者支付使用生产要素的报酬,即租金、工资和利润。这种交易形成了生产要素市场。家庭部门所得的全部收入就是国民收入 NI。

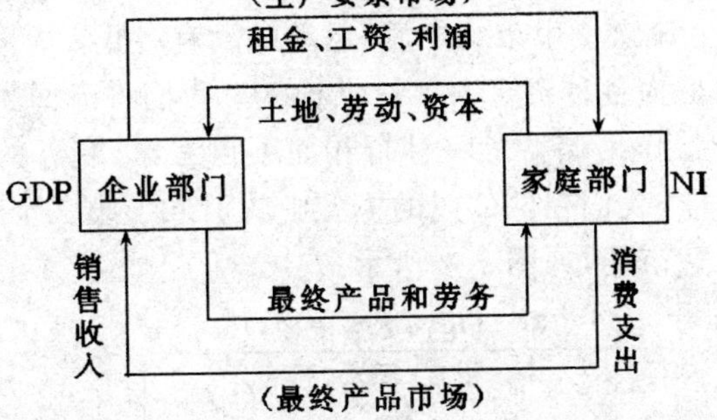

图 2.1 国民收入循环

图 2.1 的下半部分说明了企业部门与家庭部门的另外一种关系。一方面,企业购得生产要素以后要生产出产品销售给消费者;另一方面,作为消费者,家庭部门要用出售生产要素所得的收入去购买最终产品和劳务,这种交易形成了最终产品市场。

既然最终产品的价值和总收入是完全相等的(即 GDP=NI),那么,如果家庭部门将其总收入全部用于消费支出,产品市场上的总供给就会等于总需求,因而我们得到了一个重要的等式:

总供给=总需求

只有总供给等于总需求,最终产品市场上的全部产品才会出清,因为总供给代表着企业部门的全部最终产品价值,而总需求则代表着社会的总消费额。

二、两部门、三市场的收入循环模型

图 2.1 所示的国民收入循环模型中,只有家庭部门将其全部收入都用于消费开支,同时所有当年新生产的最终产品都是消费品时,最终产品市场才能出清。但是,消费者不会将其全部收入都用于消费,而会将其收入中的一部分用于储蓄,这样,收入就被分成消费和储蓄两部分。储蓄定义为:消费者收入中没有用于消费的

部分。这部分资金将成为货币市场(或金融市场)中借贷资金的来源。储蓄资金流入货币市场之后,运动并没有终止。货币市场的一个重要功能是为各种资金需要提供贷款。我们将流回家庭部门的各类消费贷款作为储蓄的一种折扣而不再考虑,剩下的就是投资性贷款。这样,我们在两部门的模型中就引入了第三个市场,即货币市场或金融市场,如图 2.2 所示。

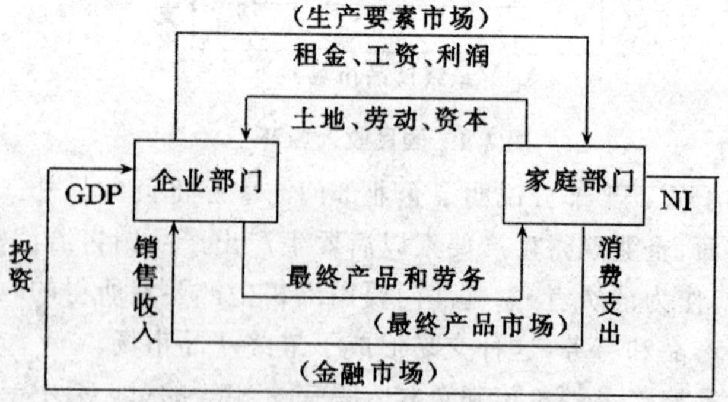

图 2.2 两部门、三市场的国民收入循环

在两部门、三市场的国民收入循环模型中,消费者的收入除了用于消费之外,还用于储蓄;企业除了生产消费品之外,还要生产资本品用于投资,以图来年生产能够继续进行或扩大,因而总需求不仅包含家庭的消费需求,也包含着企业的投资需求。这样,要使最终产品市场出清或总需求等于总供给,必然要求:

$$C+S=C+I \tag{2.4}$$

其中 C 代表消费,S 代表储蓄,I 代表投资。公式的左边表示总供给,右边表示总需求。从公式两端消去 C,便可得:

$$S=I \tag{2.5}$$

只要储蓄等于投资,最终产品市场上的总供求就必然相等。这一关系表明,储蓄和投资相等是两部门、三市场总供求均衡的基本条件。在上述模型中,储蓄和投资是由金融市场调节的。显然,在

宏观经济中，金融市场对整个国民经济的状况起着重要的调节作用。

需要特别指出的是，宏观经济学中的投资概念和一般投资的内涵是不一样的。宏观经济学中的投资概念是指增加生产能力的物质资产投资和人力资产投资。金融投资在宏观经济学中被看作储蓄，因为它主要是用于购买各种证券和其他金融工具，不对任何投资品构成直接的需求。

三、四部门的收入循环模型

在实际经济中，经济活动的参与者除去企业和家庭外，还有政府和国外部门(包括外国的消费者、厂商和政府)。这就有必要建立一个包括企业、家庭、政府和国外部门在内的四部门的收入循环模型。图 2.3 说明了国民收入在三个市场、四个部门经济中的循环情况。

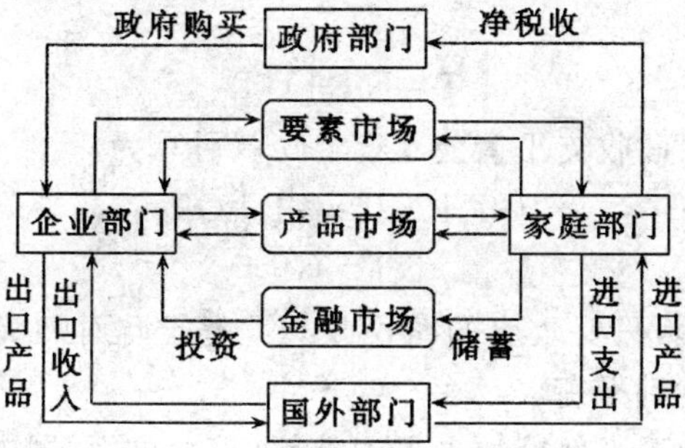

图 2.3　四部门的国民收入循环

在图 2.3 的上半部分，加入了政府部门。为了简明起见，我们略去了企业向政府缴纳的税收，也即略去了间接税，而向企业征收的所有直接税则包括在家庭部门的税收中。我们同时也略去了政府部门由于建立国营企业从事生产活动而向家庭购买生产要素、支付报酬，以及向最终产品市场提供产品的情况，把生产活动完全看作是私营企业的事。

政府的总税收用 T 表示，政府的总开支用 G 表示。当政府的总税收等于政府总开支（$T=G$）时，政府的财政收支平衡。税收 T 会从国民收入循环中抽走一部分国民收入，因此是国民收入的漏出量；而政府开支 G 又会将一部分资金注入国民收入的循环流中，因此政府开支 G 被看作国民收入的注入量。

政府开支 G 分为两部分：一部分是用来救济贫困家庭和支付社会保险费用的资金，由于这部分资金要流回家庭部门，因此称为政府转移支付，用 GT（Government Tranfers）表示；另一部分是政府用来购买最终产品和劳务的支出，用 GP（Government Purchases）表示。这样，政府总开支 G 便可写为：

$$G=GT+GP$$

从总税收的构成看，上一节已经提到，政府的总税收 T 要扣除转移支付 GT，因此政府的总税收等于净税收（$NT=T-GT$）加上转移支付，即：

$$T=NT+GT$$

政府的财政收支平衡公式 $T=G$ 就可写为：

$$GT+NT=GT+GP$$

即：

$$NT=GP$$

该式表明，只要政府的净税收 NT 等于政府购买支出 GP，财政收支就可达到平衡。

图 2.3 的下半部分加入了国外部门。一方面，国内企业部门生产的产品有一部分通过出口输出国外，企业部门同时会得到出口产品的外贸收入，由于产品出口会使国外资金流入国内的国民收入循环流，因此出口被看作国民收入的注入量。出口也表示国外部门对国内的最终产品和劳务的购买支出，是对国内最终产品的需求。另一方面，家庭部门也会购买外国的产品，即产品进口，这意味着国民收入中有一部分会因进口国外产品而流往国外，因此进口

被看作国民收入的漏出量。流向国外的国民收入漏出量如果等于来自国外的注入量，国民收入的循环流量就会保持不变。国民经济对进出口的依赖越大，这种漏出量和注入量的相对关系对国民收入循环的影响就越大。因此在对外开放的经济中，就必须考虑进口与出口的差额对国民经济的影响。

在三个市场、四个部门的经济中，共有三个国民收入的漏出量：储蓄、净税收和进口。这就是说，国民收入可以分成四大组成部分。其中，总消费 C 是国民收入中用来购买国内最终产品和劳务的部分，它将流入企业部门；储蓄 S 是收入中没有直接花掉的部分，它会流往金融市场；净税收 NT 是国民收入中由政府实际拿走的部分，它成为政府的实际财政收入；进口 IM 是国民收入中用来购买外国产品和劳务的部分，它将流往国外。国民收入的构成公式可以写成：

$$NI=C+S+NT+IM$$

国内最终产品的总需求也由四部分构成：消费 C、投资 I、政府的购买支出 GP 和出口 EX。其中，总消费 C 是本国消费者购买本国最终产品的支出；投资 I 为本国扩大生产对新增资本物的购买支出（最终产品市场包括当年新增的资本物）；政府的购买支出 GP 为政府对本国最终产品和劳务的购买支出；出口 EX 为国外对本国最终产品和劳务的购买支出。用 AE 表示本国最终产品和劳务的购买支出（即总需求）。总支出或总需求的构成公式可写为：

$$AE=C+I+GP+EX$$ ①

这样，总收入 NI 等于总支出 AE，也即总供给价格 GDP 等于总需求价格 AE，用公式表示为：

$$C+S+NT+IM=C+I+GP+EX \tag{2.6}$$

---

① 在习惯上，通常把总需求 AE 写成 $AE=C+I+GP+(EX-IM)=C+I+GP+NX$，NX 表示净出口。

从公式两边消去C，得：

$$S+NT+IM=I+GP+EX \tag{2.7}$$

对(2.7)式进行调整，得：

$$S-I=(GP-NT)+(EX-IM) \tag{2.8}$$

公式(2.8)构成了整个宏观经济学分析的一个基础，它表明政府的财政赤字必须用该国多余的储蓄来弥补，如果没有多余的储蓄，就必然要牺牲该国的投资或者是净出口，显然这对一个国家的经济增长是极不利的。因而进入20世纪90年代以来，西方发达国家政府都在实行所谓的"稳固性财政政策"，即通过减少政府行政性开支、改革社会福利保障体系、加大对教育和科研的投入、增加税收等措施，努力避免政府赤字。

在三个市场、四个部门的宏观经济模型中，国民收入流量是最重要的经济总量，正是国民收入的循环将三大市场和四大部门紧密地结合起来，形成了一个经济整体。因此，国民收入决定将是整个宏观经济学的核心。

第四节　国民经济中的其他重要变量

国民收入是衡量宏观经济状况的主要指标，但却不是惟一重要的指标。在许多经济总量中，与国民收入水平密切相关，同时又与国民收入一起反映经济健康状况的首推如下三个总量指标：一般价格水平、一般利息率水平和失业率。

一、一般价格水平

一般价格水平是指产品市场上的物价总水平。在理论分析中，它是一个抽象的概念，用来概括种类繁多的产品价格。一般价格水平的变动泛指产品市场上物价的普遍变动趋势。由于一般价格水平代表产品市场上的总物价水平，因此，宏观经济学就不能像微观经济学那样，只把供求关系作为分析的对象，而要把货币供给量也加入供求关系的分析，以说明一般价格水平的那些决定因素。

在实际国民经济统计中，一般价格水平是由价格指数来反映的。价格指数是以基期或报告期产量为权数计算的报告期价格与基期价格之比。西方常用的价格指数有三个：消费者物价指数CPI(Consumer Price Index)，生产者物价指数PPI(Producer Price Index)和GDP缩减指数(GDP Implicit Price Deflator)。

习惯上用P来表示一般价格水平。当一般价格水平出现6个月以上的持续上涨时，就被看作是通货膨胀；如果出现6个月以上的持续下降，就被看作是通货紧缩。有了一般价格水平的概念，我们就可以计算实际GDP。上一节按照当期市场价格计算的GDP称为名义GDP，而名义GDP/($\frac{P_t}{P_o}$)＝实际GDP。其中P_t表示t期的一般价格水平，P_o表示基期的价格水平，$\frac{P_t}{P_o}$实际上就是通货膨胀率(或是通货紧缩率)。

二、一般利息率水平

利息率在宏观经济学中的地位远比它在微观经济学中的地位要显赫得多，它不仅是金融市场中的调节者，而且还通过影响投资调节着整个经济的运行状态。对于利率的决定机制，宏观经济学与微观经济学完全一样，认为是由金融市场上的供求关系决定的。宏观经济学只是更强调利率对整个经济的调节作用。

在理论分析中，利率只有一个抽象的一般利率水平。但金融市场上的利率却因期限和风险不同存在着很多种。其中，期限最短、风险最小的利率称为基础利率(Prime Rate)。其他利率会根据期限的延长和风险的加大而相应提高。理论分析中的利息率水平可以近似看作是基础利率。除去基础利率之外，宏观经济学在研究货币政策的时候，还要结合具体的银行制度。这里涉及到两个重要的利率:贴现率和共同市场基金利率。贴现率是特指中央银行对商业银行的准备金贷款利率。共同市场基金利率则是指商业银行间准备金贷款的利率。

在考察利率的时候,还要区分名义利率和实际利率。名义利率是指现实中的市场利率,实际利率则是指剔除了通货膨胀因素后的利率。其公式为:

$$实际利率=名义利率-通货膨胀率$$

通货膨胀率是指物价上涨率。假如名义利率为15%,通货膨胀率为10%,那么实际利率为5%。

三、失业率

失业率是反映宏观经济状况的又一重要指标。西方政府和经济学家把凡是已经工作和正在积极找工作的人称为劳动力。其中不包括家庭妇女、医院的病人、退休人员和不急于找工作的人。失业率被定义为已经失业但正在积极找工作的人数占劳动力总人数的比例。用公式表示为:

$$失业率=\frac{已失业但正在找工作的人数}{劳动力总人数}\times 100\%$$

该式表明,失业率不仅取决于失业人数,也取决于劳动力的总人数。

西方经济学家认为失业有三种类型:摩擦性失业(Frictional Unemployment)、结构性失业(Structural Unemployment)和需求不足的失业或非自愿失业(Involuntary Unemployment)。

摩擦性失业是指那些具有某种熟练技术的工人的短期失业。这种失业的原因有:(1)工人自愿转换工作。(2)由于某种产品的市场供求变化而引起的从一个企业、部门或地区向另一个企业、部门或地区的工作转换。在放弃旧工作和找到新工作之间的一段时间,工人会处于失业状态。这些工人掌握的技术并没有过时,市场对他们仍有广泛的需求。

结构性失业不是由于局部的市场波动或个别企业经营不善，而是由于某个行业的衰落或某种技术的废弃而产生的失业。结构性失业者是一些失去了对其技术的需求的工人，他们所掌握的技术由于科技进步和产业结构的变换已经被废弃。这些人会在较长的时间内找不到工作，要重新就业就必须经过再学习和新的技术培训。

需求不足的失业是指产品市场上，需求量相对于产量不足或减少而造成的失业。当需求相对不足时，销售就会落后于生产，存货增加，厂商就会减少生产、解雇工人，造成失业。

在上述三种失业中，摩擦性失业和结构性失业通常称为自愿的失业，它们虽然可以通过加强工作信息传递和技术培训等措施而减少，却不可能根本消除。由于局部经营不善和局部市场波动的存在，以及每年都会有一部分人要转换工作，摩擦性失业就不可能被消除。在美国，每年约有 1/5 的就业人口要更换工作。同时，技术会不断进步，产品会不断更新，这总会不断造成一些旧技术被废弃，旧行业衰落。因此，结构性失业也是不可能被消除的正常性失业。只有需求不足的失业(非自愿的失业)可以通过政府的努力加以消除。西方经济学家认为，只有消除了需求不足的失业，没有非自愿失业的存在，国民经济才算达到了充分就业状态。

在充分就业状态下，失业率并不等于零。它相当于摩擦性失业率与结构性失业率之和。这就是“充分就业下的失业率”的概念。用公式表示为：

充分就业下的失业率＝摩擦性失业率＋结构性失业率

在宏观经济学中，充分就业的国民收入、充分就业的总产量等概念通常被看作不同经济状态的分水岭。

复习思考题

1. 国民收入为什么比国内生产总值差两个量(折旧和间接税)?
2. 国内生产总值的计算方法有几种?它们为什么在统计结果上一致?
3. 国内生产总值与国民生产总值有什么不同?
4. 简述四部门、三市场的国民收入循环模型。
5. 怎样根据总供求的恒等式推导出“稳固性财政政策”?
6. 什么是充分就业下的失业率?

第三章　国民收入决定

国民收入的决定过程是包括三大市场和四大部门在内的全部经济过程，只有分别研究国民收入与三大市场的关系，以及三大市场之间的相互关系，才能了解国民收入决定的全过程。在三大市场的宏观经济结构中，产品市场居中心地位。本章就是以产品市场为对象来阐述国民收入决定的基本理论。

以产品市场为中心建立的国民收入决定模型主要有两个：一个是对马歇尔的均衡价格模型稍加改进建立的总供求模型，即"AS－AD"模型（The Model of Aggregate Supply and Aggregate Demand）；另一个是由凯恩斯建立的"总收入－总支出"模型，即"NI－AE"模型（The Model of National Income and Aggregate Expenditures）。

我们先结合总供求的基本理论介绍"AS－AD"模型，然后再由简入繁、由浅入深地介绍"NI－AE"模型。

第一节　总供求的基本理论
——"AS－AD"模型

"AS－AD"模型是将最终产品市场上的总供给和总需求都看作是一般价格水平的函数而建立的宏观经济模型。它与马歇尔的均衡价格模型类似，只不过是用来说明总供给、总需求与总价格水平即一般价格水平之间的相互关系的。但是，这一模型的目的不是为了说明价格决定，而是为了说明国民收入的决定。根据国民收入循环的理论：

$$NI=GDP=P\times Q$$

"AS－AD"模型强调的不是P的决定过程，而是NI或GDP的决定过程。

一、总需求的决定因素

上一章曾经指出，最终产品市场上的总需求由居民消费C、私人投资I、政府购买GP和净出口NX这四部分构成。其中，国外的净购买支出（净出口NX）虽与本国的情况有关，但其更重要的决定因素却与国际经济环境和其他国家的情况有关；政府开支完全是一个政策变量，它几乎不受市场变动的影响而直接由政府来控制。因此，在研究总需求的决定因素时，主要研究决定私人部门对总产品购买数量的那些因素。

影响人们对最终产品需求量的主要因素有三个：一般价格水平、人们的货币收入和人们的时间偏好。

1. 总需求函数与一般价格水平

对最终产品的总需求量（用AD表示）可以看作是一般价格水平P的减函数，这样，总需求函数便可写为：

$$AD=f(P)$$

当一般价格水平P提高时，对最终产品的总需求量AD减少；一般价格水平下降时，对最终产品的总需求量AD增加。总需求函数曲线AD如图3.1所示，为一向右下倾斜的曲线。

这里，总需求函数AD是一个物量概念，与货币表现的总需求AE（总支出）不同。例如，图3.1中，当一般价格水平为P_1时，总需求量AD为Q_1。这时，用货币表现的总需求AE为$P_1\times Q_1$，即P_1OQ_1A的面积。总需求AD是一个物量概念，总需求AE则是一个价值量或货币量概念。

从图3.1中可以看出，总需求曲线AD的形状与微观经济学中的市场需求曲线完全一样。Q_1 为总需求量,P_1 为总需求价格。

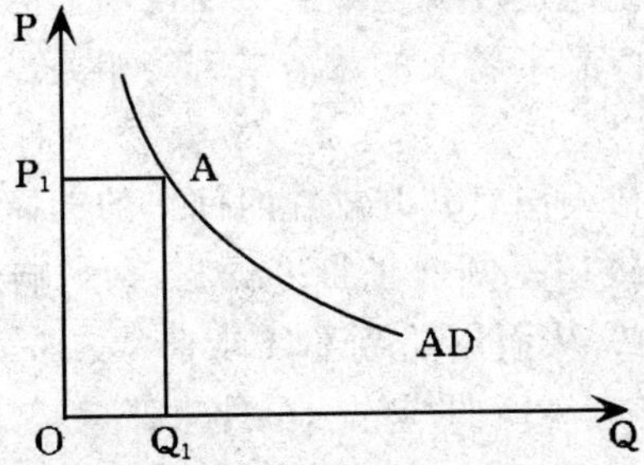

图 3.1　总需求曲线

2. 货币收入

无论是消费者还是投资者,如果其货币收入增加了,其购买支出就会增加。这意味着在一般价格水平不变的情况下,对最终产品的总需求量 AD 增加了,总需求曲线 AD 会向右移动。如果人们的货币收入减少,总需求曲线 AD 会向左移动。人们货币收入的变化与总需求量的变化正相关。

由于总需求 AD 被定义为一般价格水平的函数,因此,人们的货币收入就只能当作影响总需求的外生变量;而在"NI－AE"模型中,消费者的货币收入或名义国民收入 NI,却被作为内生变量,决定着用货币表现的总需求 AE。

货币收入变动引起总需求曲线 AD 的移动是通过货币的总支出 AE(货币表现的总需求)的变化完成的。这意味着凡导致总支出 AE 变化的因素都会引起总需求曲线 AD 的移动。人们对商品和劳务的购买(即总支出 AE)总是表现为一定的货币量,所以一定时期内的总支出 AE,总是等于该时期内的货币供给量(用 MS 表示)与货币流通速度(用 V 表示)的乘积:

$$AE = MS \cdot V$$

这里,货币流通速度 V 是指平均每一单位货币通过国民收入循环流的次数。该式表明,在没有投机货币需求的假定前提下,货币供给量乘以其流通速度就是最终产品市场上的总需求。因此,货币供给量与最终产品市场上的总需求直接相关。

3. 时间偏好

时间偏好是指人们对其开支在时间上的选择。人们倾向于现在就花掉手中的钱还是倾向于将来再花,会影响这一时期和下一时期的总支出 AE,从而影响到总需求曲线左右移动的位置。所以,时间偏好是影响 AD 曲线的一个外生变量。

影响人们时间偏好的主要因素是利息率和对通货膨胀的预期。对投资者还要加上他对投资利润率的预期。当利息率提高时,会抑制人们的消费开支和投资支出,鼓励其储蓄,使总需求曲线 AD 向左移动。利息率降低则鼓励现期开支,鼓励贷款并抑制储蓄,提高总支出 AE,使总需求曲线 AD 右移。如果预期有通货膨胀或通货膨胀率会上升,就会加速现期购买从而增加现期总支出 AE,使总需求曲线 AD 右移;如果预期没有通货膨胀或通货膨胀率会降低,总支出 AE 的增加速度就会减慢,甚至下降,导致 AD 曲线右移缓慢或向左移。

二、总供给的决定因素

总供给有两个不同的概念:一个是指最终产品市场上所供给的总产品数量 Q,用 AS 表示;它是一个物量的概念。另一个是指最终产品市场上总供给的价值,即 P×Q=GDP=NI;由于不考虑价格水平,因而它为实际国民收入或实际国内生产总值,是一个价值概念。

1. 总供给函数与一般价格水平

最终产品市场上的总供给数量 AS 可以看作是一般价格水平 P 的增函数:

$$AS=\Phi(P)$$

总供给函数反映总供给量与一般价格水平之间的关系，同微观经济学类似。与某一确定的总供给量相应的一般价格水平通常也称做总供给价格。供给价格是指厂商为提供一定量产品所愿意接受的价格，而厂商愿意接受什么价格则取决于其生产成本。所以，总供给函数曲线 AS 的形状是由其生产成本决定的，而生产成本则由生产该总产量时投入的生产要素的数量及其价格决定。

总供给曲线的形状取决于生产成本，这一点与微观经济学并无差别。差别在于，微观经济学中的成本不必考虑总的资源稀缺程度的影响。即使是在一般均衡价格理论中，稀缺也仅仅是作为一个分析的前提。而在宏观经济分析中，现有资源稀缺程度的变化会影响要素的价格总水平，从而影响生产成本，影响总供给函数曲线的形状。

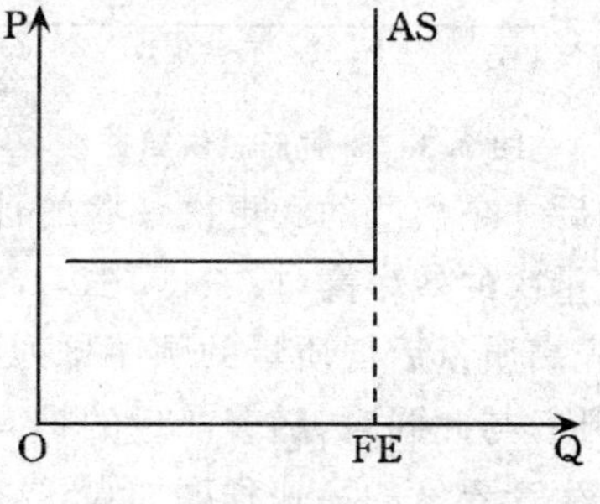

图 3.2 直角形总供给曲线

凯恩斯认为，在达到充分就业的总产量水平 FE(Full Employment)以前，生产要素是不会出现短缺的，因此，生产要素的价格也不会上升，这就使总产量在达到充分就业的产量水平以前与总产量轴平行，一般价格水平 P 不变。达到充分就业以后，所有的资源都被充分利用，厂商如打算进一步扩大生产，就只能出高价从其他厂商手中争夺资源和劳动力。由于资源的供给量不再增加，总产量 Q 也不会再增加，于是最终产品的总供给价格便会在达到充分就业以后直线上升，形成图 3.2 中的直角形总供给函数曲线 AS。

新古典综合派或后凯恩斯主义主流派对凯恩斯的理论作了修正，认为在达到充分就业的产量 FE 之前，生产成本是逐渐上升的，从而使总供给价格缓慢上升；而达到充分就业的产量水平 FE 之后，生产成本迅速上升，供给价格迅速上升，而产量却缓慢地、小幅度地上升。他们认为，质量最好和最容易获得的资源或生产要素

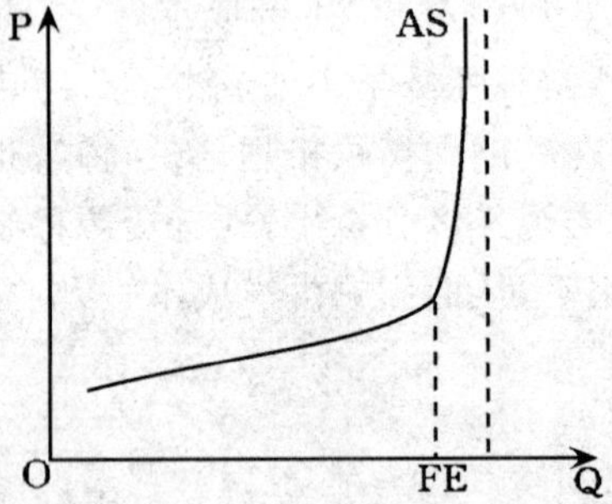

图 3.3 曲肘形总供给曲线

会最先被利用，随后才是次些的和更次一些的；同量的生产要素投入，质量好的比质量次的效率高，成本低。随着产量的扩大，由于生产要素投入是按先高质量后低质量的顺序排列，因此，生产成本会随产量扩大而上升。与此同时，随着产量的扩大，资源的使用量扩大，从而使资源或生产要素的稀缺程度加大，这会抬高生产要素的价格，使生产成本进一步增加。但是，在达到充分就业的产量水平以前，这一切都是缓慢的、幅度很小的。达到充分就业以后，劳动已经充分利用，失业的熟练工人已经找不到了。如果要继续扩大生产，就必须使用结构性失业的非熟练工及妇女和青少年的劳动，这会使生产效率降低，成本大幅度提高。由于厂商争夺熟练工的竞争加剧，而熟练工的供给不再增加，工资会上升，再加上其他生产要素的使用量在充分就业下也接近其供给的极限，资源的稀缺性大增，导致所有生产要素的价格大幅度提高，总成本大幅度上升，生

产效率下降，使总供给量只能有很小的增加。这样，总供给函数曲线便如图 3.3 所示，在达到充分就业 FE 以前，平缓地向右上倾斜；而达到充分就业后，AS 曲线的斜率加大；在充分就业 FE 附近，AS 曲线形成了一个肘弯。

新古典综合派认为，达到充分就业后，生产力并未达到极限，现有资源也未全部用尽，还有非熟练劳动可供利用。因此，充分就业以后，产量还有扩大的余地，只是这个余地已经很小了。

2. 总生产函数与生产力极限

国民经济在一定时期内所能供给的总产量 Q，首先取决于这一时期国民经济的生产力。生产力(Capacity，用 CAP 表示)可以用一定时期内"可能"生产出来的最大产量($\overline{Q}$)来表示。最大产量 $\overline{Q}$ 是由相应时期内"可能"获得的生产要素的数量 $\overline{F}$(Factors)及其生产效率决定的。用 PROD(Productivity)表示要素的生产率或生产力，生产力函数可写为：

$$\overline{Q}=f(\overline{F},PROD)$$

$\overline{Q}$ 是一定时期内"可能"生产出来的最大产量，是实际总产量的极限，实际总产量 Q 可以小于或等于 $\overline{Q}$，但决不可能超过 $\overline{Q}$。

一定时期内实际生产的总产量 Q 是这一时期已经利用的生产要素数量 F 及其生产效率(PROD)的函数，总生产函数为：

$$Q=q(F,PROD)$$

在短期内，生产要素的生产效率是基本不变的，这样，总生产函数与生产力函数中 PROD 就可看成是完全相同的变量，实际总产量 Q 与生产力限制下的最大产量 $\overline{Q}$ 之间的差距就取决于现有的资源数量 $\overline{F}$(即可能获得的生产要素数量)与已经利用的生产要素数量 F 之间的差距。如果 $F=\overline{F}$，那么 $Q=\overline{Q}$。

如图 3.4 所示，生产力函数决定了总供给量 Q 的极限，它是总供给曲线 AS 的一条渐近线。总生产函数的变化则被限制在生产力极限以内，因此，总生产函数只影响总供给曲线 AS 与生产力极限之间的相对位置。如图中 AS 和 AS′与表示生产力极限的虚线之间的位置。

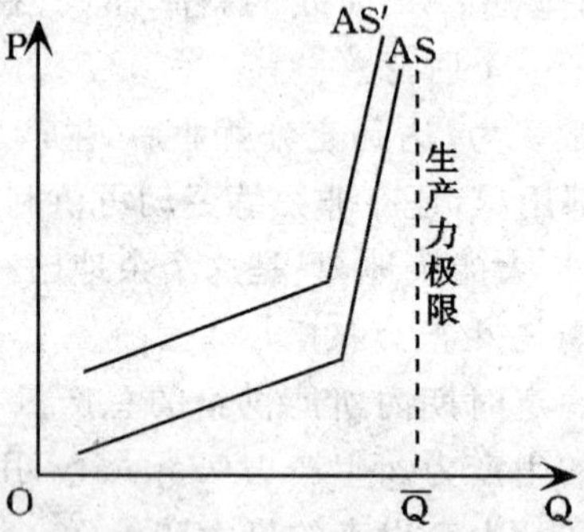

图 3.4 生产力极限

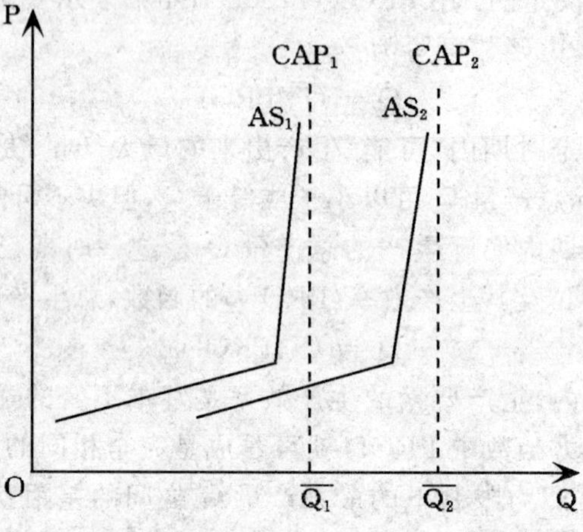

图 3.5 生产力变化引起生产力极限变化

如果生产力发生变化,总供给曲线的渐近线就会移动,如果总生产函数中要素的使用量 F 不变,AS 与生产力极限的相对位置不变,生产力极限的移动就会带动总供给曲线 AS 移动。如图 3.5,

当生产力由 CAP_1 提高到 CAP_2 时，生产力极限会右移，带动总供给曲线也由 AS_1 移动到 AS_2。

三、总供求的均衡及其变动

前面已经定义了总供给函数和总需求函数。同微观经济分析中的均衡方法一样，总供给曲线与总需求曲线的交点决定了一般价格水平 P 和总产量 Q 的大小，因此也就决定了国民收入 NI 的水平。

1. 总供求的自动均衡

如图 3.6，当总供求函数曲线已定时，总产量和一般价格水平就由其交点 E 决定，为 Q^* 和 P^*。国民收入水平 $P^* \times Q^*$ 也就决定了。如果所有的外生变量不变，这种均衡状态就会长期维持下去。这时出现任何供求不均衡或价格偏高的情况都只能是暂时的，市场的内在机制会将这种暂时的不均衡调整到均衡状态。

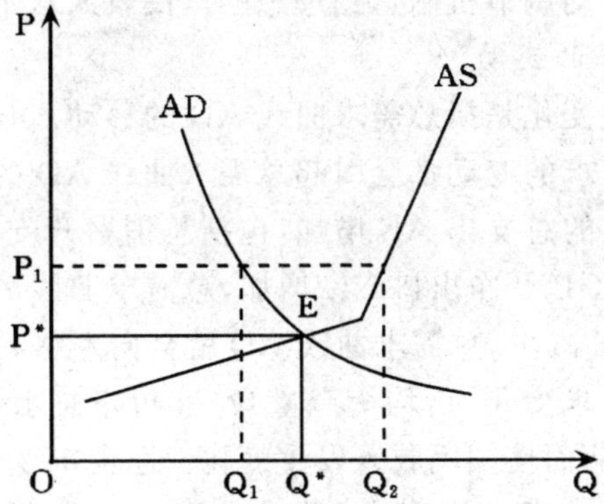

图 3.6 总供求均衡

例如，一般价格水平偏离了均衡的水平 P^*，提高到了 P_1，总需求量会由 Q^* 减少到 Q_1，而总供给量则由 Q^* 增加到了 Q_2，总供给 AS($=Q_2$)大于总需求 AD($=Q_1$)会造成一般价格水平下降，直

到由 P_1 下降到 P^*。如果价格水平降低到 P^* 以下，就会出现总需求 AD 大于总供给 AS 的情况，价格会上升，总供求会重新均衡。

有些著作，包括国内某些西方经济学教科书，误以为宏观经济学的目的是要说明，由于市场失去了调节总供求相等的机制，在总供求不相等时，需要政府干预使其相等。实际上，凯恩斯主义经济学家同萨伊和马歇尔等古典和新古典派经济学家一样，认为市场可以使总供给和总需求自动达到均衡状态。但其区别在于，萨伊和新古典的理论认为总供给和总需求总会自动均衡于充分就业的国民收入水平；凯恩斯主义则认为市场虽然能自动均衡，却不一定使均衡点恰好处于充分就业的国民收入水平或总产量水平，当经济处于失业状态的时候，政府有必要通过增加总需求进行干预，使总需求曲线右移，从而破坏旧的、低于充分就业的均衡，市场的自动均衡机制会根据提高后的总需求曲线重新达到均衡状态，新的均衡会接近或达到充分就业。这种干预不是干预市场调节机制，而是利用市场的自动调节机制达到理想的国民收入水平。

2. *总需求的变动*

总需求的变化是指总需求曲线 AD 的移动。凡是价格以外因素造成的总需求的变动都会引起总需求曲线 AD 的移动。只要最终产品市场上的总支出 AE 增加，包括总消费开支 C、总投资开支 I 和政府开支 GP 及净出口 NX 增加，总需求曲线 AD 就会向右移动；总开支 AE 减少，总需求曲线 AD 就会向左移。

只要总需求变化了，均衡产量 Q^* 和价格总水平 P^* 就要发生相应的变化，从而使国民收入发生变化。总需求变动后，究竟是价格变动更大一些还是均衡总产量变化更大一些，取决于国民经济是处于失业状态还是充分就业或是通货膨胀的状态。

如图 3.7，当总需求曲线由 AD_1 提高到 AD_2 时，意味着总产量会从失业状态下的 Q_1 提高到充分就业的总产量水平 FE，价格 P 只有较小幅度的提高，从 P_1 提高到 P_2。如果总需求进一步提高，

由 AD_2 再提高到 AD_3，均衡点超过了充分就业的均衡点 E_2，总产量只会有较小幅度的增长，从 FE 增加到 Q_3，而一般价格水平却

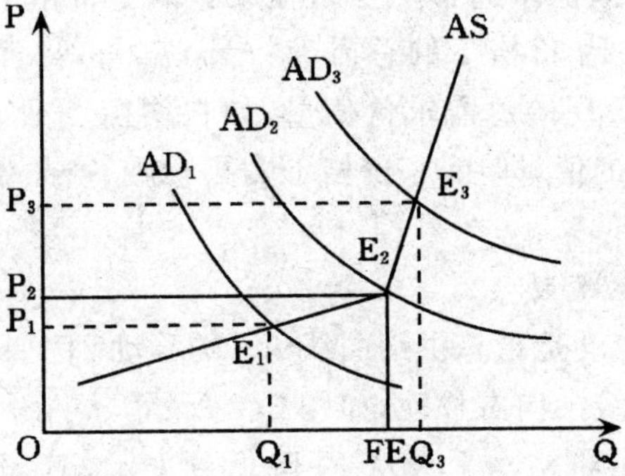

图 3.7　总需求的变动

由 P_2 大幅度上涨到 P_3，这就是通货膨胀。总需求由低于充分就业的状态下开始增加，从 AD_1 上升到 AD_2，主要是使产量增加，达到充分就业后，再增加总需求，从 AD_2 提高到 AD_3，价格 P 的上升就成为主要的了。这一变化的传导机制可用符号概括如下：

AD↑：Q↑和 P↑，从而 NI↑

如果总需求最初处于 AD_3 的位置，均衡的总产量为 Q_3，均衡的一般价格水平为 P_3，经济便处于通货膨胀的状态。这时，总需求由 AD_3 降低到 AD_2，会消除通货膨胀，使经济处于没有通货膨胀的充分就业状态。如果在充分就业的状态下（P_2，FE）进一步将总需求由 AD_2 降低到 AD_1，总产量 Q 就会大幅度下降，由 FE 下降到 Q_1，将造成失业和衰退。其传导机制可用符号概括为：

AD↓：Q↓和 P↓，NI↓

总供求相等时的总需求称为有效需求。在图 3.7 中，总供求在 E_1 点达到均衡时，经济尚处于衰退和失业状态，凯恩斯主义认为这是有效需求不足引起的；当经济在 E_3 点达到均衡时，经济处于

通货膨胀的状态，这通常被看作是有效需求过度所致；与充分就业的均衡点 E_2 相应的有效需求被称为充分就业的有效需求。在上述三种状态下，有效需求通常不是指在某一既定价格下的总产品的需求数量，如在 P_1 价格下的总需求数量 Q_1，等等；而是指总供求相等时用货币表现的总需求价值量，如在均衡点 E_1，有效需求通常是指 $P_1 \times Q_1$ 的值，即在 P_1 价格下购买 Q_1 总产品量所应支付的货币量。

3. 总供给的变动

总供给的变动是指总供给曲线 AS 的移动。例如，当生产力提高时，总供给曲线会向右移动，如图 3.8 所示，从 AS_1 移动到 AS_2。这时均衡的一般价格水平会从 P_1 降低到 P_2，总产量由 FE_1 增加到 Q_2 的水平。在需求不变的情况下，如果最初的充分就业产量是 FE_1，总供给曲线移动后的充分就业产量为 FE_2，那么总供给曲线的右移就可能造成有效需求不足而产生失业。只有在 AS 右移的同时，总需求 AD 也适当地增加，才能保持充分就业。

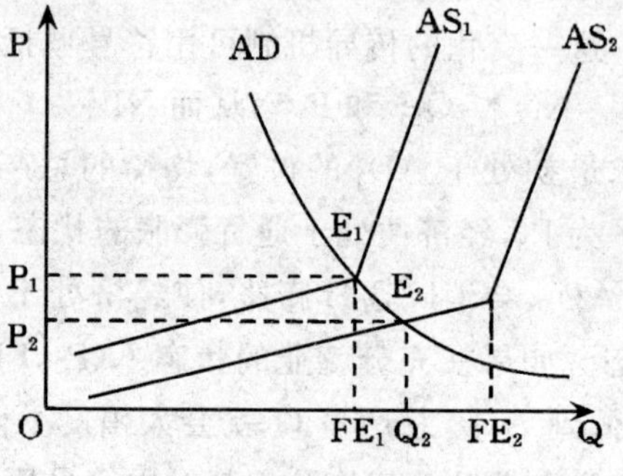

图 3.8　总供给的变动

AS 曲线右移后，价格下降和产量增加同时发生，名义国民收入（NI＝P·Q）的变化需视具体情况而定，它可能增加，也可能减少。AS 增加的传导机制可概括如下：

AS 右移：Q↑且 P↓，ΔNI 不确定

如果生产力下降或其他非价格因素变化引起成本提高，AS 曲线便会向左移动，如从 AS_2 向 AS_1 移动，这会造成一般价格水平的提高和产量的减少，名义国民收入 NI 的变动是增是减仍要视具体情况而定。AS 左移的传导机制可概括为：

AS 左移：Q↓且 P↑，ΔNI 不确定

“AS－AD”宏观经济模型的突出优点是在说明国民收入决定的同时，说明一般价格水平和总产量分别变动的情况。下面介绍的“NI－AE”模型，则不能直接突出价格问题，但这一模型的优点是能突出总支出 AE 变动与国民收入 NI 变动之间的乘数关系。将这两个模型结合起来，取长补短，就可以更好地说明最终产品市场的均衡过程及其调整。

第二节　“NI－AE”模型中的总支出

“NI－AE”模型是凯恩斯根据总收入与总支出之间的基本关系而建立的宏观经济模型。它与上一节的“AS－AD”模型一样，也是用来研究最终产品市场总供求的均衡状态的；所不同的是这里所谓的总供求不再是物量概念（除非作出特别的说明），而是用货币表现的价值概念。

一、“NI－AE”模型概述

“NI”是国民收入或总收入，“AE”是最终产品市场上的总支出，也是用货币表现的总需求，因此“NI－AE”模型读为“总收入－总支出”模型。

如果 NI＝AE，意味着用货币计算的总供给等于用货币计算的总需求，最终产品市场达到均衡。“NI－AE”模型研究最终产品市场达到均衡状态的那些调节机制，包括市场自动的均衡机制，以

及导致均衡状态变化的那些调节机制。

凯恩斯主义经济学认为，国民收入的决定主要取决于总支出 AE 的水平。因此，在 NI－AE 模型中，总支出 AE 的构成及其水平如何，对国民收入决定在何水平上，起着决定性的作用。下面分别研究总支出 AE 中的两个最重要的组成部分：消费和投资。

二、消费函数

与“AS－AD”模型不同，这里，人们的消费支出 C 不是定义为价格水平的函数，而是定义为人们可支配收入 DI 的函数：

$$C=F(DI)$$

可支配收入增加，消费支出也就增加；可支配收入减少，消费支出也就减少。

消费者的可支配收入 DI 可以分为两大部分：一部分用于消费 C，另一部分用于储蓄 S。因此，可支配收入可以写为：

$$DI=C+S$$

1. 消费函数和消费倾向

由于消费是可支配收入的函数，而储蓄又是可支配收入减去消费部分的余额，因此，储蓄也是可支配收入的一个函数，只要确立了消费函数，储蓄函数也就确定了。

假定某消费者在一定时期内（假定一年）的收入可能发生从 0 开始到 20000 美元的变化，其消费 C 和储蓄 S 随收入变化而变化的情况如表 3.1 所示。该表也可看作不同收入水平的消费者其消费和储蓄的不同情况。

表 3.1　消费和储蓄　　　　单位：美元

DI	C	S
0	3000	－3000
5000	7000	－2000
10000	11000	－1000
15000	15000	0
20000	19000	1000

从上表可以看出，随着消费者收入的增加，消费和储蓄都是增加的。当消费者的可支配收入 DI 从 0 增加到 5000 美元时，其消费会从 3000 美元增加到 7000 美元，收入增加了 5000 美元，消费增加了 4000 美元。我们把消费增量 ΔC 与可支配收入增量 ΔDI 之比称为边际消费倾向，用 MPC（Marginal Propensity to Consume）表示：

$$MPC=\frac{\Delta C}{\Delta DI}$$

在上面的例子里，$MPC=\frac{4000}{5000}=4/5$，这表示收入增量中总有 4/5 的部分要用于消费。显然，余下的 1/5 会被用于储蓄。我们将储蓄增量与可支配收入增量之比称为边际储蓄倾向，用 MPS（Marginal Propensity to Saving）表示：

$$MPS=\frac{\Delta S}{\Delta DI}=1/5$$

根据 DI＝S＋C 的关系，不难推导出边际消费倾向 MPC 与边际储蓄倾向的关系为：

$$MPC+MPS=1$$

在表 3.1 中，当可支配收入为零时，消费仍有 3000 美元，这表示消费者为维持生活的最低消费开支，这部分消费开支不随收入的变化而变化，它是一个常数。因此，表 3.1 中的消费与可支配收入的关系可用如下消费函数表示：

$$C=3000+4/5DI$$

式中，3000 为不随可支配收入变化而变化的消费，称为自主消费，用 $\overline{C}$ 来表示；4/5DI 为在边际消费倾向 MPC 为 4/5、可支配收入为 DI 时的消费，也即随可支配收入变化而变化的消费，称为引致消费。消费函数的一般形式可写为：

$$C=\overline{C}+MPC\cdot DI$$

在上述例子中，储蓄函数为：

$$S=-3000+1/5DI$$

式中，-3000 表示不随收入变化而变化的储蓄，用 $\overline{S}$ 表示，它为负值，表示消费者在没有收入时，必须靠借债度日，负储蓄即债务；$1/5DI$ 为在边际储蓄倾向 MPS 为 1/5、可支配收入为 DI 时的储蓄，也即随可支配收入变化而变化的储蓄。储蓄函数的一般形式可写为：

$$S=\overline{S}+MPS \cdot DI$$

消费占可支配收入的比例称为平均消费倾向，用 APC 表示；储蓄占可支配收入的比例称为平均储蓄倾向，用 APS 表示。其一般公式分别为：

$$APC=\frac{C}{DI};APS=\frac{S}{DI}$$

平均消费倾向与平均储蓄倾向之和也等于 1：

$$APC+APS=1$$

2. 边际消费倾向递减规律

在表 3.1 中，边际消费倾向是不变的常数，其值总是等于4/5。用横轴表示消费者的可支配收入 DI，用纵轴表示消费者的总消费支出 C，表 3.1 所表示的消费函数可以用图 3.9 来说明。

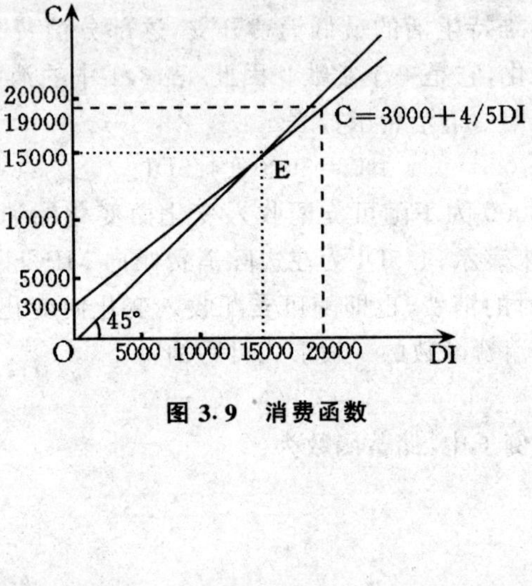

图 3.9 消费函数

图中的45°线到两轴的距离相等，因此在45°线上的任意一点，都表示消费者的收入与其消费支出相等。根据消费函数C＝3000＋4/5DI，可以绘出消费曲线C。根据表3.1的消费函数来计算，当可支配收入DI＝15000美元时，消费也等于15000美元，消费者的收支相等，既无负债又无储蓄。在消费曲线C与45°线交点E的左边，储蓄为负值；在E点的右边，储蓄为正值；在E点，储蓄为零。边际消费倾向MPC为消费函数曲线的斜率。在边际消费倾向不变的情况下，消费函数曲线C为一条直线。但是，凯恩斯认为，边际消费倾向会随着人们可支配收入的增加而递减，收入越是增加，收入增量中用于消费的部分所占比重越来越小，而用于储蓄的部分所占比重越来越大。这意味着消费函数曲线是一条逐渐向右下弯曲的曲线，如图3.10所示。但是，在后面的分析中，为了简便，将采用直线的消费函数曲线。

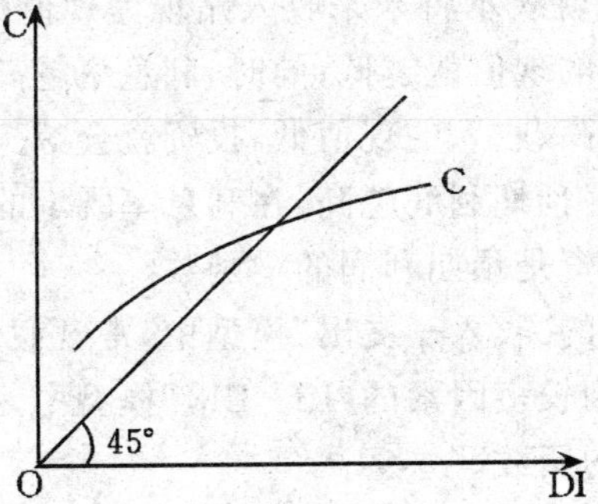

图3.10　递减的消费函数

三、投资函数

投资是总支出AE的另一个重要的组成部分。根据凯恩斯的理论，投资支出的大小取决于投资者的投资决策，而投资者的决策又依赖于投资者对该项投资的预期利润率。预期利润的大小与两方面的因素有关，一是该项投资的成本，二是该项投资的预期收益。投资成本等于其购买成本加上相当于这笔投资的借款利息。利息率是投资成本的重要决定因素，预期未来收益是影响投资的另一个重要因素。但未来的100美元并不等于现期的100美元，人们至少要考虑现期的100美元存入银行后，将来连本带息必然大于100美元。所以，未来收益要小于同量的现期收益。一项投资的预期未来收益必须贴现为现值后才能与该项投资的成本相比较，以便估计出预期利润率。将某项投资预期收益折现为现值的贴现率通常以现期市场利息率为基础。显然，无论从成本方面看，还是从预期收益的现值方面看，利息率都有重要的决定作用。因此，投资可以看作是预期利润和利息率的函数。用r表示利息率，用P_e(Profit Expectation)表示预期利润，投资函数可以写为：

$$I=f(r,P_e)$$

利息率越高，就表示将未来收入贴现为现值的贴现率往往越高，同等预期收入的现值就越低；同时，利息率越高，意味着投资的成本越高，而成本高、收入的现值低，投资就会减少。显然，投资是利息率的减函数。预期利润越高，在利息率既定的情况下，投资就会增加，这表明投资是预期利润的增函数。

但是，在简单的"收入－支出"模型中，常常假定总投资I是一个常数。在考虑到较多因素的"IS－LM"模型中，投资I往往被看作主要是利息率的函数。

第三节　简单的"NI－AE"模型

本节要建立一个只有两部门的收入－支出模型，即假定只有家庭部门和企业部门，不存在政府和对外经济关系。建立这样一个简单的模型是为了说明国民收入决定的最基本原理。

按照这个假定，净税收NT和政府购买支出GP以及净出口

NX 三个量都等于零。在第二章国民收入核算中曾经指出，个人可支配收入是国民收入减去净税收以后的余额：

$$DI=NI-NT$$

由于净税收 NT 在简单的模型中等于零，所以，个人可支配收入就等于国民收入：

$$DI=NI-0=NI$$

这样，消费就可以直接看作是国民收入 NI 的函数：

$$C=\overline{C}+MPC\cdot NI$$

一、数字举例及其图示

假定 C＝200（自主消费）＋4/5NI，I＝100（假定投资 I 为常数），于是，总支出为：

$$AE=C+I$$

即：

$$AE=200+4/5NI+100$$

如果总收入等于总支出，即 NI＝AE，就意味着总供求相等。我们把总收入与总支出相等时的国民收入称做均衡国民收入，将“NI＝AE”称做总收入与总支出的均衡公式，它也是最终产品市场上的总供求均衡公式。将上面假定的数字代入此均衡公式，便可计算出均衡的国民收入。

已知：AE＝200＋4/5NI＋100

代入均衡公式NI＝AE：

$$NI=200+4/5NI+100$$

$$NI-4/5NI=200+100$$

$$NI=1500$$

均衡的国民收入为 1500，即国民收入为 1500 时总供求必然均衡。

如图 3.11，横轴为国民收入 NI，纵轴为总支出 AE，45°线表示所有收支相等点的轨迹。图中的 C 为总消费函数曲线。在 NI＝1000 时：

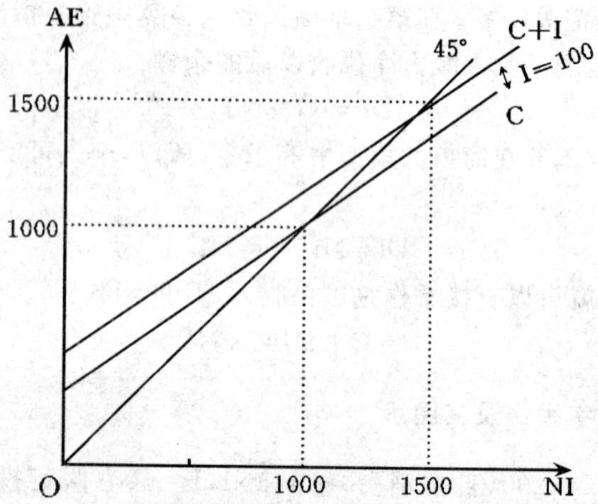

图 3.11 均衡国民收入

$$C=200+4/5\times1000=1000$$

由于在国民收入为 1000 时，消费也为 1000，所以，在 NI＝1000 处，储蓄为零(S＝0)。将 100 的投资(I＝100)加于消费函数曲线 C 上，便可得到只有两部门的总支出曲线 AE＝C＋I。在 NI＝1500 处，总消费支出为：

$$C=200+4/5\times1500=1400$$

由于投资支出 I＝100，所以总开支 AE 为：

$$AE=C+I=1400+100=1500$$

总收入等于总支出，最终产品市场处于总供求均衡状态。

图 3.11 表示的均衡状态，也可用储蓄和投资的关系来表示，如图 3.12，横轴为国民收入 NI，纵轴为储蓄和投资。由于假定投资 I 为一常数 100，它不随国民收入的变化而变化，因此为一个与横轴距离为 100 的水平线。根据消费函数计算，当 NI＝1000 时，C＝1000，S＝0。在图 3.12 中便可找到一点 A(NI＝1000，S＝0)；当 NI＝1500 时，C＝1400，S＝1500－1400＝100，又可在图 3.12

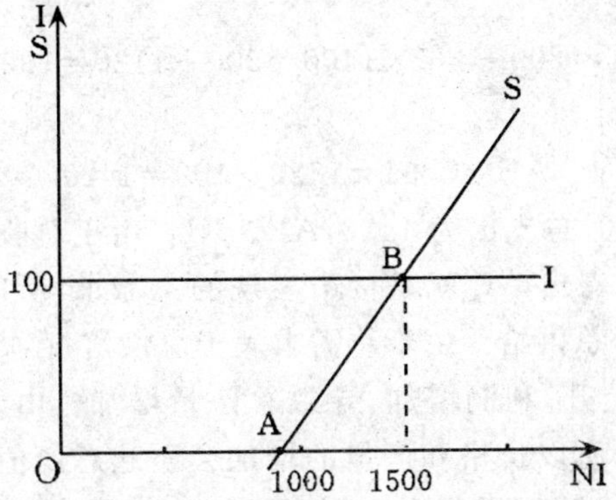

图 3.12　储蓄和投资决定下的国民收入

中找到另一点 B(NI＝1500,S＝100)。这样便可画出储蓄曲线 S。在 NI＜1000 时,S＜0,在 NI＞1000 时,S＞0;在 NI＜1500 时,S＜100,在 NI＞1500 时,S＞100;只有在 NI＝1500 时,S＝100,而在 1500 的国民收入下,投资也为 100。显然,只有在 NI＝1500 时,储蓄才等于投资,即:

$$S=I=100$$

因此,总供求的均衡 NI＝AE 也可用 I＝S 来表示。在这里,用总支出曲线 C＋I 与 45°线的交点 E 来说明总供求的均衡和用储蓄曲线 S 与投资曲线 I 的交点来说明总供求的均衡是完全一样的。

二、自动均衡的调节过程

"AS－AD"模型已经指出,最终产品市场有自动达到均衡的调节机制。现在我们可以利用"NI－AE"模型进一步说明这一自动均衡的调节过程。

在图 3.11 中,总支出 AE 在 NI＝1500 时处于均衡状态。现在,假定国民收入不在均衡水平上,NI＝1400,这时总消费支出为：

$$C=200+4/5\times1400=200+1120=1320$$

总支出 AE 为：

$$AE=C+I=1320+100=1420$$

总收入为 1400，总支出为 1420，AE>NI。由于总收入 NI 就是总产值 GDP，总支出 AE 就是货币表现的总需求，所以 AE>NI 表示总需求大于总供给。由于总需求大于总供给，存货会减少，一般价格水平会上升，利润增加，导致总产量增加。由于 $\Delta Q\times\Delta P=\Delta GDP=\Delta NI$，所以价格和产量的增加会引起总产值 GDP 和国民收入 NI 增加。当国民收入增加到 NI＝1420 的水平时，总消费支出会进一步增加到：

$$C=200+4/5\times1420=1336$$

总支出会增加到：

$$AE=C+I=1336+100=1436$$

AE 仍然大于 NI，但其差额却由最初的 20 减少到 16。AE>NI 会使国民收入 NI 继续提高，直到 NI＝1500 时为止。上述过程是国民收入的实际水平低于均衡国民收入水平时，国民收入自动增加的调节过程。

如果最初国民收入高于均衡水平，经济将自动实现一个紧缩的过程。假定 NI＝1600，大于均衡的国民收入水平 1500，总消费支出为：

$$C=200+4/5\times1600=1480$$

总支出 AE 为：

$$AE=C+I=1480+100=1580$$

NI>AE 意味着总供给大于总需求，市场上的存货增加，价格下降，并引起生产缩减。价格 P 的下降和总产量 Q 的缩减会引起国民收入减少。当国民收入从 1600 下降到 1580 时，总消费为：

$$C=200+4/5\times1580=1464$$

总支出为：

$$AE=C+I=1464+100=1564$$

总支出 AE＝1564，仍然小于总收入 NI＝1580，生产会继续下降，国民收入也随之下降，直到国民收入下降为 NI＝1500 时，NI＝AE，总供求处于稳定的均衡状态。

总之，在上述例子中，只有国民收入 NI 为 1500 时，市场的一切自动调整活动才会停止。只要偏离 NI＝1500，市场就会自动进行调整，直到重新使 NI＝AE＝1500。

这里需要特别指出的有三点：

第一，均衡国民收入水平可能低于、高于或等于充分就业下的国民收入水平。但不论均衡后的国民收入处于哪种水平，一旦达到均衡，市场自动的调节机制就停止起作用，除非有来自市场外部的干预，否则均衡点不会变化。

第二，由于国民收入 NI 为价格与产量的乘积，即 NI＝P×Q，所以国民收入的变化可以完全是价格或产量的变化造成的，也可以是二者同时以不同程度的变化造成的。价格和产量究竟哪一个变化程度更大，将取决于是否已经达到了充分就业状态。

第三，在均衡国民收入水平的决定过程中，总支出 AE 起着决定性的作用。由于总支出就是产品市场上用货币表现出来的总需求，所以凯恩斯主义的理论也称为需求决定论。其意义在于，总需求决定着国民收入的均衡水平。只要总需求改变，国民收入的均衡水平就会改变。

三、收入乘数

收入乘数是指总支出增加后所引起的国民收入增加的倍数。总支出包括消费、投资、政府购买支出和净出口，所以收入乘数泛指由于消费支出增加、投资支出增加、政府购买支出增加及净出口增加而引起的国民收入增加的倍数。由于凯恩斯的理论特别强调投资的作用，所以在分析国民收入的变化时，总是用投资乘数来说明问题。

1. 乘数的定义

我们先用一个数字的例子说明乘数的含义，然后再给收入乘数下一个数学定义。

假定最初的总支出 AE 构成如下：

$$C=200+4/5NI,\quad I=100$$

均衡的国民收入为：

$$NI=200+4/5NI+100=1500$$

假定现在投资增加了 10，即 I＝110，新的均衡国民收入为：

$$NI=200+4/5NI+110$$

$$NI=1550$$

投资增加了 10，均衡国民收入却增加了 50，由原来的 1500 增加到 1550。投资增量（$\Delta I=10$）与国民收入增量（$\Delta NI=50$）之间相差 5 倍，这个 5 倍便是投资乘数，也即收入乘数。如果我们假定增加的不是投资，而是总支出中的其他组成部分，如消费增加了 10，即 $C=210+4/5NI$，结果会与投资增加 10 一样，使国民收入增加 5 倍。这就是说，总支出的任何组成部分的增加所引起的国民收入增加的倍数都是一样的乘数，都是收入乘数。用 MULT 表示收入乘数，乘数的数学定义为：

$$MULT=\frac{\Delta NI}{\Delta AE}$$

这一公式是乘数的最基本公式，亦称定义公式。根据这一公式，上述例子中的乘数为：

$$MULT=\frac{\Delta NI}{\Delta AE}=\frac{1550-1500}{10}=\frac{50}{10}=5$$

2. 乘数的作用过程与边际消费倾向

为什么投资增加 10，国民收入会增加 50？假定经济中增加了一笔 10 的投资，这笔投资在购买投资品之后会成为投资品销售商的收入增量。此商人是乘数过程中的第二个参与人(第一个参与人是投资者),他得到10的收入增量后,假定按4/5的边际消费倾向(MPC=4/5)支出其中的8去购买消费品,于是这8的购买支出会成为第二个销售商的收入增量。这第二个销售商将所增收入8中的4/5用于消费支出,他将支出8×4/5=6.4。这笔支出又会成为第三个人的收入,第三人又会支出6.4×4/5=5.12用于消费。这5.12又会成为第四人的收入,等等。将所有人在增加10的投资后增加的收入加在一起,便是一笔10的投资增量所引起的国民收入增量ΔNI。

$$\Delta NI=10+8+6.4+5.12+\cdots=50$$

这就是所谓乘数的作用过程。在此过程中,从第一人到最后一人增加的消费支出总量ΔC为:

$$\Delta C=8+6.4+5.12+\cdots=40$$

由于投资增加了10,加上消费增加的总量40,实际增加的总支出为:

$$\Delta AE=\Delta I+\Delta C=10+40=50$$

可见,一笔10的投资增量之所以能引起50的总收入增量,在于它使总支出AE实际增加了50。

在上述乘数过程中,不难看出,乘数的大小与边际消费倾向有关,人们从其收入增量中拿出多大比例增加他们的消费决定着乘数的大小。乘数与边际消费倾向的关系可由国民收入均衡公式推导得出。

根据国民收入均衡公式NI=AE:

$$NI=C+I=\overline{C}+MPC\cdot NI+I$$

因此有下式成立:

$$\Delta NI=\Delta\overline{C}+MPC\cdot\Delta NI+\Delta I$$

移项得:

$$\Delta NI-MPC\cdot\Delta NI=\Delta\overline{C}+\Delta I$$

$$\Delta NI(1-MPC)=\Delta\bar{C}+\Delta I$$

$$\Delta NI=\frac{\Delta\bar{C}+\Delta I}{(1-MPC)}=(\Delta\bar{C}+\Delta I)\cdot\frac{1}{1-MPC}$$

式中，$\Delta\bar{C}+\Delta I=\Delta AE$（即总支出的增量）

所以：$\Delta NI=\Delta AE\,\frac{1}{1-MPC}$

即：$\frac{\Delta NI}{\Delta AE}=\frac{1}{1-MPC}$

根据乘数的定义：$MULT=\frac{\Delta NI}{\Delta AE}$

所以：$MULT=\frac{1}{1-MPC}$或 $MULT=\frac{1}{MPS}$

由于上述的乘数公式是在没有加入政府和国外部门的情况下得出的，因此与实际情况中的乘数尚有很大差距。通常把只与边际消费倾向有关的乘数称做乘数 I，用 $MULT_I$ 表示。在上述例子中，MPC＝4/5，因此乘数 I 为：

$$MULT_I=\frac{1}{1-4/5}=5$$

3. 乘数的意义

从上述的例子中不难看出，乘数越大，增加一笔投资或消费引起的国民收入增量越大。那么，是否乘数越大越好呢？其实不然，因为总支出 AE 经常发生变化，特别是其中的投资支出会经常发生变化。乘数越大，这些变化引起的国民收入的波动越大，经济就越不稳定。因此，西方经济学家认为乘数越小，越有利于经济的稳定。

四、均衡的调整与充分就业

市场机制虽然可以使总收入与总支出自动达到均衡，但却不能保证均衡的国民收入恰好处于充分就业水平。均衡有可能是存在失业状态的均衡或存在通货膨胀状态的均衡。一旦均衡处于这两种状态，由于市场自动均衡机制的作用，失业或通货膨胀的状态将持续存在下去。这时，需要政府对市场均衡状态进行干预，通过调整总需求(即总支出 AE)来调整均衡点，消除失业或通货膨胀。

1. 失业状态下的均衡及其调整

我们先用例子说明失业状态的调整。假定消费函数和投资分别为：

$$C=200+4/5NI, \quad I=100$$

最初的均衡国民收入水平为：

$$NI=200+4/5NI+100=1500$$

总供求在国民收入为 1500 处达到均衡。假定这时除去摩擦性失业和结构性失业以后的总劳动力只用了 94%，还有 6%的劳动力处于需求不足的失业状态。假定国民收入 NI 的增长与劳动力投入的增长完全同步，要增加 6%的就业就必须使国民收入的均衡水平也增加 6%。因此，充分就业的国民收入水平 FE：NI(Full Employment：Equilibrium Income)应为：

$$FE:NI=1500\times(1+6\%)=1590$$

国民收入必须从最初的均衡水平 1500 增加到 1590 的水平才能达到充分就业状态。国民收入需要增加 90，即 $\Delta NI=90$。根据收入乘数理论，只要总支出 AE 增加，均衡国民收入就会成倍地增加；但是总支出 AE 需要增加多少才能使国民收入增加 90 呢？这可以进行如下的推算：

$$MULT=\frac{\Delta NI}{\Delta AE}$$

由此可得：

$$\Delta AE=\frac{\Delta NI}{MULT}$$

这称之为缺口公式，因为 AE<NI，要由 ΔAE 来弥补二者之间的差额或缺口。用该式可计算出达到充分就业状态需要增加(ΔAE 为正值)或减少(ΔAE 为负值)的总支出数量。根据假定的

数字 MPC＝4/5，而 $MULT_I=\frac{1}{1-MPC}$，则收入乘数 $MULT_I=5$。将已知数字 ΔNI＝90，$MULT_I=5$ 代入缺口公式：

$$\Delta AE=\frac{90}{5}=18$$

总支出必须增加 18 才能使国民收入达到充分就业的水平。这时 ΔAE 为正值 18，被称做失业缺口。无论是增加消费还是增加投资，或者二者同时增加，只要使总支出的增加量 ΔAE 恰好等于 18，均衡国民收入就可达到充分就业的水平 1590，失业就会被消除。假定投资增加了 18（ΔI＝18），新的投资总额为：

$$I=100+18=118$$

新的均衡国民收入为：

$$NI=200+4/5NI+118$$

$$NI=1590$$

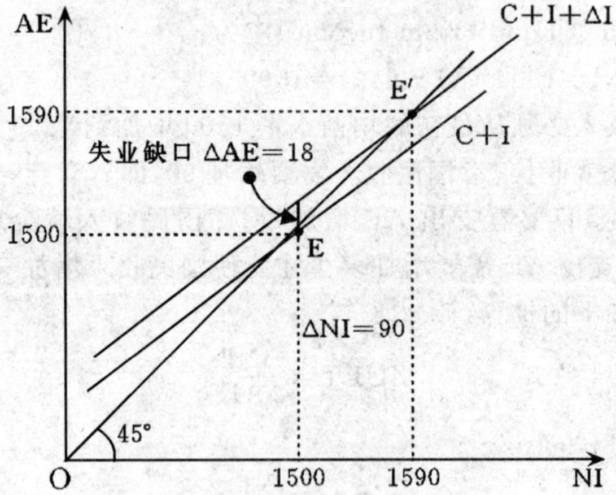

图 3.13　对失业的调整

投资增加 18 弥补了失业缺口，使经济达到了充分就业下的均衡状态。

上述的调整过程也可用图 3.13 来说明。假定,最初的总支出曲线为 $C+I$,均衡点为 E,均衡国民收入为 1500,这时需求不足的失业率为 6%。根据计算,充分就业的均衡国民收入为 1590,失业的缺口为 18。假定投资增加 18,即 $\Delta I=18$,总支出曲线便会由 $C+I$ 上升到 $C+I+\Delta I$,均衡点由 E 提高到了 E′,国民收入的均衡水平(NI=AE)由 1500 调整到了充分就业的均衡水平 1590。

2. 通货膨胀下的均衡及其调整

假定消费与投资的情况如下:

$$C=200+4/5NI,\quad I=138$$

均衡国民收入为:

$$NI=200+4/5NI+138$$

$$NI=1690$$

假定国民收入在 1690 处达到均衡时存在着大约 5.9%的通货膨胀率,即今年的一般价格水平比去年上涨了 5.9%。要消除通货膨胀,就必须减少总支出。假定,在恢复到没有通货膨胀的充分就业的国民收入水平以前,国民收入的下降完全表现为一般价格水平的下降。因此,要消除 5.9%的通货膨胀率就必须使国民收入下降 5.9%。

$$1690\times(1-5.9\%)\approx1590$$

只要均衡国民收入下降到 1590,基本上就可以消除 5.9%的通货膨胀率。即国民收入必须下降 100,$\Delta NI=-100$。根据缺口公式:

$$\Delta AE=\frac{\Delta NI}{MULT}$$

$$\Delta AE=\frac{-100}{5}=-20$$

只要总支出减少 20,国民收入就会在 1590 处达到均衡,从而消除通货膨胀。假定投资减少 20,$\Delta I=-20$,总投资下降为 138－20=118,新的均衡公式为:

$$NI=200+4/5NI+138-20$$
$$NI=1590$$

由于投资减少了 20，总供求将在 NI＝1590 处重新达于均衡状态。由于在通货膨胀存在的情况下，国民收入的减少主要表现为价格降低，所以在均衡国民收入由 1690 下降到 1590 的过程中，通货膨胀率会由 5.9％下降到大约为零的水平。

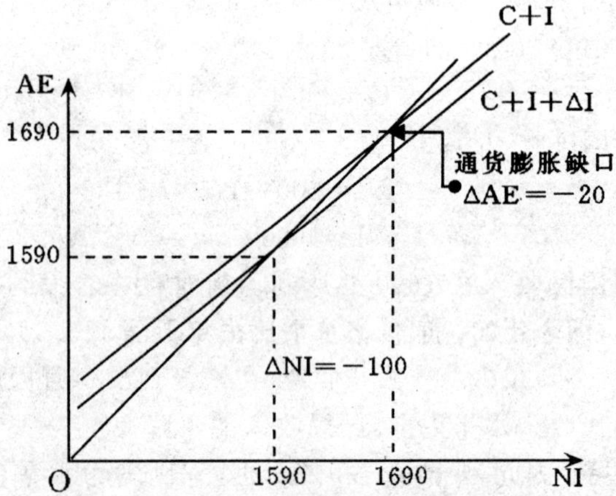

图 3.14 对通货膨胀的调整

上述调整过程也可用图 3.14 说明。最初，国民收入在 1690 处达到均衡，这时总支出曲线为 C+I。为了消除 5.9％的通货膨胀率，投资下降了 20，ΔI＝－20，这会使总支出曲线由 C+I 移动到 C+I+ΔI，总支出因投资减少 20 而下降。根据缺口公式算出的 ΔAE 是负值（ΔAE＝－20），此缺口称之为通货膨胀缺口。投资的减少消除了这一缺口，也就消除了通货膨胀。

本节分析的是一个极其简单的"NI－AE"模型，其中既没有政府部门，也没有国外部门。在后面的章节中，我们将逐步弥补这些缺陷。

第四节　完全的“NI－AE”模型

本节将建立一个完全的“NI－AE”模型。模型中既包括政府开支与税收，又包括进出口。但是，完全的“NI－AE”模型仍是以最终产品市场为基本对象的，它虽包括了企业、家庭、政府和国外这四大部门，却不包括金融市场和生产要素市场在内，因此完全的“NI－AE”模型并不等于完全的国民收入决定理论。要建立完全的国民收入决定理论还要将要素市场与金融市场的运行包括在理论分析中。本节将由简入繁地逐步建立完全的“NI－AE”模型，并随着模型的逐步建立，进一步介绍有关的乘数及与投资有关的加速原理。

一、加入政府部门而引入的基本关系

在只有两部门的简单模型中，政府税收为零，消费可以直接看作国民收入的函数。加入政府部门后，消费就不能直接看作国民收入的函数，而必须看作可支配收入的函数。这会使消费与国民收入之间的关系发生一些重要的变化。此外，政府财政收支的加入，会同时引入一些必须加以分析的新的经济关系。

1. 财政收支与可支配收入

在宏观经济分析中，政府的财政支出与其税收之间的关系，以及国民收入与可支配收入的关系，在第一章中已经作了论述。现在可将这些基本关系概括如下。

政府的总开支 G 由两部分构成：

$$G=GT+GP$$

政府实际得到的净税收 NT 为：

$$NT=T-GT$$

即：

$$T=GT+NT$$

政府的财政收支平衡关系“G＝T”可用下式表示：

$$NT=GP$$

该式表明，在考察政府部门对宏观经济的影响时，只考察净税收 NT 和政府购买支出 GP 就够了。它们与考察政府总开支 G 和总税收 T 对国民收入循环流的影响是完全相同的。

可支配收入与国民收入的关系为：

$$DI=NI-NT$$

可支配收入 DI 是国民收入 NI 减去净税收 NT 后的余额。

2. 消费函数与总支出的变化

在没有政府部门的宏观模型中，由于净税收等于零，所以国民收入等于个人可支配收入，这时可把消费看作国民收入的函数。现在，加入了政府部门后，消费实际是可支配收入 DI 的函数：

$$C=\overline{C}+MPC\cdot DI$$

由于$DI=NI-NT$，所以消费函数可写为：

$$C=\overline{C}+MPC\cdot(NI-NT)$$

这样，就在消费函数中加入了税收。税收 NT 越大，总消费支出越小；税收越小，总消费支出就越大。

政府的购买支出 GP 是总支出 AE 的重要组成部分。因此，加入政府部门后的总支出为：

$$AE=C+I+GP$$

即：

$$AE=\overline{C}+MPC(NI-NT)+I+GP$$

总支出包括了净税收和政府购买支出两个因素。

3. 税收乘数

从消费函数和总支出函数中可以看出，税收的变化可以使消费从而总支出发生相反的变化，而总支出的变化（ΔAE）则会使国民收入水平发生数倍于 ΔAE 的变化。

税收变动后引起的国民收入变动的倍数称为税收乘数。

根据公式：

$$DI = NI - NT$$

税收 NT 增加多少，可支配收入 DI 就减少多少；税收 NT 减少多少，可支配收入 DI 就增加多少。所以，可支配收入的增量(ΔDI)就是净税收的减量($-\Delta NT$)，或者净税收的减量就是可支配收入的增量，即：

$$\Delta DI = -\Delta NT$$

而可支配收入的变化($-\Delta NT$)乘以边际消费倾向 MPC，便可得到由于可支配收入变化而引起的消费的变化，即：

$$-\Delta NT \cdot MPC = \Delta C$$

消费的变化量 ΔC 再乘以收入乘数就可以得出消费变化引起的国民收入的变化量 ΔNI，即：

$$\Delta NI = \Delta C \cdot MULT = -\Delta NT \cdot MPC \cdot MULT$$

从该式可以看出，一笔税收的变化会直接引起可支配收入的相反变化，然后引起消费支出的变化，并通过乘数作用使国民收入发生数倍的变化。

假定：$MPC = 4/5, MULT = \frac{1}{1-MPC} = 5$

如果净税收增加 10，即 $\Delta NT = 10$，可支配收入会减少 10，即 $\Delta DI = -\Delta NT = -10$。由可支配收入减少而引起的消费减少量为：

$$\begin{aligned}\Delta C &= \Delta DI \cdot MPC = -\Delta NT \cdot MPC = -10 \times 4/5 \\ &= -8\end{aligned}$$

消费减少 8 而引起的国民收入的变化量为：

$$\begin{aligned}\Delta NI &= \Delta C \cdot MULT = -\Delta NT \cdot MPC \cdot MULT \\ &= -10 \times 4/5 \times 5 = -40\end{aligned}$$

税收增加 10，国民收入会减少 40。

$$\begin{aligned}\text{税收乘数} &= \frac{\Delta NI}{\Delta NT} = -MPC \cdot MULT \\ &= \frac{-40}{10} = -4\end{aligned}$$

4. 平衡预算乘数

平衡预算乘数是指政府财政收支平衡变动时引起的国民收入变动的倍数。

当 NT=GP 时，表示预算收支平衡。如果净税收增量 ΔNT 与政府购买支出增量 ΔGP 相等，表示财政收支是平衡变动的。

假定：ΔNT=50=ΔGP，MPC=4/5

由于总支出中增加了 50 的政府购买支出，总支出增量为 ΔAE=50，根据收入乘数原理，总支出增加 50 将引起均衡国民收入增加：

$$\Delta NI=\Delta AE\cdot MULT=50\times 5=250$$

在 50 的政府购买增量引起 250 的国民收入增量时，增加的 50 净税收却起着减少国民收入的作用。根据税收乘数原理，50 的税收增量将引起国民收入下降的量为：

$$\begin{aligned}\Delta NI &= -\Delta NT\cdot MPC\cdot MULT\\ &= -50\times 4/5\times 5\\ &= -200\end{aligned}$$

50 的 ΔGP 使国民收入增加了 250，而 50 的净税收增量 ΔNT 却只使国民收入减少了 200，二者相抵，国民收入仍增加了 50，相当于平衡预算变动的数量（ΔNT=50=ΔGP）。

ΔGP 使国民收入增加的倍数（MULT）减去 ΔNT 使国民收入减少的倍数（MPC · MULT）即为平衡预算乘数：

$$\begin{aligned}\text{平衡预算乘数} &= MULT-MPC\cdot MULT\\ &= \frac{1}{1-MPC}-MPC\cdot\frac{1}{1-MPC}\\ &= \frac{1-MPC}{1-MPC}=1\end{aligned}$$

这表示国民收入的增量是平衡预算增量的一倍。

二、加入政府部门的“NI－AE”模型

在考察了上述基本关系之后，可以建立一个加入政府部门的、封闭的“NI－AE”模型。这是一个三部门的宏观经济模型。

1. 税收函数

政府的税收来自国民收入。国民收入提高，税收就会随之提高。国民收入减少，税收会随之减少。因此，可以把税收看作国民收入的函数，即：

$$T = F(NI)$$

它的一般形式通常写为：

$$T = MT(NI)$$

式中，MT 为边际税率。在模型中，与政府购买支出相对应的是净税收。净税收为：

$$NT = T - GT$$

净税收函数可写为：

$$NT = MT(NI) - GT$$

式中，GT 是政府的转移支付，它是不随国民收入变动而自行变动的常量，由政府决定。－GT 可以看作是负的净税收，用 $\overline{NT}$ 表示，即：

$$\overline{NT} = -GT$$

该式表示，净税收函数中不随国民收入变动而变动的净税收部分是负的，它等于政府的转移支付。这样，净税收函数可写为：

$$NT = \overline{NT} + MT(NI)$$

式中的 $\overline{NT}$ 常取负值，表示要从总税收 T＝MT(NI)中减去转移支付。例如，净税收函数为 $NT = -225 + \frac{1}{4}(NI)$，其中的－225 为 $\overline{NT}$，表示国民收入为零时的净税收额为负值，也就是向家庭部门的转移支付额为 225。

2. 加入税收函数和政府购买支出的"NI－AE"模型

假定：

$$C=200+\frac{4}{5}DI,\quad NT=-225+\frac{1}{4}NI$$

$$I=100,\quad GP=200$$

加入政府部门后的总支出将由消费支出、投资支出和政府购买支出三部分构成：

$$AE=C+I+GP$$

由于可支配收入为 DI＝NI－NT，可将税收函数代入消费函数：

$$\begin{aligned} C &= 200+\frac{4}{5}DI \\ &= 200+\frac{4}{5}(NI-NT) \\ &= 200+\frac{4}{5}\left[NI-\left(-225+\frac{1}{4}NI\right)\right] \end{aligned}$$

总支出为：

$$\begin{aligned} AE &= C+I+GP \\ &= 200+\frac{4}{5}\left[NI-\left(-225+\frac{1}{4}NI\right)\right] \\ &\quad +100+200 \end{aligned}$$

列出了总支出函数，就可以计算出均衡的国民收入水平。根据国民收入均衡公式：

$$NI=AE$$

可得：

$$NI=200+\frac{4}{5}\left[NI-\left(-225+\frac{1}{4}NI\right)\right]+100+200$$

$$NI=200+\frac{4}{5}NI+180-\frac{1}{5}NI+100+200$$

$$NI-\frac{4}{5}NI+\frac{1}{5}NI=680$$

$$NI=1700$$

国民收入将在1700的水平上达到均衡。

在上述假定的数字中，当国民收入为1700时，净税收为：

$$NT=-225+\frac{1}{4}\times 1700=200$$

由于政府购买支出GP＝200，所以财政收支也处于均衡状态。即：

$$NT=200=GP$$

加入政府部门的“NI－AE”模型也可用图3.15加以说明。图中的C＋I＋GP为加入政府部门的总支出曲线AE，它在均衡点E与45°线相交。在此点，总支出等于总收入，产品市场处于均衡状态。

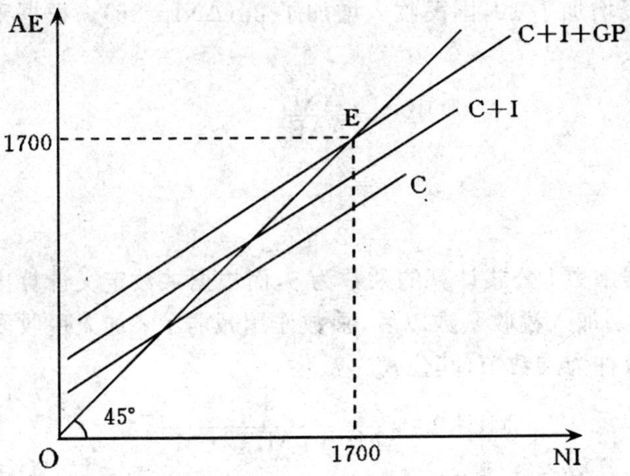

图3.15　考虑政府部门时的均衡国民收入

3. 乘数Ⅱ

“NI－AE”模型加入了政府部门以后，由于税收乘数的作用恰与收入乘数的作用相反，因此会改变根据乘数Ⅰ公式($MULT_I$

$=\frac{1}{1-MPC}$)计算出来的乘数，使其减小。

仍以前述的数字为例，当 MPC＝4/5 时，乘数 I 为：

$$MULT_{I}=\frac{1}{1-MPC}=\frac{1}{1-4/5}=5$$

加入税收函数以后的实际乘数要小于 5。例如，假定在上述数字的例子中增加一笔 10 的投资，即 ΔI＝10，新的国民收入均衡等式为：

$$NI=200+4/5[NI-(-225+1/4NI)]+100+200+10$$
$$NI=1725$$

没有增加 10 的投资以前的均衡国民收入为：

$$NI=200+4/5[NI-(-225+1/4NI)]+100+200$$
$$NI=1700$$

投资增加了 10，国民收入增加了 25(ΔNI＝25)。根据乘数的定义公式：

$$MULT=\frac{\Delta NI}{\Delta AE}=\frac{25}{10}=2.5$$

根据乘数 I 公式计算的乘数为 5，而根据乘数定义计算出的乘数为 2.5。加入税收函数以后，乘数作用减弱了。加入税收函数以后的乘数称为乘数 II，其公式为：

$$MULT_{II}=\frac{1}{MPS+MPC\cdot MT}$$

在上述例子中，MPS＝1/5，MPC＝4/5，MT＝1/4，代入乘数 II 公式：

$$MULT_{II}=\frac{1}{1/5+4/5\times 1/4}=2.5$$

乘数 II 和后面乘数 III、乘数 IV 的推导，我们留给读者自己去练习。

三、完全的“NI－AE”模型

完全的收入一支出模型是在上述三部门的宏观模型中加入投资函数和国外部门而建立的。

1．投资函数与乘数Ⅲ

在前面的例子中，投资总是被假定为不随国民收入变化而变化的常量，这一假定是为了简化模型以突出最基本的经济关系。在第二节建立投资函数时，曾指出投资是利息率和总产量的函数：

$$I=f(r,Q)$$

由于名义国民收入 NI＝P×Q，总产量 Q 被称做实际国民收入。在投资函数中，Q 可以用 NI 来近似地代替。这样，投资函数可写为：

$$I=f(r,NI)$$

由于本章只在最终产品市场的范围内考察国民收入决定，因此可以暂时忽略利息率 r 对投资的决定作用，利息率对国民收入决定的作用将在“IS－LM”模型中研究。这样，就可以建立如下投资函数：

$$I=\bar{I}+MPI(NI)$$

式中，$\bar{I}$ 为不随国民收入变化而变化的自主投资，它仍为一常数。MPI(Marginal Propensity to Invest)为边际投资倾向，它是投资增量占国民收入增数的比例：

$$MPI=\frac{\Delta I}{\Delta NI}$$

它表示每增加一单位国民收入所带来的投资增量。

假定：C＝200＋4/5DI，NT＝－225＋1/4NI

I＝15＋1/10NI（$\bar{I}$＝15，MPI＝1/10）

GP＝200

均衡国民收入为：

$$NI=AE$$

$$NI=200+4/5(NI+225-1/4NI)+15+1/10NI+200$$

$$3/10NI=595$$

$$NI\approx 1983.33$$

加入边际投资倾向 MPI 以后，乘数作用会发生进一步的变化。前面根据乘数 II 公式的计算，收入乘数为 2.5。现在，假定政府购买增加了 10，即 $\Delta GP=10$，新的均衡国民收入为：

$$NI=200+4/5(NI+225-1/4NI)+15+1/10NI+200+10$$

$$NI=2016.66$$

因政府购买支出增加了 10 而引起的国民收入增量为：

$$\Delta NI=2016.66-1983.33=33.33$$

根据乘数定义计算的乘数为：

$$MULT=\frac{\Delta NI}{\Delta AE}=\frac{33.33}{10}\approx 3.33$$

乘数作用增强了，将消费函数、投资函数和税收函数一并考虑在内的乘数称做乘数 III，其公式为：

$$MULT_{III}=\frac{1}{MPS+MPC\cdot MT-MPI}$$

2. 净国外购买支出与乘数 Ⅳ

在完全的“NI－AE”模型中，必须考虑到进口和出口对国民收入决定的影响。出口 EX 通常被看作是本国货币对外币汇率的函数，不与本国的国民收入发生直接关系。在不考虑外汇市场的情况下，可将出口假定为一常数，用 $\overline{EX}$ 表示。进口 IM 的大小则与本国人民的收入大小直接相关，本国的国民收入越高，购买的外国产品就越多，进口 IM 就增加；反之，IM 就会减少。因此，进口可看作是本国国民收入的增函数。其形式通常写为：

$$IM=\overline{IM}+MPM(NI)$$

式中，$\overline{IM}$为不随国民收入变动而变动的自主进口量，为一常数。MPM(Marginal Propensity to Import)为边际进口倾向。

用NX表示净出口，净出口函数可写为：

$$NX=\overline{EX}-\overline{IM}-MPM(NI)$$

完全的"NI－AE"模型中的总支出AE为：

$$AE=C+I+GP+NX$$

其中包括了如下四个函数：

消费函数：$C=\overline{C}+MPC\cdot(NI-NT)$

税收函数：$NT=\overline{NT}+MT\cdot NI$

投资函数：$I=\overline{I}+MPI\cdot NI$

净出口函数：$NX=\overline{EX}-\overline{IM}-MPM\cdot NI$

政府购买支出是由政府确定的，在模型中仍为一常量，用$\overline{GP}$表示。

完全的"NI－AE"模型可以写为：

$$NI=C+I+GP+NX$$

$$NI=\overline{C}+MPC[NI-\overline{NT}-MT\cdot NI]+\overline{I}+MPI\cdot NI+\overline{GP}+\overline{EX}-\overline{IM}-MPM\cdot NI$$

加入国外部门以后，收入乘数会再次减小。这一完全"NI－AE"模型中的收入乘数称做乘数Ⅳ，其公式为：

$$MULT_{IV}=\frac{1}{MPS+MPC\cdot MT-MPI+MPM}$$

四、引致投资与加速原理

在前述的收入－支出模型中，投资的增加会引起总支出AE的增加，从而使国民收入NI增加。但是，国民收入的增加又会反过来使投资增加。这一关系可由投资函数看出来，暂不考虑利息率，投资函数可写为如下形式：

$$I=\overline{I}+MPI\cdot NI$$

该式表示，投资是国民收入的函数。当国民收入增加时，投资就会随之增加；当国民收入减少时，投资也会随之减少。由国民收入增加而引起的投资增量称为“引致投资”。当人们的收入增加时，消费会随之增加，这意味着厂商会有更大的销售额，这也会导致更高的预期投资收益率，也就是说，国民收入 NI 提高意味着利润增加，这些利润会成为未来投资的资金来源。只要投资的预期收益率足够高，这些资金就会形成投资。资金的增加会改善销售前景，促进投资，增加资本存量。边际投资倾向 MPI 显示出了国民收入增加(ΔNI)所引起的投资增量(ΔI)之间的比例：

$$MPI=\frac{\Delta I}{\Delta NI}$$

在前面关于乘数 III($MULT_{III}$)所举的例子中，已经把引致投资加入到收入－支出模型中，既考虑到投资对总支出 AE 从而对国民收入 NI 的影响，也考虑到了国民收入对投资的影响。不难看出，乘数 III 之所以比乘数 II 大，是因为国民收入的增加引致了更多的投资，而增加的投资又增加了总开支，从而进一步引起国民收入的增加。

加速原理认为，投资决定的最重要因素是销售量而不是利润，利润率的增加往往不足以引起厂商投资扩大生产，而销售量的增加则必然促使厂商投资扩大生产。产量增加需要增加资本的存量，即投资。用 ΔK 表示资本存量的增加量，有下式成立：

$$I=\Delta K$$

销售量(或总产量)的增量 ΔQ 与投资 I 或资本增量 ΔK 有密切的关系，要使产量增加 ΔQ，就必须增加一定的资本 ΔK，否则产量增量 ΔQ 是无法生产出来的。我们把增加一单位产量所需增加的资本量定义为加速数。用 W 表示加速数，其定义公式为：

$$W=\frac{\Delta K}{\Delta Q}$$

根据此公式，要增加 ΔQ 的产量，需要增加的资本存量 ΔK（即投资）为：

$$I=\Delta K=W\cdot\Delta Q$$

或：

$$I=W\cdot(Q_T-Q_{T-1})$$

式中，Q_T 为投资后的 T 时期的总产量，Q_{T-1} 为投资前一时期的总产量，二者之差为投资 I 造成的产量增量。我们用表 3.2 说明加速原理。为了简便起见，我们假定，在表中所列的全部时期内（第 1 年至第 9 年）资本与产量比例即 K/Q 不变。这样，产量变化量所需的资本变化量的比例，即加速数 W 就不变（$W=\frac{\Delta K}{\Delta Q}$），且等于不变的资本产量之比，即：

$$\frac{K}{Q}=\frac{\Delta K}{\Delta Q}=W$$

假定，不变的资本产量比率为 3∶1，即：

$$\frac{K}{Q}=\frac{3}{1}=\frac{\Delta K}{\Delta Q}=W=3$$

表 3.2　投资相对于销售量的加速度

年份	销售额（亿美元）	销售增量（亿美元）	投资增量 I(ΔK)（亿美元）
1	1000		
2	1100	100	300
3	1200	100	300
4	1400	200	600
5	1700	300	900
6	1900	200	600
7	2000	100	300
8	2000	0	0
9	1900	−100	−300

在表 3.2 中，第 2 年的总产量（假定等于销售量）要比第 1 年增加 100 亿美元，根据资本产量比（为 3/1），就需要增加投资 300

亿美元。当销售量增加速度加快时，如第 4 年增加 200 亿美元，第 5 年增加 300 亿美元，就会引起投资以更快的速度增长，如第 4 年增加 600 亿美元的投资，第 5 年增加 900 亿美元的投资。在销售量以 100 亿美元、200 亿美元、300 亿美元的速度增长时，投资将以 300 亿美元、600 亿美元、900 亿美元的速度增长，这就是加速原理。在上述例子中，资本增长的速度是产量增长速度的 3 倍，这个 3 倍就是加速数 W。当销售量的增长速度降低时，投资下降的速度也将是产量下降速度的 3 倍。如第 5 年比第 4 年的销售量增加 300 亿美元，第 6 年比第 5 年的销售量增加 200 亿美元，第 7 年比第 6 年只增加 100 亿美元，而第 8 年比第 7 年没有任何增加，第 9 年比第 8 年的销售额减少了 100 亿美元。与此相应，投资的增长量加速下降，从 900 亿美元降到 600 亿美元、300 亿美元、0，再到(－300)亿美元。加速原理要说明的是，在实际国民收入增加的时候，投资要以更快的速度增加。

一方面，国民收入增加时，会使投资以数倍的速度(加速数 W)增加，从而引起总需求的加速增长；另一方面，投资的加速增加又会通过乘数作用引起国民收入的数倍于投资的增长。加速原理和乘数原理合在一起被一些经济学家用来解释经济周期。这将在以后有关的章节详述。

复习思考题

1. 最终产品市场的总供求模型(AS－AD 模型)与马歇尔的均衡价格模型有什么共同点和区别？

2. 总需求的决定因素有哪些？它们怎样影响总需求？

3. 总供给曲线为什么会在接近充分就业的产量水平时有一个肘弯？

4. 什么是生产力极限？如何表示？它由哪些因素决定？它如何影响总供给曲线？

5. 总需求大于总供给或总供给大于总需求的情况会不会在长期内出现？一旦出现，要不要政府进行干预？

6. 总需求、有效需求和充分就业下的有效需求三个概念的区别是什么?

7. 简述总需求或总供给变动或两者同时变动对均衡国民收入产生的影响。

8. 解释下列概念:消费函数、边际消费倾向、边际储蓄倾向和投资函数。

9. 用总收入－总支出模型的图示说明最终产品市场的自动均衡过程。

10. 通过乘数过程说明收入乘数与边际消费倾向和边际储蓄倾向的关系。

11. 什么是通货膨胀缺口?什么是失业缺口?它们是否意味着供求不相等?

12. 解释下列概念:税收乘数、平衡预算乘数。

13. 请你推导出乘数Ⅱ、乘数Ⅲ和乘数Ⅳ。

第四章　货币市场的均衡

国民收入的决定不但与最终产品市场的均衡状况有关，而且也与货币市场密切相关。为了更全面地揭示国民收入决定的经济过程，必须了解货币市场的均衡过程及其调节机制。本章介绍货币市场均衡及其调节的理论。

第一节　货币的定义与货币市场

什么是货币？它与其他金融资产的关系如何？什么是货币市场和金融市场？它们是怎样构成的？这些问题是了解西方货币市场运行机制的基础。

一、货币的定义

人们拥有的财产可分为两大类：一是实际财产(Realasset)或物质财产(Physical Asset)，包括房地产、各种机器设备、各种产品、半成品、原材料、各种生活用品等一切有实际使用价值的物品；二是金融资产(Financial Asset)，包括各种单纯以价值形式存在的财产，如货币、银行存款、各种债券、股票和其他有价证券。从这个意义上说，货币是一种金融资产。但金融资产不都是货币。只有具备如下三个职能的金融资产才是货币：

(1)它必须是交换媒介。

(2)它必须是财富的储藏手段。

(3)它必须是计账单位(Unit of Account)。

根据这三种职能，货币当然是指各国政府法定的货币，如美元、马克、英镑等。因为除去前两个职能以外，只有政府法定的货币才能执行“计账单位”的职能。当今西方国家，在计算货币量的时候有如下三种货币形式。

$$M_1=现金+支票账户存款$$

M_1 是最基础的货币计量形式，它包括全部现金和可随时开支票提取或转账的银行存款(Checkable Accounts)，一般为活期存款。这种可开支票的活期存款，不必通过提取现金而是通过开支票来直接进行商品交换，它与现金起完全相同的作用。所有经营金融业务的机构中的以支票账户存在的活期存款(包括旅行支票账户)都被看作是与现金等同的货币。

$$M_2=M_1+小额定期存款+短期定期储蓄$$
$$+货币市场互助基金$$

M_2 定义中的小额定期存款是指零星存入的定期存款，短期定期储蓄包括一年以下的所有定期存款，货币市场互助基金是指商业银行之间的准备金贷款。前两项是由于流动性较强(即变现能力较强)而被包括在较宽的货币 M_2 中，最后一项则是由于对银行的“货币创造”有重大影响(这一点将在有关货币政策的章节中详述)而被包括在 M_2 中。它们没有被包括在 M_1 中是因为它们不能直接起交换媒介的作用。

第三种是 M_3，它通常是在 M_2 的基础上再加上长期大额定期储蓄和其他一些流动性较差的金融资产。

在上述三种货币形式中，M_1 是经济学家和政府经常使用的货币计量形式，各国对 M_1 的内涵定义也都大致相同。至于 M_2 和 M_3 的内涵，不同国家则不尽相同。本书所使用的货币概念仅指 M_1。

二、货币和其他金融资产

金融资产又称金融工具(Financial Instruments)，它是保证人们购买力的凭证。金融资产分为三类：债券、股票和货币。

债券包括各类借据(IOU)，如本票(Promissory Notes)、信用债券(Debenture)、抵押借据(Mortgages)、公司债券(Corporate Bonds)、政府债券(Government Bonds)以及其他期票、汇票等。债券到期时，其持有者除去收回本金外，还得到利息收入。利息是债券持有人延迟其消费，承担违约(Default)和市场风险(Market Risk)的报酬。因此，不同债券的利息率将随债券期限长短、违约可能性的大小、市场风险的大小而不同。

公司股票是获得公司一部分利润收入的凭证，分为优先股票和普通股票两类。优先股票优先获得公司的利润分红，但其持有者无权参与公司的经营管理。普通股票持有者有权参与公司的经营管理，但却要在优先股票之后分红。在公司倒闭时，清债后的公司财产也按先优先股后普通股的顺序分配。股票可以出售，其价格与股息收入正相关，与市场利息率反相关（股票价格 $=\frac{\text{股息}}{\text{市场利息率}}$）。此外，股票价格与公司的信誉、经营前景、人们对通货膨胀以及未来利润的预期、经济和政治的宏观环境等都有密切的关系。

货币是一种非常特殊的金融资产，它具有完全的流动性或灵活性。所谓金融资产的流动性或灵活性是指它的变现能力。金融资产的流动性越大，该资产获得的收入就越小；货币具有完全的流动性，它就没有收入或只有极少的收入（有些国家的支票账户不付利息，有些只付极少的利息）。货币的价值是它的购买力，即购买其他财产的能力。当单位货币能够购买的产品和服务的数量增加时，货币的价值就增加，反之就减少。因此，货币的价值取决于货币供给量相对于总产量（包括服务）的大小。货币的成本（即机会成本）是因持有货币而放弃的持有其他金融资产可得到的收入。由于金融资产的收入都与短期债券利息率密切相关，所以货币的成本被看作是利息率。

三、货币市场

金融市场分为货币市场和资本市场两大部分，但习惯上经常将整个金融市场称做货币市场。狭义的货币市场仅指短期信贷市场，包括所有短期债券的交易和其他短期借贷活动。资本市场是指长期信贷市场和股票市场。

货币市场上的主要金融工具有三大类：一是政府的短期债券，二是商业银行的各类短期可转让存单，三是信用较高的各类非金融机构发行的各类商业票据。货币市场中最主要的参与者是商业银行，其次是一些大公司，再次是普通消费者。进行短期借贷活动的货币市场每天交易的货币量都是相当巨大的。例如，据统计，20世纪80年代中期，美国货币市场每天的货币交易额平均在300亿美元以上。在利息率较高的时期，利息是按天计算的，对持有大量货币的个人和公司来说，不必要地多持有一天货币，其成本是相当高的。购买短期债券是一些公司和个人处理短期剩余货币的最好办法。由于其借贷的期限很短，违约风险和市场波动风险非常小，因此一些资产持有者倾向于购买短期债券。由于货币市场规模巨大，只要调整好货币市场，货币总量和利息率就可以控制在理想的水平上。

产品市场和要素市场的运行离不开货币的媒介作用，所以金融市场在国民收入的循环中起着十分关键的作用。而在金融市场中，货币市场规模巨大，它是绝大多数正常商业活动不可缺少的中间环节。货币的供求在货币市场上能够得到充分的反映，货币市场上的供求变动是市场利息率变化的决定性因素。当风险最小、期限最短的利息率一旦由其供求关系确定的时候，其他一系列风险较大和期限较长的贷款利息率都会调整到与其相适应的水平。正是由于利息率之间的这种牵动作用，各国中央银行的货币政策总是在货币市场上通过短期债券的买卖来实现。

四、资本市场

资本市场包括一年以上的长期信贷市场和股票市场，资本市场对国民收入循环流量的影响往往要持续许多年。当公司扩大其规模和消费者需要购买房地产及高档耐用消费品时，往往需要长期负债；当公司扩大规模或建立新企业时，也常常靠发行股票来筹集所需的资金。这样，资本市场就与实际资本的积累和总投资密切相关。它在相当程度上决定着实际的经济增长。

资本市场对利息率的影响虽不如货币市场那样大，却也对利息率的决定起着重要的作用。从宏观角度看，无论是短期债券还是长期债券或股票，都是在同一个金融市场为争夺同一笔总资金而相互竞争。当经济繁荣、预期利润率普遍上升的时候，长期债券的高利息率和股票的较高收益会拉动短期利息率上升。因此，当我们考察利息率的决定时，无论是把"利息率"理解为基础利息率还是理解为各种市场利息率的总代表，它都是由整个金融市场上的货币供求关系决定的。

第二节 凯恩斯货币理论的基本观点

严格地讲，货币市场这一概念是在凯恩斯《就业、利息和货币通论》出版之后才出现的。在古典学派的理论中，货币市场并没有被划分出来，而是包含在商品市场和资本市场之中，货币流通完全从属于商品流通，有价证券（债券、股票等）交易被视为投资，与货币流通是完全不相干的。"凯恩斯革命"的重要的内容之一就是打破了古典学派把实际领域与货币领域划分开来的"两分法"，而把实际领域与货币领域联系起来的中介正是货币市场。因此，对货币市场的分析必须首先讨论凯恩斯的货币理论。

在古典学派理论中，利息率主要依存于由人们的时间偏好所决定的储蓄供给和由资本的生产力所决定的投资需求这些实际因素，而货币数量或货币的供给与需求和利息率是完全无关的，它只是决定物价水平。古典学派的这种两分法根植于人们对未来有完全准确的预期这一假设和没有时间的均衡概念。与古典学派的理论不同，凯恩斯把对未来预期的不确定性作为人们行为的重要假设，一旦加入了时间和预期的不确定性，货币的性质就发生了根本的改变。凯恩斯指出："货币之重要性主要是以货币乃现在与未来之联系这一点产生的。"[①]这一点体现了凯恩斯的货币理论与古典学派理论在方法论上的区别。

对未来预期的不确定性在凯恩斯的理论中具有极其重要的位置。凯恩斯的资本边际效率投资理论与古典学派的资本边际生产力投资理论的区别在于，资本的边际效率取决于投资的成本—利息率和人们对资本品未来收益的预期，这种对未来预期的不确定性会影响人们的行为。当人们的储蓄与投资是通过货币进行时，这种对未来预期的不确定性必然通过货币表现出来，这就是人们对货币的灵活偏好，即人们储藏货币不仅是由于交易的需要，而且为了投机需要，通过持有货币来对付预期的不确定性和获得收益。

在古典学派的理论中，货币在人们手中非交易需求的储藏被认为是不合理的行为。对此，凯恩斯认为，古典学派的理论只适合于不存在预期不确定性的静态社会，因为在静态社会，人们对未来的看法在各方面都是固定和可靠的，一切都在事先完全预料到了，因此，对货币的灵活偏好是不存在的，惟此货币数量论的公式 $MV=PY$ 才能成立。而在现实的动态世界中，人们的预期并不是确定的和一定能够实现的，由于对未来的预期会影响人们的行为，于是"货币是现在与未来之联系这一个特性就进来了"[②]，这就是凯恩

① 凯恩斯．就业、利息和货币通论．中译本．商务印书馆，1963年版．第250页

② 同上。

斯所强调的货币经济的性质。在凯恩斯看来,对未来预期不确定性的主要原因在于持久性资产的存在,即厂商对于固定资本设备投资的未来收益的预期是不确定的,“只要有任何持久性资产之存在,这种资产就会有货币属性,就会引起货币经济所持有的许多问题”①。这样,货币在凯恩斯的理论中已经不再仅仅是价值尺度和流通手段了,而且是一种资产。从而,凯恩斯的货币灵活偏好理论是一种资产选择理论。

在前面,我们已经对凯恩斯的消费函数和投资函数理论进行了分析,并把投资作为一种外生变量构筑了简单凯恩斯模型。然而,仅仅从凯恩斯对边际消费倾向和资本边际效率的分析中并不能构成凯恩斯对资本主义经济非充分就业均衡的完整解释,只有把凯恩斯的货币灵活偏好理论与消费函数和资本边际效率理论联系起来,才能构成一种完整的理论体系。凯恩斯的消费函数理论所表明的是,人们的消费主要取决于收入,从而储蓄是一个既定的量,而投资则取决于人们对未来的预期,因而储蓄与投资是完全不同的两回事,人们不用于消费的收入——储蓄并不一定会转化为投资,当人们对投资的前景感到悲观时,会把储蓄以货币的形式积存起来,等待时机,从而会导致总需求不足和失业。由此可见,货币的灵活偏好对于凯恩斯的理论体系是极为重要的。

凯恩斯货币理论打破了古典学派关于利息率完全是由人们在现在消费和将来消费之间的权衡以及投资的资本生产力这类实际因素决定的理论,而把利息率归之于一种货币现象,是由货币的供给与需求决定的。

凯恩斯的消费函数理论表明,人们的储蓄主要取决于收入,而很少为利息率所左右,投资则不仅取决于利息率,而且取决于人们对未来的预期,这实际上已经打破了利息率由实际因素决定的古

① 凯恩斯．就业、利息和货币通论．中译本．商务印书馆,1963 年版．第 250 页

典学派理论。根据凯恩斯的灵活偏好理论，货币是一种资产，人们持有货币与持有其他资产一样，都是为了获得收益。虽然持有货币不能直接获得利息收入，但人们可以通过持有货币获得由于利息率与其他资产（在假定只有货币与债券两种资产的条件下，其他资产用债券表示）价值变动而产生的投机收益。因此，利息率是人们放弃货币的灵活偏好的报酬，从而利息率越低，人们对货币的投机需求即灵活偏好就越大。这样，就使利息率与货币的供给与需求联系起来。当货币的供给增加时，只有降低利息率，人们才会把增加的货币用于投机需求，或者说货币供给的增加会降低利息率；反之，当货币供给减少时，利息率会上升。

正是从货币数量与利息率的这种关系出发，凯恩斯把货币数量与有效需求联系起来。[①]由于厂商的投资是利息率的函数，通过增加货币供给降低利息率，可以增加投资和提高有效需求水平。这一点成为政府通过控制货币供给来调节有效需求的货币政策的理论依据。但是，厂商的投资不仅取决于利息率，而且还取决于对未来的预期。此外，当利息率下降到一定程度时，会使人们对货币的投机需求变得无限大，从而会阻止利息率的下降。这两个方面被凯恩斯称为"投资陷阱"与"灵活偏好陷阱"，它们使货币政策失去效力。

第三节　货币需求

在这一节，我们将对货币供给与需求如何决定利息率这一点作详细的解释。

---

① "货币数量之改变，对于有效需求量之影响，是由货币数量可以左右利率这一点产生的"。凯恩斯．就业、利息和货币通论．中译本．商务印书馆，1963年版．第254页

一、货币数量与利息率

凯恩斯认为,货币数量在利息率的决定中扮演着重要的角色。他的分析是从人们对各种金融资产的选择开始的。

首先,凯恩斯使用了某些简化的假定,即假定所有的金融资产都可以划分为两类:货币和非货币资产(用债券来代表)。货币资产的数量可以认为是现有的货币存量,包括现金和活期存款。债券则可以理解为除货币外的所有金融资产,它包括正常意义上的政府和公司债券及其他长期金融资产(主要是股票)。这种货币与债券区分的一个重要依据在于,作为严格的定义,持有货币是不能为所有者带来利息收入的资产,而持有债券可以为所有者直接带来收益。为了便于讨论,我们假定只有一种债券,这种债券是持久性的,每年的收益为利息,它只能在债券市场上流通,而不考虑到期还本问题。

在这种简化的条件下,我们来考察人们怎样决定把他们的财富分配到货币和债券这两种资产上。在某一时点上,人们的财富是既定的,由于持有财富的形式只有两种——货币与债券,从而名义财富 W 等于个人的货币存量 M 和债券存量 B,即:

$$W=M+B \tag{4.1}$$

这样,债券的均衡利息率将等于这样一种比率,这一比率将能够出清现存的债券,从而通过研究决定债券的供给与需求的因素即可找到决定均衡利息率的原因。但凯恩斯并没有按照这种方式去寻找决定利息率的原因,而是通过对货币的需求与供给因素的分析来找出均衡利息率的决定。按照公式(4.1),人们对于资产的选择只有两种——债券与货币。例如,某个人的总财富为 100,他如果选择以货币的形式持有 30,那么,余下的 70 只能以债券的形式来保持,从而对他来讲,选择最优的债券持有量与选择最优的货币持有量是一回事。这样,货币的需求超过货币供给表明公众希望增加以货币形式持有的财富，从而也就意味着债券的供给超过对债券的需求和公众希望减少财富中债券所占的比例。

因此，通过债券的供给与需求或通过货币的供给与需求去寻找决定均衡利息率的原因都是可行的。凯恩斯是通过后一种方法来阐述均衡利息率的决定的，即在货币的供给与需求相等时，其利息率为均衡利息率，因为凯恩斯正是为了强调这种货币数量与利息率之间的关系，表明利息率决定于货币的供给与需求。

货币的供给与需求决定利息率的关系可以用图 4.1 来表示。

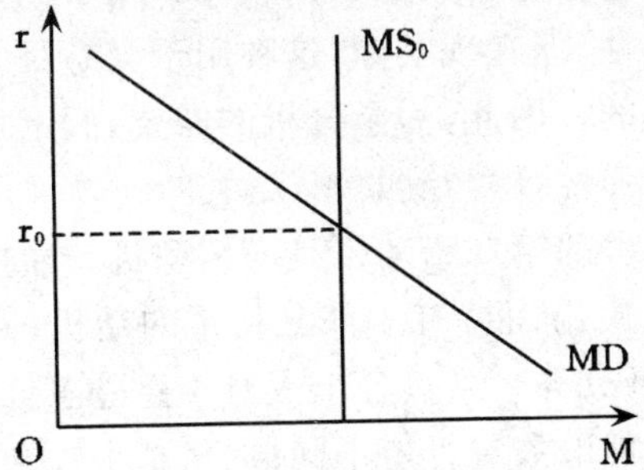

图 4.1 均衡利息率的决定

在凯恩斯体系中，均衡利息率 r_0 是货币供给与需求相等时的利息率。货币供给被假定是由中央银行外在给定的 MS_0，MD 是货币需求曲线。MD 向右下方倾斜表示利息率越低，人们需要的货币量越大。那么为什么货币需求曲线是向右下方倾斜的呢？这正是凯恩斯货币需求理论所要研究的问题。

凯恩斯认为，人们持有货币有三种动机，即交易需求、谨慎需求和投机需求。当然，这并不是说每个人都把自己持有的货币按这样三种动机划分开，但在理论分析中，把这三种动机分开是非常有用的。

二、交易货币需求与谨慎货币需求

人们对货币需求的第一个动机是交易动机。货币是交换的中介，交易动机即人们持有货币是为了用于交易。用于交易目的的货币需求取决于人们交易的数量，交易数量随着收入的变化而变化，货币的交易需求也就随着收入水平的变化而变化，它是收入的函数。

人们在出卖商品得到收入和再购买商品的一段间隔时间中，也可以去购买债券而获得利息收入，从而，用于交易目的的货币也会具有利息率弹性。但在现实中，这种用于交易目的的货币的利息率弹性是非常小的。因此，为了分析的需要，假定货币的交易需求完全没有利息率弹性，即与利息率无关。

人们持有货币的第二个动机是谨慎动机。谨慎动机是指人们为了预防意外的支出而持有一部分货币的动机，如为了支付医疗费用、应付各种事故等。虽然各个人对于意外事件的看法不同，从而对谨慎需求的货币数量可能不同，但从整个社会来说，为谨慎动机而需要的货币量与收入密切相关，因而也可以把它视为收入的函数。虽然这部分货币需求在现实中也具有一定的利息率弹性，但由于利息率弹性很小，故在分析中也假定货币的谨慎需求与利息率无关。

由于货币的交易需求和谨慎需求都可以视为收入的函数，我们可以把这两种货币需求放在一起，用 MD_T 表示，用 Q 表示实际国民收入，这种货币需求和实际收入的关系可以用函数式表示为：

$$MD_T = MD(Q) \qquad (4.2)$$

如果我们假定人们为了满足交易动机和谨慎动机所需要的货币量与货币收入的比例关系为一个常数 k，则公式(4.2)可改写为：

$$MD_T = k\,PQ \qquad (4.3)$$

从公式(4.3)可以看出,凯恩斯对交易需求和谨慎需求的表述与剑桥方程式 MS=K·P·Q 是相似的。虽然凯恩斯强调的是货币需求与实际收入的关系,剑桥方程式强调的是货币数量与价格水平之间的关系,但在意义上并没有什么区别。

三、投机货币需求

凯恩斯考虑人们持有货币的第三个动机是投机动机。正是这一点与古典学派的理论发生了根本的区别。在古典学派理论中,非交易需求的货币储藏是不合理的行为,要使这种货币投机需求的理论成立,就必须回答这样一个问题:人们为什么要放弃持有债券所能获取的利息而持有不能生息的货币呢?

凯恩斯认为,这种货币的投机需求来自人们对未来利息率变动的预期是不确定的,从而不能准确地估价债券的市场价格。这种对未来预期的不确定性,使人们产生了对货币的投机需求。当人们预期利息率的变动会使持有债券遭受资产的损失时,人们将持有货币。为了说明这一问题,需要搞清利息率与债券价格之间的关系。

让我们来考察一种具有固定利息的持久性债券的例子。这种持久性债券每年只按照一个固定比例支付利息,比如政府发行的公债,每年按 5%支付利息,如果债券的票面额为 100 美元,每年将固定支付给债券持有者 5 美元的利息。由于假定债券是持久性的,从而不考虑债券的还本问题,它只能按债券的市场价格在债券市场上流通。那么利息率又是怎样影响债券的市场价格呢?

当市场利息率为 5%时,这种固定利息支付的债券的市场价格将与其票面值相等,即为 100 美元,因为对于资产所有者来讲,在这一利息率条件下,100 美元资产所能获得的收入只能是 5 美元。当市场利息率上升为 6%时,100 美元的资产将获得每年 6 美元的收益,而面值 100 美元的债券收益只有 5 美元,这必将使债券的市场价格下跌，它只能按照给买者提供6%的利息率的较低价格出售，因为债券的价值只能按它能给资产所有者提供的收益来计算，而获得收益的标准是流行的市场利息率。这样，我们就得到债券市场价格的计算公式：

$$BP=\frac{R}{r} \tag{4.4}$$

其中，BP是债券的市场价格，R是债券按固定利息率支付的收益，r为利息率。当利息率为5%时，每年5美元收益的债券的市场价格为：

$$100\text{美元}=\frac{5\text{美元}}{5\%}$$

当利率为6%时，债券的市场价格为：

$$83\frac{1}{3}\text{美元}=\frac{5\text{美元}}{6\%}$$

这样，当人们预期利息率将要上升时，比如预期利息率会从5%上升到6%，人们与其购买债券获取5美元的收益，不如将货币闲置在手中更为有利。因为如果将100美元购买债券，虽然能获得5美元的收益，但当利率上升到6%，面值100美元的债券市场价格只有$83\frac{1}{3}$美元，也就是说，会给债券购买者带来资产净损失$11\frac{2}{3}$美元（$100-83\frac{1}{3}+5=11\frac{2}{3}$）。这种对利息率的预期将使人们宁愿持有货币而放弃能够生息的债券。反之，当人们预期到利率将要下降时，将抛出货币而持有债券（即购买债券）。

以上例子表明了利息率与货币投机需求之间的关系，即当某个人认为目前的利息率低于正常利息率，从而预期利息率将要上升时，他将全部持有货币而抛出债券；而当他认为目前利息率超过正常利息率，从而预期利息率将会下降时，他将全部持有债券而抛出货币，如图4.2所示。

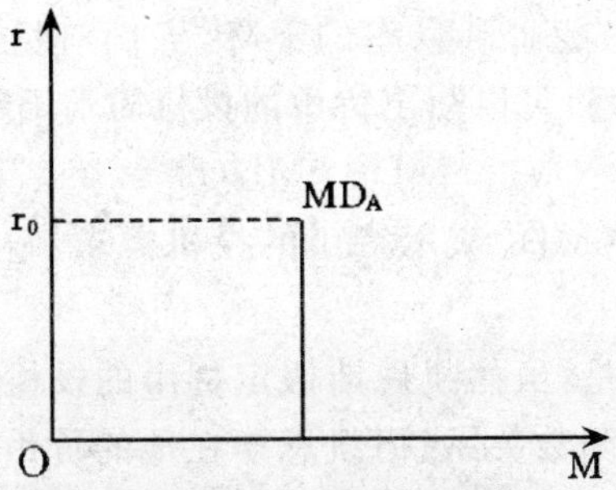

图 4.2　个人的货币投机需求

图 4.2 表明，当个人预期利息率将要上升到 r_0 以上时，货币投机需求(用 MD_A 表示)将为零；而在预期利息率会低于 r_0 时，他将把债券全部转为投机性货币余额，从而对货币的投机需求曲线是不连续的。我们把 r_0 称为有效利息率。但是这种情况只是对各个人来讲的。每个人对未来的预期有所不同，从而使每个人心目中的有效利息率 r_0 也有所不同。因此，对货币和债券的总需求并不是突然变化的，因而可以认为因投机而产生的对货币的需求曲线是一条平滑的曲线，它随着利率的下降而使人们对货币的投机需求增加，因为利息率越低，将会有更多的人认为低于他心目中的有效利息率而预期利息率将会上升。这种利息率与货币投机需求的关系如图 4.3 所示。

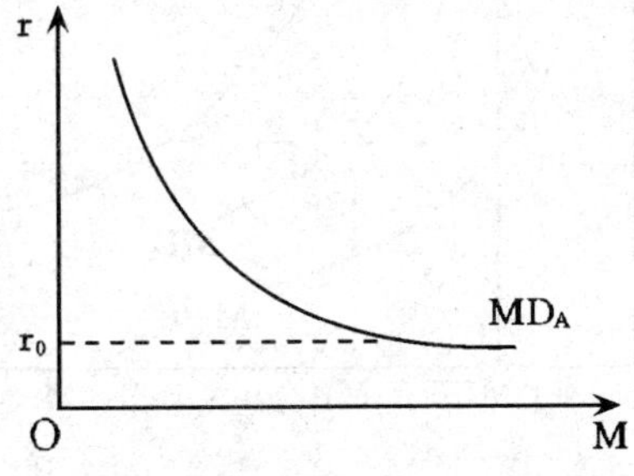

图 4.3　对货币的总投机需求

图 4.3 表明，随着利息率的下降，人们对货币的投机需求增加。根据这种关系，可以写出货币的投机需求函数式：

$$MD_A = MD(r) \tag{4.5}$$

公式(4.5)中 MD_A 表示货币的投机需求，它与利息率呈反方向变动。

需要提到的是，虽然凯恩斯假定货币的投机需求是与利息率呈反方向变动的函数关系，但凯恩斯在他的货币灵活偏好理论中使用了一个十分重要的概念——灵活偏好陷阱，即当利息率下降到一定程度时，人们对货币的投机需求会变得无限大。也就是说，当利息率低到某一点时，所有的人都会预期利息率不会再下降而会上升，从而都抛出债券而持有货币。如图 4.3 所示，在 r_0 点，货币的投机需求曲线变得有无限的弹性，从而会阻止利率的下降。

四、货币的总需求

前面对货币需求的三个动机进行了分析，把这三个方面加在一起就获得了对货币的总需求函数：

$$MD = MD(Q) + MD(r) \tag{4.6}$$

或 $$MD = MD(Q, r) \tag{4.7}$$

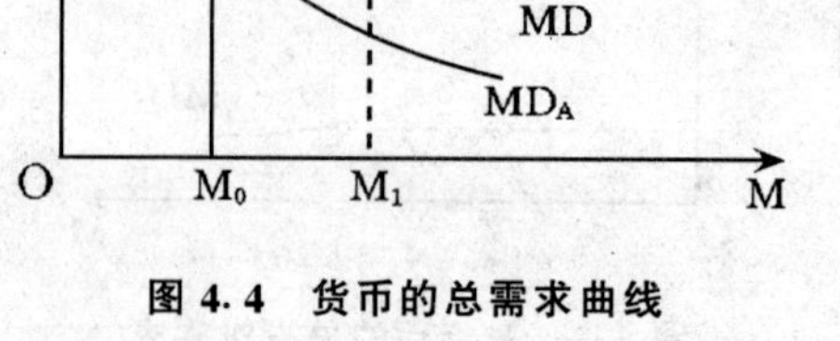

图 4.4 货币的总需求曲线

公式(4.7)表明，货币需求取决于实际国民收入和利息率，当收入水平上升时，货币总需求增加；而当利息率上升时，货币总需求减少。这种关系可以用图4.4来表示。

在图4.4中，MD表示货币的总需求曲线，由公式(4.6)给出，其中货币的交易需求 $MD_T=MD(Q)$，只取决于实际收入水平，与利息率无关，所以在图中为一垂直线，其与原点的距离表示交易的货币需求量。当收入水平上升时，MD_T 曲线将向右方平行移动，如从 MD_T 移动到 MD_T'，表示货币的交易需求随收入的上升而从 M_0 增加到 M_1。由于 $MD=MD_T+MD_A$，所以MD变为 $MD'=MD_T'+MD_A$。

第四节　货币市场的均衡及其机制

在这一节中，我们将把货币的供求给合在一起，说明货币市场的自动均衡过程、货币供给变动对货币市场均衡的影响，以及货币市场变动对最终产品市场发生影响的传导机制。

一、货币市场的自动均衡过程

货币的需求主要取决于交易商品数量和利息率的水平，货币的供给则取决于中央银行的货币政策，中央银行通过银行系统控制着货币的总供给量。关于中央银行如何控制货币供给，以及根据什么原则来控制货币供给，将在后面有关银行体系和货币政策的章节中详述。在这里我们只需知道货币供给是由中央银行控制的，它不随利息率和交易数量(Q)的变动而自动发生变化。这里的目的仅在于说明货币市场的均衡机制和均衡状态发生变化的机制。

在货币市场上，利息率的变动会引起货币总需求的变动。这是因为利息率的变动会引起债券价格的变动，债券价格的变动会导致人们重新安排所持货币的数量，从而导致货币资产需求的变动，使货币的总需求发生变动。可见，利息率调节着货币市场的需求。但货币的供给却不受利息率的影响，如图 4.5 所示，货币的供给曲线是一条不随利息率变化而变化的垂直线。由货币的供求曲线交点决定的利息率称为均衡利息率。只要货币的需求曲线和供给曲线既定，货币市场就会自动达到一均衡利息率，在这一均衡利息率下，货币的供求会相等。下面结合图 4.5 说明这一均衡过程。

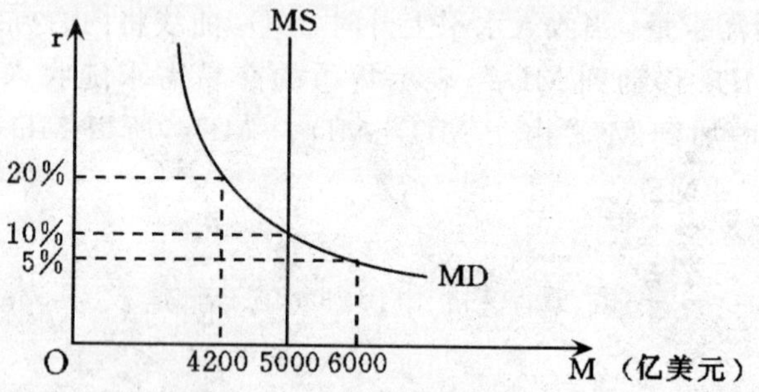

图 4.5　货币市场均衡

从图 4.5 中可以看出，假定货币供给量由中央银行根据某种货币政策控制在 5000 亿美元的水平上，根据既定的货币需求曲线 MD，当利息率为 10%时，货币需求也为 5000 亿美元。货币的供给与其需求相等，货币市场处于均衡状态，均衡利息率为 10%。如果货币市场最初不处于利息率为 10%的均衡状态，货币的需求会自动调整，达到这一均衡状态。

假定最初利息率不是 10%而是 20%，在利息率为 20%的情况下，货币的总需求为 4200 亿美元，而货币的供给却为 5000 亿美元，在总产量 Q 保持不变的情况下，货币的供给超过了货币的需求，这意味着人们手中实际持有的货币量超过了其为交易和作为金融资产所需要持有的货币量，人们将试图减少其持有的货币量。作为财产而持有的货币的最佳替代物就是债券，人们会争相用手中的货币去购买债券，于是债券的需求 BD 同债券的供给 BS 相比就会相对上升。这将推动债券的价格 BP 上升。由于债券的价格与现期利息率反相关，所以当债券的价格上升时，利息率就会下降。利息率下降会引起资产的货币需求 MD_A 上升，从而总的货币需求 MD 上升，直到利息率由 20%下降到 10%，货币的供求重新相等在 5000 亿美元的水平上为止。只要利息率高于均衡利息率(10%)，货币的供给就会超过其需求，上述过程就会自动发生，使利息率下降，直到重新在 10%的利息率上达到均衡。上述自动的均衡机制可以用符号概括如下。

在 r=20%时：MS>MD，BD↑，BD>BS，BP↑

r↓，MD_A↑，MD↑，MD=MS

结果：r 下降到 10%，MD=5000=MS

假定最初的情况同上面相反，利息率低于均衡利息率，为 5%。根据货币需求曲线，当利息率为 5%时，货币需求为 6000 亿美元，货币供给仍为中央银行控制的既定量 5000 亿美元。在总产量 Q 不变、交易的货币需求不变的情况下，货币的需求大于货币的供给，这意味着人们手中实际持有的货币量少于人们为交易和作为资产而希望持有的货币量，于是便会抛售手中的债券将其变为货币。这会引起债券的供给 BS 上升，导致债券的供给大于其需求 BD，使债券价格 BP 下降，并推动利息率上升。利息率的上升会导致资产的货币需求 MD_A 下降，直到利息率由 5%上升到 10%的水平，使货币的总需求减少到 5000 亿美元，货币市场重新在 10%的利息率水平上达到均衡状态。只要利息率低于均衡利息率水平(10%)，货币的需求就会大于其供给，债券的持有者就会减少债券的持有量而增加货币的持有量，利息率就会上升，直到上升的利息率将货币需求重新调整到与货币供给相等为止。上述的自动均衡机制可概括如下。

在 r=5%时：MD>MS，BS↑，BS>BD，BP↓

r↑，MD_A↓，MD↓，MD=MS

结果:r 上升到 10%,MD=5000=MS

由于利息率可以调节资产的货币需求,从而调整货币的总需求,因此,货币市场具有自动的均衡机制。需要特别加以说明的是,上面涉及的货币的供给和需求都是指实际货币供给和实际货币需求,利息率也不是市场利息率,而是指实际利息率。上面凡使用 MD 表示的总货币需求应为 $\frac{MD}{P}$,而货币供给 MS 应为实际货币供给 $\frac{MS}{P}$。上面的简略做法仅仅是为了方便。货币市场的均衡公式应写为:

$$实际\ MS=实际\ MD$$

即:

$$\frac{MS}{P}=MD_T+MD_A=\frac{MD}{P}$$

二、货币供给变动对货币市场均衡的影响

货币市场有自动趋于均衡的机制,利用这种机制可以有效地控制货币市场。货币的供给是由中央银行控制的,当中央银行改变货币供给量的时候,原有的均衡状态将会发生什么变化呢?了解了货币供给变化对货币市场产生影响的过程,就可以了解如何控制货币市场的均衡状态,使之达到理想的水平。

在考察货币供给变动的时候,强调这里所涉及的是实际利息率而不是市场利息率是非常重要的。因为当名义货币供给增加的时候,一方面实际货币供给也会有所增加,另一方面,人们对通货膨胀预期会增强,导致市场利息率上升。但在实际货币供给也上升的情况下,实际利息率通常是下降的。因此,这里强调的是实际的货币供给和需求以及实际利息率就是避免不必要的误解所必需的了。

假定货币市场最初处于均衡状态,r 为 10%,并且 $MD_1=5000$ 亿美元 $=MS_1$。现在,假定中央银行将货币供给量增加到了 5500

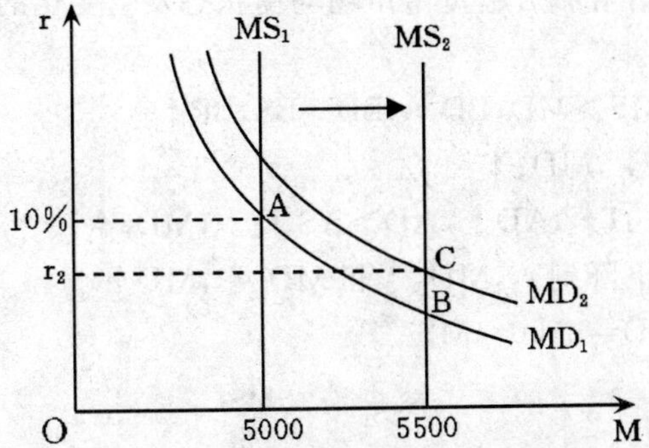

图 4.6　货币供给量增加对货币市场均衡的影响

亿美元，如图 4.6 所示，货币的供给曲线由 MS_1 移动到了 MS_2。在利息率为原来的均衡水平 10%的情况下，现在的货币供给大于货币需求（MS＝5500，MD＝5000）。当货币的供大于求时，货币市场的自动均衡机制就会起作用：货币的供给大于需求，这意味着人们实际持有的货币数量大于其为交易和作为资产而愿意持有的货币量，人们会购买债券，导致债券需求 BD 上升，并使债券价格 BP 上升。由于债券价格与利息率反相关，所以债券价格上升导致实际利息率 r 的下降。利息率的下降，一方面会使资产的货币需求 MD_A 上升，从而导致总货币需求上升；另一方面，由于利息率下降，总投资 I 会上升，导致最终产品市场上的总需求 AD 上升，使总需求大于总供给，导致总产量 Q 的上升，由于总产量 Q 上升，而交易的货币需求又是总产量的增函数［$MD_T＝MD(Q)$］，所以 Q 的上升会引起交易货币需求上升，导致总货币需求曲线向右移动，由图 4.6 中的 MD_1 移动到 MD_2。结果，利息率由 10%下降到了 r_2，资产的货币需求 MD_A 和交易的货币需求 MD_T 都增加了，直到这二者之和（总货币需求）MD 增加到 5500 亿美元，与增加后的货币供给量相等。货币市场在新的均衡利息率 r_2 下达到一新的均衡水平：MD＝5500 亿美元＝MS。

货币供给增加引起货币市场均衡状态发生变化的传导机制可概括如下。

MS↑:MS>MD,BD↑,BD>BS,BP↑

r↓,MD_A↑

由于r↓:I↑,AD↑,AD>AS,Q↑,MD_T↑

结果:r下降到r_2,MD_A↑和MD_T↑,MD↑

MD=5500=MS

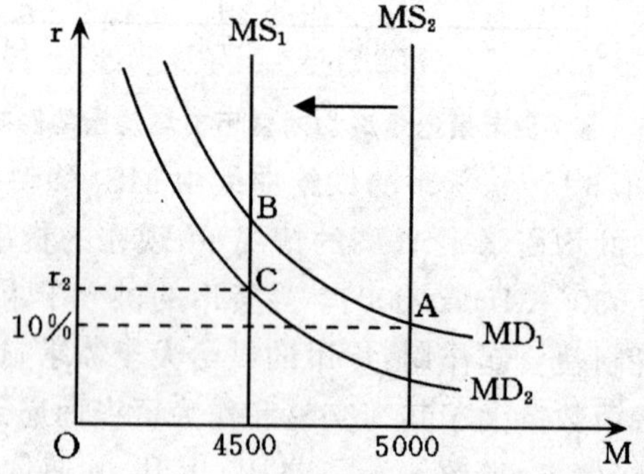

4.7 货币供给量减少对货币市场均衡的影响

如果中央银行减少了货币供给,就会发生与上面完全相反的结果。如图4.7所示,假定最初货币市场的均衡利息率为10%,货币供给曲线为MS_2,需求曲线为MD_1,均衡货币量为5000亿美元。现在,假定中央银行将货币供给量由5000亿美元减少到4500亿美元,货币的总需求就会大于货币的总供给,人们会发现手中持有的货币量不足,于是抛售债券换成货币,债券的供给BS上升,导致债券的价格下跌。由于债券价格与利息率的反相关关系,债券价格下跌会使实际利息率上升。利息率的上升会使资产的货币需求下降,导致总货币需求下降。此外,利息率上升还会使总投资I下降,导致最终产品市场上的总需求AD下降,生产缩减,使总产量Q下降。总产量Q的下降会使交易的货币需求减少,从而进一步减少总货币需求。交易货币需求的减少会使货币总需求曲线由图 4.7 中的 MD_1 向左移动到 MD_2。实际上，由于交易货币需求的减少，使得资产的货币需求不必再继续下降就可以使货币的总供求均衡。显然，交易货币需求的下降阻止了利息率的进一步上升。因此，均衡点不是由图 4.7 中的 A 点移到 B 点，而是移动到了 C 点。结果，利息率由原来的 10%上升到 r_2，货币需求也因此减少到 4500 亿美元，与减少了的货币供给相等。货币供给减少对货币市场均衡状态的影响机制可概括如下。

MS↓：MD>MS，BS↑，BS>BD，BP↓，r↑

MD_A↓，MD↓

因为 r↑：I↓，AD↓，AD<AS，Q↓，MD_T↓，MD↓

结果：r 上升到 r_2，MD＝4500＝MS

无论货币的供给是增加还是减少，都会影响均衡利息率的变化，从而使货币的需求最终总是与货币供给相一致。这就是说，通过控制货币的供给可以影响均衡利息率和货币供求均衡的数量水平。

三、从货币市场到最终产品市场的传导机制

货币供给变动对货币市场产生影响的传导机制，已经涉及货币市场对最终产品市场的影响。货币供给的变化会引起最终产品市场上总需求 AD 的变化，从而引起总产量 Q 的变化。但在货币供给变化如何影响总产量的传导机制上却存在着两种不同的观点，这些不同在表面上似乎无关紧要，然而实际上却可以产生完全不同的货币政策目标。

凯恩斯主义者强调利息率变化的重要性，如前所述，认为货币供给的变动会影响利息率，而利息率的变动又会影响总投资，从而影响最终产品市场上的总需求，总需求的变动将引起总产量的变动，这一传导机制可以概括如下。

MS↑:MS>MD，r↓，I↑，AD↑，AD>AS，Q↑

MS↓:MS<MD，r↑，I↓，AD↓，AD<AS，Q↓

由于在这一传导过程中，利息率的变动起着关键的作用，所以凯恩斯主义者把利息率作为制定货币政策的基本目标。只要控制好利息率，就可以有效地影响最终产品市场，并配合其他措施将最终产品市场的均衡总产量控制在充分就业的水平上。对于凯恩斯主义者来说，提高利息率就是紧缩的货币政策，降低利息率就是扩张的货币政策。

货币主义者的观点与此不同。他们认为，利息率的变动并不重要，重要的是货币供给量本身或货币供给增长率。当货币供给增加时，人们手中的货币超过了他们所希望持有的数量。这时他们将不只是购买债券，还要购买其他实物的财产，包括投资品和消费品及各种服务。因此，货币主义者认为，不必经过利息率下降这个中间环节，货币供给量的增加本身就意味着最终产品市场的总需求AD上升。他们并不否认货币供给增加会使实际利息率下降的观点，只是不同意把利息率下降的作用当作总需求变动的关键。货币主义者关于货币供给与总产量之间变动关系的传导机制可概括如下。

MS↑:MS>MD，各种资产的需求↑，AD↑，AD>AS
Q↑，P↑

MS↓:MS<MD，各种资产的需求↓，AD↓，AD<AS
Q↓，P↓

货币主义者强调货币供给量本身的重要性，因此，他们认为应把货币政策的目标放在货币供给量的控制上，而不是把货币供给量的控制当作控制利息率的手段。

复习思考题

1. 在M_1的定义中，为什么要包括银行的支票账户存款？它是否具备货币的三个职能？

2. 货币市场与资本市场有哪些区别？

3. 凯恩斯的灵活偏好理论与古典学派的货币数量论有什么不同？凯恩斯是如何推论出货币数量与利息率之间的关系的？

4. 什么是交易的货币需求？什么是投机的货币需求？它们各自包含哪些持有货币的动机？影响它们的基本因素是什么？

5. 请利用图示说明货币市场的自动均衡机制。

6. 假定货币市场最初处于均衡状态，当货币供给量增加以后，货币需求能否追上货币供给？如果能，请说明其过程。

7. 当货币市场发生变化时，是通过什么机制影响产品市场也发生变化的？

第五章　双重均衡的宏观经济模型——IS—LM 模型

在第三章和第四章中，我们分别阐述了收入决定理论和货币与利息率的理论。收入决定理论所描述的是商品市场，货币、利息率理论所描述的是货币市场。实际上这两个市场是紧密联系在一起的。在前面讨论商品市场的总需求决定时，我们假定投资支出是由模型外部给定的，如果我们把投资作为利息率的函数，那么，当利息率变动时，投资就会变动，从而影响商品市场上的总需求。总需求的变化会影响均衡的总产量，即实际国民收入，而实际国民收入(Q)的变化又会影响交易的货币需求，从而影响货币市场的均衡状态，影响均衡利息率。由此可见，利息率与收入水平是相互关联的，这种联系就是商品市场与货币市场之间的联系。

第一节　IS—LM 模型的推导

1937 年，在凯恩斯的《就业、利息和货币通论》出版一年以后，英国经济学家希克斯在他的一篇著名的论文中提出了 IS—LM 模型①，为凯恩斯的收入决定理论与货币、利息率理论之间的关系提供了一种解释。这就是我们现在要讨论的两个市场同时均衡的模型，或称为包括利息率的收入决定模型。IS—LM 模型有一个重要

---

① 希克斯.凯恩斯与古典经济学派.计量经济学，英文版，1937 年第 5 期：第 147～159 页

的假定，即假定价格不变。这个假定是在既定的价格水平下研究商品市场与货币市场如何共同决定国民收入。

一、商品市场的均衡：IS 曲线

我们先来分析商品市场的均衡。商品市场包括消费品和投资品，其均衡要求 C+S=C+I，两边消去消费 C 后，均衡可以表示为 S=I。这一公式所表示的实际上只是商品市场均衡的条件，但在封闭的经济中，它又表示国民收入循环中的漏出量与其注入量相等。IS 这一缩写所表示的含义就是投资等于储蓄，即 I=S，它代表商品市场均衡的轨迹。

1. 投资函数

以前，投资作为外生变量，是外在给定的，现在我们把它看作是部分地依赖于利息率的一个内生变量和外生变量的复合体。我们可以假定厂商借钱购买投资品，利息率越高，厂商预期的投资利润就越低，他们就更不愿意借钱投资。如果是用自有资金购买投资品，利息率就是其机会成本，利息率越高，厂商的机会成本越高，厂商就更不愿意投资。因此，投资可以看作是利息率的减函数。由于投资者在考虑投资决策时，要从名义利息率中减去通货膨胀率，也就是要考虑实际利息率（仍用 r 表示），因此投资是实际利息率的减函数：

$$I=\bar{I}-br \quad (b>0) \tag{5.1}$$

式中，r 为利息率；b 为参数，衡量投资对利息率的反应程度，它可以称为投资的利息率反应参数，也可以近似地看作是投资的利息率弹性；$\bar{I}$ 为自主投资，它是独立于利息率之外的外生变量。

该式表明，利息率越低，投资 I 就越高。

图 5.1 表明了投资与利息率的关系。

总需求可写为：

$$AE=C+I+G$$

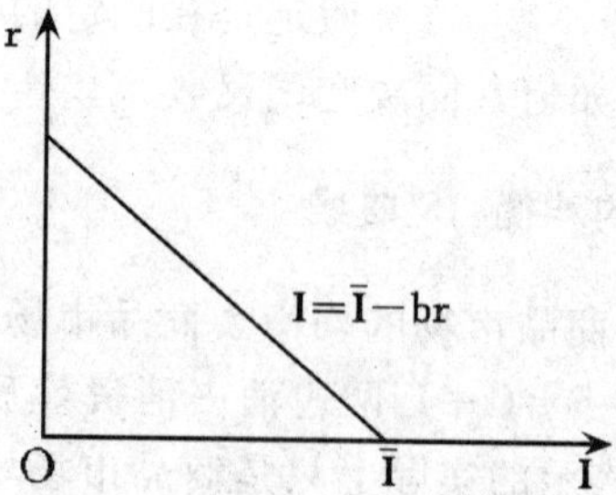

图 5.1　投资函数

由于假定价格不变，所以，我们可以用实际国民收入亦即总产量 Q 来代替名义国民收入 NI；此外，为了简便，我们假定税收函数为 NT＝MT・Q。根据第三章的原理，总需求函数可以写为：

$$AE=\overline{C}+MPC\cdot[Q-MT\cdot Q]+\overline{I}-br+\overline{GP}$$

商品市场的均衡条件为：Q＝AE

即：$Q=\overline{C}+MPC\cdot[Q-MT\cdot Q]+\overline{I}-br+\overline{GP}$

解出均衡国民收入：

$$Q-MPC(Q-MT\cdot Q)=\overline{C}+\overline{I}+\overline{GP}-br$$

$$Q-MPC[Q(1-MT)]=\overline{C}+\overline{I}+\overline{GP}-br$$

$$Q-MPC\cdot Q(1-MT)=\overline{C}+\overline{I}+\overline{GP}-br$$

$$Q[1-MPC(1-MT)]=\overline{C}+\overline{I}+\overline{GP}-br$$

$$Q=\frac{1}{1-MPC(1-MT)}(\overline{C}+\overline{I}+\overline{GP})-\frac{1}{1-MPC(1-MT)}br$$

等号右边的分数就是乘数 II：

$$\frac{1}{1-MPC+MPC\cdot MT}=MULT_{II}$$

所以：$Q=MULT_{II}\cdot(\overline{C}+\overline{I}+\overline{GP})-MULT_{II}\cdot br$

即：$MULT_{II}\cdot br=MULT_{II}\cdot(\overline{C}+\overline{I}+\overline{GP})-Q$

$$r=\frac{1}{b}(\overline{C}+\overline{I}+\overline{GP})-\frac{1}{b\cdot MULT_{II}}Q \qquad (5.2)$$

将括号内的自主消费、自主投资和政府购买支出用 $\overline{A}$ 表示，称为总自主开支或自主开支，公式(5.2)可以写为：

$$r=\frac{\overline{A}}{b}-\frac{1}{MULT_{II}\cdot b}Q \tag{5.3}$$

该式可以看作IS曲线的表达式，即IS曲线的方程。该方程的截距为 $\frac{\overline{A}}{b}$，斜率为 $\frac{1}{MULT_{II}\cdot b}$，投资对利息率的反应参数b越大，乘数 $MULT_{II}$ 越大，IS曲线的斜率的绝对值就越小，IS曲线就越平缓。该式表示，实际利息率r是实际收入水平Q的函数。

2. IS曲线的几何推导

在第三章中，我们已经指出，当所有的注入量和漏出量相等时，商品市场就必然达到总供求的均衡。在三部门的封闭的模型中，注入量有两个，投资I和政府购买支出GP；漏出量也有两个，储蓄S和净税收NT。因此，只要I＋GP＝S＋NT，就能够保证商品市场的均衡。我们已经假定投资I是实际利息率r的函数，而政府购买支出GP则是一个常数。因此，注入量为利息率的减函数：

$$I+GP=f_1(r)$$

利息率越高，国民收入循环中的注入量越少。漏出量则是收入的增函数：

$$S+NT=f_2(Q)$$

国民收入越高，税收越高，储蓄也越多。要使商品市场均衡，则要求：

$$I+GP=S+NT \quad 即 \quad f_1(r)=f_2(Q)$$

在图5.2中共有四个图，我们先从(*a*)图开始。(*a*)图是国民收入的漏出量函数，不难看出，随着国民收入的增加，漏出量是增加的。图(*c*)则是国民收入循环中的注入量函数，随着利息率的降低，注入量是增加的。图(*b*)是一个工具，用来帮助我们进行几何推导。图(*b*)中的45°线在两轴上的截距总是相等，让纵轴与图(*a*)的纵轴一致，表示国民收入循环中的漏出量 S+NT；让横轴与图(*c*)同步，表示国民收入循环中的注入量 I+GP。这样，45°线上的所有点都表示商品市场的均衡。根据图(*b*)中的 45°线就可以推导出图(*d*)中的 IS 曲线。

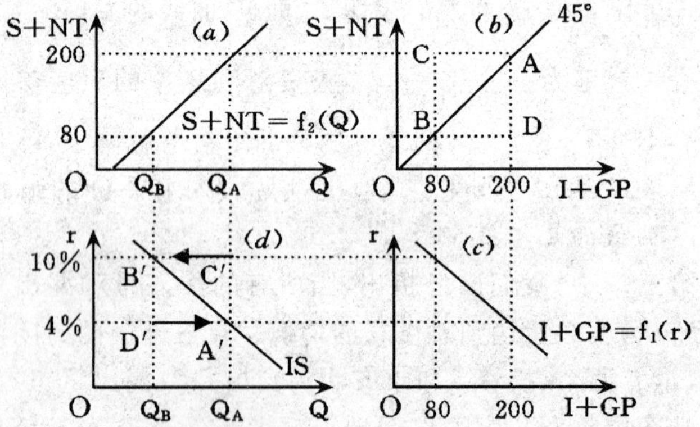

图 5.2　IS 曲线的几何推导

我们从图(*b*)中的 A 点开始。从 A 点到两轴的距离都是 200，表示在 A 点，漏出量和注入量相等的水平为 200。从图(*a*)中可以看出，要使漏出量达到 200，实际国民收入必须达到 Q_A 的水平；而要使注入量达到 200，根据图(*c*)，利息率就必须在 4%的水平上。这样，我们从图(*d*)中可以推导出 A′ 点，在这一点，恰好注入量与漏出量在 200 的水平上相等，商品市场均衡。A′ 点便是 IS 曲线上的一个点，它是利息率为 4%和实际收入为 Q_A 的组合点。同样，我们也可以从 45°线上的任意其他点来推导符合注入量与漏出量相等的其他利息率 r 与实际收入 Q 的组合点，例如从 45°线上的 B 点可以推导出图(*d*)中的 B′ 点。A′ 点与 B′ 点的连线即 IS 曲线。

3. 自动的均衡机制

在 IS 曲线以外的点，漏出量与注入量不相等，表示商品市场处于非均衡的状态。例如，在 IS 曲线右上方的 C′ 点，是利息率为

10%和实际收入为 Q_A 的组合，当利息率为10%时，根据图(c)，注入量为80；而实际收入为 Q_A 时，根据图(a)，漏出量为200，漏出量大于注入量表示商品市场处于总需求小于总供给的状况。这时商品市场自动的调节机制会使得总供给下降，即沿着 C′ 点上箭头所指的方向向 IS 曲线移动。在 D′ 点则相反，利息率为4%使得注入量达到了200，而在实际收入为 Q_B 时，漏出量仅为80，这意味着最终商品市场上的总需求大于总供给，市场自动的调节机制将会增加总供给 Q，组合点将自动地沿着从 D′ 点出发的箭头向 IS 曲线运动，直到实现均衡，到达 IS 曲线上为止。

凡是在 IS 曲线左边或下边的点，都表示总需求大于总供给，商品市场自动的均衡机制会使得这些点向右移动；凡是在 IS 曲线右边的点，都表示总需求小于总供给，商品市场自动的均衡机制会导致这些点向左移动，直到实现商品市场的均衡。在不考虑货币市场均衡机制的作用时，这些点都是做水平运动的。

4. IS 曲线的斜率

IS 曲线有负斜率，因为较高的利息率会减少投资开支，减少总需求，从而减少均衡收入。IS 曲线的斜率取决于投资开支对利息率变动的敏感程度，也取决于公式(5.3)中的收入乘数 $MULT_{II}$。假定，投资开支对利息率是非常敏感的，即公式(5.1)中的 b 很大，给定利息率变动量，b 越大，利息率引起的投资变化量就越大，总需求的变动量就越大，引起均衡产量的变化也就越大，从而 IS 曲线也就相对较平缓。反之，则 IS 曲线较陡。

从公式(5.3)不难看出影响乘数的因素对 IS 曲线的斜率也有重要的影响。

由于乘数 $MULT_{II}=\dfrac{1}{1-MPC+MPC\cdot MT}$，因此，边际储蓄倾向(1－MPC)越小，边际税率 MT 越小，则乘数越大，IS 曲线相对越平缓。

二、货币市场的均衡:LM 曲线

我们仍然遵循第四章第三节的假定来考虑“货币市场”的均衡,即人们的资产分为两类——货币和其他资产(以债券来代表),这样,由债券市场上的供求来确定利息率和由货币的供求来确定利息率就是一回事。因此,这里所谓的“货币市场”实际是指整个金融市场。人们之所以需要货币实际是需要货币的“灵活性”或“流动性”,即英文的 Liquidity,用该词的字头 L 表示对货币的需求,用 Money 的字头 M 表示货币的供给,货币市场的供求相等就是 L=M,LM 曲线所表示的就是货币供求相等的含义。

此外,我们在第四章的讨论中并没有涉及价格问题,因此,在第四章中尚无必要严格地区分名义利息率和实际利息率,或者说在没有通货膨胀的情况下,这二者是相同的。但是原则上说,我们从第四章到目前所研究的利息率都是指实际利息率。在价格不变的假定下,对货币的需求是指除去了通货膨胀因素影响的对货币的需求,称做对货币的实际需求(MD/P)。对货币的实际需求也可以理解为用一定量商品表示的货币的需求,它等于名义货币需求除以一般价格水平。如购买 50 单位商品,每单位商品 2 美元,名义货币需求为 100 美元,实际货币需求为 50 单位商品,即 50 单位商品 =100 美元÷2 美元;实际货币需求又称做对“实际货币余额”(Real Money Balance)的需求,简称对“实际余额”(Real Balance)的需求。货币的供给也是一样,将除去通货膨胀因素影响的货币供给称做对货币的实际供给(MS/P),也就是实际余额。这样,货币市场的均衡等式就可以写成:

$$\frac{MS}{P}=\frac{MD}{P}$$

1. LM 曲线的数学表达式

在第四章中我们已经知道,货币的总需求由两部分组成,即交

易的货币需求 MD_T 和投机的货币需求 MD_A。假定交易的实际货币需求是实际国民收入 Q 的函数，而投机的(或资产的)实际货币需求则是实际利息率 r 的函数。于是，对实际余额的需求函数可以写为：

$$\frac{MD}{P}=kQ-hr \quad (k,h>0) \tag{5.4}$$

式中，k 为实际余额需求对实际收入变动的反应灵敏度参数，h 为实际余额需求对利息率变动的反应灵敏度参数。根据均衡等式：

$$\frac{MS}{P}=\frac{MD}{P}$$

我们有：

$$\frac{MS}{P}=kQ-hr$$

解出利息率 r，有：

$$hr=kQ-\frac{MS}{P}$$

$$r=\frac{1}{h}\left(kQ-\frac{MS}{P}\right) \tag{5.5}$$

公式(5.5)表示货币供给等于货币需求时，均衡利息率 r 与收入水平 Q 的关系。因此，公式(5.5)即为 LM 曲线的表达式。

2. LM 曲线的几何推导

我们假定货币的实际余额为 200，货币的需求取决于其两个组成部分，即投机的货币需求和交易的货币需求。图 5.3 中有四个图，图(*a*)表示交易的货币需求 MD_T 是实际收入 Q 的增函数。图(*c*)表示投机的货币需求 MD_A 是实际利息率 r 的减函数。图(*b*)则是工具图，其纵轴与图(*a*)的纵轴同步，其横轴与图(*c*)中的横轴同步，图中一条向右下倾斜的直线到两轴的夹角相等，为 45°。该直线在两轴上所截的截距相等，如图所示为 200，这恰好是实际货币供给的数量。显然，在这条向右下倾斜的 45°线上的任意一点，其在纵轴上的截距与其在横轴上的截距相加总是等于 200。也就是说，只要在 45°线上来组合交易的货币需求和投机的货币需求，就可以保证货币的供求量相等，货币市场达到均衡。

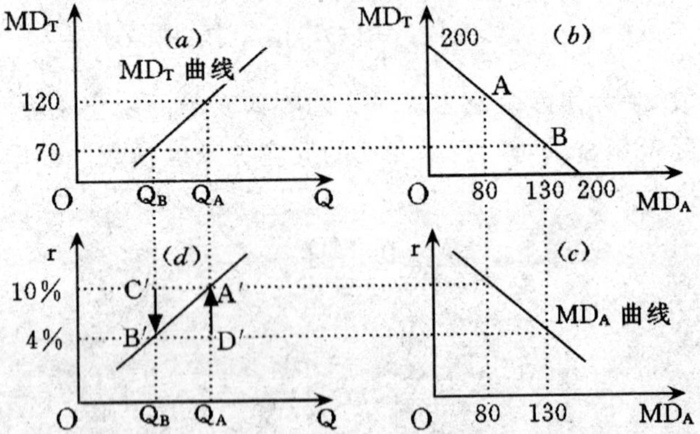

图 5.3　LM 曲线的几何推导

我们从图(*b*)上的 A 点开始，在 A 点，投机的货币需求为 80，交易的货币需求为 120，二者相加恰好等于实际货币供给 200。根据图(*a*)，交易的货币需求要达到 120，实际收入必须达到 Q_A 的水平。根据图(*c*)，投机的货币需求要达到 80，实际利息率必须等于 10%。这样，我们就可以在图(*d*)中找到一点 A′，其恰好是 Q_A 的实际收入与 10%的实际利息率的组合点，这个组合能够确保货币市场的供求相等。显然，A′ 点就是 LM 曲线上的一个点。用同样的方法我们能够根据图(*b*)中 45°曲线上所有的其他点来推导 LM 曲线，如根据点 B 可以推导出图(*d*)中的 B′ 点。点 A′ 与点 B′ 的连线即为 LM 曲线。

3. 自动的调整机制

在 LM 曲线上的所有点都符合货币供给等于货币需求的均衡条件，而在 LM 曲线以外的点，都不满足上述的条件。在 LM 曲线左上方的点，如点 C′，利息率为 10%，实际收入为 Q_B。根据图(c)，利息率为 10%时，投机的货币需求为 80；根据图(a)，实际收入为 Q_B 时，交易的货币需求为 70。总的货币需求为 150，小于货币的总供给 200。这时，货币市场自动的均衡机制会使利息率下降，于是利息率会从 C′ 点向 LM 曲线上的 B′ 点移动，直到货币市场重新达到均衡。而在 LM 曲线右下方的点，如点 D′，利息率为 4%，实际收入为 Q_A。根据图(c)，利息率为 4%时，投机的货币需求为 130；根据图(a)，实际收入为 Q_A 时，交易的货币需求为 120，总的货币需求为 250。货币的总需求大于货币的供给，货币市场的自动均衡机制会导致利息率的上升，从 D′ 点向上移动，直到 LM 曲线上的 A′ 点。

显然，凡是在 LM 曲线左边或上边的点，都是货币需求小于货币供给的点，货币市场的自动均衡机制会使得这些点向下朝着 LM 曲线运动。同样，凡是在 LM 曲线右边或下边的点，都是货币需求大于货币供给的点，货币市场的自动均衡机制会使得这些点向上朝着 LM 曲线运动。在不考虑商品市场均衡机制作用的前提下，这些点都是做垂直运动的。

4.LM 曲线的斜率

LM 曲线的标准方程如公式(5.5)所示：

$$r=\frac{1}{h}\left(kQ-\frac{MS}{P}\right)$$

式中，LM 曲线的斜率取决于货币市场均衡等式(5.5)中的实际货币需求对收入的反应灵敏度参数 k 和对利息率的反应灵敏度参数 h。k 越大，h 越小，收入变动 ΔQ 引起的利息率变动越大，LM 曲线的斜率越大。如果货币需求对利息率变动非常不敏感，即 h 很小，接近于 0，LM 曲线就接近于一条垂直线；如果货币需求对利息率变动非常敏感，h 很大，LM 曲线就接近于一条水平线，在这种情况下，利息率的很小变动就可能引起收入水平很大的变动。

三、双重均衡:IS—LM 模型

现在,将前面推导出来的 IS 曲线与 LM 曲线合在一起就可以组成 IS—LM 模型。

1. IS—LM 模型

如图 5.4,将 IS 曲线与 LM 曲线同时放在一张图中,就可以同时考察两个市场的均衡状态。在 IS 曲线上所有的点都表示商品市场处于均衡状态,在 LM 曲线上所有的点都表示货币市场处于均衡状态,但是,只有在 IS 曲线与 LM 曲线的交点 E,才同时存在两个市场的共同均衡。

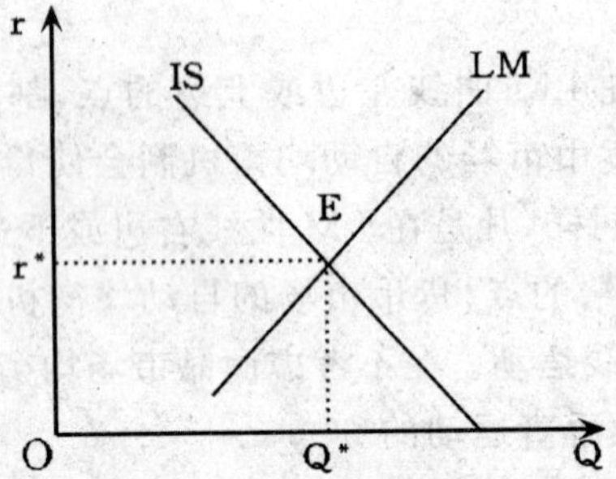

图 5.4　IS—LM 模型

2. IS—LM 模型的自动调整过程

商品市场会自动调整到总需求与总供给相等的状态,即 AE =Q,但是均衡后的总产量水平如何要根据利息率的水平而定;货币市场也会自动调整到货币需求与货币供给相等的均衡状态,但是均衡的利息率水平要根据商品市场上总产量水平如何而定。商品市场和货币市场会通过总产量和利息率相互影响,而两个市场又都具有自动调整到均衡状态的内在机制,因此,可以肯定,两个市场最终会自动地调整到相互一致的双重均衡状态。

如图 5.5 所示,假定最初经济处于 IS 曲线上的 A 点。根据前面的论述，这时商品市场处于均衡状态，但是，由于A点处于LM曲线的左边，表示货币市场处于非均衡状态，货币的需求小于货币的供给，这会引起利息率的下降。由于商品市场处于均衡状态，不存在来自商品市场的调整力量。因此，在初始状态下，只有来自货币市场的力量将A点垂直向下拉。但是，当这个力量将A点从IS曲线上拉出来以后，如图中的B点所示，商品市场原有的均衡就被破坏了。B点位于IS曲线的左边，这时，除去来自货币市场的力量将B点向下拉以外，由于商品市场出现了总需求大于总供给的情况，于是商品市场的自动调节机制开始起作用，来自商品市场的自动调节力量会将B点向右水平方向拉动。这样，来自商品市场和来自货币市场的两股力量同时作用于B点，它就沿着图中曲线箭头所示的方向运动。假定，在来自两个市场的合力作用下，B点移动到了LM曲线上，如其上的C点所示。这时，货币市场达到了均衡状态，但是C点依然在IS曲线的左边，总需求仍然大于总供给，来自商品市场的自动均衡机制会将C点从LM曲线上拉出来。一旦从LM曲线上移动到LM曲线的右边，如D点，两个市场又同时处于非均衡状态。所不同的是，在D点，货币的需求大于其供给，利息率将上升。这个过程将不断重复，直到最后达到均衡点E，两个市场同时达到均衡，自动的调整机制不再起作用。

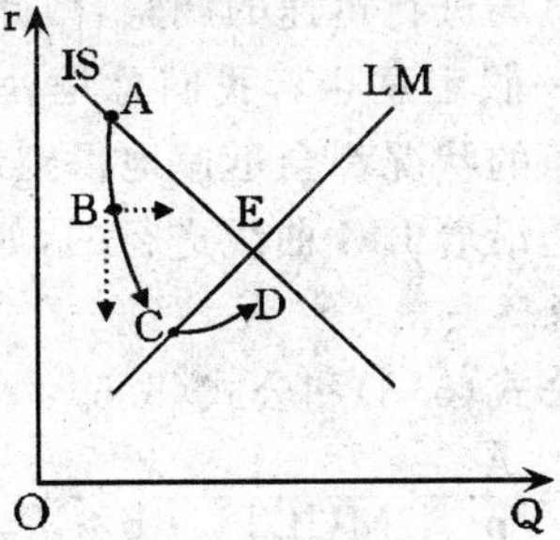

图 5.5　自动的均衡调整

根据上述的分析，可以根据不同的利息率和实际收入的组合分为四个不同的调整区域。如图 5.6 所示，在第一个区域中，所有的点都位于 LM 曲线的左边和 IS 曲线的右边。这时商品市场上的总供给会大于总需求，商品市场会自动缩减产量，从而推动这一区域中所有的点向左平移；与此同时，货币市场上的货币需求会小于货币供给，利息率会下降，从而推动这一区域所有的点向下做垂直运动，这两个市场的合力将会导致这些点沿着图中两个箭头所夹的 90°角内的某个方向运动。当然，位于该区域中的不同位置的点，两个市场的拉动力量的大小会有一些差别。其他三个区域的情况类似，这里不再一一叙述。

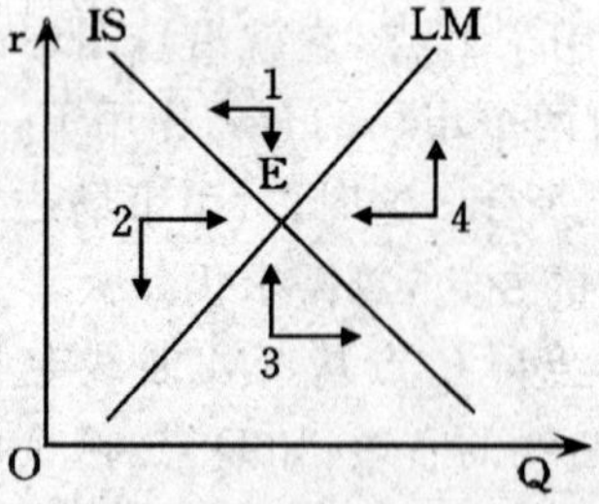

图 5.6　调整的不同区域

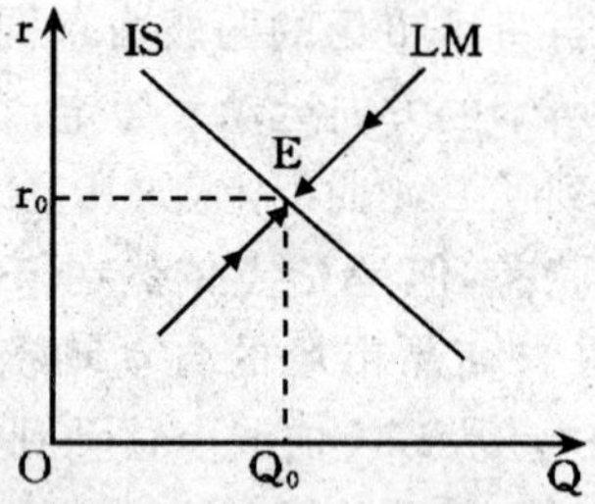

图 5.7　资本市场的迅速调整

根据一般情况，可以假定货币市场比产品市场更有效率，因为它可以借助于资产市场进行迅速的调整，因此，它的调整比产品市场要迅速得多。这一假定意味着我们总是处于 LM 曲线上，货币市场中任何偏离均衡的状况都会迅速地得到调整，达到均衡。因此整个经济的调整总是沿着 LM 曲线进行的，如图 5.7 所示。

3. 均衡的数学表达

根据本章中的公式(5.3)和公式(5.5)：

IS 曲线函数：$r=\frac{\overline{A}}{b}-\frac{1}{MULT_{I}\cdot b}\cdot Q$

LM 曲线函数：$r=\frac{1}{h}\left(kQ-\frac{MS}{P}\right)$

将(5.5)式的利息率 r 代入(5.3)式：

$$\frac{1}{h}\left(kQ-\frac{MS}{P}\right)=\frac{\overline{A}}{b}-\frac{1}{\text{MULT}_{\text{II}}\cdot b}\cdot Q$$

$$\frac{1}{h}kQ-\frac{MS}{hP}=\frac{\overline{A}}{b}-\frac{Q}{\text{MULT}_{\text{II}}\cdot b}$$

$$\frac{kQ}{h}+\frac{Q}{\text{MULT}_{\text{II}}\cdot b}=\frac{\overline{A}}{b}+\frac{MS}{hP}$$

整理后解出均衡收入水平 Q_0：

$$Q_0=\frac{\overline{A}\cdot \text{MULT}_{\text{II}}\cdot h+\frac{MS}{P}\cdot b\cdot \text{MULT}_{\text{II}}}{h+\text{MULT}_{\text{II}}\cdot b\cdot k} \quad (5.6)$$

$$Q_0=\frac{\text{MULT}_{\text{II}}\cdot h}{h+\text{MULT}_{\text{II}}\cdot b\cdot k}\cdot\overline{A}+\frac{b\cdot \text{MULT}_{\text{II}}}{h+\text{MULT}_{\text{II}}\cdot b\cdot k}\cdot\frac{MS}{P} \quad (5.7)$$

公式(5.7)表明，收入水平取决于两个外生变量：自主开支 $\overline{A}$(包括 $\overline{C}$、$\overline{I}$、$\overline{GP}$)和实际货币余额 $\frac{MS}{P}$(实际货币供给)。自主开支越高，实际货币余额越高，均衡收入水平越高。

将(5.7)式的均衡收入水平 Q_0 代入(5.5)式：

$$r_0=\frac{1}{h}\left[\frac{k\cdot \text{MULT}_{\text{II}}\cdot h}{h+\text{MULT}_{\text{II}}\cdot b\cdot k}\cdot\overline{A}-\left(1-\frac{\text{MULT}_{\text{II}}\cdot b\cdot k}{h+\text{MULT}_{\text{II}}\cdot b\cdot k}\right)\cdot\frac{MS}{P}\right] \quad (5.8)$$

该式表明均衡利息率与自主开支正相关，与实际货币供给反相关。式中，k 为实际余额需求对实际收入变动的反应灵敏度参数，h 为实际余额需求对利息率变动的反应灵敏度参数，b 为投资对利息率的反应系数。

第二节　IS—LM 模型的操纵

在 IS—LM 模型中,IS 曲线表示可以使产品市场达到均衡的所有利息率 r 和实际国民收入 Q 的组合点,LM 曲线则表示所有可以使货币市场均衡的 r 和 Q 的组合点。显然,模型中只有两个内生变量 r 和 Q,影响产品市场和货币市场均衡的其他经济变量就只能当作外生变量来处理。它们的变化将引起 IS 曲线或(和)LM 曲线的移动,改变这些变量就会改变 IS 曲线与 LM 曲线的交点——双重均衡点,从而改变使货币市场与产品市场共同均衡的利息率水平 r 和国民收入水平 Q。这就是说,通过操纵一些可以人为控制的经济变量可以达到同时操纵两个市场均衡状态的目的。本节的目的就是通过对 IS—LM 模型的操纵,说明影响双重均衡状态的主要经济变量及其产生影响的传导机制。这是了解宏观经济政策的重要基础。

一、LM 曲线的移动

影响 LM 曲线变动的外生变量主要有三个:货币流通速度 V、名义货币供给量 MS 和一般价格水平 P。

一般地说,在经济扩张时期,货币流通速度会加快,超过其平均的水平;而在经济衰退时期,货币流通速度减慢,低于其长期的平均水平。当货币流通速度上升时,意味着货币名义供给量不变,货币的实际供给量增加。由于货币的实际供给量 MS/P 上升,人们会发现持有的货币量增加了,于是便会增加对债券的购买,增加债券的市场需求,导致债券价格提高和利息率降低。利息率的降低,一方面会使投资增加,引起总需求(总支出)上升,导致总支出大于总收入,产品市场的自动均衡机制会使总供给提高,直到与增加后的总需求相等,从而引起实际国民收入(或总产量)Q 的增加。

Q 的增加会增加交易的货币需求 MD_T。另一方面，利息率的降低会使人们持有货币的成本降低，人们将货币作为一项灵活性很高的财产持有(以供投机之用)的数量——投机的或资产的货币需求 MD_A 就会上升。其结果，利息率的下降会同时引起交易的货币需求 MD_T 和资产的货币需求 MD_A 同时上升，直到使货币的总需求 MD 重新与货币的实际供给 MS/P 相等时为止。但这时，均衡利息率却下降了，如图 5.8 所示，从 r_1 下降到了 r_2，均衡的实际国民收入却增加了，从 Q_1 增加到了 Q_2。这意味着 LM 曲线向右移动了，从 LM_1 移动到了 LM_2。这就是说，货币流通速度的提高会造成 LM 曲线的右移，使双重均衡状态发生变化，降低均衡利息率，提高均衡实际国民收入。如果货币流通速度下降，不难得出 LM 曲线左移的结论，从而导致利息率的上升和实际国民收入的减少。

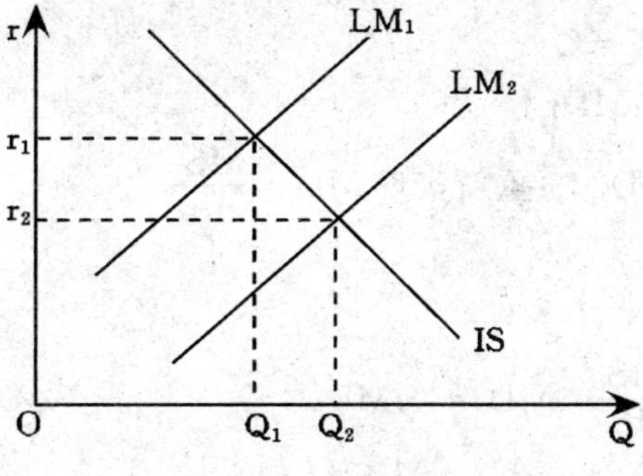

图 5.8　LM 曲线的移动

名义货币供给 MS 是由中央银行控制的一个重要经济变量，当名义货币供给增加时，实际货币供给 MS/P 就会上升，导致利息率下降。利息率的下降一方面引起资产的货币需求 MD_A 上升，另一方面会造成投资 I(r)增加、总支出 AE 增加和均衡总产量 Q 的增加，总产量 Q 的增加又会引起交易货币需求 MD_T 的增加。MD_A 和 MD_T 的相继增加提高了货币总需求，直到货币总需求赶上已经增加了的实际货币供给，与其重新相等。这时，双重均衡重新实现，但均衡利息率的水平下降了，而均衡实际国民收入水平提高了。这种情况与上述货币流通速度的提高引起的结果是相同的，名义货币供给量的增加会引起 LM 曲线右移，名义货币供给量的降低则会引起 LM 曲线的左移。

既然实际货币供给是名义货币供给 MS 与一般价格水平的商，那么当价格 P 上升时，就会引起实际货币供给 MS/P 的减少，从而导致 LM 曲线的左移。而当一般价格水平下降时，则会引起 LM 曲线的右移。

上述三个因素引起 LM 曲线移动的传导机制可概括如下。

当 V↑，MS↑和 P↓时：

LM 曲线右移，$\frac{MS}{P}>MD$，r↓，MD_A↑

由于 r↓：I(r)↑，AE↑，AE>Q，Q↑

重新实现 AE=Q

又由于 Q↑：MD_T↑

MD_A↑和 MD_T↑：重新实现 $MD=\frac{MS}{P}$

结果：r↓，Q↑

当 V↓，MS↓，P↑时：

LM 左移，$\frac{MS}{P}<MD$，r↑，MD_A↓

由于 r↑：I(r)↓，AE↓，AE<Q，Q↓

重新实现 AE=Q

又由于 Q↓：MD_T↓

MD_A↓和 MD_T↓：重新实现 $MD=\frac{MS}{P}$

结果：r↑，Q↓

二、IS 曲线的移动

根据凯恩斯主义关于均衡国民收入由总需求决定的理论，凡是能够影响总需求变动的外生经济变量都会影响产品市场的均衡状态，从而影响IS曲线，使其移动。如政府的购买支出GP、净税收$\overline{NT}$、边际税率$\overline{MT}$，以及不随国民收入变动而变动的最低消费量$\overline{C}$和人们的通货膨胀预期等。

我们以政府的购买支出GP为例来说明IS曲线移动的机制。当政府的购买支出GP增加时（$\overline{C}$的增加和$\overline{NT}$、$\overline{MT}$的下降也是一样），总需求或总支出AE会上升，导致总需求大于总供给，产品市场的自动均衡机制会使总供给提高，直到重新实现总供求的均衡。这一过程的第一个结果是实际国民收入Q增加了。随着实际国民收入Q的增加，交易的货币需求MD_T会上升，从而使货币市场的均衡状态被破坏，使货币的需求大于其实际供给$\left(MD > \frac{MS}{P}\right)$，这会引起利息率的上升。利息率的上升会引起投机（或资产）的货币需求MD_A下降，直到货币的总需求重新与货币的实际供给相等。这时，均衡利息率提高了，这是这一过程的第二个结果。均衡实际国民收入的增加和均衡利息率的提高，表明政府购买支出GP的增加引起了IS曲线的右移。如图5.9所示，由IS_1移动到了IS_2，

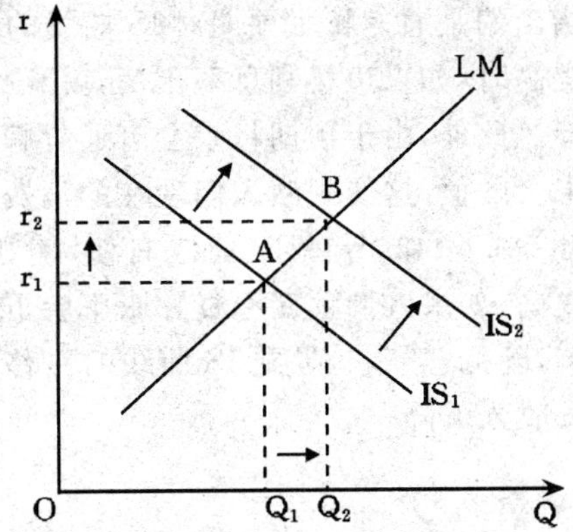

图5.9 IS曲线的移动

这会使均衡利息率由 r_1 提高到 r_2，使均衡实际国民收入由 Q_1 增加到 Q_2。如果外生变量的变化方向恰与上述情况相反，政府减少了它的购买支出 GP 或提高了边际税率 $\overline{MT}$，就会引起 IS 曲线的左移，导致均衡利息率和均衡实际国民收入的下降。

上述外生变量引起 IS 曲线移动的传导机制可概括如下。

当 GP↑、$\overline{C}$↑或 $\overline{NT}$↓、$\overline{MT}$↓时：

IS 曲线右移：AE↑，AE>Q，Q↑，直到重新实现 AE=Q

由于 Q↑：MD_T↑，$MD>\frac{MS}{P}$，r↑

又因 r↑：MD_A↓，直到重新实现 $MD=\frac{MS}{P}$

结果：Q↑和 r↑

当 GP↓、$\overline{C}$↓或 NT↑、$\overline{MT}$↑时：

IS 曲线左移：AE↓，AE<Q，Q↓，直到重新实现 AE=Q

由于 Q↓：MD_T↓，$MD<\frac{MS}{P}$，r↓

又因 r↓：MD_A↑，直到重新实现 $MD=\frac{MS}{P}$

结果：Q↓和 r↓

需要特别指出的是通货膨胀预期对 IS 曲线的影响。当人们预期通货膨胀会提高时，如果市场利息率不变，就意味着现期实际利息率的相对下降。此外，由于预期将来会有通货膨胀，这就表示人们认为货币将来会贬值。这便刺激人们现在的消费和投资，从而引起现期的总支出 AE 增加，导致 IS 曲线右移，使利息率和实际国民收入最终会提高。如果人们预期通货膨胀率会下降，就会抑制现在的消费和投资，降低总需求，导致 IS 曲线的左移，使均衡利息率和均衡实际国民收入下降。

三、双重的调整

在实际经济运行中，上面提到的那些外生变量很少单独起作用，它们总是相互结合在一起共同对经济起作用。所以，利用IS—LM模型考察这些外生变量相互影响、共同起作用的机制，就是考察实际宏观经济政策调整的一个必不可少的中间环节。为了简便，我们只利用政府购买支出GP和货币的名义供给量MS来概括上面提到的那些外生变量。GP代表影响产品市场均衡的外生变量（税收等与其作用方向相反），MS代表影响货币市场均衡的外生变量。

我们先考察GP与MS反向变化的影响机制。假定政府购买支出GP增加的同时，名义货币供给量MS下降。根据前面的分析，当GP增加时，IS曲线会向右移，如图5.10所示，从IS_1移动到IS_2；当MS下降时，LM曲线会向左移，例如，从图5.10中的LM_1左移到LM_2的位置。由于IS右移会使r提高和Q增加；而LM左移一方面会使r进一步提高，另一方面却会使Q减少。结果，利息率肯定会上升，由图中的r_1上升到r_2；但均衡实际国民收入Q的变化则要看IS和LM移动的相对幅度，以及它们各自对利息率的弹性。如果IS右移的幅度超过LM左移的幅度，Q就增加；如果IS右移的幅度小于LM左移的幅度，以致LM左移造成

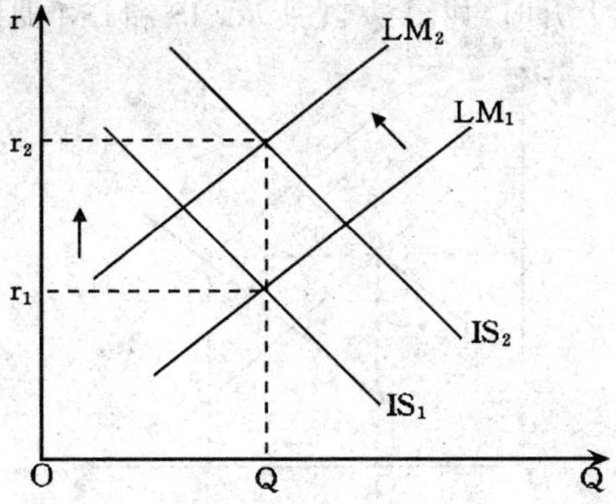

图5.10　IS与LM的反向移动

的 Q 下降力量抵消了 IS 右移造成的 Q 上升力量之后还有余，Q 就会下降；如果 IS 右移造成的 Q 上升的力量恰好与 LM 左移造成的 Q 下降的力量相互抵消，Q 就会保持不变。

如果政府购买支出 GP 是下降的，货币的名义供给量 MS 是上升的，就会出现与上述过程完全相反的情况。这时，IS 曲线会向左移动，LM 曲线会向右移动，利息率肯定会下降，而国民收入 Q 却仍有可能增加、减少或不变。IS 与 LM 反向移动的机制可以概括如下。

当 GP↑($\overline{C}$↑、$\overline{NT}$↓、$\overline{MT}$↓)和 MS↓(V↓、P↑)时：

IS 右移：Q↑，r↑

LM 左移：Q↓，r↑

结果：r↑，Q 不确定

当 GP↓和 MS↑时：

IS 左移：Q↓，r↓

LM 右移：Q↑，r↓

结果：r↓，Q 不确定

当影响产品市场均衡的外生变量 GP 上升的同时，名义货币供给量 MS 也上升时，如图 5.11 所示，IS 和 LM 曲线会同时向右

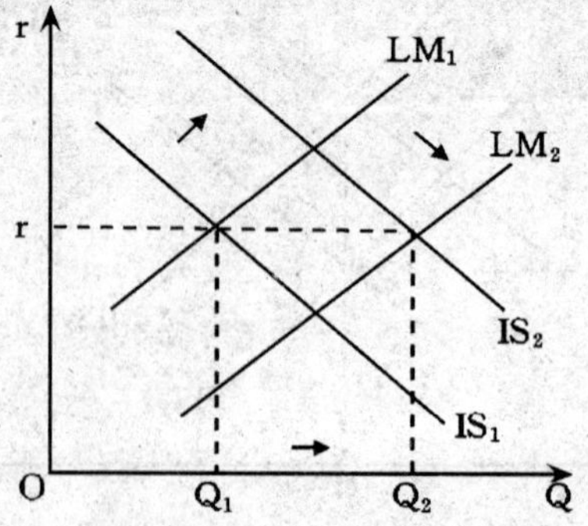

图 5.11 IS 与 LM 的同向移动

移动。当 IS 曲线右移时，均衡实际国民收入 Q 会上升，均衡利息率 r 也会上升；当 LM 曲线向右移动时，Q 会上升，但均衡利息率则会下降。这样，IS 和 LM 同时右移的结果是实际国民收入肯定会增加，但利息率的变动结果则要看 LM 和 IS 移动后的相对位置，均衡利息率可能上升、下降或不变。如果 GP 和 MS 同时减少，就会导致 IS 曲线和 LM 曲线同向左移，其必然的结果是实际国民收入锐减，均衡利息率则可能上升、下降或不变。这种同向变动的机制可概括如下。

当 GP↑和 MS↑时：

IS 右移：Q↑，r↑

LM 右移：Q↑，r↓

结果：Q↑，r 不变或有较小变动

当 GP↓和 MS↓时：

IS 左移：Q↓，r↓

LM 左移：Q↓，r↑

结果：Q↓，r 不变或有较小变动

四、挤出效应

在上面的分析中，政府购买支出 GP 的增加会引起 IS 曲线右移，如图 5.12 所示，其结果是利息率 r 和实际国民收入 Q 同时提高。需要指出的是，其中包含着一个挤出效应，即由于利息率从 r_1 提高到 r_2，私人投资会因此被挤掉一部分，造成投资 I(r)下降，使得实际国民收入只能由 Q_1 增加到 Q_2。如果利息率保持不变，为 r_1，没有挤出效应的总产量增加应从 Q_1 增加到 Q_3。挤出效应使凯恩斯的乘数效应进一步削弱。在 IS—LM 模型中，由于涉及了消费、储蓄、税收和投资等函数关系，因此，应用第三章提到的乘数 III $\left(MULT_{\text{III}}=\dfrac{1}{MPS+MPC\cdot MT-MPI}\right)$ 来计算由于政府开支

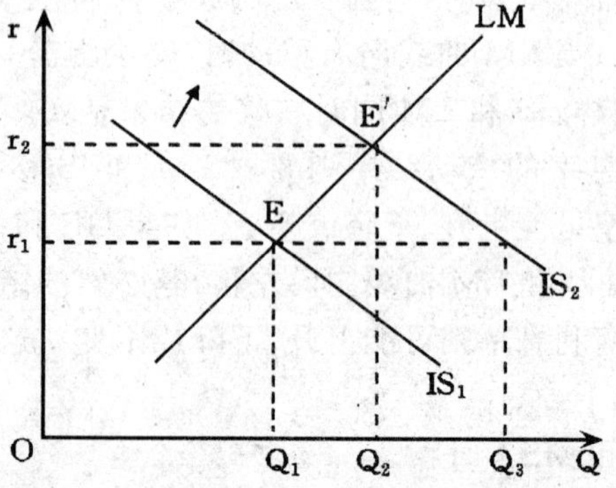

图 5.12 挤出效应下的 IS、LM 曲线的移动

GP 增加而导致的实际国民收入的增量。显然，在乘数 III 的公式中，并不包含利息率变动的影响。根据乘数 III 来计算政府购买支出增加引起的实际国民收入的增加量，就是图中利息率 r_1 保持不变情况下的收入增加量（从 Q_1 到 Q_3）。它比用 IS 与 LM 曲线新的交点 E′ 表示的产量增量要大。这就是说，利用 IS—LM 模型考察实际国民收入的决定，比用总收入—总支出模型要全面，它能够考虑到产品市场总需求增加（如因 GP 增加而增加）时，如何影响货币市场，而货币市场又把这一影响反馈回来，使产品市场发生进一步变化的机制。

对于挤出效应，在后面有关政策的研究中将进一步展开叙述，这里提到它仅仅是为了较具体地说明 IS—LM 模型比 NI—AE 模型具有更全面的优点。

复习思考题

1. IS 曲线有什么具体含义？请你推导出 IS 曲线。

2. 位于 IS 曲线左右两边的点各表示什么？这些 IS 曲线以外的点是通过什么样的机制向 IS 曲线移动的？

3. LM 曲线有什么具体含义？请你推导出 LM 曲线。

4. 位于LM曲线以外的点是如何表示货币市场非均衡状态的?利用LM曲线说明货币市场的自动均衡机制。

5. IS—LM模型是如何表示产品市场和货币市场的共同均衡状态的?假定经济暂时处于IS曲线和LM曲线之外的某一非均衡点上,它会沿着什么路线运动?会通过什么样的运行机制达到双重均衡状态?

6. 当货币流通速度降低或名义货币供给量减少时,双重均衡状态是如何发生变化的?

7. 当政府降低边际税率 $\overline{MT}$ 时,双重均衡状态会发生什么样的变化?

8. 如果政府在降低边际税率 $\overline{MT}$ 的同时也减少了名义货币供给量MS,双重均衡状态会发生什么变化?

9. IS—LM模型与NI—AE模型相比,优点在什么地方?

第六章　扩展的凯恩斯模型
——三重均衡的宏观经济模型

上一章我们研究IS—LM模型时假定价格总水平不变，从而可以采用完全没有弹性的总需求曲线和完全有弹性的总供给曲线。如果价格水平不是给定的，而是一个变量，总供给与总需求曲线会发生怎样的变化呢？作为古典学派充分就业理论依据的重要假定是完全可变的工资率与价格，从而刚性工资与价格会造成失业的理论并不是与古典学派的理论性相对立的，而可以说是古典学派理论的一个特例。那么，凯恩斯的非充分就业的推论能否不依赖于刚性工资与价格的假定呢？这正是我们这一章所要研究的问题。

第一节　可变价格下的总供给曲线

对比凯恩斯效应和古典理论中的货币余额效应，将使我们能够充分了解凯恩斯的理论为什么能够为非充分就业均衡提供一种解释。

一、凯恩斯效应与货币余额效应

在推导总需求曲线之前，我们先把凯恩斯的货币理论与古典学派的货币理论作一个对比，以便说明凯恩斯理论区别于古典学派理论的一个重要概念——凯恩斯效应。

代表古典货币理论的剑桥方程式如下：

$$MS=k\cdot P\cdot Q \qquad (6.1)$$

式中，MS 为货币供给量，P 为价格总水平，Q 为总产量或实际国民收入，k 为货币供给量占名义国民收入的比例。该式表示货币供给量与名义国民收入成比例。当货币供给量上升时，人们为了保持手中的实际现金余额（MS/P）与实际收入（Q）的比例 k，会导致价格水平以与货币增加相同的比例上升。由于假定 k 与 Q 是常数，从而当货币供应量增加导致总需求增加时，就会直接使价格水平提高。这就是所谓的货币余额效应，又称剑桥效应。货币余额效应的传导机制可以概括如下：

货币供给量增加→人们保持其持有的实际货币余额与实际收入的固定比例 k 不变→总需求提高→价格水平上升。

与古典理论相对照，凯恩斯的货币理论是完全不同的，这可以用 IS—LM 模型来表述，即：

$$\begin{cases} S(Q)=I(r) & (6.2) \\ \dfrac{MS}{P}=MD(Q,r) & (6.3) \end{cases}$$

当货币供应量变动时，并不是直接通过实际现金余额效应使价格水平发生变动，而是通过货币与债券市场的相互作用，使利息率水平发生变动，从而使投资发生变动，进而影响总需求和价格水平。因此，凯恩斯效应所要表现的商品需求与价格水平之间的关系是一种间接的关系。当货币供给量增加使人们手中的实际现金余额增加时，并不像货币数量论解释的那样，直接提高总需求，而是通过提高对债券的需求和降低利息率使投资增加，进而提高总需求。凯恩斯效应的传导机制如下：

货币数量增加→现金余额增加→对债券的需求增加→债券的市场价格提高→实际利息率降低→投资增加→总需求增加→价格水平提高

从以上过程可以看出，凯恩斯效应与剑桥效应的区别在于，凯恩斯效应认为货币供应量的变动对总需求的影响是通过利息率和投资的变动完成的；而剑桥效应则直接把货币供给量与总需求联系起来，因为实际货币供给量与价格成反比，从而价格水平的变动也可以视为实际货币供给量的变动，而价格水平与总需求的关系即总需求曲线。正是由于凯恩斯效应与剑桥效应的区别，使凯恩斯模型的总需求曲线与古典学派模型的总需求曲线完全区别开来。古典学派的总需求曲线是由剑桥方程式 $MS=k\cdot P\cdot Q$ 决定的，而凯恩斯模型的总需求曲线是由 IS—LM 模型决定的。

所谓剑桥方程式决定的需求曲线是，在货币供给量 MS 和参数 k 不变的情况下，价格水平 P 与实际收入 Q 成反比，即总需求量 Q 是价格水平的减函数。如图 6.1 所示。

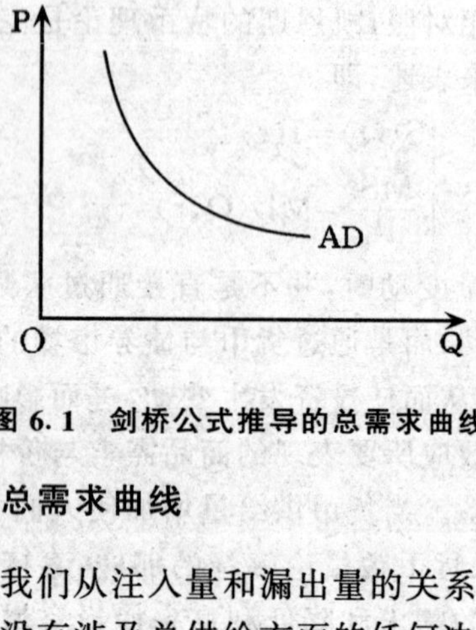

图 6.1　剑桥公式推导的总需求曲线

二、凯恩斯的总需求曲线

在第五章中，我们从注入量和漏出量的关系中推导出了 IS 曲线，实际上我们并没有涉及总供给方面的任何决定因素，只是考虑总需求变化，如不同的利息率导致的投资变化对总需求的影响等。在 LM 曲线的推导过程中，我们所涉及的依然没有超出总需求的范围。因此，根据收入决定论，当 IS 曲线与 LM 曲线相交时，决定的是总需求水平。只有总需求决定了，均衡的位置才能确定。这样，我们可以用 IS—LM 模型来推导反映价格水平与总需求量之间关系的总需求曲线。

假定 IS 曲线是给定的，如图 6.2 中的(*a*)图，LM 曲线的方程为：

$$MD(Q,r)=\frac{MS}{P} \tag{6.4}$$

由于实际货币供给量与价格水平之间的反比关系，当价格水平发生变动时，将使 LM 曲线的位置发生变动，这会与 IS 曲线在不同的点相交。因此，在每一价格水平上，都将会有与之相对应的总需求点，把这些点连接起来即可得到总需求曲线。如图 6.2 所示。

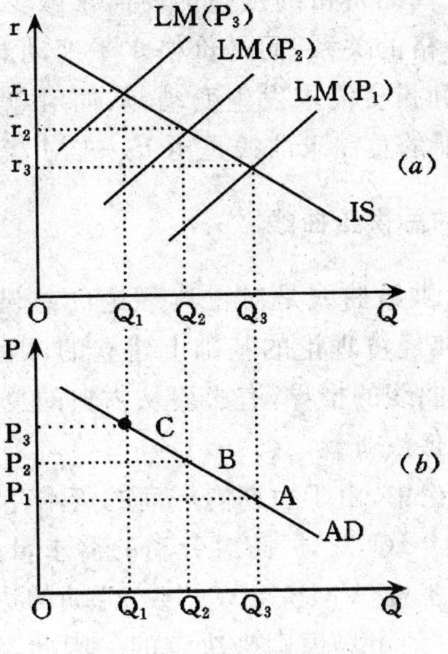

图 6.2　总需求曲线的推导

在图 6.2(*b*)中，当价格水平为 P_1 时，实际货币余额为 $\frac{MS}{P_1}$，这在图(*a*)中有 LM(P_1)与之相应，它与 IS 曲线的交点决定了图(*b*)中的总需求为 Q_3，而这一总需求水平是在价格为 P_1 时形成的，因此可以得到价格为 P_1 时的总需求曲线上的一个点 A。当价

格水平上升到 P_2 时，实际货币余额为 $\frac{MS}{P_2}$，实际货币量的减少使 LM 曲线向左移动，从 LM(P_1)移动到了 LM(P_2)，它与 IS 曲线的交点决定了总需求曲线上的另一点 B。同样，当价格水平上升到 P_3 时，会有 LM(P_3)与 IS 曲线的交点决定了图(*b*)中的 C 点。将这些总需求的点连接起来就得到了一条价格水平变动下的总需求变动的轨迹，即总需求曲线 AD。

从以上对凯恩斯总需求曲线的推导可以看出，这种总需求曲线并不是通常意义上的总需求函数，而是一条均衡的轨迹。它所表明的并不是随着商品价格的提高而使需求减少，即不是表明单独市场上需求与价格的关系，而是价格水平变动对两个市场同时起作用，使利息率和投资需求发生变动，从而对总需求产生的影响。由此可见，凯恩斯的总需求曲线是由 IS—LM 模型决定的。

三、凯恩斯的总供给曲线

凯恩斯的总供给曲线是对古典理论的总供给曲线的一个革命，是在反对古典经济理论的基础上建立的，因此，要深入地了解凯恩斯的总供给曲线的推导，有必要从古典的总供给曲线开始。

1. 古典的总供给曲线

在古典的理论中，由于短期内厂商的资本存量不变，因而生产函数可以写成：$Q=f(L)$。厂商对劳动的需求量是由"劳动的边际产品价值＝名义工资($VMP_L=W$)"或"劳动的边际产量＝实际工资($MP_L=W/P$)"的市场原则来决定的。因此，实际工资 W/P 调节着厂商对劳动的需求。厂商对劳动的需求函数为 $L_D=L(W/P)$；

企业利润最大化的假定为 $MC=W/MP_L=P$,[①] 两边同时乘以 MP_L 和同时除以 P,得 $W/P=MP_L$。既然实际工资调节着厂商对劳动的投入,而劳动的投入(根据生产函数)又决定着总供给,所以总供给函数可以写为:$AS=f(W/P)$。如果劳动投入一旦确定在充分就业水平上,名义工资 W 和价格总水平 P 都有完全的灵活性,这时,名义工资与价格总水平将同比例变动,实际工资不变,总供给曲线是一条位于充分就业国民收入上的完全没有弹性的直线。如图 6.3 所示,在古典理论中,当价格变动时,工人不受货币假象的欺骗,会使名义工资与价格水平有方向一致且幅度相等的调整,这样,实际工资不变,而就业也就会总是保持在充分就业的水平上。例如,价格水平从图 6.3 中的 P_2 上升到 P_1,工人不会受通货膨胀的欺骗,会正确地判断出实际工资的下降,他们会迫使名义工资上升,从而保持实际工资不变,因此,就业水平也会保持不变。

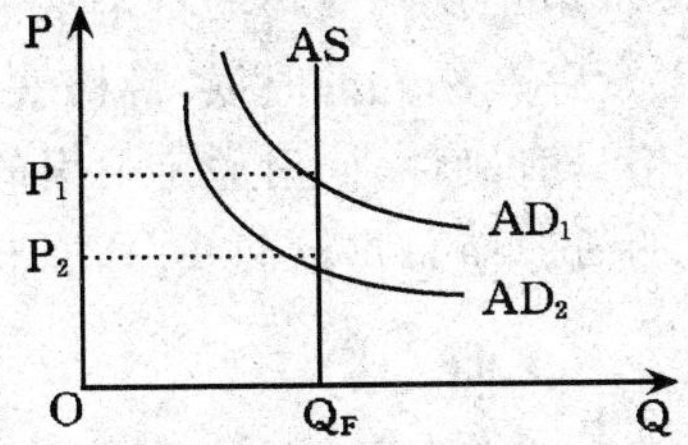

图 6.3　古典的总供给曲线

2. 古典理论中的两分法

在古典理论中,经济被分为货币经济(或名义经济)和实际经济。货币被认为仅仅是交换的媒介,不会对实际经济产生丝毫影

① 这里,$MC=W/MP_L$ 是指每增加一单位产量带来的工资的增量,即劳动要素的边际开支,亦即假定只有劳动投入增加时的边际成本。例如,增加 1 单位的劳动投入增加了 10 单位的产品($MP_L=10$ 单位),工资支出增加了 10 美元,在其他条件不变的情况下,企业的边际成本就等于 1 美元(10 美元÷10 单位产品),表示增加每单位产品所带来的总成本增量,即边际成本。

响。例如，一本书与一支钢笔相交换，决不会因为加入货币而影响其交换关系，也不会因为货币的媒介作用使得实际交换的商品总量增加。这样，在古典理论中，货币被看作是一层蒙在实际经济上的面纱，货币数量仅仅影响名义经济变量，不会对实际经济变量产生丝毫影响。货币被看作是中性的，所谓中性，就是指其对实际变量不产生影响的性质。而两分法的实质并不是实际经济与名义经济的区分，而是名义变量不会影响实际变量。

3. 凯恩斯的总供给曲线

凯恩斯本人的总供给曲线是建立在工资—价格刚性的基础上的。关于刚性工资的假定可以这样解释，在劳动市场，工人会对货币工资的下降进行抵抗，从而使货币工资只能上升而不能下降。此外，由于人们具有"货币幻觉"，即只注意货币工资而看不到货币的实际购买力，所以他们会抵抗价格水平不变情况下的货币工资的下降，但却不会抵抗货币工资不变下的价格水平的提高。由于工资是价格的基础，当工资存在刚性的时候，价格就会普遍存在刚性。

假定工资和价格具有刚性，同时假定要素的边际生产力不变，就可以推导出简化的凯恩斯总供给曲线，如图 6.4 所示。

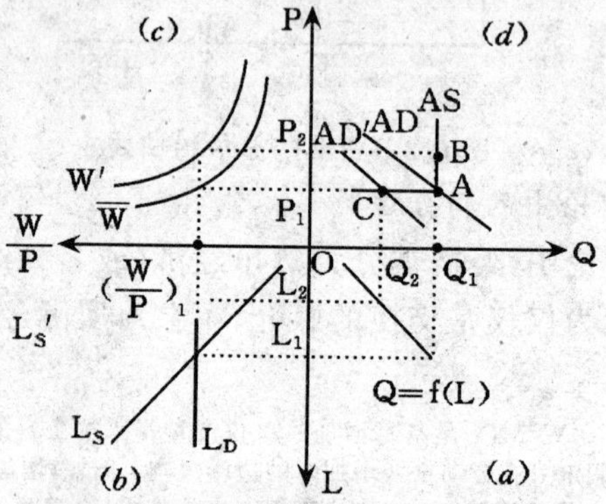

图 6.4 简化的凯恩斯总供给曲线

图(a)为一条劳动边际生产力不变的生产函数；相应地，图(b)中厂商对劳动的需求函数曲线也是一条直线；图(c)中的$\overline{W}$为名义工资曲线，W上的一小横表示名义工资具有只能升不能降的工资刚性；从图(a)、(b)、(c)三图可以推导出图(d)中的直角的总供给曲线。我们从图(b)开始，由于劳动的供给曲线与其需求曲线的交点决定了劳动的供给量和实际工资，所以，根据图(a)中的总生产函数，总产量应为Q_1，而根据图(c)中的名义工资曲线，实际工资为$\left(\frac{W}{P}\right)_1$，这时的价格水平为$P_1$。假定需求上升引起价格上升，当价格水平上升到$P_2$时，名义工资会上升到$W'$，于是可以推导出图$(d)$中凯恩斯简化了的总供给曲线的垂直部分。如果价格为$P_1$时，需求不是上升而是下降，假定这时总需求在$Q_2$的水平上，劳动的投入量将会减少到$L_2$，这时由于存在着工资刚性，工资不会下降，价格也不会下降，而产量和劳动投入量就必然减少，于是总供给曲线便呈现出水平状态。总供给曲线水平段的含义是，在达到充分就业以前，由于存在着大量的闲置设备，劳动的边际产量并不减少，从而厂商愿意在这一工资率和价格水平下增加劳动投入和产出，直到充分就业点。在到达充分就业以前的一段内，总供给曲线为一条水平线。达到充分就业以后，价格水平的提高只能使货币工资上升，而不会是产出增加，因此到达充分就业以后的总供给曲线就是一条垂线。

4. 新古典综合派的总供给曲线

新古典综合派的总供给曲线是在凯恩斯简化了的总供给曲线的基础上，取消劳动的边际产量不变的假定之后推导出来的。

使用生产函数$Q=f(L)$和企业利润最大化的假定$MC=W/MP_L=P$，如果假定不变的名义工资率（即刚性工资），即可得到新古典综合派的总供给曲线，如图6.5所示。

图(a)为生产函数$Q=f(L)$，由于不再有劳动的边际产量不变

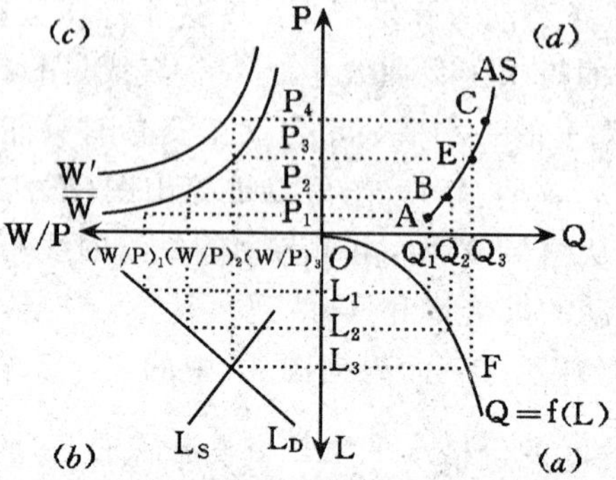

图 6.5 凯恩斯的总供给曲线

的假定，所以总生产函数曲线不再是一条直线。(*b*)图为劳动市场，L_D 为劳动的需求曲线，由于劳动的边际产量递减，劳动的需求曲线不再是一条直线，这条倾斜的曲线表示厂商的劳动投入是实际工资 W/P 的减函数；L_S 为劳动的供给曲线，它表示劳动的供给是实际工资 W/P 的增函数。图(*c*)为名义工资曲线。假定名义工资为一不变的常量 $\overline{W}$。从图(*c*)中可以看出，在名义工资不变的假定下，价格水平从 P_1 上升到 P_2 再到 P_3，实际工资会从$(W/P)_1$下降到$(W/P)_2$，再下降到$(W/P)_3$。这时，从图(*b*)中可以看出，由于实际工资下降，厂商对劳动的投入量会从 L_1 增加到 L_2 和 L_3。图中假定劳动的供给到 L_3 时达到充分就业。再来看图(*a*)，根据生产函数，劳动投入为 L_1，产量为 Q_1；劳动投入为 L_2 和 L_3 时，产量为 Q_2、Q_3。假定劳动投入到 L_3 以后便达到充分就业，劳动投入虽然不是根本不增加，但是厂商却只能雇佣摩擦性失业和结构性失业的工人，由于这些劳动的生产效率大大降低，因此，劳动的增加虽然可以使产量有一定的增加，却增加很少，使得总生产函数在图(*a*)中的 F 点之后，接近于一条直线。这样，在图(*d*)中总供给曲线上的 E 点就形成了一个肘弯。在充分就业之前，产量上升的幅度大，价格上升的幅度小，在达到充分就业以后，产量上升的幅度小，而价格上升的幅度大。

根据图(c)中的价格变化和图(a)相应的总产量的变化，可以推导出总供给曲线。即 P_1 和 Q_1 的组合点 A，P_2 和 Q_2 的组合点 B，及充分就业的产量 Q_3 和 P_3 的组合点 E，以及价格增加较大和产量增加较小的组合点 C，将这些点相连，于是得到一条向右上倾斜，并在 E 点有一个肘弯的总供给曲线。

第二节　三重均衡的凯恩斯模型

三重均衡的凯恩斯宏观经济模型是 IS—LM 模型的扩展，它不但包含产品市场和货币市场的均衡，而且也通过劳动市场的均衡实际上包含了生产要素市场的均衡。在上节我们讨论了总需求曲线与总供给曲线的决定，总需求曲线由凯恩斯的 IS—LM 模型所决定，而总供给曲线则由古典学派的生产函数和劳动市场的均衡所决定。完全的凯恩斯模型即假定市场是完全的，从而价格能够充分反映市场信息，这样，把凯恩斯的总需求曲线与古典学派的总供给曲线结合在一起，也就是把古典学派模型与凯恩斯理论结合在一起。因而，这里所讨论的三重均衡的宏观经济模型充分体现了新古典综合派理论的特点。

三重均衡的凯恩斯模型由以下方程组成：

$$L_D\left(\frac{W}{P}\right)=L_S\left(\frac{W}{P}\right) \qquad \rightarrow L^*,\left(\frac{W}{P}\right)^* \qquad (6.5)$$

$$Q=f(L) \qquad \rightarrow Q^* \qquad (6.6)$$

$$\left.\begin{aligned}&S(Q)=I(r) &(6.7)\\ &MD(Q,r)=\frac{MS}{P} &(6.8)\end{aligned}\right\} \rightarrow r^*,P^*$$

$$W=\left(\frac{W}{P}\right)\cdot P \qquad \rightarrow W^* \qquad (6.9)$$

方程(6.5)是劳动需求函数和劳动供给函数，可以把它看作两个方程，它决定劳动的均衡供给量 L^* 和实际工资率 $(W/P)^*$；方程(6.6)是生产函数，决定均衡产量 Q^*；方程(6.7)和(6.8)是IS—LM模型，决定均衡利息率 r^* 与一般价格水平 P^*；方程(6.9)是名义工资率 W^* 的决定方程。从以上方程组可以看出，完全的凯恩斯模型是由六个方程和六个未知数组成的联立方程组，[①] 从而会有惟一的解，即三重均衡的解。三重均衡的解由六个均衡变量组成。它们是方程组中箭头所示的均衡劳动投入量 L^*、均衡的总产出 Q^*、均衡价格总水平 P^*、均衡实际利息率 r^*、均衡实际工资率 $(W/P)^*$ 和均衡名义工资率 W^*，这些均衡变量值也表明了模型所趋进的方向。这一均衡模型可以用图 6.6 表示。

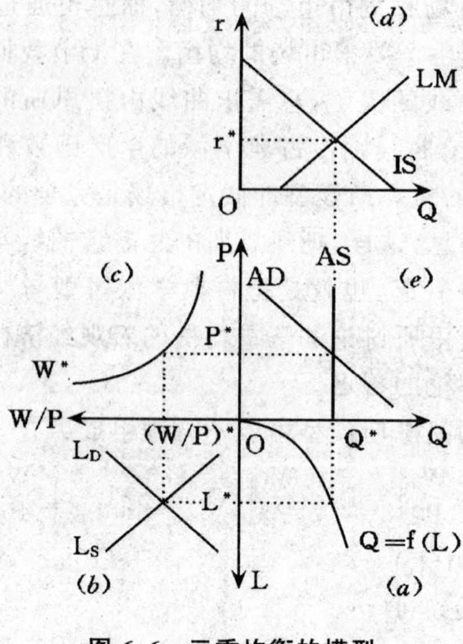

图 6.6 三重均衡的模型

在图 6.6 中，图(*b*)为劳动市场，即方程(6.5)，表明劳动的供

① 方程(6.5)是劳动需求函数和劳动供给函数，可以把它看作是两个方程。

给与需求同时决定均衡的实际工资率(w/p)*和充分就业水平L^*。图(*a*)是生产函数,给定劳动市场的充分就业L^*,会有充分就业的均衡实际国民收入Q^*。图(*d*)是IS—LM曲线,与前面的IS—LM模型不同,这里价格或实际货币供给量是内生变量,从而在该模型中均衡利息率r^*与均衡价格水平P^*是同时决定的,而且均衡利息率与价格同时反映给定的充分就业收入水平Q^*,它决定了图(*e*)中的总需求曲线AD。图(*c*)为名义工资率,给定充分就业的实际工资率(W/P)*和均衡价格水平P^*,就决定了均衡名义工资率为W^*。图(*e*)表明商品市场的均衡,是这一模型的核心。根据假定,商品供给是劳动就业的函数,按照方程(6.9),我们假定,如果价格水平发生变动,名义工资率将随之调整。因此,价格水

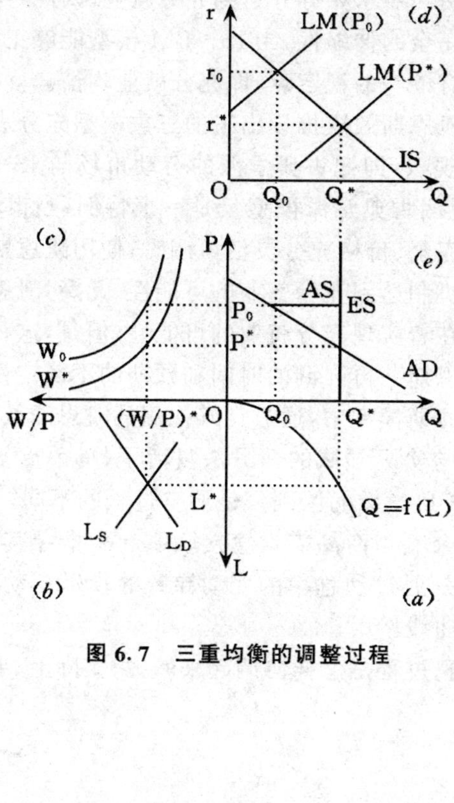

图 6.7　三重均衡的调整过程

平并不影响实际工资率和就业水平，因而国民收入只决定于劳动市场的均衡实际工资率和劳动投入量，与价格水平无关。因此，AS曲线为一条垂线。这实际上是在价格有充分灵活性的基础上恢复了古典理论。

现在我们来看三重均衡的调整过程。如图6.7，任意给定一个价格水平P_0，在图(d)中会有一条LM(P_0)曲线，与IS曲线相交得到一个均衡点(r_0,Q_0)，它决定了图(e)中的总需求为Q_0。这样，在价格为P_0时，商品市场会有过度供给ES。但这种总供给超过总需求的状态是不稳定的，商品市场的过度供给会使价格水平下降，当价格水平下降到P^*时，会使图(d)中LM曲线向右方移动，即从LM(P_0)移动到LM(P^*)，使之与IS曲线交于(r^*,Q^*)点，从而使商品市场的供给与需求相等并达到充分就业。因此，如果假定价格与工资率具有完全的伸缩性，当IS—LM模型能够正常运转时，三重均衡模型将有惟一的稳定点，即充分就业均衡。

这种根据凯恩斯效应推导出来的三重模型充分表达了新古典综合派的理论观点，即把古典学派的劳动市场与IS—LM模型结合起来，从而说明古典学派模型只是一个特例，当市场完全时，即假定市场信息完全、价格充分灵活可调时，使用凯恩斯的理论同样可以说明市场机制达到充分就业的可能性。无疑，凯恩斯并没有否认市场经济存在着实现充分就业的可能性，但是，这种凯恩斯模型却难以说明凯恩斯一再强调的时间和预期的不确定性的作用。

在上述凯恩斯模型中，通过良好作用的凯恩斯效应，使古典学派的货币领域与实际领域的两分法复活了，货币重新成为中性的了。凯恩斯与古典学派的区别只是调整过程的不同。我们知道，古典学派把现金余额与商品需求直接联系起来推导其需求曲线，而凯恩斯模型则是通过利息率的变动导致的投资变动，即凯恩斯效应来推导需求曲线。

这两种调整过程是怎样协调起来的呢？实际上，要使二者达到协调，只能抛开时间与预期的不确定性。前面对三重均衡的凯恩斯模型稳定性的证明所使用的是一种比较静态方法。这种方法的特点是：一方面，假定价格水平只影响货币市场，但它是由商品市场的供给与需求决定的；另一方面，利息率只影响投资和商品市场，而它是由货币市场的供给与需求决定的。正是这种比较静态方法，使古典学派模型与凯恩斯的理论综合在一起。但是，在IS—LM模型中，存量与流量实际上被混在一起，即不区分一个时点的国民收入（和货币）存量与一个时期内的国民收入（和货币）流量，从而完全排除掉了时间因素。在比较静态的模型中，如果储蓄与投资是正的，它们必然会影响货币市场和利息率；同样，货币市场也会影响到商品的供给与需求。可见，新古典综合派的理论是通过完全抛掉时间因素来保持其逻辑上的一致性的。

第三节　投资陷阱与灵活偏好陷阱

现在我们来详细分析凯恩斯对资本主义经济中失业问题的诊断。在简单凯恩斯模型的分析中，假定投资是外在给定的，这里的分析则是要说明为什么投资是外在给定的。这一点是通过完全凯恩斯模型的两个特例来给予说明的，即在某些特定的情况下，市场的完全性被破坏了，凯恩斯效应并不能有效地起作用。因此，这种分析是新古典综合派对凯恩斯的理论所作出的一种“不完全性”的解释。根据这种解释，市场是否完全成了凯恩斯效应能否起作用的关键。

一、投资陷阱

在凯恩斯模型中，投资是利息率的函数，从而投资的变动取决于投资的利息率弹性。然而，在讨论资本主义经济的失业问题时，凯恩斯提出，当企业家对未来的预期变得不确定，或对未来的预期非常悲观时，无论利息率怎样下降，都不会使投资增加，即投资对利息率完全没有弹性。由于投资对利息率完全没有弹性，因此，投资就成了外在给定的外生变量 $\bar{I}$，IS 方程便成为下列形式：

$$S(Q)=\bar{I} \tag{6.10}$$

由于投资对利息率没有弹性，因此无论利息率怎样变化，投资都将是一个不变的常数，因此总需求将不再受利息率的影响，利息率的变化也不再会影响商品市场上的均衡实际国民收入 Q，这使得 IS 曲线也变成了一条没有弹性的直线，如图 6.8 所示。

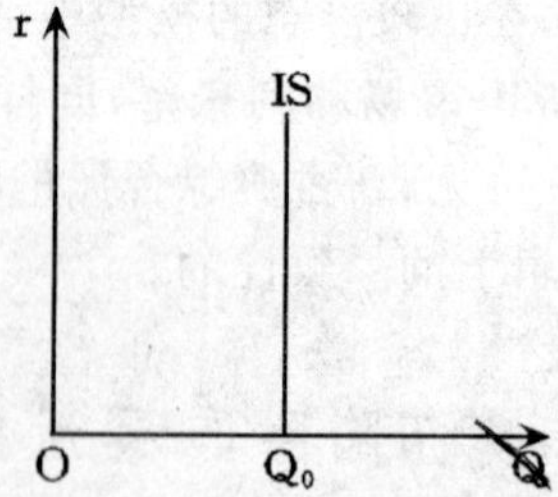

图 6.8 没有弹性的 IS 曲线

由于投资完全没有利息率弹性，从而收入被惟一地决定了，即图 6.8 中的 Q_0。如果我们把这样一种投资函数代入前面的凯恩斯模型，会得到以下方程：

$$S(Q)=\bar{I} \qquad \rightarrow Q_0 \tag{6.11}$$

$$Q=f(L) \qquad \rightarrow L_0 \tag{6.12}$$

$$\frac{W}{P}=\left(\frac{W}{P}\right)_0 \qquad \rightarrow \left(\frac{W}{P}\right)_0 \tag{6.13}$$

$$MD(Q,r)=\frac{MS}{P} \qquad \rightarrow (P,r) \tag{6.14}$$

$$W=\left(\frac{W}{P}\right)\cdot P \qquad \rightarrow W \tag{6.15}$$

方程(6.11)是存在投资陷阱的 IS 曲线方程，它决定了实际收入为 Q_0，它并不一定等于充分就业的收入 Q^*。方程(6.12)是生产函数，它清楚地表明了投资陷阱的核心，即不是劳动投入决定生产，而是生产决定了劳动投入。方程(6.13)实际上是假设实际工资率等于古典理论的均衡工资率。这种假说只是为了说明失业并不是由于工资率过高而引起的。方程(6.14)是一个含有利息率与价格水平两个未知数的方程，它没有惟一的解，只是表明利息率与价格水平是相互联系的。方程(6.15)表明名义工资率反映给定的价格水平。在这一模型中，一个明显的特征是实际部门与货币部门是分离的，这是一种新的两分法。方程(6.11)、(6.12)和(6.13)决定实际变量 Q、L 和实际工资率 W/P，它们不受货币的影响。方程(6.14)和(6.15)是 P、W 和 r 的各种组合，它们都属于货币部门。与古典学派的两分法不同，在这里，利息率是由货币部门决定的。

资本市场和商品市场在这一模型中是至关重要的，由于总需求和实际收入水平决定于 $S(Q)=\bar{I}$，因此，如果有效需求小于充分就业，我们将获得一种存在失业的稳定均衡。从纯粹静态的角度来考虑，由于在货币部门中，任何 P、r 和 W 的组合对实际的产出、就业和实际工资率都不起任何作用，因此，货币部门总是存在着均衡。从动态角度来看，当商品市场有效需求不足时，商品的价格会下降。虽然商品价格的下降会使利息率和名义工资率下降，但由于存在投资陷阱，投资对利息率完全没有弹性，利息率和名义工资率的下降并不能提高有效需求。古典学派理论认为，价格与工资率的完全伸缩性必然会使经济达到充分就业。但在这种存在投资陷阱的凯恩斯模型中，价格与工资的伸缩性并不能保证充分就业的实现，因为价格与工资率的变动只能影响利息率，而利息率的下降对投资根本不起作用，这样就可能产生存在失业的均衡状态。

图 6.9 解释了上述情况。从图(d)中可以看出，IS 曲线是一条与纵轴平行的垂线，它决定图(e)中的总需求曲线和实际收入 Q_0，无论 LM 曲线如何变动都不会对总需求产生影响。因此，商品需求完全不依赖于价格水平。假定价格从 P_1 上升到 P_2，LM 曲线由

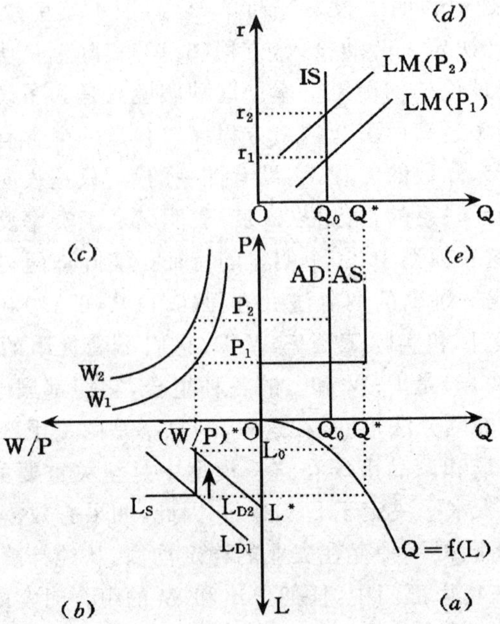

图 6.9　存在投资陷阱的非充分就业均衡

LM(P_1)上升到 LM(P_2)，利息率从 r_1 上升到 r_2，但是，由于存在着投资陷阱，总需求量不变，仍为 Q_0，这意味着总需求曲线是一条垂线。这时，总供给为 Q^*，总需求为 Q_0，因此总供给大于总需求($Q^*>Q^0$)。由于商品市场的供大于求，使价格水平从 P_2 下降到 P_1，在图(*d*)中会使 LM 曲线向右移动，从 LM(P_2)移到 LM(P_1)，从而使利息率从 r_2 下降到 r_1。但由于IS 曲线对利息率的变动完全没有弹性，从而并不能使投资增加和总需求增加。在这里，凯恩斯效应不起作用了，价格并不影响需求。在这种条件下，企业只能卖出 Q_0 的产品，这迫使企业减少生产和就业，或者说，厂商在流行的工资率$(W/P)^*$的条件下，希望生产充分就业的产出 Q^*，但由于数量约束，他们只能生产和出售 Q_0 的产品。最后总供给和总需求将在

Q_0 产量上达到稳定的均衡。这意味着总供给曲线是倒 L 型。

再来看劳动市场。在工资率$(W/P)^*$的情况下，家庭愿意供给L^*的劳动，如果在商品市场不存在数量约束，厂商将需要这一数量的劳动，但是，厂商只能雇用生产 Q_0 产量的劳动，这样，在实际工资不变的情况下，劳动的需求为 L_0，即劳动的需求曲线向里移动了，将存在着失业(L_0L^*)。这种存在失业的状况将长期存在，也就是说，劳动市场将出现存在失业状态的均衡，这意味着劳动的供给曲线也是一条直角型的曲线。

以上分析可见，如果投资需求完全没有利息率弹性，由于凯恩斯效应不能起作用，商品市场就可能产生有效需求不足，而这又必然会引起失业，因为劳动需求是由商品的需求所决定的。这种有效需求不足和失业并不能通过价格与实际工资率的下降而得到缓解，价格、工资和利息率的下降对有效需求的增加完全没有作用。

二、灵活偏好陷阱

前面所表明的是，在存在投资陷阱的情况下，会导致有效需求的不足和存在一种非充分就业均衡。灵活偏好陷阱与投资陷阱的结果基本上是相同的。在前面的章节中，我们已经对灵活偏好陷阱的概念作了介绍，其含义是，当货币需求变得具有完全的利息率弹性，即在某一较低的利息率水平下，人们预期利息率不会再下降而会上升，从而持有债券将会遭受损失时，人们对货币的需求变得无限大，因而无论实际货币供给如何增加也不会使利息率再下降。如图 6.10 所示。

当利息率为 r_0 时，人们对货币有着绝对的流动性偏好，这使 LM 曲线在 Q_0 之前变得具有无限的弹性，从而使利息率不能降低到 r_0 之下。实际收入在 Q_0 之前的任何增加都不会影响货币需求，即在 Q_0 之前，所有的收入水平都具有同样的利息率弹性，人们对货币的投机需求变得无限大，这使得交易用货币余额在全部货币

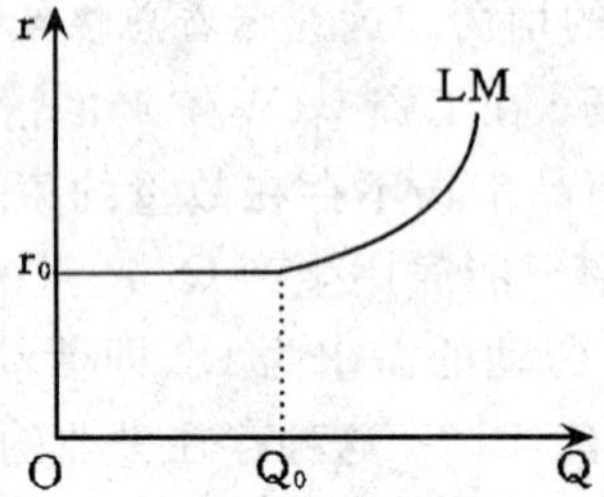

图 6.10　灵活偏好陷阱

余额中无足轻重，几乎可以忽略不计。

在存在流动陷阱的条件下，即使投资具有利息率弹性或者说IS曲线是正常形状的，也可能存在有效需求不足和失业均衡。这时，LM曲线所限定的最低利息率（如图6.10中的r_0）与IS曲线的交点不能满足充分就业的有效需求所要求的利息率r^*，这会使投资和商品需求低于充分就业水平，由此会导致非充分就业均衡。

存在灵活偏好陷阱的三重均衡模型可以用以下方程来表示：

$$MD(Q,r)=\frac{MS}{P} \quad \to r_0 \qquad (6.16)$$

$$S(Q)=I(r_0) \quad \to Q_0 \qquad (6.17)$$

$$L_D\left(\frac{W}{P}\right)=L_S\left(\frac{W}{P}\right) \quad \to \left(\frac{W}{P}\right)^* \qquad (6.18)$$

$$Q=f(L) \quad \to L_0 \qquad (6.19)$$

$$W=\left(\frac{W}{P}\right)\cdot P \quad \to (P,W) \qquad (6.20)$$

在方程(6.16)中，由于存在着流动偏好陷阱，利息率的决定不再依赖于收入与价格水平。这样，利息率在资本市场中是给定的，为r_0。在方程(6.17)中，由于利息率是既定不变的r_0，因而投资被惟一地确定为$I(r_0)$。投资又通过乘数过程决定了收入为Q_0，即只有收入为Q_0，资本市场的储蓄与投资才能相等。但是，这一资本市场均衡的国民收入Q_0并不一定等于充分就业的国民收入Q^*。方程(6.18)、(6.19)和(6.20)分别决定就业、实际工资率、价格水平与货币工资率,这与存在投资陷阱的情况相同,所以不再详细叙述了。

由灵活偏好陷阱引起的非充分就业的均衡状态也可以用图6.11来说明。

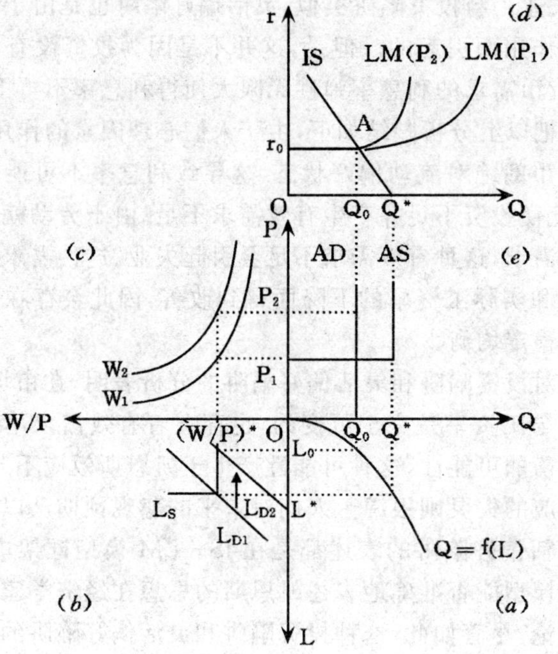

图 6.11 存在灵活偏好陷阱的非充分就业均衡

图(*d*)的正常的IS曲线与LM曲线相交于A点,在这一点上LM曲线存在着流动偏好陷阱,即人们对于货币的投机需求无限大,从而使LM曲线在这一段具有无限的弹性。这就使得图(*e*)中的AD曲线成为一条完全没有弹性的垂线。当价格水平从P_2下降到P_1时,图(*d*)中的LM曲线会从$LM(P_2)$移到$LM(P_1)$,但这并不能使利息率下降，因而不能使投资和有效需求增加，也就决定了商品市场的非充分就业的均衡。

由于产品市场上的总需求为 Q_0，同充分就业的产量相比意味着总需求不足，这也就意味着在实际工资不变的情况下，劳动市场上对劳动的需求减少，即劳动的需求曲线向减少的方向移动，产生 L^*L_0 的失业。与投资陷阱类似，灵活偏好陷阱也是由于凯恩斯效应不能起作用而引起的。但是，这并不是因为投资没有利息率弹性，而是货币需求的利息率弹性无限大使得利息率不再下降。

可以把以上分析归结如下，由于人们心理因素的作用，会产生一种对货币的绝对流动偏好状态，这导致利息率不可能低于某种水平，由此使投资不足并产生有效需求不足。由于劳动就业取决于对商品的需求，这种有效需求不足会引起失业。这种需求不足不能通过价格和实际工资率的下降而得到改善，因此会存在一种非充分就业的稳定均衡。

以上对投资陷阱和灵活偏好陷阱的分析表明，在市场经济中，即使价格与工资率是完全可变的，也存在着有效需求不足和非充分就业均衡的可能性，这种可能性产生于凯恩斯效应不起作用，而凯恩斯效应的失灵则根源于人们对未来的悲观预期。以上对投资陷阱和灵活偏好陷阱的表述都是在 IS—LM 模型框架内进行的，这种均衡模型能否准确地表述凯恩斯的思想在经济学家中存在着激烈的争论。尽管如此，这种投资陷阱和灵活偏好陷阱的分析显然与古典学派的理论有着重大的区别。与此相对照，我们下面所要分析的刚性工资的模型则与古典学派的理论有着更多的联系。

第四节　刚性工资

刚性工资模型是正统的凯恩斯主义（新古典综合派）中的最重要的模型，前面所推导的向上倾斜的凯恩斯的总供给曲线即是以刚性工资为基础的。

一、刚性工资与失业

刚性工资的假定并不意味着工资率是外生给定的，而是说工资率在某种程度上不依赖于劳动的供给与需求，而且不能立即得到调整。在讨论刚性工资模型时，一般都使用刚性价格的假定。关于刚性价格的分析我们在上一章讨论 IS—LM 模型时已经使用过了。如果价格是给定的，实际货币余额 MS/P 是不变的，那么，LM 曲线的位置是不变的，产出或总需求由 LM 曲线与 IS 曲线的交点所决定，它并不一定等于充分就业的总供给。

现在我们假定货币工资率是固定的，即把工资率作为外生给定的量，把这一假定加到前面的完全的凯恩斯模型可得到下面的模型：

$$L=L_D\left(\frac{W}{P}\right)<L_S\left(\frac{W}{P}\right) \qquad \rightarrow L_0,\frac{W}{P} \qquad (6.21)$$

$$Q=f(L_0) \qquad \rightarrow Q_0 \qquad (6.22)$$

$$S(Q)=I(r) \qquad \rightarrow Q_0,r \qquad (6.23)$$

$$MD(Q,r)=\frac{MS}{P} \qquad \rightarrow r,P_0 \qquad (6.24)$$

$$\frac{W}{P}=\left(\frac{\overline{W}}{P}\right) \qquad \rightarrow \overline{W} \qquad (6.25)$$

这一模型由一个外生变量 $\overline{W}$ 和五个内生变量 L、W/P、Q、r、P 组成。方程(6.21)是劳动市场。根据假定，由于货币工资率过高，劳动供给超过劳动需求，从而存在着失业。因此，劳动就业由厂商对劳动的需求所决定。

方程(6.22)是生产函数，在劳动投入为 L_0 时，产出为 Q_0。方程(6.23)和(6.24)是 IS—LM 模型，产出 Q_0 确定时，决定利率和价格水平。最后，方程(6.25)表明，价格与工资率是相互决定的，由于货币工资率是给定的，实际工资率依赖于价格水平。反过来，就业与生产又依赖于价格水平。显然，工资与价格是相互依赖的，只能同时求解。刚性工资模型的要点在于名义工资被假定为只能上升不能下降。刚性工资的模型可以由图 6.12 表示。

在图 6.12(*e*)中，总需求曲线是向下倾斜的，这是因为图(*d*)中的 IS 曲线和 LM 曲线是正常的，即不存在投资陷阱和灵活偏好陷阱。总供给曲线 AS 是向右上倾斜的，因为在货币工资率给定时，厂商对劳动的需求和产出取决于价格水平。当总需求位于图(*e*)中的 AD 时，恰好是充分就业的产量水平 Q_0，实际工资为图(*c*)中的 $(W/P)^*$，就业为图(*b*)中的 L_0，而根据图(*a*)中的生产函数，L_0 的劳动投入又恰好生产出 Q_0 的总产量。当货币供给量下降，从 M_0 下降到 M_1 时，图(*d*)中的 $LM(M_0)$ 曲线会移动到 $LM(M_1)$ 的位置。图(*e*)中的总需求曲线将下降到 AD′ 的水平，这将引起价格

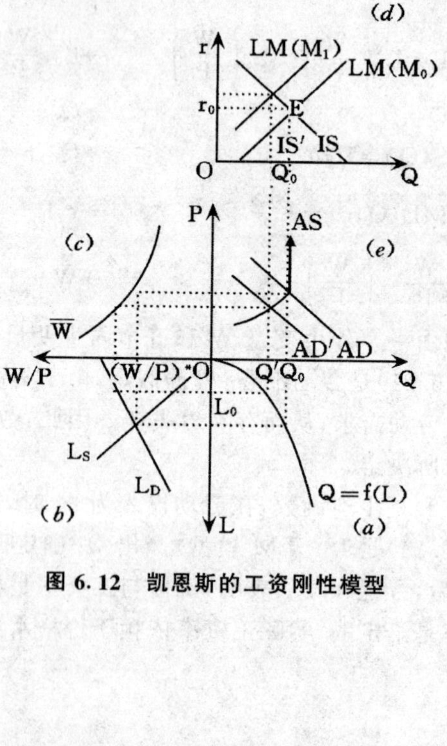

图 6.12　凯恩斯的工资刚性模型

水平的下降，在名义工资不变的情况下，会导致图(*c*)中的实际工资上升和图(*b*)中厂商的劳动投入量(即劳动的需求量)下降，造成失业增加，产量小于充分就业的产量水平。

显然，在这一模型中，实际领域与货币领域之间没有两分法，价格水平影响产出和就业，刚性的货币工资率使货币和实际领域联系起来。这是与前面的投资陷阱与灵活偏好陷阱模型的不同之处。正是这种货币领域与实际领域的联系，使货币政策成为调节经济的重要手段。

二、刚性工资与古典学派的理论

古典学派对充分就业的推论是建立在完全可变的价格与工资率的假定之上的。如果在古典学派模型中加入刚性工资的假定，也会推论出非充分就业均衡状态的结论，就是说，刚性工资会产生失业与古典学派的逻辑推论并不是矛盾的，而只是假定上的不同。但在形式上，凯恩斯的刚性工资模型与古典学派的模型是不同的，这种区别主要在于凯恩斯效应与剑桥效应的不同。

图 6.13 是根据古典的理论，加上刚性工资绘出的。与凯恩斯模型的区别主要在需求曲线的推导上，即图(*e*)中的 AD 曲线与图 6.12 不同，它是根据剑桥方程式 $MS=k \cdot P \cdot Q$ 作出的。当货币供给量为 M_0 时，$AD(M_0)$与 AS 曲线的交点决定了劳动市场的非均衡，即存在 L_1L_0 的劳动力失业。如果增加货币供给，从 M_0 增加到 M_1，使 AD 曲线从 $AD(M_0)$移动到 $AD(M_1)$，这会使实际工资率下降到$(W/P)^*$，从而可以实现充分就业。这种增加货币供应量使价格水平提高是通过剑桥效应完成的，它虽然与储蓄、投资和利率完全无关，但却表明了货币变动导致价格变动，从而引起实际变量的变动。在这种刚性工资的古典学派模型中，同样不存在货币领域与实际领域的两分法。与传统古典理论所不同的是，我们加入了刚性工资的假定，因此总供给曲线就与图 6.12 一样，有一段向右

上倾斜的阶段。

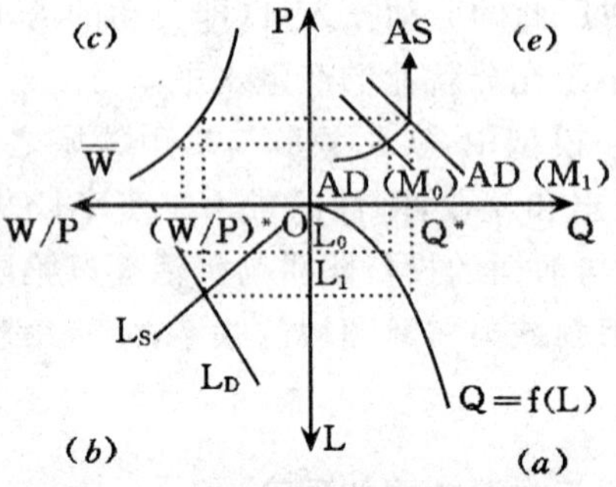

图 6.13 古典的工资刚性模型

第五节 工资粘性与总供给曲线

在供给方面没有统一的认识,这是宏观经济学的一个鲜明特点。在古典理论中,经济总是处于充分就业的均衡水平,失业纯粹是由于工人转换工作而出现的摩擦性失业(也包括结构性失业)。这个摩擦性失业率通常被看作是不可避免的,因此也被视为自然失业率。由于不存在非摩擦性失业,所以在劳动市场的均衡状态与工资之间就不存在必然的联系。工资由劳动的边际生产力和货币对价格的冲击作用决定,工资与失业之间根本无关。

与此相反,早期的凯恩斯主义提出了工资刚性的概念,并以此推导出存在失业的均衡状态。80年代,新凯恩斯主义者针对理性预期学派、货币学派和供给学派(即新古典学派)对凯恩斯主义的批评,修正了传统的工资刚性理论,代之以工资粘性理论。

一、菲利浦斯曲线

1958年A. W. Phillips发表了一篇论文,研究了英国1861年~1957年间工资与失业率之间的关系,发现二者之间存在着相互替代的关系，即工资上涨率与失业率之间存在着此消彼长的替代关系。用 W 表示本期工资，用 W_{-1} 表示上一期工资，工资上涨率 g_w 为：

$$g_w=\frac{W-W_{-1}}{W_{-1}} \tag{6.26}$$

用 u^* 表示自然失业率，我们可以将菲利浦斯曲线写为：

$$g_w=-\varepsilon(u-u^*) \tag{6.27}$$

式中，ε 表示工资对失业的反应度。该式表明失业率超过了自然失业率，工资就下降。

菲利浦斯曲线表明，工资和价格将相对于总需求变化进行缓慢的调整。其原因在于：当货币存量增加时，假定增加 10%，要回到最初处于自然失业率状态的均衡点，工资和价格就要同时上升 10%。但是，如果工资上升超过 10%，失业率就必然下降到自然失业率以下。这一点可以由下式说明。根据公式(6.26)和(6.27)，可推导出：

$$W=W_{-1}[1-\varepsilon(u-u^*)] \tag{6.28}$$

该式表明，工资上升到原来的工资以上，失业率就必然降低到自然失业率以下。

由于工资上涨率与通货膨胀率基本上是一致的，因此，人们用通货膨胀率代替了工资上涨率。

二、工资的缓慢调整——工资粘性

菲利浦斯曲线提出，工资会缓慢地对失业变化作出反应，其关键在于工资的调整是缓慢的，也就是工资有粘性。为说明这一点，我们可根据公式(6.27)推导出下式。用 L^* 表示充分就业的就业率，用 L 表示实际就业率，我们可以将就业率定义为：

$$u=\frac{L^*-L}{L^*} \tag{6.29}$$

将(6.29)式代入(6.27)式，则：

$$g_w=\frac{W-W_{-1}}{W_{-1}}=-\varepsilon\left(\frac{L^*-L}{L^*}\right) \tag{6.30}$$

工资上涨率是就业变化率的一个正比例函数。公式(6.28)可以写成：

$$W=W_{-1}\left[1+\varepsilon\left(\frac{L-L^*}{L^*}\right)\right] \tag{6.31}$$

该式表明了菲利浦斯曲线关系，即工资与就业之间的关系，用 WL 表示该曲线，其形状如图 6.14 所示。

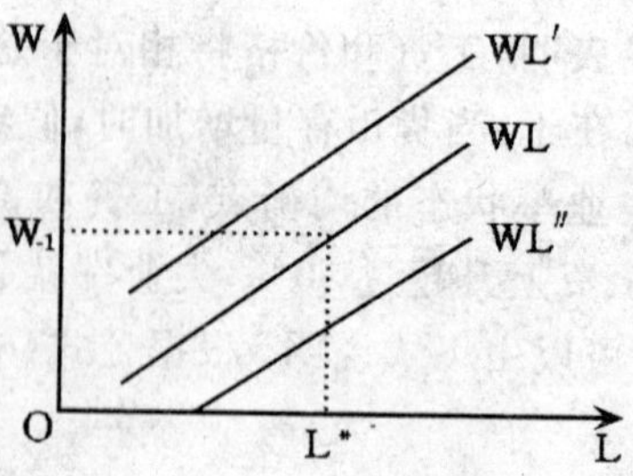

图 6.14 工资与就业的关系

在充分就业的条件下，$L=L^*$。这时，本期工资 W 等于上一期工资 W_{-1}。如果就业高于充分就业，$L>L^*$，本期工资就高于上一期工资，$W>W_{-1}$。ε 为工资对就业的反应参数，如果 ε 较大，失业对工资就有较大的影响，WL 曲线就越陡。

由于过度就业不可能持久，因此，下一期的就业仍然为 L^*，这就意味着 WL 曲线向上移动到 WL′；就业低于充分就业的情况也会由于工资的缓慢下跌而逐渐得到纠正，即最终回到充分就业的水平 L^*，因此，低于充分就业意味着 WL 曲线在下一期向下移动到 WL″。

这就是说，本期总需求的变化将改变本期的失业率，从而会影响下一期的工资水平。工资相对于就业的调整是动态的。

三、工资粘性的原因

工资粘性的原因大致可以概括如下：

1. 不完全信息

一些经济学家已经在研究市场出清条件下对菲利浦斯曲线的解释问题。弗里德曼在20世纪60年代提出了一个模型，即当价格上升引起名义工资上升时，最初工人会错误地认为他们的实际工资上升了，从而提供更多的劳动，因此，在工人认识到较高的名义工资仅仅是价格上升的结果(实际工资不变)以前，名义工资的增长会引起较高的产量和较低的失业率。在这个模型中，就业对工资的缓慢调整是由于工人对价格变化的不完全信息造成的。

理性预期学派的代表人物卢卡斯在其“理性预期模型”中采用了信息不完全的假定。当名义工资上升时，工人必须确定，名义工资上涨的原因是由于物价普遍上涨还是由于他们特定种类的劳动价格上升。如果是前者，他们的实际工资就会不变，他们就不会增加劳动供给；如果是后者，他们的名义工资就会上升，劳动供给就会增加。但是，在名义工资上升时工人无法确定它属于哪种情况，因此就采取折衷的办法，稍微增加一点劳动供给，当然要低于他们确信是实际工资增加时增加的劳动供给。这样，卢卡斯实际上认为，在短期名义工资与就业之间存在着一定的正相关的关系，但它依赖于工人获得信息的不完全程度。

2. 协调问题

关于菲利浦斯曲线的解释(亦即工资刚性的解释)更多是集中在价格上升(而不是工资上升)过程中的协调问题上。如果某单个厂商的价格提高到与名义货币供给量增加同比例的水平，而其他厂商不这样做，他就要将其生意赶到其他厂商那里去。对于所有的厂商来说，他们不可能在涨价问题上协调一致，谁也不愿意首先按货币增量的同比例提高价格，价格对需求的反应就必然是缓慢的。

工资向下的刚性之所以存在，也是因为厂商在需求上升时不可能协调一致地削减工资、裁减工人和降低价格，个别厂商削减工资会开罪于工人并使其离开企业，因此谁也不愿意首先这样做。

3. 有效工资与价格变动的成本

有效工资理论把工资看作刺激劳动的工具，认为工人工作的努力程度既取决于工资，又取决于工人眼下的工作比其他可能得到的工作是否更好。因此，厂商可能希望支付给工人高于市场出清情况下的工资，以使工人为不愿失去这份工作而努力。这一理论并不能解释平均工资的缓慢变化，但却有助于解释失业的存在。因为，根据市场出清的理论假定，只要有一部分厂商高于市场均衡工资支付其工资，工资就会高于均衡工资，就业就会低于充分就业。

4. 工资合同与长期关系

对于工资粘性理论的一个重要依据，是建立在劳动市场中厂商与工人长期关系的基础上的。绝大多数劳动者都认为，其现在的工作会持续一段时间，其间，包括工资在内的工作条件都可以定期谈判。在通货膨胀较低时期，一般是谈判名义工资，往往还要规定加班或延长的工作时间内要支付更高的工资率。这也是为什么WL 曲线向右上倾斜的原因。

在任何时候，厂商和工人都倾向于针对现在就业的工人谈判工资，并将其分别按不同劳动类型来谈，先谈基本工资，然后再谈加班加点的工资。当对劳动的需求上升时，厂商会增加工作小时，在短期，工资沿着 WL 曲线变化；随着对劳动需求的持续上升，工人将要求在下一次工资谈判中增加基本工资。所有的工资都谈判好是要持续一段时间的，因为不是所有的工资都同时谈判，工资谈判是分阶段和分种类的。假定劳动力的一半其工资是在 1 月份确定的，其余的在 7 月确定，假定 9 月份货币存量增加，最初价格是缓慢调整的，因为直到 3 个月以后货币存量才增加。当 1 月份重新谈判前一半工人工资的时候，厂商和工人都知道，另外一半工人的工资在6个月内是不会变化的。工人在谈判工资的时候，也不会一次就使工资达到经济处于长期均衡时的水平，因为，如果前一半工人这样做，他们的工资相对于另一部分工资在6个月内不变的工人来说，就太高了，厂商就会倾向于雇用另一部分工人，前一部分工人就有失去工作的危险。在7月份谈判另一部分工人工资的时候，工资的提高程度将超过前一部分工人，但也不会提高太多。因此，工资的调整是部分地和分阶段地进行的，缓慢朝着长期均衡状态发展。这也可以解释菲利浦斯曲线公式的右边为什么有一项上一期的工资 W_{-1}。

5. 内部人—外部人模型

在工资与就业之间关系的研究中还有一个重要事实，就是厂商只与正在就业的工人谈判工资，失业的工人就很难有这种机会。内部人会比外部人具有一定优势。

失业为什么不能对内部人构成很大威胁呢?有两个主要原因：(1)受到威胁的在业工人很可能已经接受了工资的削减，但他们将在努力程度和生产效率上作出适当的反应；(2)如果厂商解雇高工资的在职工人并试图以较低工资雇用失业工人，那么，失业工人将变成内部人，不久，他们的行为就会与上一代内部人一样。此外，厂商还将面对许多低效率、高成本的问题。

内部人—外部人模型说明，工资实际上不对失业作出反应。这样，就为解释为什么一旦出现经济衰退，就不能很快恢复到充分就业状态提供了另一个原因。

四、新凯恩斯主义的总供给曲线

我们分四步来推导新凯恩斯主义的总供给曲线：第一，产量和就业的关系；第二，厂商要价与其成本的关系；第三，工资与就业之间的菲利浦斯曲线关系；第四，将上述关系合在一起推导出向右上倾斜的总供给曲线。

1. 生产函数

建立产量与就业的关系。

生产函数反映劳动的就业水平与产量之间的关系，即劳动投入与产量之间的关系。最简单的生产函数可以写为：

$$Q=aL \tag{6.32}$$

式中，Q 为产量，L 为劳动投入量，a 为劳动投入参数或劳动生产率，即产量与劳动投入的比例（$a=Q/L$）或每单位劳动投入的平均产量。

2. 成本与价格

建立厂商供给价格（即要价）与成本的关系。

我们假定厂商的产品价格是建立在其劳动成本的基础上的。因为每一单位劳动的产量为 a，每单位产量的劳动成本为 W/a，如果工资为 \$15/小时，劳动生产率 a 为 3，每单位产量的劳动成本为 \$5。W/a 可称为单位劳动成本。厂商标价为：

$$P=\frac{(1+z)W}{a} \tag{6.33}$$

标价超过了劳动成本的部分包括其他生产要素成本，如资本、原料等等以及正常利润。如果竞争是不完全的，还应包括一部分垄断利润。

3. 就业、工资和总供给曲线

总供给曲线的三个组成部分是：生产函数（公式 6.32），价格—成本关系（公式 6.33）和菲利浦斯曲线（公式 6.30）。价格水平是与工资成比例的（公式 6.33），但是，今天的工资是通过菲利浦斯曲线（公式 6.30）与就业水平和过去的工资联系在一起的。把工资放到公式（6.33）中，就可获得就业水平和价格水平之间的关系：

$$P=\left(\frac{1+z}{a}\right)W_{-1}\left[1+\varepsilon\left(\frac{L-L^{*}}{L^{*}}\right)\right] \tag{6.34}$$

由于上一期的价格为 $P_{-1}=\left(\frac{1+z}{a}\right)W_{-1}$，上式可写为：

$$P=P_{-1}\left[1+\varepsilon\left(\frac{L-L^*}{L^*}\right)\right] \tag{6.35}$$

根据生产函数公式，产量与就业成比例，我们用 Q/a 代替 L，用 Q^*/a 代替 L^*，整理后，可得到：

$$P=P_{-1}\left[1+\varepsilon\left(\frac{Q-Q^*}{Q^*}\right)\right]$$

最后，让 $\lambda=\varepsilon/Q^*$，我们可得到：

$$P=P_{-1}[1+\lambda(Q-Q^*)] \tag{6.36}$$

根据公式(6.36)可以绘出新凯恩斯主义的总供给曲线，如图 6.15 所示。

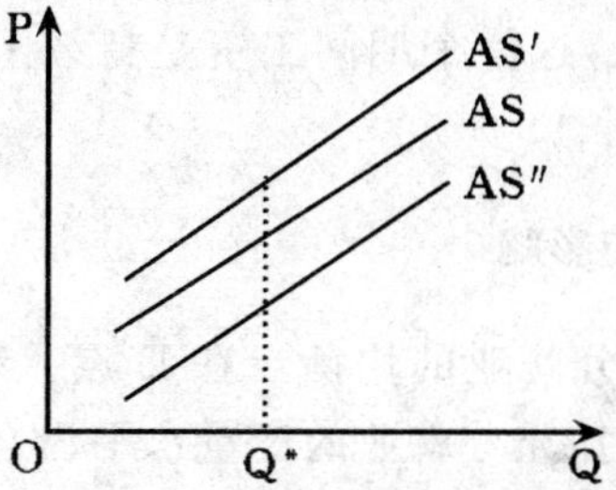

图 6.15 新凯恩斯主义的总供给曲线

图 6.15 显示了由公式(6.36)表示的总供给曲线。它是向右上倾斜的，就像其基础 WL 曲线一样，如果这一时期的产量超过了充分就业的产量 Q^*，下一时期的 AS 曲线就要上移到 AS′；如果本期的产量低于充分就业的产量 Q^*，下一时期的 AS 曲线就会移动到 AS″。这一结果来自两个假定：(1)标价固定在 z 的水平上；(2)产量与就业正相关。

这样，AS 就是在工资没有充分流动性条件下的总供给曲线。价格与产量一起增加是因为产量增加意味着就业增加和失业减少，从而增加劳动成本。在这个模型中，价格与产量一同增长完全是劳动市场调整的反应，在劳动市场上，就业增加会提高工资。

4. 总供给曲线的性质

根据公式(6.36),可以探讨总供给曲线 AS 的性质。

(1)产量和就业变化对现期工资的影响越小,AS 曲线就越平缓;如果对失业变化的反应非常小,AS 曲线就是非常平缓的。公式(6.36)中的参数 λ 显示出了就业—工资的联系。

(2)总供给曲线的位置依赖于过去的价格水平。在价格 $P=P_{-1}$时,总供给曲线通过充分就业的产量水平 Q^*。对于较高的产量水平,存在着过度就业,因此,现期的价格高于前一期的价格。相反,当失业较高的时候,现期的价格就低于前一期的价格。

(3)总供给曲线在这期间是移动的。如果产量保持在充分就业水平 Q^* 以上,那么,这整个期间工资是持续上升的,并且工资增长将转化为价格增长。

五、货币扩张的影响

如图 6.16,充分就业的均衡点在 E 点。给定总供给曲线为 AS_1,当价格为 P_0 时,充分就业的产量水平为 Q^*。因为当产量处于充分就业水平时,工资不再变动,价格也就一个时期一个时期地保持着不变的水平。总供给曲线就相对平缓,产量和就业的变动对

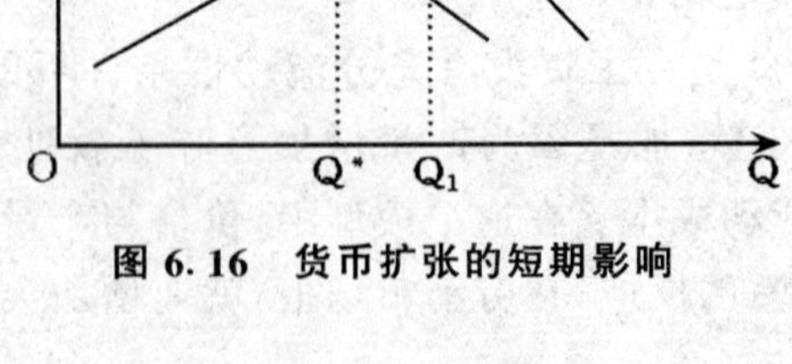

图 6.16 货币扩张的短期影响

工资的影响就相对较小。

1. 短期影响

假定现在名义货币存量增加了，在每一价格水平下，实际货币余额都会增加，利息率降低，对产量的需求上升，AD 上升到 AD′。在最初的价格水平上($P=P_0$)，存在着对产品的过度需求，企业存货下降，于是企业增雇工人，提高产量，直到短期均衡点 E′。这时产量和价格都增长了。价格的增长是因为随着生产和就业的增长，劳动成本会上升。至于是更接近凯恩斯模型还是更接近古典模型则完全取决于总供给曲线的斜率，即参数 λ，它将就业的变化转化为工资的变化。

2. 中期调整

在 E′ 点，产量高于正常情况，因此如公式(6.34)所表明的那样，价格将持续上升。现在考虑图 6.17 在第二个时期发生的情况。以前的价格水平为 P_1，均衡点为 E′，所以第二个时期总供给曲线通过均衡产量水平是在 $P=P_2$ 时，亦即总供给曲线上升到 AS_2，这反映了由于上一时期就业量上升已经引起了工资提高。由于新的总供给曲线为 AS_2，总需求曲线仍为 AD′ 不变，新的均衡点为 E″，与 E′ 比较，产量减少了，价格却进一步上升了。工资上升会被企业转化为价格上升，价格上升又会减少实际货币余额，提高利息率，降低均衡收入和开支。这样，第一时期的经济扩张开始被抵消。

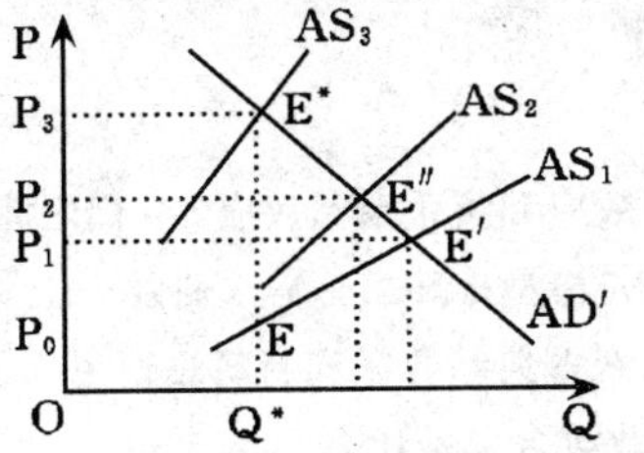

图 6.17　货币扩张的中期和长期影响

在第二时期，产量仍然高于充分就业的产量水平 Q^*，这意味着调整尚未结束。因此，还要分析长期情况。

3. 长期调整

只要产量和就业超过正常水平，工资就会持续上升，企业成本就会上升，企业会将其转化为价格上升，即 AS 曲线向上移动。只要短期和中期均衡点位于充分就业的产量水平 Q^* 的右边，AS 曲线就会持续上升，结果产量会下降到充分就业水平，价格则会进一步上升。如图 6.17 所示，直到总供给曲线上升到 AS_3 时为止，并与总需求曲线重新相交于新的充分就业的均衡点 E^*。在 E^* 点，由于回到充分就业的产量水平 Q^*，因此价格上升的幅度与货币存量增加的幅度相等，实际货币余额回到原来的水平，利息率、总需求、总产量和就业水平也都回到原来的水平。

4. 货币中性

在长期，价格有时间进行充分调整，货币存量的增长没有任何实际影响，它只影响价格水平，因此货币是中性的。这一模型与其他模型的关键区别在于：货币在长期是中性的，而在短期则不是。在短期这个模型与凯恩斯的模型类似，而且工资对就业的反应越缓慢，它也就越类似于凯恩斯的模型。这一模型也符合现代货币数量论的观点，在短期货币政策对产量有重要影响，而在长期，货币是中性的。

复习思考题

1. 什么是凯恩斯效应和货币余额效应？它们之间最显著的区别是什么？

2. 请利用 IS—LM 模型推导出总需求曲线。

3. 古典、凯恩斯、新古典综合派和新凯恩斯主义的总供给曲线存在怎样的差异？由此导致的政策含义是什么？

4. 用方程和图形表述完整的三重均衡凯恩斯模型。

5. 投资陷阱、灵活偏好陷阱、刚性工资和粘性工资所造成的失业有什么不同？

6. 粘性工资和新凯恩斯主义的总供给曲线存在什么样的联系？

7. 什么是货币中性？请说明货币扩张对均衡总产出的影响。

第七章 财政政策

前面各章阐述了宏观经济运行中国民收入决定的基本原理，根据这些原理，政府可以运用一定的政策工具，通过市场机制对国民经济进行干预。政府为使宏观经济运行达到一定的效果，有意识地用来干预和影响经济运行的手段，被称做宏观经济政策。运用宏观经济政策，政府可以有意识、有目的地改变宏观经济运行中的一些变量，进而影响宏观经济的运行，而达到预期的目的。在现代市场经济中，政府从总体上影响宏观经济运行的政策手段最主要的是财政政策和货币政策。除了财政政策和货币政策以外，政府还通过分配收入与投资，调整产业的部门结构、地区结构，达到改变国民经济总体运行效果的目的，这样使用的收入政策、结构政策被称为宏观政策的微观化。

本章将主要介绍政府如何通过财政政策对经济进行宏观调节。

第一节 宏观经济政策目标

20 世纪西方市场经济运行的实践证明，仅靠私人市场经济自发运行并不能实现资源的充分利用，因此，要求政府通过宏观经济政策对市场经济的运行进行干预。政府干预的目的就是为了消除市场经济自发运行给经济带来的周期性经济波动。在经济危机中，大量工人失业，生产设备闲置，经济停滞甚至下降；而在另一些时候，还可能出现物价迅速上涨，人们的收入和储蓄严重贬值的情况。在对外贸易与国际资本流动方面，一国货币的流入流出不平衡，不仅影响国内的资金供应数量，还会通过汇率的变化，影响一国的进出口，影响国内宏观经济的正常运行。政府宏观政策的目标就是要减轻这些问题的负面影响。具体说来，政府的宏观经济政策目标有四个方面：实现充分就业、消除通货膨胀、促进经济增长、保持国际收支平衡。

实现充分就业是政府宏观经济政策的首要目标。失业使有劳动能力的社会成员得不到劳动的机会，这不仅形成社会劳动资源的巨大浪费，更主要的是失业人员得不到收入报酬，使他们的生活受到直接的威胁。前面已经提到，西方国家把失业分为自愿失业、非自愿失业(包括摩擦性失业、结构性失业)，所谓充分就业就是消除了非自愿失业时社会的就业状况。在经济的衰退与危机中，不仅劳动资源闲置，而且大量生产资料也被闲置起来。因此，充分就业往往不仅是指让有劳动能力而且愿意参加工作的人员都找到工作，同时也是指让闲置的生产能力投入使用，用于财富的生产。

消除通货膨胀是宏观经济政策的另一个重要目标。持续的物价上涨，使人们的实际收入下降，同时国民收入发生因价格变动引起的再分配，在这种分配中，最主要的受害者是领取固定收入的人员。同时，它使经济中价格关系紊乱，人们对未来难以预料，从而影响社会的投资、储蓄，进而影响产量和人们下一期的收入。通货膨胀最终会引起经济的衰退，阻碍经济增长。

促进经济稳定增长是宏观经济政策的第三个目标。经济增长是社会财富增加的表现，因此，经济增长是改善人民生活、增强国家经济实力的基本途径。由于人口的自然增长、劳动生产率的提高，只有保持一定的经济增长，才能使自然增长的劳动力和因劳动生产率提高在经济领域中节省的劳动力得到就业机会。从这一点看，一定水平的经济增长目标的达到也是实现充分就业的必然要求。稳定的经济增长被看作是与经济衰退作斗争的最有力的武器，也是社会稳定最有力的保证。

保持国际收支平衡是宏观经济合理运行的又一要求。在开放的经济中，一国的对外贸易和资本在国内外之间的流动直接影响着国内总需求和投资资金的来源。因此，保持国际收支平衡也是实现国内宏观经济健康发展的必要条件。

从以上简单的介绍中可以看出，这四个方面是健康发展的宏观经济在不同方面的具体体现，它们之间相互影响、相互包容，一个目标的实现往往促进着另一个目标的实现。政府的活动就是要促进它们的共同实现。

在市场经济实践中，失业与通货膨胀有时构成经济运行中的两种极端的状态。因此，在这一章中主要讨论针对国内失业和通货膨胀的财政政策。

第二节　财政政策

财政政策是指通过政府的财政收支变动来改善经济状况，以达到其理想的宏观经济指标的一系列活动，包括收集信息、分析、决策以及实施和监督等一系列政府及其机构的活动。宏观经济状况的改善是指在社会上存在着闲置生产能力时，使它们得到利用从而增加产出；在经济过度增长出现资源紧缺导致物价大幅度上涨时，使经济增长放慢，减轻对资源使用和物价上涨的压力。在社会存在着过度失业、生产能力闲置时，政府通过财政手段降低税收，扩大公共支出，增加社会总需求，提高就业率和整个经济的产出；反之，当经济过度繁荣导致资源紧缺时，政府提高税收，减少公共支出，使经济稳定在没有通货膨胀的高度就业和不断增长状态。

经济政策的最根本依据是经济运行的规律，但是政策越是具体，就越是与具体的经济体制关系密切。需要注意的是，在西方主流经济学中有很多经济机制被称为“游戏规则”。这在相当程度上体现了经济机制的人为的性质。“游戏规则”毕竟是人定的，尽管其依据是尽量符合客观规律，但制度毕竟会有差别，而这些差别往往就产生不同的运行机制。显然，要了解经济政策起作用的机制，就必须对制度本身有一定的了解。

一、财政体系的基本结构

财政体系是财政政策得以贯彻的基本环境。财政政策是在一定的财政体系所设定的活动规则条件下，通过运用这些规则所提供的经济机制来实现宏观管理目标。因此，为了理解财政政策的作用原理和作用机制，必须首先对财政体系作一个概括的了解。

财政是政府凭借权力对一部分国民收入所进行的分配和再分配活动以及为进行这种分配与再分配而制定的一整套制度规则和组织机构。在西方发达市场经济国家中，各个国家都有着自己的财政税收制度，但是，尽管各国具体的制度不同，但在一些基本的运行方式和规则上都呈现出一定的共性。

总的来看，政府财政基本可以分为财政支出、政府税收、公债等三个方面。财政政策就是利用财政这一分配手段，通过对财政收入和支出的水平、方式进行选择，实现对宏观经济变量的影响，达到调控宏观经济的目的。

西方发达国家的财政一般分为中央财政和地方财政，如美国和德国的政府财政都分为联邦、州、地方政府的收入与支出。各级政府的收入和支出同样起着影响宏观经济运行的作用。

1. 财政支出

财政支出的内容主要有：(1)国防与安全支出。(2)社会福利支出。(3)卫生教育支出。(4)建设与环保支出。(5)科研支出。(6)农业补贴支出。(7)债务利息支出。(8)国际事务支出(包括外援等)。

根据以上支出的各个内容，可以将财政支出分为政府购买和转移支付。

政府购买指政府对商品和劳务的购买，它是以取得本年被生产出来的产品和劳务为补偿的支出。政府购买支出形成国民收入。政府的转移支付支出则得不到相应的补偿，不形成国民收入。

2. 政府税收

政府税收是财政收入的主要来源，它是政府凭借政权，以强制手段占有的一部分国民收入。在发达市场经济国家里，政府税收是随着政府对经济活动的参与程度增加而增加的。在90年代末期，政府税收在国内生产总值中所占比例达到25%以上。①

根据征收对象的不同，税收分为财产税、所得税、货物税三大类。

按照是根据征税对象的货币价值征税还是根据征税对象的数量征税，税收被分为从价税和从量税。从价税不受物价变动的影响，而从量税则与物价水平成反比。

根据纳税的方式不同，税收分为直接税和间接税。所谓直接和间接是针对收入而言的，凡是针对人们收入而征收的税为直接税，否则为间接税。前者是纳税人不能转嫁的税收，如所得税、人头税、财产税；后者的最终负担者不很肯定，如营业税、进口税等。

根据收入与税率的关系，税收可分为三类：累退税、累进税、比例税。具有累退性质的税收是指随着收入的增加，税收在收入中所占的比例趋向降低的税收，如社会保险税；累进税是随着收入的增加，纳税比例提高的税收，如所得税；比例税是税率不随征税对象数量变动的税收，如财产税、营业税等。

对一个单位的征税对象所征收的税叫税率。税率的高低对政府的收入有着直接的影响，但不一定税率高就可以给政府带来更多的收入，这是因为，税收提高可能对纳税人的活动产生负面影

---

① [美]保罗·萨缪尔森，威廉·诺德豪斯. 经济学. 第16版. 麦格劳·希尔出版公司. 萧琛等译. 华夏出版社，1999年版

响，使征税对象减少。

3. 公债制度

公债是政府的债务，包括中央和地方政府的债务，其中，中央的债务被称为国债。

根据期限的长短，公债可分为短期（一年以下）、中期（一至五年）和长期（五年以上）。在市场经济中，公债一方面是财政的收入来源，另一方面也影响着货币市场和资本市场，所以，它又是货币政策得以实现的载体之一。

二、自动的财政政策（内在的稳定器）

自动的财政政策是由具体的税收和转移支付制度造成的，它的存在和作用大小与财政体制中的许多具体规定有关。例如，存在着对最低收入阶层的政府补贴制度时，就存在由此而自动生成的转移支付机制，如果没有这个制度，由此而产生的自动转移支付机制就不存在。此外，整个经济中社会保障体系的状况、税制是以间接税为主（如目前中国的税制）还是以直接税为主（美国目前的税制）等也都对自动财政政策作用的大小产生着重大的影响。

1. 自动的财政政策的作用机制

由于税收和转移支付体系的作用，使财政制度在经济运行中具有一种自动稳定经济的功能。在失业率提高时，人们的收入减少，税收减少，而需要政府补贴的人增加，公共支出就会自动增加，一方面税收减少，另一方面政府开支增加，从而增加了社会总需求。在通货膨胀压力增大时，由于人们的名义收入增加，税收会自动提高，总支出减少，从而降低社会总需求。其结果，使经济波动的幅度减小。这种收入支出的变化不需要政府的决策，它随着经济的状况自动地发生，因而被称为自动的财政政策。

构成自动的财政政策的经济机制主要有以下几个方面：

第一，累进所得税制度。在累进所得税制度下，税率是随着人们收入的提高而提高的。当需求过旺，造成通货膨胀压力，经济过度繁荣时，人们的收入也迅速提高，这时，更多的人进入更高税率的收入层次，因此，人们收入中纳税的比率会自动地提高。而在经济萧条时，人们的收入减少，纳税比率也会自动下降。这样，累进所得税制度就可以按照经济的繁荣与萧条自动地调节税收比率，相应地使人们的可支配收入乃至消费需求变动幅度缩小，缓解经济周期造成的波动。

第二，失业补助和其他缓解贫困的支出。失业补助和其他贫困补助是战后西方发达国家建立的社会保障制度的重要内容。失业人数是随着经济周期波动的，当经济衰退时，失业率上升，领取失业补助金的人数和其他贫困人口相应增多，从而导致政府转移支付也自动增加；相反，当经济繁荣时，失业率下降，从而需要政府补助的人口减少，转移支付也自动减少。这样，失业补助和其他缓解贫困的支出伴随着经济周期作反向调节，使总需求波动幅度缩小，有助于稳定经济。

第三，一些发达国家，如美国的农产品价格维持制度，也以类似于失业保障支出的机制起着稳定经济的作用。当农产品生产过剩时，为维持农产品价格的财政支出增加，而在经济正常年份，政府这方面的支出减少，从而调节着总需求不致过度波动。

除政府的财政机制以外，经济中还有一些其他因素起着调节总需求、稳定经济的作用，例如，公司维持一定股息和家庭维持一定生活水平的习惯也使总需求的变动小于收入变动。

2. 自动的财政收支变化

税收随着国民收入的变化自动发生变化，但政府购买支出GP的数量是由政府控制的，它与国民收入之间不存在变动的函数关系，所以，我们可以假定政府购买支出是个不变的量，从而能够更清楚地看出税收的自动变化对国民收入产生的影响。即使在不实行累进税率的情况下也是这样。假定净税收 $NT=-225+\frac{1}{4}NI$，政府购买 GP 为 200，如果要使 NT＝GP，就要求 NI＝1700，也就是说，只有国民收入等于 1700 时，政府的财政收支才能平衡。当国民收入低于这一水平，政府就会出现财政赤字；相反，当高于这一水平时，会出现财政盈余。图 7.1 反映了税收的变动对财政收支的影响。

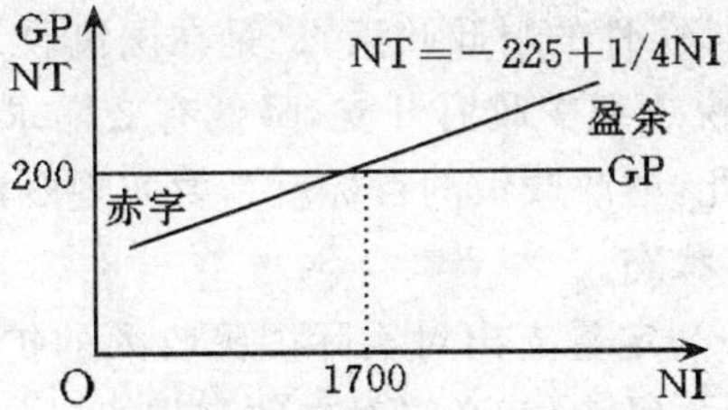

图 7.1　国民收入的变化对财政收支状况的影响

由于税收、转移支付受国民收入水平的影响，因此，经济的衰退一般总是引起财政赤字。当经济衰退时，由于国民收入的下降，税收相应减少，而转移支付数额因失业人数增加而提高，同时，政府购买支出却很难降下来，这就使财政赤字在经济衰退时期成为不可避免的现象。但是凯恩斯主义理论认为，政府应致力于消除经济周期，实现经济健康成长，因此，在经济衰退时出现财政赤字并不是坏事，它可以减轻经济衰退的程度。相反，在通货膨胀和经济扩张时期，税收的自动变动也会抑制过度的总需求，防止过度的通货膨胀。

但是在经济健康增长时，自动的财政政策也会使税收提高，对经济起到抑制作用，西方经济学家把这种现象称为财政拖累。

三、相机抉择的财政政策

仅靠财政体系中内在的稳定器，不足以保持经济稳定，不能实现既没有失业又没有通货膨胀的经济增长。政府必须主动采取措施，运用财政支出与税收等手段，扩大或减少总需求，促进经济的健康发展。所谓相机抉择的财政政策就是指政府根据对经济情况的判断而作出财政收支调整的财政政策。

1. 财政政策的目标和收入乘数

相机抉择的财政政策分为两类：一是在国民收入的均衡水平低于充分就业时，通过减税和增加政府开支来提高有效需求，消除失业，这称之为扩张性的财政政策。二是在国民收入均衡水平高于充分就业时，增税或减少政府开支，降低有效需求，这称之为紧缩性财政政策。因此，财政政策的目标就是要实现既没有失业也没有通货膨胀的经济状态。

由于乘数是一定量支出对实际国民收入的扩张倍数，所以运用财政政策来干预经济，就必须对乘数有进一步的了解。政府是在商品市场与货币市场共同作用以及价格会发生变动的条件下运用财政政策的，所以，商品市场和货币市场的共同作用，会使前面第三章所论述的乘数发生进一步的变化。下面用IS—LM模型和AS—AD模型说明这一情况。

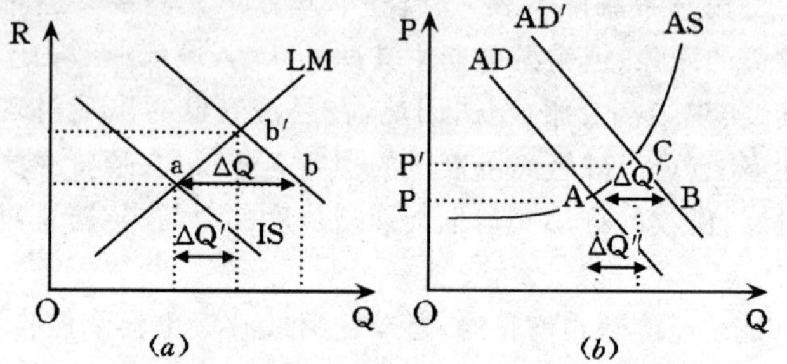

图 7.2　利率和价格变化使乘数作用减弱

在图 7.2(*a*)中，如果没有货币市场的作用，利率不变，政府支出增加时会使国民收入从 a 增加至 b；由于财政支出引起了货币交易需求增加，利率上升，抑制了一部分投资，因此实际只增加至 b′。这样，$\Delta Q'/\Delta AE$ 就小于 $\Delta Q/\Delta AE$。此外，在图 7.2(b)中，政府支出增加引起国民收入从 A 增加到 B，但由于一部分国民收入增加是以价格上升的形式实现的，所以 $\frac{\Delta Q''}{\Delta AE}$ 小于 $\frac{\Delta Q'}{\Delta AE}$，也使得实际乘数变小。

2. 扩张性财政政策

按照需求管理的理论，消除失业需要增加社会的总支出 AE。假定当国民收入 NI＝1700 时，国民经济处于均衡状态，但社会上仍存在着非自愿失业，需要将国民收入提高到 2000，才能实现充分就业。如果这时实际乘数为 3，根据 $\Delta AE = \Delta NI/MULT$ 这一公式，需要增加总支出 100。

这一支出可以通过两种途径实现，一是增加政府开支 GP，二是减少净税收 NT。

如果政府直接增加 100 的支出，在乘数的作用下，会使国民收入增加 300，从而达到充分就业的水平。假定此前政府财政收支是平衡的，这时会出现 100 的赤字。

通过减税使人们留有更多的可支配收入也可以达到提高总支出的目的。但是，减税方式与增加支出的结果略有不同。这是因为减税使人们增加的收入部分不会全部转化为消费支出，而是在边际消费倾向的作用下，支出增加小于收入的增加。因此，必须减少更多的税收才能达到增加同量支出的目的。根据税收乘数，$\Delta Q = -\Delta NT \cdot MPC \cdot MULT$，假定边际消费倾向为 9/10，乘数仍为 3，得出 $\Delta NT = -111.11$。如果此前财政收支是平衡的，现在就会出现 111.11 的财政赤字。可见，用减税来增加总支出，会形成比直接增加政府开支更大的赤字。

在上述两种情况下，政府的扩张性财政政策都造成了财政赤字，这表明，政府向经济中注入的收入流量要大于其从经济中撤出的收入流量。在政府运用财政政策干预经济的情况下，财政赤字往往是与扩张性政策相联系的。

3. 消除通货膨胀的紧缩性财政政策

为消除通货膨胀需要减少社会总支出。运用财政手段减少总支出的方法，一是直接减少政府的开支，二是增税以减少人们的可支配收入。

假定充分就业的实际国民收入为1600，而现在均衡水平的国民收入为1700，为此需要减少总支出100。为此，政府可以直接减少开支，假定乘数仍是3，政府需要减少的开支就是100/3=33.3。当实行这一政策后，均衡国民收入就会降到没有通货膨胀的充分就业水平。如果此前财政收支是平衡的，这时会出现33.3的盈余。

如果政府采取增税的方式，情况也是略有不同。假定MPC=9/10，根据$\Delta Q=-\Delta NT\cdot MPC\cdot MULT$，得出$\Delta NT=37$。如果此前财政收支平衡，这时会出现37的盈余。

从以上两种方式可以看出，紧缩性财政政策倾向于造成财政的盈余。

第三节　财政政策与财政收支平衡

政府财政政策工具的使用，会直接影响到政府财政收支的平衡，而财政收支的平衡与否会影响到政府职能的发挥，进而影响到政府管理国家和发展有关事业的能力，所以是运用财政政策时必须考虑的问题。

一、政府充分就业时的财政赤字(或盈余)

在实际财政政策的运用过程中，在充分就业时财政收支不一定是平衡的，这就出现了充分就业的财政赤字(或盈余)问题。所谓充分就业的财政赤字，就是指经济在充分就业状态时存在的赤字

（我们也可以以同样方式定义充分就业的盈余）。在实际经济活动中，人们看到的只是实际存在的财政赤字，但是，由于充分就业时存在着赤字，实际赤字可能低于充分就业赤字水平，也可能高于这一水平。这时如果仅凭存在着财政赤字就认为政府的财政政策是扩张性的，就有可能产生偏差。如果在存在失业的情况下，政府没有增加支出或减少税收，而是推行相反的政策，就有可能使实际赤字水平低于充分就业的赤字水平。这时，虽然存在着财政赤字，但政府仍应进一步扩张经济，提高赤字水平，以实现充分就业。

充分就业赤字这一概念的提出，使人们把充分就业时的国民收入与相应的政府财政收支状况联系起来，使得政府能够更准确地确定财政政策的方向。

二、财政政策与年平衡预算

传统的西方财政理论认为，政府必须保持财政收支的平衡。当出现财政赤字时，政府应当增加税收，弥补赤字；反之，当出现盈余时，政府应减税并增加支出，减少盈余。但是，凯恩斯主义经济学家却认为，税收的减少往往是由于经济衰退、失业增加造成的，这时，如果为追求收支平衡，提高税收、减少支出，恰好与消除经济衰退的政策方向相反。同样，如果在经济过度繁荣、经济面临通货膨胀压力时，为实现收支平衡而减税、增加支出，就会导致经济进一步扩张，使通货膨胀更加严重。因此，年平衡预算会加剧经济的波动。凯恩斯主义认为，财政政策不能以年平衡预算为目标，而是要以熨平经济波动为目标。因此，当实现这一目标时，需要有赤字就必须让赤字出现，需要有盈余也必须保持盈余。

凯恩斯主义的理财思想导致了战后主要资本主义国家不断增长的财政赤字。70年代，西方政府频繁地交替使用扩张性和紧缩性的财政政策，导致了庞大的财政赤字。赤字财政遭到了各方面的批评，特别是“新古典学派”经济学家激烈地反对赤字财政，认为它是导致“经济滞胀”的罪魁祸首。新凯恩斯主义者基本上接受了这个观点，认为，财政赤字只能是暂时的和短期的，长期存在财政赤字将严重损害经济。在第二章中，我们根据总供求关系列出了一个与财政收支有关的恒等式(2.8)：

$$S-I=(GP-NT)+(EX-IM)$$

公式左边是储蓄减去投资的差，右边第一项为财政赤字，第二项为贸易盈余(在这里可以看作国际收支盈余)。公式表明，在储蓄等于投资的情况下，如果第一项是正值(即该项值大于0)，即出现财政赤字，公式右边的第二项就必须是负值，即出现进口大于出口的情况，也就是国际收支逆差。这就是说，赤字将导致国际收支向逆差的方向发展。因为，如果一个国家没有多余的储蓄来弥补财政赤字，就一定要靠国际贸易的盈余来支持财政赤字，或者向国外借款。假定公式右边第二项等于0，同时第一项为正值，就意味着财政赤字必将挤掉一部分投资，从而减少国内的总需求。显然，只要出现财政赤字，就意味着对投资和国际收支盈余的削弱。这样，财政赤字就不再被看作一件好事。

三、财政赤字的弥补

西方国家弥补财政赤字最主要的措施就是发行公债。政府公债的持有者在一定时期内将货币资金借给政府，公债到期后政府要还本付息给公债的持有者，如果不是借新债还旧债，还本付息的资金就必须来源于以后的税收收入。因此，公债问题也是财政政策中的一个重要方面。

1. 政府债务对经济的利弊

由于政府债务最终要靠征税来偿还，因此必然形成人民的经济负担。就外债而言，西方经济学家的意见一致，都认为，为偿还国外债权人的债务，本国人民要承担相应的经济负担。但对于内债负担则存在着意见分歧。按照一般人的观点，内债也是本国人民的经济负担。但是一些学者认为，由于内债绝大部分是由本国的家庭持有的，所以，内债是本国人民自己欠自己的债，只不过是在借债和还债过程中形成国民收入在不同家庭之间的再分配，对于本国国民并不构成经济负担。

但是，近年来一些经济学家对这种内债无害论提出了异议，尽管他们原则上也同意内债从总体上不构成经济负担，但是有两点理由使长期的债务成为不可取的：第一，虽然这些债务是自己欠自己的债，但是，这些债务也会影响投资，从而影响未来的工资和生产率；第二，为债务支付利息也要求提高将来的税收水平，这也会对人的积极性以及宏观经济产生不利的影响。

这里关键的是政府所借债务资金的使用方向和使用效果。如果政府很好地利用了这一资金，改善了经济的基础结构，发展了科技教育，为未来的经济增长和收入提高创造了有利的条件，政府借债的同时也提高了未来的偿还能力，这样，债务就不是一种危害。如果政府财政赤字是由于政府办公费用、国防费用过高造成的，债务资金用来弥补这样的赤字，没有增加未来的生产能力，债务就必然形成未来的负担。

2. 政府债务的挤出效应

当政府靠发行债务弥补赤字时，必然形成在资本市场上与私人部门争夺资金的状况。大量政府债券投入市场，提高了对资金的需求，从而提高了市场利息率。利息率的提高抑制了一部分私人投资，或者说挤掉了一部分私人投资。因此，当政府实行积极的扩张性财政政策时，这种财政赤字引起的债务增加对私人部门投资的抑制作用，会使财政政策效果大打折扣。

因此，政府运用财政政策调节经济时不仅要考虑其政策对当前经济的直接作用，而且必须考虑由于财政政策引起的财政赤字以及为弥补赤字而发生的债务对国民经济未来和间接的影响。

四、财政赤字的货币化

在西方国家，财政政策与货币政策工具是分属财政部和中央银行掌握的，当政府在采用财政政策调节经济时，通过发行公债来弥补财政赤字，如果没有货币当局相应的行动是不会使货币供给量发生变动的。

例如，政府为弥补财政赤字而发行1000万美元的债券，私人部门购买这些债券后，开具支票给财政部，这样，1000万美元的货币就从私人名下转到财政部名下。这一过程只是货币在不同人手中的转移，因而并未引起货币供给量的增加。如果是商业银行购买，就如同向政府提供了一笔贷款，其作用与贷款给私人公司是一样的。因此，政府为弥补财政赤字而发行债券的行为不会引起货币供应量的增加。

如果政府在发行债券的同时，中央银行同时在二级证券市场上购买同样数量的二手债券，货币的供应量就增加了。这是因为，中央银行不是从事商业活动的银行，它直接控制着基础货币的发行，它对通过买卖二级债券市场上的债券，增加或减少商业银行的基础货币，从而影响着经济体系中的货币供应量。中央银行在证券市场上购买债券后，相应数量的货币就被投放到市场上。这时，增加的货币量恰好等于政府希望发行债券所弥补的财政赤字，因此，可以说财政赤字被货币化了。这时，证券市场上债券的供应总量不变，也就不会发生上面所说的“挤出效应”。关于“挤出效应”以及财政赤字货币化对“挤出效应”的消除作用可以用图7.3来说明。

在图7.3中，当政府发行一定数量的债券用于扩大财政支出时，会使IS曲线向右移动至IS′。由于财政支出扩大的同时，会使市场利率有所提高，从r_0上升到r_1，从而抑制了一部分私人投资，降低了原有的乘数作用，产生“挤出效应”。这一“挤出效应”使本应从Q_0移动到Q_2的国民收入只移动到了Q_1。而当政府发行债券

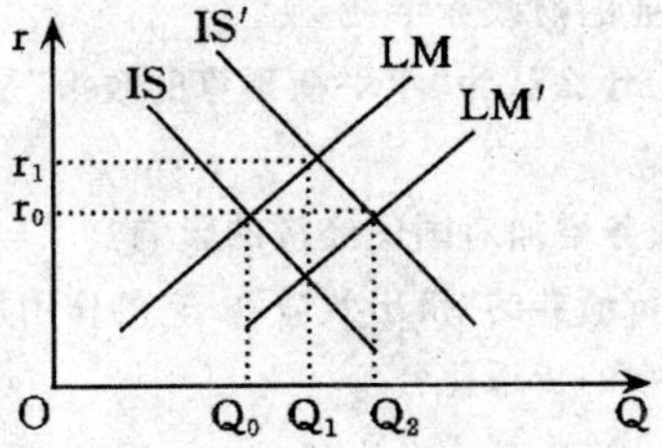

图 7.3 政府支出的“挤出效应”

时，中央银行同时通过债券市场投放相应数量的货币，就会使 LM 曲线也向右移动，抵消利率上升的压力，使利率保持不变。这样，国民收入从 Q_0 增加到 Q_2，政府发行债券的“挤出效应”就被抵消了。这里应当注意的是，中央银行通过购买债券使经济体系中增加的货币量并不等于它购买债券所支付的货币量。由于在银行体系中存在着银行乘数[①]，当中央银行购买债券后，经济体系中增加的货币量会多倍于中央银行所支付的货币量。所以，中央银行只需要根据乘数的可能结果，购买少于政府所发行数量的债券，就可以向经济体系提供出相当于政府所发行债券数量的货币。

复习思考题

1. 宏观经济政策的目标有哪些？它们之间存在着怎样的联系？

2. 财政制度与财政政策的关系是什么？

3. 什么是自动的财政政策？它在经济运行中能起到怎样的作用？

4. 什么是相机抉择的财政政策？这一政策的基本特征是什么？

5. 刺激就业增长和抑制通货膨胀的财政政策的内容是什么？它们可以用哪些政策手段来实现？

6. 通过调整税收而实行的财政政策与通过调整支出而实行的财政政策的作用过程与效果有何区别？

---

① 关于银行乘数要在下一章中详细介绍，请读者自行参阅下一章有关内容。

7. 什么是“充分就业的财政赤字”？

8. 凯恩斯主义者为什么认为“年平衡预算的政策”是一种使经济更不稳定的政策？

9. 如何认识政府债务增加对国民经济的影响？

10. 什么是政府发行债券的“挤出效应”？它的作用机制是什么？

11. 什么是财政赤字的货币化？

第八章 银行制度与货币政策

货币政策是一个国家的货币当局——中央银行——通过对整个经济中的货币供给量、信贷规模的控制以及对整个金融体系的管理，来影响实际经济运行的一系列措施。在90年代，货币政策已经成为一些国家用来与经济周期作战的主要武器。在发达的市场经济中，货币政策不但用来调节国内的经济景气状况，也用来稳定金融市场和调节国际收支及汇率。在这一章中，我们集中介绍货币政策中最基本的知识。最后我们还要讨论货币政策和财政政策的有效性问题。

第一节 现代银行制度与货币创造

现代西方资本主义国家普遍实行中央银行制度，这个制度是在私人银行的基础上形成的。中央银行制度实际上是战后普遍实行的一种银行体制，它是在对1929年～1933年世界性金融恐慌和大批银行倒闭进行深刻反思之后逐渐形成的制度。针对战前的金融体系，中央银行制度加强了对金融机构的监管，建立了严格的准备金制度；增强了对整个经济中货币数量的控制能力，建立了经常性的货币调节机制，如公开市场业务等；从控制金融系统稳定性的角度实行了对中小额存款的保险制度，如美国建立了联邦储备保险公司，对10万美元以下的存款实行保险；制定了中央银行法和其他一系列金融法规，以便从稳定金融秩序、有效调节金融活动的角度来构建一个稳定、高效的金融系统。

中央银行制度将银行分为两级：中央银行和商业银行及其他非银行金融机构。中央银行是整个金融体系的管理当局，它负责整个金融系统的监管，制定和执行货币政策，对整个金融系统的安全、稳定、高效负责，并肩负着对整个经济景气进行调节的使命。商业银行是对公众和企业从事存贷款业务的金融机构，所有商业银行和其他金融机构都必须接受中央银行及其派出机构的监管，并根据法定准备率将自己的准备金存入中央银行。准备金的存贷业务是联系中央银行和商业银行的主要渠道，也是中央银行控制商业银行贷款活动和控制整个经济中货币供给量的主要渠道。中央银行不对公众和企业，它只对商业银行和其他金融机构从事准备金存贷款业务，因此被称为银行的银行。

要了解现代银行制度的运行机制，必须了解商业银行的基本业务和与此相关的一些基本概念。

一、偿付能力与灵活性

银行是其储户的债务人，它必须按期归还储户的存款，并按双方协议的利息率支付一定的利息。银行偿还其债务的能力称为银行的偿付能力。银行也是其贷款客户的债权人，银行到期会收回贷款并按贷款协议收取利息。银行全部贷款利息高于其全部存款利息之差，减去银行业务所耗费的各项成本之后就是银行利润。银行利润的基本来源是其贷款活动。银行贷款活动中总是会出现逾期不能归还的呆账和已经无法归还的坏账，这样，就使得银行承担的风险要大于其存户所承担的风险。也就是说，对于银行来说，其存贷款之间的风险是不对称的。要弥补这种不对称，就需要银行有一定数量的自有资金或外部的支持。从理论上说，银行的偿付能力首先与其资产质量有关，也就是同其贷款的质量有关。其次是与其自有资金的比率有关。当一个企业资不抵债面临破产时，总是表示其自有资金已经不足以抵偿其债务，显然，自有资金比例越大，其抵抗倒闭风险的能力就越强。银行也是如此，当坏账比例增大时，商业银行就必须以自有资金来支付到期存款。当然也可以用银行同业拆借的办法，或国家特殊补贴的办法渡过难关。一般地说，在国内业务中，自有资金大小与国家支持的大小成反比，国家支持越强，自有资金的重要性越弱。但是在国际业务中，自有资金的比例就成了关键性的因素了。它标志着一个从事国际业务的商业银行的基本偿付能力。《巴塞尔协议》规定从事国际业务的商业银行的自有资金比例必须在8%以上。其目的就是加强国际商业银行的偿付能力，减少从事国际业务的金融机构倒闭的风险，加强国际金融活动的稳定性。

银行还必须有足够的现金以应付储户提取存款的需要。银行备有现金的多少称为银行的灵活性。备有现金越多，灵活性越大；相反，备有现金越少，灵活性越小。如果银行将所有存款都贷出去，其灵活性就等于0，它就没有支付储户提款的现金。这时尽管其资产质量毫无问题，但其灵活性差也会导致挤兑和倒闭。历史上，银行因缺乏灵活性而倒闭的现象屡见不鲜。所以，银行必须保持相当程度的灵活性。为了保持较高的灵活性又不致将存款留在手边失去获利的机会，银行除去持有一部分最低限度的现金之外，还必须以短期证券的形式持有其他灵活性较高即非常容易变现的资产。

二、准备金

银行可贷资金的基本来源是银行吸收的存款，但是，每天也都会有人取走一部分存款。在正常情况下，储户每天取走的金额只占存款总额的很小一个比例。此外，每天还会有新的款项存入。由于有大量的储户，每天存取款项的净额最多不超过全部存款的3%，这样，如果银行将现金保持在高于3%，比如说10%的比例上，就足以应付所有的提款要求。银行存款中没有贷出去而保留下来可以用于应付提款需要的灵活性资产（包括现金和其他高灵活性资产)称为准备金或储备。

1. 必要准备金和法定准备率

商业银行为了应付客户提取存款的需要,必须保留一部分资金作为准备金。为了防止商业银行过度追求利润而保留准备金过少,中央银行必须以法律形式规定在银行吸收的存款中必须保留的准备金比例。这种由中央银行对所有商业银行和金融机构规定的统一的准备金比率叫做法定准备率。商业银行按照法定准备率保留的准备金叫做必要准备金。

$$必要准备金=存款额\cdot 法定准备率 \tag{8.1}$$

商业银行的准备金以两种形式持有:一种是银行自己保留的准备金;二是存入中央银行的准备金存款。银行自己保留的准备金又分为两级准备:以现金形式持有的准备金称为一级储备;一些灵活性很高的债券(通常是政府的短期债券)由于变现性强,即可以很方便地变换为现金,所以商业银行也可以以这种债券形式持有准备金,这样持有的准备金称为二级储备。

2. 过度储备

在商业银行吸收的存款中减去已经贷放出去的部分,剩下的部分称为现有总储备。在现有总储备中再减去必要准备金后的所余部分称为过度储备。

过度储备=存款总额－贷款总额－必要准备金

过度储备是商业银行可以随时贷放出去的资金。为了提高盈利,商业银行总是力图减少过度储备。例如,在法定准备率为20%的情况下,某银行吸收1000美元存款,同时,银行又将其中的一半贷放出去,这时,在银行的资产负债表上,存款、贷款、必要准备金、过度储备的表现如表8.1所示。

表 8.1　某银行资产负债表的变化

资　　产		负　　债	
必要准备金	200	存款	1000
贷款	500		
过度储备	300		
合计	1000	合计	1000

三、商业银行的货币创造过程

假定某个客户甲将自己持有的1000美元的政府债券出售给中央银行，因而得到中央银行支付的1000美元，该客户遂将这1000美元存入自己的开户银行A，如果中央银行规定的法定准备率为20%，这时商业银行A的资产负债表就如表8.2所示。

表 8.2　A 银行资产负债表的变化

资　　产		负　　债	
必要准备金	200	存款	1000
过度储备	800		
合计	1000	合计	1000

由于银行有了新增1000美元的存款，在保留了200美元的必要准备金后，它便把800美元的过度储备开具支票贷放给客户乙。客户乙在拿到贷款支票后，将它存入自己的开户银行B。这时，银行B的资产负债表上增加存款800美元，银行B在按规定保留了必要准备金160美元以后，出现了640美元的过度储备。这一变动如表8.3所示。

表 8.3　B 银行资产负债表的变化

资　　产		负　　债	
必要准备金	160	存款	800
过度储备	640		
合计	800	合计	800

这时银行B将过度储备作为贷款贷放出去。客户丙又将它存入自己的开户银行，因而上述过程会一直延续下去，直到银行体系中最初增加的1000美元全部变为准备金为止。其全部过程如表8.4所示。

表8.4 银行的货币创造过程

相关的银行	新存款	新贷款	新准备金
初始银行	1000	800	200
第2级银行	800	640	160
第3级银行	640	512	128
第4级银行	512	409.6	102.4
第5级银行	409.6	327.68	81.92
第6级银行	327.68	262.14	65.54
第7级银行	262.14	209.72	52.42
第8级银行	209.72	167.78	41.94
第9级银行	167.78	134.22	33.56
第10级银行	134.22	107.38	26.84
前10级银行总和	4463.14	3570.52	892.62
其他各级银行总和	536.86	429.48	107.38
整个银行体系总和	5000	4000	1000

可见，从外部存入银行体系的每1美元新存款或储备金，通过银行体系的共同作用都以多倍扩大了的数量变为货币供给，最终新增的存款都变为准备金和人们提取的现金，银行体系中的准备金和经济体系中的现金之和构成了全部货币供给量的基础，因此，它们被称为货币基础。

四、银行乘数

从上面的例子中，我们看到，在法定准备率为20%的情况下，银行体系最初增加的1000美元存款使整个银行体系的存款增加到5000美元。这一过程中，每一级银行都将其中的80%贷出，如果法定准备率下降到10%，每一级银行就可以将所吸收存款的90%贷出，从而使存款扩大的倍数进一步增加。可见，银行体系创造的存款与最初增加的存款的比例与法定准备率的高低有关。我们把由于一笔新存款引起的整个银行体系增加的存款与最初增加的新存款之间的比例称为银行乘数。用BM(即Bank Multiplier的缩写)来表示银行乘数，用rr来表示法定准备率。银行乘数就可以用下式来计算：

$$BM = 1/rr \tag{8.2}$$

在上面的例子中，法定准备率为20%，则银行乘数为5，如果法定准备率为10%，则银行乘数就为10。

但是，在实际活动中，银行体系并不是总能按照法定准备率创造出相应数量的支票存款。如果要使上述银行乘数充分发挥作用，就必须有两个条件：第一，银行不保留任何过度储备，而且，银行的过度储备中没有用于购买中央银行出售的债券的部分。如果银行体系吸收一笔新存款后，除保留必要准备金以外，还保留一部分过度储备未能贷出，那么，社会上实际得到的新贷款也会缩小，从而整个银行体系的创造存款能力降低，银行乘数也会降低。第二，货币的全部流通活动都通过银行体系进行，没有人获得贷款后提取现金，并将现金保留在身边。这是因为，当人们把货币以现金形式保留在身边时，货币就脱离了银行体系，没有变成新的存款，银行也就不能将它重新贷出。这也会使银行体系创造存款的能力降低。

从全社会看，总会有一部分货币以现金形式保留在人们身边，也就是说，在银行增加的存款中，总会有一部分货币以现金形式漏出银行体系以外，考虑到这一因素，上面的银行乘数就要进行一定的修正。假定当银行吸收一笔存款后，除按照法定准备率保留必要准备金以外，人们还会将其以一个固定比例Cu以现金形式提取。我们把考虑了现金流通因素的银行乘数称为银行乘数II。这时，银行乘数公式就变为：

$$BM_{II}=(1+Cu)/(rr+Cu)^{①} \qquad (8.3)$$

如果法定准备率仍为 20%，同时，人们提取的现金占新增存款的比例为 10%，那么：

$$BM_{II}=(1+10\%)/(20\%+10\%)\approx 3.67$$

除了现金是银行体系中货币流量的漏出因素以外，储蓄存款[2]是另一个漏出因素。在考虑到一部分存款变为储蓄存款后，银行乘数要进一步修正为乘数 III。假定 rr_T 为储蓄存款的法定准备率，TD 为新增支票存款中转化为定期存款的比例，这时，银行乘数 III 为：

$$BM_{III}=(1+Cu)/(rr+Cu+rr_T\cdot TD)^{③}$$

除这两个主要漏出量以外，还有其他一些漏出量影响着银行乘数，例如，银行为谨慎起见在必要准备金以上保留的超额储备、银行与国外金融机构的往来等等。这里就不一一叙述了。

从以上对乘数的论述中，可以看出，社会上的货币供应总量是由银行体系利用最初增加的货币量创造的，在乘数充分发挥作用的情况下，银行体系中最初增加的货币最终全部转化为准备金存款和流通中的现金。因此，银行体系中的准备金和流通中的现金就被称为货币基础，又称为“高能货币”，以表示其对货币创造的基础

---

① 关于银行乘数Ⅱ的推导：假定银行体系最初增加的新存款为 d，银行体系共同活动的结果是使社会增加存款 D。由于每级银行都有 Cu 比例的存款变为现金被提取，所以，这时社会货币总供应量为：

$$D+D\cdot Cu=D(rr+Cu)$$

对应增加的存款，银行保留的准备金数量为 $D\cdot rr$。由于在银行体系的作用下，最初增加的新存款最终都转化为银行准备金和流通中的现金，所以，$d=D\cdot rr+D\cdot Cu=D(rr+Cu)$。

根据银行乘数的定义，这时：

银行乘数Ⅱ $=D(1+Cu)/d=D(1+Cu)/D(rr+Cu)=(1+Cu)/(rr+Cu)$。

② 储蓄存款是指那些不能通过开具支票进行流通的存款。

③ 银行乘数Ⅲ的推导思路与银行乘数Ⅱ相同，请有兴趣的读者自己根据原理进行推导。

作用。社会上货币供应总量等于货币基础乘以银行乘数。因此，中央银行可以通过控制货币基础数量和银行乘数的高低来调节经济体系中的货币供应总量。

第二节　货币政策工具与货币政策的传导机制

货币政策的中心是控制货币量的供给，通过调整经济体系中的货币量，达到调整利率和购买力，进而调节总需求，实现充分就业条件下没有通货膨胀的稳定经济增长的目标。

一、货币政策工具

中央银行推行货币政策最主要的工具有三个，即法定准备率、贴现率和公开市场业务。通过这些政策，使商业银行的过度储备发生变动，进而通过商业银行的活动改变整个货币供应量。

1. 法定准备率

法定准备率的高低决定着商业银行的存款中有多大比例可以作为贷款使用，因此，改变法定准备率可以调整商业银行的过度储备数量，进而调节商业银行的贷款数量。当法定准备率下降时，银行的过度储备相对增加，从而可以把存款中更大的比例用于贷款。由于银行乘数是法定准备率的倒数，法定准备率的下降也提高了银行乘数。当法定准备率提高时，其作用方向相反。变动法定准备率通过改变商业银行的贷款数量和银行体系的乘数，最终改变着一定量货币基础所创造出的货币总量。

改变法定准备率通常使货币供给量成倍地变化，所以这一政策工具的效果是十分猛烈的，不利于经济的稳定。此外，中央银行如果频繁地改变法定准备率也不利于它对银行体系的管理。因此，改变法定准备率是一个强有力但不常使用的政策工具。

2. 贴现率政策

贴现率是商业银行向中央银行借入准备金借款所应支付的利息率。在中央银行制度下，通常都要定期按法定准备率核准商业银行的准备金，以严格维护准备金制度。例如，美国的联邦储备每两周核准一次商业银行的准备金是否符合法定准备率的要求。凡是不符合法定要求的当天必须补足其准备金。为解决准备金不足的问题，商业银行可以向其他商业银行进行同业拆借，也可以向中央银行借入准备金。如果是向中央银行借入准备金，它就必须按照中央银行规定的“贴现率”向中央银行支付利息。贴现率是中央银行惟一直接决定的利息率。其之所以被称为“贴现率”或“再贴现率”是因为，在商业银行的必要储备或法定准备金不足时，通常会将自己的二级储备和其他短期债券拿到中央银行进行贴现，由于这些债券往往是商业银行的客户对商业银行贴现的，所以又称为“再贴现”。除贴现率以外的利率水平都是市场决定的。理论上说，中央银行可以通过提高或降低贴现率来限制商业银行的借款行为。但是，中央银行希望商业银行自觉地把贷款额度限制在商业银行自己拥有的过度储备以内，不愿将中央银行的贷款变为商业银行发放贷款的一种资金来源。中央银行向商业银行的贷款只是用来帮助那些有可能因准备金不足而面临倒闭的银行渡过难关，起着“安全阀门”的作用，并不经常使用。并且，商业银行可以通过相互之间拆借资金来解决准备金的不足。因此，贴现率政策这一工具的作用很有限。

中央银行的贴现率政策主要起到两方面的作用：第一，中央银行通过调整贴现率来反映自己的宏观经济政策倾向。例如，中央银行降低贴现率表示它有意使企业在经济活动中更容易获得贷款。第二，中央银行调整贴现率也是企业资金成本将要提高或是降低的一个信号，因为中央银行的贴现率总是根据已经变化了的市场利息率进行调节，在多数情况下，它也反映市场利息率的变化。

3. 公开市场业务

公开市场业务是中央银行在二级证券市场上公开买卖政府短期债券的活动,通过这种活动中央银行可以改变商业银行的准备金数量,从而调整商业银行贷款的数量。

证券市场分为一级市场和二级市场。一级市场是证券的发行市场,中央银行如果代理财政部发行政府债券并不会影响货币供应量,这是因为中央银行自己并不能直接购买财政部新发行的债券。如果中央银行在一级市场直接购买财政部发行的债券,就如同财政部向中央银行直接透支一样,货币供给量将会增加。几乎所有的发达国家都禁止这样做。因此,中央银行不会直接购买财政部在一级市场发行的新债券。但是中央银行可以在二级债券市场买卖财政部的短期债券。这就是所谓的"公开市场业务"。顾名思义,就是在二级市场上公开买卖政府债券。中央银行的公开市场业务会改变银行体系内的准备金数量,从而改变经济体系内的货币供应量。当中央银行买入二级市场上的债券时,债券进入中央银行,而商业银行系统中的货币量就会增加。

例如,中央银行从某商业银行购买了 100 万美元的政府债券,这样,商业银行就多了 100 万美元的过度储备。由于这笔资金不是客户的存款,不必保留必要准备金,银行可以把它全部贷放出去。这样,这笔贷款又可以以支票账户形式变为存款,使银行体系的存款增加 100 万美元。形成存款后,将按照存款乘以乘数的规模实现货币供给量的增加。如果银行乘数是 5,从形成第一笔存款后开始,货币供应量会增加 500 万美元,加上最初不要准备金的 100 万过度储备,货币供给量总共增加了 600 万美元。如果中央银行从证券商处购买了 100 万美元的债券,那么,证券商就在商业银行的存款账户上增加了 100 万美元的存款。商业银行在扣除了必要准备金之后便可以将余下的部分贷出。在乘数为 5 的情况下,最终将使货币供应量增加 500 万美元。如果中央银行向二级市场出售政府债券,银行体系中的准备金就会减少,并以乘数效应减少整个经济体系中的货币供应量。

中央银行在二级市场买入政府债券,货币供给量就增加;中央银行在二级市场卖出政府债券,货币供给量就减少。

公开市场业务同改变法定准备率相比,对货币供应量变动的影响要小一些,并且易于操作;同贴现率政策相比,对货币供应量的影响又大得多。因此,公开市场业务是发达国家中央银行最常用的货币政策工具。

二、货币政策的传导机制

货币当局通过货币政策工具影响经济体系中的货币供应量,进而对经济活动中的总需求产生影响。但是,在西方不同的派别理论中,对于货币政策最终影响总需求的传导机制的认识是不同的。这种认识上的差别,也导致对于货币政策的具体目标持有不同意见。

1. 凯恩斯主义理论中的货币政策传导机制

凯恩斯主义强调利率对投资进而对总需求的影响,因此,把利率的变动作为货币政策的导向器和控制目标,通过运用货币政策工具调整利率水平,实现没有通货膨胀条件下的充分就业和经济增长。

按照这一理论,如果中央银行通过公开市场业务购进债券,增加货币供给,刺激总需求提高,这一货币政策的传导机制如图 8.1 所示。

假定最初货币市场上货币供给与货币需求是平衡的,由于中央银行在二级市场上购进债券,使货币供给量增加,这样,货币市场上原有的供求平衡就被打破,出现了货币供给大于货币需求的状况。多出的货币会进入证券市场,增加了对证券的需求并提高了证券的价格,引起了实际利率的下降。利率下降在实际经济中引起

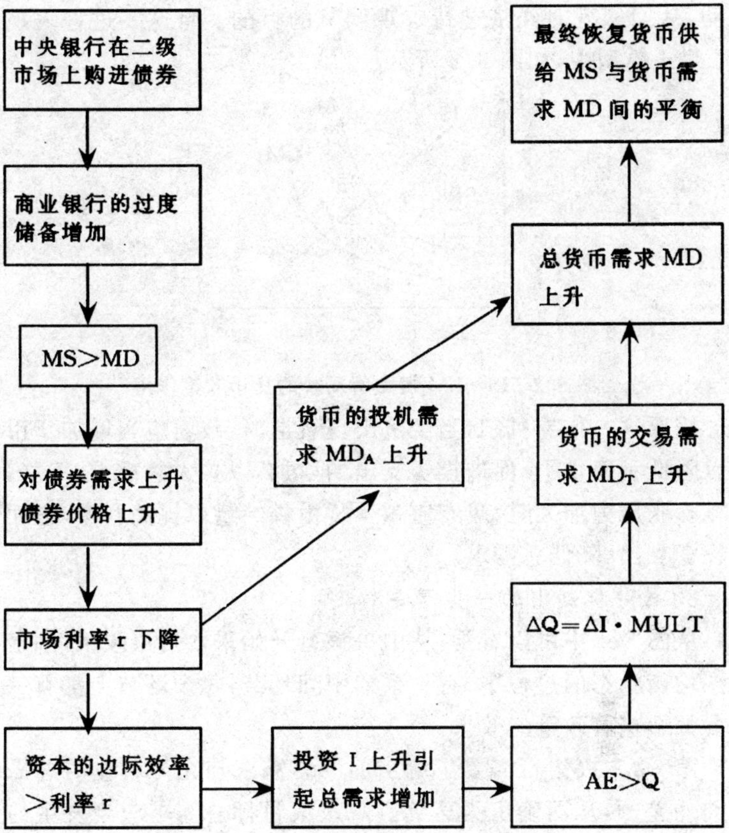

图 8.1　凯恩斯主义理论中的货币传导机制

投资的预期利润率(投资的边际效率)高于利息率,从而刺激厂商的投资支出增加。投资支出增加通过投资乘数使总产量和总收入增加,这样就提高了货币的交易需求。利率的下降还引起货币的投机需求增加。货币的交易需求和投机需求增加最终使需求跟上供给的变化,实现货币市场的平衡。可见,在货币市场从不平衡向新的平衡转化的过程中,引起利率的变动,利率变动引起实际经济的变动，从而实现对经济进行宏观调节的目的。将这一过程表现在IS—LM模型中，如图8.2所示。

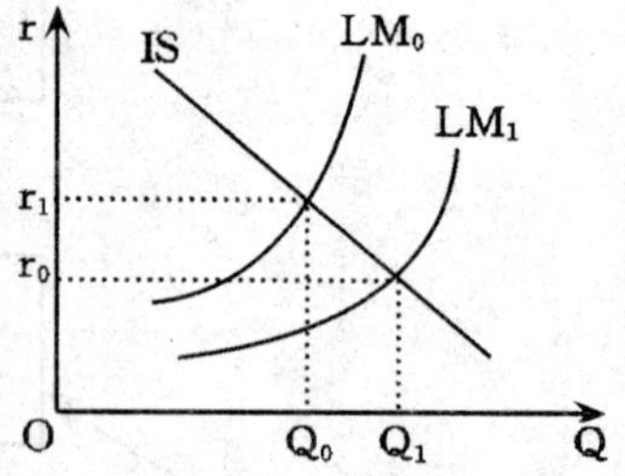

图8.2　IS—LM模型所反映的货币政策作用

按照这一传导机制，当经济出现衰退时，政府应当增加货币供给以降低利率水平，促进投资支出的增加，以扩大总需求；反之，当通货膨胀压力加大时，政府应减少货币供给量以提高利率，进而抑制投资支出，降低总需求。

2. 传导机制中的一些重要参数

从图8.1中可以看到，从中央银行开始采取货币政策，到最终回到均衡状态的过程中，有一系列中间环节，每个环节上都有一定的参数影响着政策的效果。

第一，中央银行需要了解当前的总需求与充分就业的总需求之间的差额，从而确定为达到宏观政策目标总需求应当发生的变动数量。第二，中央银行应当了解收入乘数，进而确定应当使投资I(r)增加多少才能使总需求达到应有的变动额。第三，在确定了投资变动额的目标后，还需要投资的利率弹性，即投资需求对于利率变动的反应程度。这一参数的测定存在着许多困难，因为，投资需求曲线很难在一个较长时期内稳定，以使得人们可以测定投资需求与利率变动之间的数量关系。另外，在实际经济中，也很难将利率引起的投资变动与其他因素引起的投资变动区分开来。第四，即使中央银行了解了为达到政策目标应当使利率变动的幅度，中央银行还必须了解为使利率达到这一变动幅度应当改变的货币供应量。为了解这一参数，中央银行需要了解货币供给变动后，货币需求重新等于货币供给所需要的时间，也需要了解利率变动引起多大程度的货币需求变动，其中利率引起的投机需求变动较为直接，而利率引起的投资变动进而引起产量变动所最终导致的交易需求变动则更为间接，从而使所需要的货币供应量变动难以确定。第五，中央银行还必须知道银行乘数，从而确定准备金的改变数额。在存在诸多模糊参数的情况下，以利息率为货币政策的具体控制指标，就很难准确地把货币政策确定在恰当的数量水平上。

在调控利息率水平时，还必须了解市场利息率与实际利息率的区别。在市场利息率中包含着通货膨胀的因素。当通货膨胀压力增大时，尽管市场利息率上升，但是由于物价的上涨，实际利息率也可能在下降。在中央银行增加货币供给以刺激经济的同时，也可能由于投资增加使物价上涨从而表面上看市场利息率是提高的。因此，在考察货币政策的效果时，必须剔除通货膨胀的因素，考察实际利息率的变动情况。

3. 货币主义理论中的货币政策传导机制

货币主义把货币供应量增加与总需求的增加直接联系起来，考察货币供给增加后对总需求的影响，因此，这一理论中货币政策的传导机制与凯恩斯主义理论存在着一定的差别。

货币主义学派认为，当货币的供应量增加，而货币供给大于货币需求时，人们不仅用手中多余的货币购买债券，而且购买包括金融资产和实际资产在内的各种资产商品。这样，货币供给增加后直接导致最终产品市场上的需求增加，不必通过债券市场供求关系变化，进而影响利率，再引起总需求的变化。这一传导机制如图8.3所示。

相比之下，货币主义的传导机制要比凯恩斯主义的传导机制环节更少一些；但是，环节少并不一定意味着不确定性因素就少，

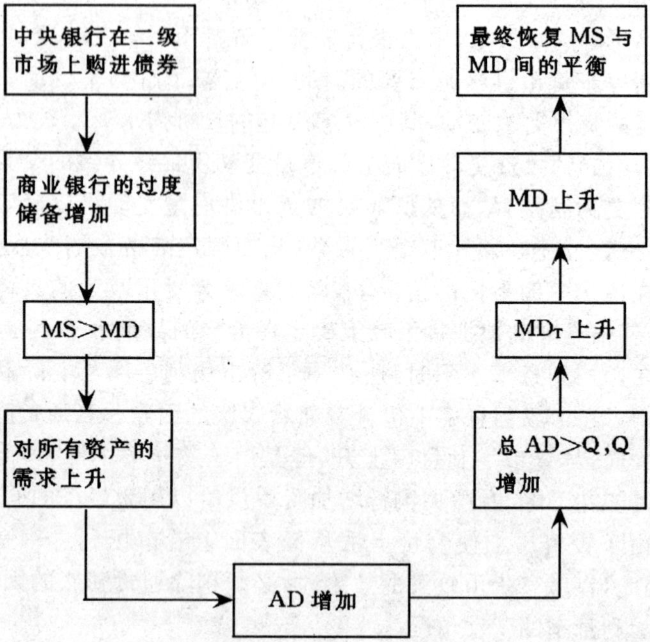

图 8.3 货币主义理论中的货币传导机制

其中也有一些难以确定的参数。例如，货币供给量变动与总需求之间的关系；人们手中货币量增加后，将有多大比例用到最终产品的总需求等。这些不确定因素同样使得货币学派的理论难于准确地进行实际操作。

4. 货币主义货币政策的理论依据

货币主义的货币政策主张是建立在货币数量论的基础上的。货币数量论的一个基本公式就是关于货币供给与名义国民收入的关系的公式：

$$MS \cdot V = NI = P \cdot Q \qquad (8.4)$$

其中，MS 为货币供给量，V 为货币流通速度，P 和 Q 分别为价格总水平和总产量。

货币主义理论认为，货币流通速度是稳定的。弗里德曼说过：“对于收入周转率等变量来说，任何广泛接触货币数据资料的人都不能不留下这样的印象，即它们具有一种非同一般的实证的稳定性和规律性。”①按照这一观点，货币供应量的变动将全部转化为名义国内生产总值的变动。所以，当货币供应量增加时，不管利息率作何变动，总需求及国内生产总值都会以相同的数量增加。据此，货币学派反对凯恩斯主义者根据利息率变动频繁改变货币供给量的主张，他们认为，这只会引起经济运行不稳定。

货币主义者认为，实际产量的增长率是受生产力水平限制的，在可以利用的资源数量及其生产效率的约束下，所能生产出来的最大产量就是该生产力条件下产量的极限。因此，货币供给量要与产量的增长需要相适应，不能超过产量增长的极限。超过这一界限，不但不会使产量有更多的增长，而且超出的货币供给量会转化为价格总水平的提高，造成通货膨胀。

货币学派的代表人物美国芝加哥大学的弗里德曼根据经验研究认为，美国的实际经济增长率最高的年份超不过6%，在稳定增长时期的实际经济增长率一般在4%左右。他主张将货币供给量控制在6%左右，就足以满足正常经济增长对货币供给量增加的需求。当经济增长率为4%左右的正常增长率时，最多有2%的通货膨胀率。弗里德曼在研究了美国联邦储备银行在60年代到70年代的货币政策后认为，在这20年间，美国的货币供给量频繁变动，使总需求大起大落，干扰了产量的正常增长。因此，他主张美联储不应有任意改变货币供给量的权力。对此，货币学派的反对者则认为，如果取消了中央银行根据经济形势制定、实施货币政策的权

① 转引自保罗·萨缪尔森，威廉·诺德豪斯.经济学.第16版.麦格劳·希尔出版公司.萧琛等译.华夏出版社，1999年8月第1版.第507页

力，就少了一个与衰退和通货膨胀作战的有力武器。

第三节　货币政策与财政政策的有效性

凯恩斯主义者历来强调政府的财政收支对经济会产生重大影响，其需求管理的一系列政策便是建立在此基础上的。但是货币学派的一些经济学家却否认财政政策的作用，认为单纯的财政政策对实际国民收入不会产生任何影响。战后，财政政策看上去似乎在起作用，实际上完全是货币政策在单独起作用，只是表面似乎是两种政策在共同起作用罢了。对货币学派的这种观点，凯恩斯主义者中的一些极端强调财政政策的经济学家也提出了完全相反的观点，认为货币政策是根本不起作用的，惟一起作用的是财政政策。了解这一争论，对深入研究财政政策和货币政策的有效性具有重要意义。

一、货币流通速度与货币政策

关于货币政策和财政政策哪一个更有效的争论，其焦点集中在货币流通速度上。即当货币供给量和利息率变化时，货币的流通速度是否会跟着发生变化。由于影响货币实际供给量和利息率的因素很多，且大都经常发生变化，所以使货币供给和利息率对货币流通速度影响的实际测定十分困难。这也是争论至今没有定论的基本原因。

货币数量公式有如下两种表示方法：

$$(1)MS \cdot V = NI$$

$$(2)\Delta MS\% + \Delta V\% = \Delta NI\%$$

从式中不难看出，货币流通速度 V(或其增长率 $\Delta V\%$)，对货币供给量对国民收入起不起作用和起多大作用有着关键性的影响。如果货币流通速度是货币供给量的函数，当货币供给量增加时货币流通速度加快,那么货币供给量的变动加上货币流通速度的同方向变动,就会对名义国民收入 NI 产生强有力的影响。如果货币流通速度与货币供给量不存在函数关系,货币供给量增加时货币流通速度不变,货币供给量的变化将完全转化为名义国民收入的变化。在这两种情况下,货币政策对经济的影响都是强有力的。如果货币流通速度是货币供给量的减函数,货币供给量增加,货币流通速度下降,货币供给量的增加就会部分地或全部地被货币流通速度的反向变动所抵消,从而使货币供给量对名义国民收入不产生影响或只产生较小的影响。货币政策是否有效及其效果大小的程度与货币流通速度对货币供给量的反应状况和反应程度有密切的关系。

多数经济学家认为,在利息率提高时货币需求下降,人人都不愿意持有货币,它就像一个烫手的马铃薯,被迅速转手,于是货币流通速度加快;当利息率下降时,货币需求上升,持有货币的机会成本降低,人们便不急于将手中的货币脱手,于是货币流通速度减缓。这样,货币流通速度就与货币需求成反比。与利息率成正比。

根据这样的关系,可以建立货币供给与货币流通速度之间的关系。当货币供给量上升时,利息率下降,货币需求上升,货币流通速度下降。当货币供给量下降时,利息率上升,货币需求下降,货币流通速度加快。货币流通速度与货币供给量成反比。这一关系的传导机制可以用符号概括如下。

$$MS\uparrow: r\downarrow,\ MD_A\uparrow,\ V\downarrow$$

$$MS\downarrow: r\uparrow,\ MD_A\downarrow,\ V\uparrow$$

即然货币供给量与货币流通速度成反比,那么,当货币供给量增加时,总需求的增加和名义国民收入的增加就会因货币流通速度的下降被抵消一部分。如果货币供给量增加后,货币流通速度下降幅度比较小,货币政策就仍旧是强有力的;如果货币供给量增加后,货币流通速度下降很大,总需求就可能增加很小,甚至不变,货币政策就只起很小的作用或者根本不起作用。但货币主义者却坚持认为，货币流通速度不随货币供给量的变化而变化，它基本上保持不变，因此，货币政策总是强有力地影响着经济。

二、货币流通速度与财政政策

一些坚持财政政策最有效的经济学家认为，财政政策的实施会使货币流通速度发生相应的变动，从而保证了财政政策对经济的决定性影响，并使货币政策基本上失效。

根据货币数量公式：

$$MS \cdot V = NI$$

要使国民收入增长，或者是使货币供给量 MS 增长，或者是使货币流通速度 V 加快，否则国民收入是不可能增加的。根据凯恩斯的观点，国民收入水平如何是由总需求决定的，而政府的财政政策可以操纵总需求，从而操纵国民收入水平。但是，根据货币数量公式，没有货币供给量或货币流通速度的增加，任何总需求的增加（包括政府开支增加）都是不可能的。如果在政府增加赤字开支的同时，货币供给量增加了，赤字被货币化，国民收入就肯定会增加。对于这种情况，货币主义者认为，国民收入的增加实际上与赤字开支无关，它完全是货币供给量增加的结果，是货币政策在单独起作用。这样，关于财政政策是否有效的争论就集中在纯粹的财政政策（即货币供给量不变下的财政政策）是否有效的问题上了。

根据货币数量公式，在执行纯粹财政政策时，货币供给量不变，要使总需求增加，货币流通速度就必须随扩张性纯粹财政政策的实施而随即加快。如果货币流通速度 V 随着政府开支（G）的增加而加快，财政政策就起作用，如果这二者无关，财政政策就不起作用。

假定，政府的赤字开支增加，并通过发行债券来筹集资金，弥补财政赤字，这时会产生挤出效应，利息率会上升，利息率的上升又会引起资产的货币需求 MD_A 下降，使货币总需求 MD 下降。上面已经确定，货币需求与货币流通速度呈反方向变化，货币的总需求下降，会导致货币流通速度加快。结果，政府赤字开支增加会引起货币流通速度加快，于是纯粹的扩张性财政政策是完全可以起作用的。政府赤字开支对货币流通速度产生影响的传导机制可以概括如下。

赤字下的 $G\uparrow$：$r\uparrow$，$MD_A\downarrow$，$MD\downarrow$，$V\uparrow$

政府开支与货币流通速度是同方向变动的，只要政府开支增加，货币流通速度就会加快，财政政策是起作用的。但是，这个作用有多大还取决于货币流通速度变化对政府开支变化的反应程度（即反应的弹性）。在政府开支增加时，如果货币流通速度变化小，财政政策的作用就小；如果货币流通速度变化大，财政政策的作用就大。货币主义者认为货币流通速度基本上是不变的，它与政府开支之间不存在正相关的关系，因此，他们认为财政政策实际上不起作用。

三、货币流通速度与 LM 曲线

财政政策和货币政策的有效性，基本上要根据货币流通速度在政府开支 G 和货币供给量 MS 发生变化时将会发生多大变化而定。政府开支的变化会引起利息率 r 的变化，引起货币需求的变化，从而导致货币流通速度的变化；货币供给量的变化，也会影响利息率 r 发生变化，从而通过影响货币需求使货币流通速度发生变化。在这两种政策的传导过程中，有一个共同的关键环节，即货币需求对利息率变化的反应参数，这个参数实际上反映了上述货币流通速度变化的影响。在第五章中我们根据货币需求公式(5.4)列出了货币需求对利息率的反应参数 h。根据 LM 曲线的标准方程式(5.5)：

$$r=\frac{1}{h}\left(kQ-\frac{MS}{P}\right)$$

不难看出,LM 曲线的斜率取决于货币需求对利息率的反应参数 h,它在很大程度上决定着实际货币供给量 MS/P 对经济的影响。当 h 很小时,LM 曲线就陡峭,当 h 接近于 0 时,LM 曲线就接近为一条垂线。h 越大,LM 曲线就越平缓,当 h 接近于无限大时,LM 曲线就接近于成为一条水平线。h 越小,LM 曲线越是接近于垂线,货币政策变动就越是对实际国民收入有重大影响,而财政政策就越是对实际国民收入没有影响。图 8.4 说明了 LM 曲线陡峭时,货币政策和财政政策的不同效率。

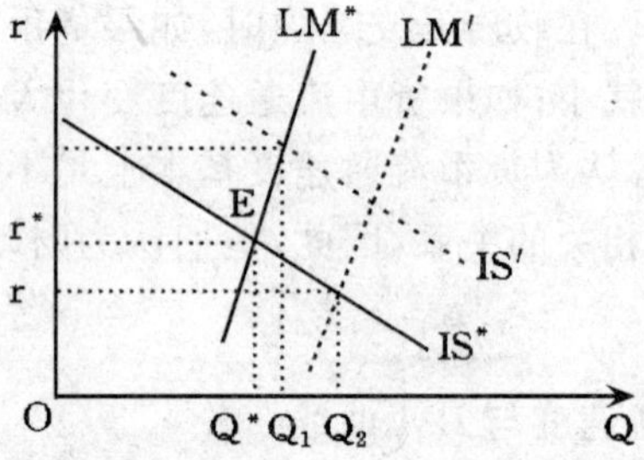

图 8.4 LM 曲线斜率较大时财政政策与货币政策的作用效果

假定,货币需求对利息率的反应弹性 h 很小,LM 相对陡峭,如图 8.4 中的 LM^* 所示。这标志着货币流通速度对政府开支变动的反应将会很小,也意味着利息率对货币供给量变动的反应较小,这样货币供给量变动就会更大地反映为实际收入的变动,而财政政策会因为货币需求对利息率的反应不灵敏而大大减弱其影响。这样,当货币供给量 MS 增加时,LM^* 会向右移动到 LM′,实际国民收入会从 Q^* 增加到 Q_2。但是,如果实行扩张的财政政策,由于 LM 曲线缺乏弹性,即使财政政策的力度很大,假定政府通过扩张性财政政策将 IS 曲线从 IS^* 提高到 IS′,实际国民收入也仅仅有较小的上升,从 Q^* 上升到 Q_1。显然,货币需求的利息率弹性 h 越小，LM 曲线越陡峭，财政政策的效率就越低，而货币政策的效率就越高。

相反，当 h 很大，货币需求对利息率的反应强烈时，LM 曲线就平缓，这时货币政策的作用就小，而财政政策的作用就大。图8.5说明了这个情况。

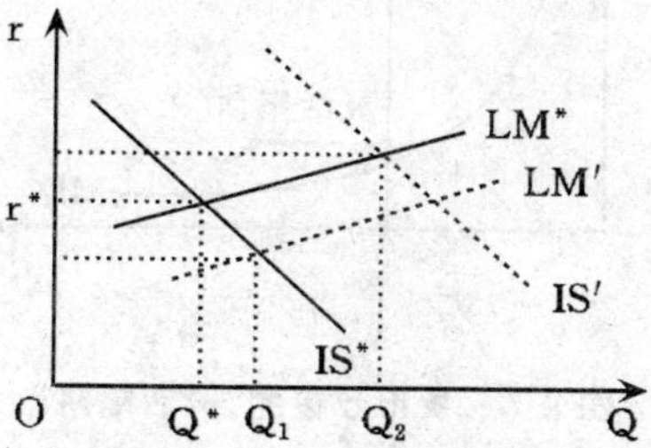

图 8.5　LM 曲线斜率较小时财政政策和货币政策效果

假定，h 很大，造成 LM 曲线比较平缓，如图 8.5 中的 LM* 所示。在这种情况下，如果实行扩张性货币政策，LM 曲线会由 LM* 移动到 LM′，这时实际收入只有较小的增加，从 Q^* 增加到 Q_1；如果实行扩张性的财政政策，IS 曲线会由 IS* 移动到 IS′，实际收入会从 Q^* 增加到 Q_2。这就是说，货币需求对利息率的反应越是灵敏，即 h 越大，货币政策效率就越低；相反，财政政策的效率就越高。

四、货币政策的"灵活陷阱"

凯恩斯的"灵活陷阱"是对财政政策的一个有力支撑。如图8.6所示，当利息率变得很低时，如图中的 r_0 时，微薄的利息收入已经不能抵偿债券的风险，这意味着持有货币的机会成本大大降低，人们会感到持有债券不如持有货币。于是货币市场陷入了人们追求货币，即追求具有高度灵活性资产的"陷阱"。只要货币供给增长，人们就立即将其放在手边，资产的货币需求变得无限大，货币供给的任何增长都会被货币需求所吸收，利息率也因为已经很低而不再下降。这样，货币供给的增加也就不再起作用，货币政策会百分之百地失效，只有财政政策才是有效的。

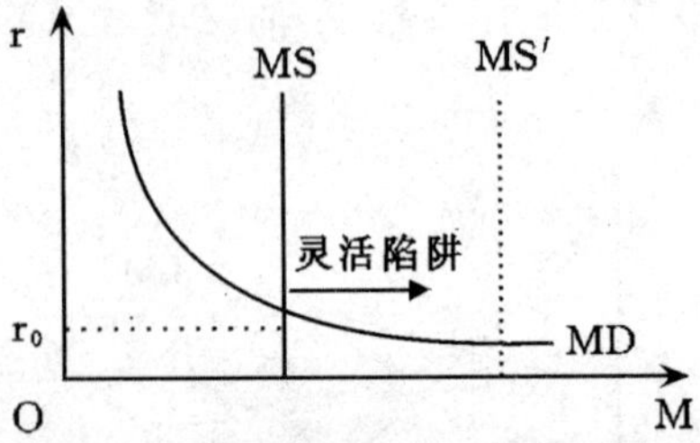

图 8.6 货币政策的"灵活陷阱"

五、折衷的观点与政策有效区间

70 年代以后，一些较温和的凯恩斯主义经济学家提出了一种折衷的观点，他们认为货币主义者和一些极端的财政主义者都有一定的片面性，又都有一定的道理。他们认为，财政政策和货币政策的效力依赖于当时的经济状况。他们认为，货币需求曲线应为图 8.7 中的(*a*)的形状，LM 曲线则应如图 8.7(*b*)中的形状。它们既不像货币主义者认为的那样是始终很陡的，也不像财政主义者认为的那样始终平缓如初，而是在利息率较高时陡，随着利息率的下

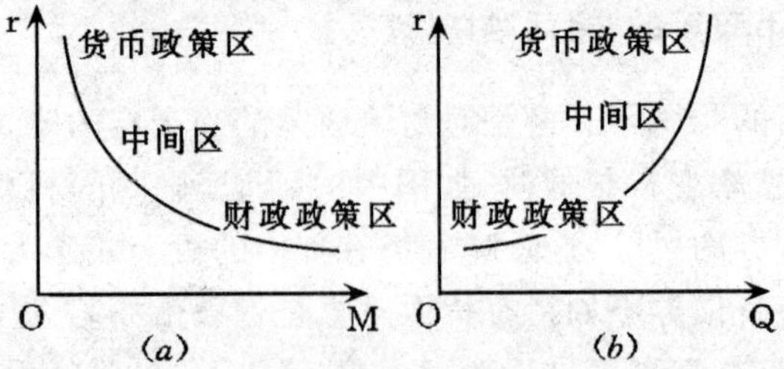

图 8.7 宏观经济政策有效区间的折衷观点

降趋于平缓。在利息率较高时，货币需求对利息率的弹性小，因此MD和LM曲线都比较陡，这时，货币政策的效力远大于财政政策。因此，利息率较高的一个区域就是货币政策的有效区域。在利息率较低时，货币需求对利息率变动的弹性大，货币流通速度的变化也大，因此，MD曲线和LM曲线变得非常平缓，这使得财政政策的效力远大于货币政策。这样，利息率较低的区域就是财政政策的有效区域。中等利息率的区域是财政政策的效力与货币政策的效力不相上下的区域，称为中间区。在中间区，两种政策同样有效。根据这种政策有效区域的划分，可以考虑何时以何种政策为主，以使两种政策的效力能够结合起来。

六、宏观经济政策实施中的时滞

无论是财政政策还是货币政策，从决定到实施，再到政策的效果完全发挥出来需要一定的时间。因此，政府的宏观经济政策往往不能起到立竿见影的效果。从政策的决定到政策的效果充分发挥之间的时间差，被称为宏观经济政策的时滞。根据时滞的性质，可以将宏观经济政策的时滞分为两类：第一类是内部时滞，这是指从决策到政策制定、实施所经历的时间差。内部时滞是由于政府的立法程序、行政组织、管理协调等因素作用形成的。第二类是外部时滞，这是指从政策实施开始后传导机制作用过程所经历的时间差。它是由社会经济系统对政策的反应方式和反应灵敏程度所决定的。

财政政策和货币政策的实施程度和传导机制不同，因而在时滞的形成上也各自有着自己的特点。

1. 财政政策的时滞

在财政政策决策与实施过程中，内部时滞起着很大的影响作用。譬如，一项增税或减税政策的出台，需要通过一定的立法程序，经议会讨论、修改等。这一时滞并无确定的长度，它与决策时的政治、经济形势，以及议员们的态度有关，从数月到数年都是有可能的。当政策决定以后，还需要由行政部门制定实施细则，确定具体实施步骤，并实际组织实施等，这些又取决于行政部门的工作效率。财政政策的外部时滞主要取决于乘数过程所需要的时间。一般来说，财政政策外部时滞大约为6个月左右，即在政策实施半年左右的时间能够取得明显效果。

2. 货币政策的时滞

货币政策是由中央银行独立决策实施的，过程相对简单，因此，内部时滞相对时间较短。货币政策的外部时滞比较复杂。根据美国经济学家的测算，货币供给量变动到总产量的变动的时间差一般是一个月到两个月。但是货币供给量变动对于通货膨胀率的影响时间较长，因为通货膨胀率的变动涉及货币的流通速度、人们的心理预期等各种复杂因素，因此货币供给量变动最终对物价水平产生影响需要较多的传导环节和时间。根据弗里德曼的计算，这一时滞大约有两年左右。

宏观经济政策的时滞对于宏观经济政策的成败十分重要。这是因为从人们认识到宏观经济需要加以调节到政策实际发挥作用这一时期经济形势可能会发生变动，这时政策的效果对于实际经济的作用可能与变化了的形势需要相反，从而会使宏观政策失败。另外，在政策效果尚未发挥作用期间，人们有可能误认为政策力度不够进而进一步加大力度，从而当政策效果到来时，产生过于猛烈的后果。

复习思考题

1. 现代银行体系是如何构成的？中央银行和商业银行在这一体系中各自发挥什么作用？它们之间的相互关系是怎样的？

2. 商业银行经营中的安全性、盈利性、流动性各自的含义是什么？它们之间存在怎样的关系？

3. 什么是准备率、法定准备率？什么是必要准备金、过度储备？

4. 简述银行体系的存款创造过程。

5. 什么是银行乘数？请自己推导银行乘数的三个公式。

6. 中央银行如何通过对法定准备率的控制来调节货币供给量？这一手段的影响力如何？

7. 什么是贴现率政策？它的政策效果如何？

8. 什么是公开市场业务？它通过哪些传导机制影响货币供给量？

9. 凯恩斯主义学派和货币主义学派各自主张的货币政策的传导机制是什么？在这些传导机制中存在着哪些不确定性？

10. 什么是宏观经济政策的时滞？它对宏观经济政策的实施有什么影响？

第九章　宏观经济的行为基础

在这一章中，我们将集中讨论总需求中最重要的两个变量——消费和投资。在市场经济中，总需求是十分重要的。我国自1992年邓小平南巡以后，加快了市场化的进程，到2000年我们已经基本上进入市场经济的运行轨道。在90年代，我国经历了1992年～1996年四年的高速经济增长时期，这个时期总需求明显膨胀，导致经济过热和两位数的通货膨胀；随后，从1997年起到2000年末，除少数月份外，整个经济经历了三年多的“通货紧缩”，其最直接的原因就是总需求不足。显然，了解总需求的有关理论是学习宏观经济学的一个重要内容。

第一节　消费与储蓄

消费者的可支配收入分成两个组成部分，即消费和储蓄。当我们研究消费时，也同时在研究被许多经济学家看作是经济增长最基本动力的储蓄。一般地说，在市场经济中，消费占总需求的比例都大于投资所占比例，是总需求中最根本和最重要的组成部分。

在前面的章节中已经指出，消费是可支配收入的函数：

$$C=\overline{C}+MPC\cdot DI \quad (1>MPC>0) \tag{9.1}$$

根据美国1948年～1991年间的实际统计资料估计出来的消费函数为：

$$C=0.92DI \tag{9.2}$$

(9.2)式表示美国的平均消费倾向C/DI＝0.92。这是一个最简单的消费函数，它是根据美国长期平均的个人可支配收入和平均消费计算的，在某些年份它的误差较大。西方经济学家对消费的研究有相当长的历史，也不乏著名的学者和理论。其中比较著名的消费理论模型有两个，一个是由 Franco Modiglini 创立的生命周期理论，另一个是由 Milton Friedman 创立的持久收入理论。

一、消费和储蓄的生命周期理论

公式(9.1)假定消费者的消费与其本期收入相关；但生命周期理论认为，人们在其整个生命周期内总是尽可能从长远的角度来安排其在各个时期的消费，在青年时期总是为其老年时期的消费进行储蓄，因此，储蓄仅仅被看作是为了到老年可以提供消费而进行的。这一理论提出了许多人们想不到的影响储蓄的因素，例如，人口的年龄结构就是影响储蓄和消费行为的一个重要因素。这样，生命周期理论的消费函数就可写为：

$$C=aWR+cYL \tag{9.3}$$

其中 WR 为实际财富，a 为实际财富的边际消费倾向，YL 是劳动者预期一生中所能获得的劳动总收入的年平均值，c 是劳动收入的边际消费倾向。

我们假定，一个人预期工作后可以活 NL 年，工作 WL 年，每年挣得 YL 的收入，退休以后的生活年限为(NL－WL)年，假定寿命和工作年限的预期中没有不确定因素，假定储蓄没有利息，假定价格不变，现在的 1 美元等于未来的 1 美元。

人们对消费和储蓄的决策可以分成两个问题：一是个人在其一生的消费中，最大可能的消费量是多少。给定工作年限 WL，寿命期的收入为(YL · WL)，YL 为年收入。除非消费者有与生俱来的财富，否则他在其寿命期的消费不可能超过(YL · WL)，这就是一个人寿命期内的最大消费。二是消费者如何在其寿命期内分配其各个时期的消费。在消费中，由于随消费量的增加，边际消费倾向递减，所以，如果消费者一生中的消费可分为两个时期，他就必然使这两个时期的消费量相等，因为消费者对收入的使用是根据效用最大化的原则。例如，假定消费者一个时期消费了全部收入，而后一个时期则不消费，那么他可以通过将前一时期的消费转移一部分到后一时期，从而增加其获得的总效用量，因为前一时期因减少消费量而减少的总效用小于后一时期因增加消费量而增加的总效用。这就是假定每一时期的消费量都相同的理论根据。基于这样的认识，消费就不取决于现期收入，而是取决于整个寿命期内的总收入。

由于寿命期内的消费等于寿命期内的收入，同时每一时期的消费 C 又相等，于是有：

$$C \cdot NL = YL \cdot WL \tag{9.4}$$

每一时期消费 · 寿命＝年收入 · 工作年限

将上式两边同时除以 NL，得到每年的计划消费 C，它与劳动的收入 YL 成比例：

$$C = \frac{WL}{NL} \cdot YL \tag{9.5}$$

式中，$\frac{WL}{NL}$为工作年限与寿命之比。

例如，假定某人在 20 岁开始工作，计划工作到 65 岁，80 岁去世。这样，工作期 WL＝(65－20)＝45 年，他工作后将生活的年限 NL＝(80－20)＝60 年，假定每年的劳动收入为＄30000，那么，其寿命期内的收入就是：

寿命期内收入＝YL · WL

＝＄30000×45

＝＄1350000

消费者打算在其工作期内挣得＄1350000 的总收入。将这些收入平均分配于其工作后寿命期内的消费，每一期的消费为：

$$C=\frac{\$1350000}{60}=\$22500=\frac{WL}{NL}\times YL=\frac{45}{60}\times\$30000$$

1. 储蓄与负储蓄

与公式(9.5)相对的是储蓄函数，储蓄等于收入减去消费：

$$S=YL-C=\frac{NL-WL}{NL}\cdot YL \qquad (9.6)$$

式中，(NL－WL)为退休时期。该式表明，储蓄是年收入与退休期占寿命期的一个比率。图 9.1 显示出寿命期的消费形式、储蓄和负储蓄。

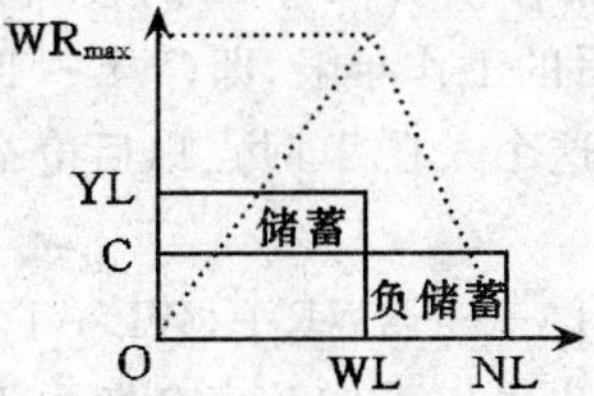

图 9.1　生命周期各阶段的消费与储蓄

在每一年中，消费 C 都低于年收入 YL，总消费为 C・NL，在退休期(NL－WL)，消费是由工作期的储蓄(YL－C)・WL 来负担的。因此，工作期的总储蓄就等于退休期的消费 C・(NL－WL)，即(YL－C)・WL＝C・(NL－WL)。

图 9.1 表明了生命周期理论的一个关键思想，消费通过高收入时期的储蓄和低收入时期的负储蓄，使消费计划形成了一种平滑的平均消费水平线。这就是说，人们的消费实际上不是现期收入的函数。

在工作期内，消费者不断地进行储蓄，这表示个人在积累财富或资产。图 9.1 显示出，个人的资产在整个工作期内都是增加的，直到其退休的时候为止。此后，在退休期内，其资产是逐步下降的。个人财富的最大值即为其达到退休年龄时积累起来的储蓄。用 WR_{max}表示最大财富量：

$$WR_{max}=C\cdot(NL-WL)$$

这一理论的基本思想可以概括为：当人们的收入相对于其寿命期的平均收入而言比较高时，他们就储蓄；当他们的收入相对于其寿命期的平均收入而言比较低时，他们就有负储蓄。

2. 财富

下面，我们扩展上述模型的限制条件，假定最初人们是占有财产的，我们仍然坚持以前的观点，消费者按平均方式来安排其寿命期的消费。假定消费者在某一时点 T，这时，他具有财富存量 WR，其在 T 时点以后的工作期（WL－T）的收入为其平均年收入 YL 乘以其在 T 时点以后的工作年限，即（WL－T）· YL，他还有预期的（NL－T）年要过，这个人在 T 时点以后寿命期内可能的消费就为：

$$C\cdot(NL-T)=WR+(WL-T)\cdot YL \tag{9.7}$$

现在，财富 WR 也可以看作是寿命期内消费的一个来源。根据公式（9.7），每一时期的消费就等于：

$$C=aWR+cYL \quad \left(a=\frac{1}{NL-T},c=\frac{WL-T}{NL-T},WL>T\right) \tag{9.8}$$

参数 a 和 c 分别是财富的边际消费倾向和劳动收入的边际消费倾向。这样，我们就推导出了公式（9.3）的消费函数。

我们举例来说明上述公式。假定某人 20 岁开始工作，65 岁退休，80 岁去世。这样，工作年限 WL＝（65－20）＝45，20 岁以后的寿命期为 NL＝（80－20）＝60。我们假定年收入 YL＝30000，现在这个消费者已经 40 岁了，因此，T＝20，这意味着这个人还有 25 年的工作期。现在计算财富的边际消费倾向 a 和劳动收入的边际消费倾向 c。对于此人来说，在其 40 岁时（即 T＝20 时）：

$$a=\frac{1}{NL-T}=\frac{1}{60-20}=0.025$$

$$c=\frac{WL-T}{NL-T}=\frac{45-20}{60-20}=0.625$$

假定此人的财富为＄200000，根据消费函数公式(9.8)：

$$C=(0.025\times 200000)+(0.625\times 30000)=23500$$

财富和劳动收入都会影响消费决策。公式(9.8)的重要意义在于：边际消费倾向与消费者处于其生命周期的什么阶段或现在的年龄有多大有密切关系。一个人越是接近于其寿命的终点，其财富的边际消费倾向 a 越高，即$\frac{1}{NL-T}$中的 T 越大，a 就越大。而劳动收入的边际消费倾向取决于两个因素，一是剩下的工作年限(WL－T)，二是余下的寿命期(NL－T)。

从公式(9.8)中也容易看出，财富和劳动的增加会提高消费开支。

相对于退休年限，工作年限越长，消费越高，因为这意味着增加了寿命期的收入，减少了负储蓄时期的长度。

这一生命周期模型的特征可以概括如下：

(1)在消费者整个寿命期内，消费是不变的。

(2)消费开支是由寿命期的劳动收入和最初财富来支撑的。

(3)在每一年，财富的$\frac{1}{NL-T}$将被消费。

(4)现期消费开支依赖于现期财富和寿命期的收入。

上述模型虽然有很强的假定限制条件，但是取消其中绝大多数假定不会影响公式(9.8)的结果，即消费依赖于劳动收入和财富。

在实践中，首先，劳动收入随时间推移而不断变化。其次，人们不可能准确地知道其寿命期的收入有多少，寿命期的消费计划必须是在对未来劳动收入预期的基础上作出的，这就立即涉及人们怎样预期未来收入的问题。个人寿命期的长度具有不确定性，他们还会留遗产给后代，这时他们不但不会消费掉其全部财产和收入，还要考虑他们抚养其子女和可能为他们留下遗产等问题。最后有必要考虑储蓄会挣得利息，所以今天1美元绝对不会等于明天的1美元。尽管存在着这些问题，却不影响公式(9.8)表明的基本关系。

3．总消费和总储蓄

假定在整个经济中，人口和GNP不变，那么在任何时期，正在工作的人们的储蓄总是等于退休人们的负储蓄。

如果人口是增长的，那么就有更多的年轻人储蓄，储蓄就超过退休人员的负储蓄，在经济中就有净储蓄。这就是说，总消费和总储蓄在一定程度上依赖于人口的年龄结构。一些经济学家认为，日本的储蓄率远高于美国，是因为其退休人口的比率比美国低。随着日本人口的老龄化发展，其储蓄率将会下降，退休的老年人占人口比例越大，总储蓄率就越低。

总储蓄依赖于一个经济中的平均退休年龄和社会保险制度的存在与否。若存在社会保险体系，对个人提供退休收入，那么个人的储蓄就少于他们退休的负储蓄。在这个意义上，社会保险制度越是能够为退休者提供生活保障，同时期的青年人的储蓄率就越低。

生命周期理论也提供了股票市场如何影响消费行为的一种认识。股票是人们财富WR的一部分，当股票市场暴涨，股票价格提高时，人们的财富提高，消费也就增加。这就是所谓的“财富效应”。

二、消费的持久收入理论

与生命周期理论一样，消费的持久收入理论也认为，消费与现期收入无关，但与长期收入的估计有关。这一由弗里德曼创立的理论被称做“持久收入理论”。

假定，某人每周五接到其一周的收入，他不可能都在星期五将其全部消费掉。他会将其一周的收入均匀地分配到一周的每一天，这意味着其每天的消费应是其一周收入除以一周天数。于是弗里德曼得出结论，一天的消费决策取决于一天以上的收入，即某个时期（不管是一个季度还是一年）的消费决策，不是仅仅取决于本时期的收入，而是取决于更长时期的收入，即取决于更长期的平均收入或持久收入。

持久收入的消费函数可写为：

$$C = cDI \tag{9.9}$$

其中，DI 为持久收入或可支配收入。

1. 持久收入的估计

我们将持久收入定义为：给定现期收入和未来收入以及现存财富的水平，消费者为保持其寿命其余时期稳定的消费水平的收入。

根据上述假定，人们必须估计其持久收入。当人们的收入上升时，消费者必须确定增加的收入是持久性的还是暂时的。当副教授升为正教授时，他可以将其看作持久性的。一个工人由于预计今年会因有更多的加班机会而增加收入时，他会将其看作今年暂时的收入增加。一般情况下，人们往往不能确定其收入变化是持久性的还是暂时的。持久收入理论认为暂时收入的变化不会对消费产生影响。

我们可以简单地将持久收入估计为去年的收入加上今年收入变化的一个比例：

$$\begin{aligned} DI &= Y_{-1} + \theta(Y - Y_{-1}) \quad (0 < \theta < 1) \\ &= \theta Y + (1-\theta)Y_{-1} \end{aligned} \tag{9.10}$$

式中，θ 为现期收入变动对持久收入产生影响的参数，亦即现期收入对持久收入的影响参数；Y_{-1}为去年的收入。

公式（9.10）中的第二行表明，持久收入是现期收入与上一期收入的加权平均数。

假定 $\theta=0.6$，今年收入为 $Y=\$25000$，去年收入为 $Y_{-1}=\$24000$。持久收入为：

$$DI=\$24600=0.6\times\$25000+0.4\times\$24000$$

权数 θ 如何对持久收入的决定有重要作用，如果 $\theta=1$，持久收入就等于现期收入。此外，如果 $Y=Y_{-1}$，持久收入就既等于今年的收入，也等于去年的收入。如果今年的收入相对于去年上升了，持久收入的增加要少于今年收入的增加，因为人们并不能确定今年收入增加是持久性的，但他们可以猜想其中一部分，而不是全部，是持久性的。

2. 理性预期与持久收入

对持久收入的估计，仅仅用今年和去年的收入有些过于简单化了。弗里德曼估计持久收入是根据以前若干时期的收入和现期收入进行的。离现期越近，他给的权数越大。

理性预期的方法强调：没有一种简单的理论可以在不考虑实际收入怎样变化的情况下告诉我们其预期是如何形成的。在实践中，如果消费者看到其收入变化是长期的，他就会认为这一收入变化多半是持久性的了。这样的消费者就有公式(9.10)中较高的 θ 值。如果一个消费者的收入是高度易变的，他多半就不会将现期收入的变化看作是其持久收入的变化，这样的消费者其 θ 值就较低。此外，任何符合实际的预期理论，包括理性预期，都会认识到，像公式(9.10)那样建立在过去收入基础上的公式，是不能包括所有影响人们对未来收入预期的因素的。例如，某个国家发现大量的石油，这个消息一公布，其居民的持久性收入就会提高，而建立在过去收入基础上的公式(9.10)则不能反映这类变化。

3. 持久收入与动态消费

用公式(9.10)我们可以写出消费函数：

$$C=cDI=c\theta Y+c(1-\theta)Y_{-1} \tag{9.11}$$

现期收入的边际消费倾向为 $c\theta$，它小于长期的平均消费倾向

c。这样，在持久收入的命题中，短期边际消费倾向与长期边际消费倾向（等于长期平均消费倾向）之间就存在着差别。短期边际消费倾向相对较低的原因在于当现期收入增加的时候，当事人不能确定收入的增加是否会持续下去。但是，如果这一增加全部是持久性的，即第二期的收入与本期相同，他就可以认为这一收入是持久收入。如图 9.2 所示。

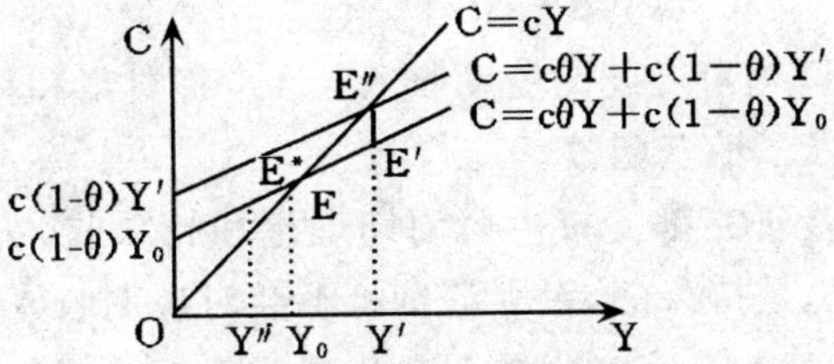

图 9.2　持久收入变动引起的短期消费曲线动态调整

图中，$C=cY$ 为长期消费函数，其斜率为 c，即不变收入的平均消费倾向和边际消费倾向。短期消费函数为较平缓的曲线，如图所示，给定其历史上的收入水平，即其持久收入 Y_0，其截距为 $c(1-\theta)Y_0$。假定，最初持久收入为 Y_0，长期消费为 cY_0，如图中长短期消费函数的交点 E 所示。假定下一时期收入增加到 Y'，在短期（即现期），对持久收入的估计可以通过 Y' 乘以 θ 和 c 来修正。因此，消费沿短期消费函数曲线移动到 E' 点。

注意，从 E 到 E' 点，边际消费倾向下降了，因为在 E 点的边际消费倾向为 c，在 E' 点为 $c\theta$。当下一时期结束，下下时期即将开始时，如果增长的收入仍能保持在 Y' 的水平，这一收入就是持久的。这时，即在短期，Y' 被作为上一时期的收入，于是短期消费函数的截距为 $c(1-\theta)Y'$，短期消费函数曲线向上移动，人们的边际消费倾向上升，从 $c\theta$ 回到 c，长期收入为 Y'，消费为 cY'，消费在 E'' 点。

4. 生命周期理论与持久收入理论

生命周期理论和持久收入理论都考虑到了消费与长期收入的关系，但生命周期理论比持久收入理论更重视储蓄的刺激因素，并将财富与收入一样纳入消费函数；持久收入理论比生命周期理论更注意形成未来收入预期的方式。现代消费函数理论将这二者结合在一起，于是消费函数可写为：

$$C=aWR+c\theta YD+c(1-\theta)YD_{-1} \tag{9.12}$$

式中，YD为可支配的劳动收入。该式将财富和持久收入对消费的影响纳入了消费函数。

许多经验研究都支持生命周期理论和持久收入理论，除非现期收入的变化是持久的，否则消费将不会对现期收入做出反应。如果反应是“过度的”(定义为短期内)，就意味着公式(9.2)所表示的凯恩斯的简单模型仍然是有效的，即在短期内，现期收入与总需求有关。

如果消费者的预期是理性的，他们对其持久收入的估计将与实际收入变化的方式相一致。例如，历史上，现期收入增加1美元可能会导致持久收入增加25美分，而将75美分留在短期内。设θ为每增加1美元现期收入而导致的持久收入增加的比率，根据这一现期收入与持久收入关系的额外信息和公式(9.9)，就得出现期收入的边际消费倾向为$c\theta$。如果$c=0.9$，$\theta=0.25$，根据公式(9.11)，现期收入的边际消费倾向就等于0.225。

问题是在实际情况中，消费对收入的反应是否与理性预期——持久收入理论相一致。例如，Flavin 1981年发表论文，发现消费对现期收入的反应相当大，即过度敏感。当现期收入上升时，消费上升的比例超过$c\theta$；当收入下降时，消费下降的比例也超过$c\theta$。在其他国家也发现了类似的情况。就持久收入理论的假定来说，它仍不失为一种正确的理论框架，但这种消费对收入的过度反应也需要作出恰当的解释。对此有两种解释：首先，消费者不能利用所有可以获得的信息在最好的方式上对收入进行预期，这一缺点意味着理性预期在实践中的失败。这被看作是消费者“缺乏远见”的一个假定，即消费者短视。其次，当消费者理解了收入应分为持久收入和暂时收入时，他们往往由于“流动性限制”(Liquidity Constraints)，而不能对这二者之间的变化作出适当的调整。

当消费者预期未来有高收入，却又不能借钱以支持现期消费的时候，就存在着流动性限制。大学生最能意识到流动性限制的存在，绝大多数大学生都预期将来会有比现期高得多的收入。根据生命周期理论，他们应按其寿命期的收入来安排其现期消费，这意味着他们现期的消费必须超过其现期收入，这就要借钱。他们只能在学生贷款计划的范围内借钱，这通常意味着不能借到足够的钱来支持其现期消费达到其持久收入的水平。这样的学生就受到流动性限制。当大学生们毕业并找到工作时，他们的收入会增长，消费也会增长。根据生命周期理论，只要收入是被预期到的，当收入增长时，消费就不会增长很多。但事实上，由于流动性限制，收入增长时消费会增长很多。类似地，收入下降时，由于借不到钱，也存在着流动性限制。对于低收入家庭也存在着流动性限制。这样，消费就与现期消费有更紧密的关系。在美国，有大约一半人可以归为持久收入理论所描述的那种消费形式，而另一半则基本上消费其所有的现期收入。

对于消费对现期收入的过度敏感性的另一解释是消费者的短视。在实践中，人们几乎不能区分是短视还是流动性限制造成了这种过度敏感性。例如，当宣布将增加社会保险利益时，直到这一利益兑现以前，消费并不增加。一旦这一利益兑现了，这一利益的接受者肯定会调整其消费开支。这可以解释为消费者在没有得到增加的收入以前没有钱支持其增加的消费(流动性限制)；也可以解释为他们并不重视政府“增加社会保险支付”的声明，他们不相信这种声明(短视)。

生命周期理论假定，人们储蓄主要是以备退休之用。但也有大量的证据表明，储蓄是预防性的。人们将储蓄用来预防不测，在收入较好时储蓄以便在收入较低时用。一项重要的证据是，老人很少有负储蓄。他们倾向于在其财富的利息和红利收入下生活，而不是靠减少其财富来生活。这通常被解释为，人越老，就越需要更多的医疗费，他们也就越不愿意消费更多。当问到消费者为什么储蓄时，回答大多是“以防不时之需”。

三、消费与 IS—LM 模型

我们将简要地讨论更复杂的消费理论如何影响到 IS—LM 模型的分析，即当个人在一个时期内逐渐调整其持久收入时，消费对各种调整的反应。

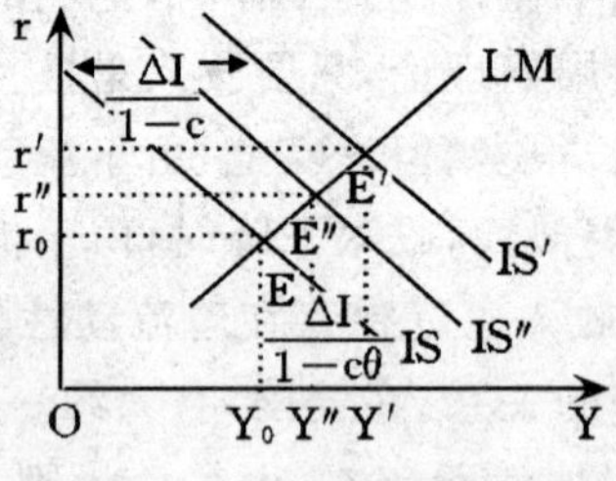

图 9.3 短期消费函数的动态调整引起的 IS 曲线段时滞

在前面，我们研究了消费开支对可支配收入变化的动态调整过程。现在，我们要将这一动态调整过程包含在 IS—LM 模型中。给定可支配收入的变化，消费的缓慢调整意味着人们在开始时并不是将它看作持久性的变化。如图 9.3 所示，假定经济最初在均衡点 E，现在存在着一个自主投资开支的变动。在长期，这样的变动会使 IS 曲线移动到 IS′，移动的幅度是由长期乘数 $1/(1-c)$ 决定的（c 为长期边际消费倾向）。当收入预期完全调整好的时候，经济将处于 E′ 的位置，产量为 Y′，利息率为 r′。但是，在短期，边际消费倾向不是c，而是$c\theta$。这意味着短期乘数仅为$1/(1-c\theta)$，在短期IS曲线仅移动到IS″。这样，投资增加的即时影响就是将收入提高到Y″，将利息率提高到r″。在下一个时期，IS曲线将继续移动。在这个过程持续的时期内，随着人们意识到持久收入已经增加，消费函数是逐渐向上调整的。一个自主需求的增加，会产生一个缓慢的、存在时滞（并分配于调整期内）的、促使产量增加的影响。

第二节　投资需求

投资开支成为宏观经济学中的一个核心课题有两个原因：第一，投资波动可以说明经济周期中的GDP的波动；第二，投资开支决定着物质资本存量增加的比率，从而决定着经济的长期增长和生产率的业绩。快速增长国家其投资占GDP的份额一般都比低速增长国家要高。

投资在一般意义上，是指购买实物资本和购买金融资产。但在宏观经济学中，投资仅指购买物质资本，即加于物质资本存量上的开支流量。表9.1显示出1991年投资率、资本存量和GDP的数字。资本是一种存量，它是在既定货币价值下所有厂房、机器设备以及存货的价值总额。GDP和投资则是一种开支流量。投资是由企业在既定时点上加于资本存量上的开支流量。资本存量是由过去的投资创建的，它因贬值而不断减少，这就需要一部分投资开支用来保持资本存量不致减少。投资开支由三部分组成：企业的固定资本投资、住宅投资和存货投资。表9.2列出了美国30年间不同类型投资占GDP的年平均份额，以及在经济周期中波峰年份和波谷年份投资率的年平均值，从中不难看出投资率在波峰和波谷之间的较大差距，特别是存货投资率的差距。这一节主要讨论投资开支的决定因素，解释为什么投资开支是易变的，什么样的政策可以用来增加投资开支。我们首先考察固定投资，然后讨论存货投资。

表 9.1 GDP 与投资(1991)(10 亿美元)

资 本	GDP	投资
13559	5673	727

表 9.2 投资占 GDP 的平均百分比(1960～1991)(1987 年美元值)

	时期均值	波峰均值	波谷均值
投资	16.0	16.5	13.9
固定投资	15.5	15.7	14.6
企业基础结构	4.1	4.4	4.3
机器设备	6.3	6.5	6.0
企业固定投资	10.4	10.9	10.2
住宅投资	4.9	4.8	4.3
存货投资	0.6	0.8	−0.7

一、固定投资:新古典的观点

我们的分析过程分两步:首先,讨论在企业使用资本的成本既定、收益以及企业预期产量既定的情况下,企业打算使用多少资本,亦即企业“理想的资本存量”怎样决定。理想的资本存量是指企业在长期愿意持有的资本存量。其次,讨论企业怎样调节现存的资本存量达到其理想的水平,以及调节的速度有多快。这样,投资开支就依赖于两种考虑:我们要到什么地方,到那个地方要走多快。

1. 理想的资本存量

企业用劳动和资本来生产产品以供出售,其目标是利润最大化。厂商在决定使用资本的数量时,要权衡增加资本使用量带来的收益和成本。资本的边际产品是每增加一单位资本所带来的产量的增量。资本的租用成本或使用者成本(RU)就是增加使用一单位资本的成本。

为了推导出资本的租用成本,我们可以考虑厂商是借钱购买资本品的，这样厂商就必须在每一时期支付利息率 r(成本)。由于厂商在每一时期对每 1 美元的资本都要支付利息率 r，我们就可以将利息率看作资本使用成本的基本衡量指标。在进行进一步的讨论以前，我们可以将利息率看作资本租用成本的基本决定因素。

厂商利润最大化行为在竞争条件下会使得资本的边际产品价值等于资本的租金，即等于资本的租用成本：

资本的边际产品价值=资本的租用成本 (9.13)

这时的资本存量就是理想的资本存量。

给定了这一基本关系，我们就可以说明是什么决定着资本的生产力，是什么决定着资本的使用者成本。

(1)资本的边际生产力

要理解资本的边际生产力，就必须了解资本与劳动的替代关系。给定用资本和劳动的不同组合生产的产量水平，如果劳动相对便宜，厂商就倾向于使用更多的劳动；资本相对便宜，厂商就会使用更多的资本。

在理想的资本存量(K^*)、资本的租用成本(r_c)和产量水平之间的一般关系可由下式给出：

$$K^* = g(r_c, Q) \tag{9.14}$$

该式表示，理想的资本存量依赖于资本的租用成本和产量水平。资本的租用成本越低，理想的资本存量越大；产量水平越大，理想的资本存量越大。

在产量既定的情况下，厂商使用的资本越多，劳动越少，资本的边际产量越少，即资本边际生产力随资本投入增加而递减。如图 9.4 所示。

图中，$VMP_K(Q_1)$是产量为 Q_1 时资本的边际产品(价值)线。r_c 为资本的使用成本，假定其为一水平线。那么，理想的资本存量就是 K^*。如果选择了一个较高的资本存量 K_0，资本的边际产品价值 MPK_1 小于其租用成本 r_c，厂商减少资本投入就会使其利润增

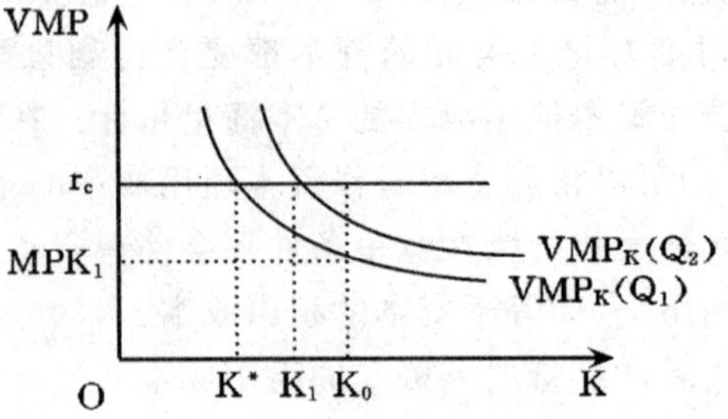

图 9.4 资本的边际生产力与理想的资本存量

加。图 9.4 也可以用来说明产量增加的影响。如果产量很高，假定为 Q_2，边际产品价值曲线就会向右移动，在资本的租用成本不变的情况下，理想的资本存量就会增加，增加到 K_1。

公式(9.14)表明，理想的资本存量依赖于产量水平。但这一产量水平必须是未来用该资本生产时的产量水平。有些投资的未来产出时期可能是几个月或几周，而另外一些投资的未来产出时期则可能是几年以后。这就涉及持久收入的概念(在这里，可以看作是持久产量)。在上一节中，我们已经指出它与投资和消费有密切关系。这样，厂商对企业固定资本的需求(依赖于名义或持久产量水平)就依赖于对未来产量的预期，而不是依赖于现期的产量水平；但是现期产量水平很可能影响对未来产量的预期。

有关"理想的资本存量"要点可以概括如下：

①厂商对资本的需求——理想的资本存量 K^* ——依赖于资本的租用成本 r_c 和预期的产量水平。

②厂商会让使用资本的边际成本与其边际收益相等。资本的租用成本越低，对于同样产量的资本最佳使用量的水平就越高。这反映出当资本相对被更密集地使用时，其边际生产力就更低一些。

③预期产量水平越高，理想的资本存量越大。厂商是根据对未来产量水平的预期或持久产量来计划其资本存量的。现期的产量

是在影响对未来产量预期的方式上影响资本需求的。

(2)资本租用成本

前面,我们将资本租用成本 r_c 定义为利息率,并假定厂商借钱支持其对资本的使用。现在我们对每一时期资本的使用成本进行更详细的研究。假定在一年内,企业用借来的资金购买资本,并支付利息。但是,在这一年的使用期内资本会因磨损而贬值,因此这种磨损引起的贬值就是资本的使用成本的一个组成部分。我们假定每1美元每一时期的折旧为d美元,这就是使用资本的折旧成本。我们先不考虑税收,资本的租用成本就由利息率加折旧成本构成:

$$r_c = \text{利息率} + d \tag{9.15}$$

我们知道,实际利息率与名义利息率的差为通货膨胀率,即:

实际利息率=名义利息率-通货膨胀率

这是前面已经讨论过的一个基本关系。在厂商计算其资本的使用成本时,他所考虑的应该是实际利息率。企业借钱来生产产品是为了在将来出售,在平均的意义上,企业销售的产品价格将随一般价格水平的上升而上升。这样,资本边际产品的名义价值就会随商品价格水平的上升而上升,但企业必须支付利息的名义数量却不随一般价格水平的上升而上升。这样,在这一时期,作为通货膨胀的结果,企业债务的实际价值将会下降,在厂商考虑使用多少资本的时候就一定会将未到期债务价值的减少考虑在内。这样我们就可以将公式(9.15)改写成:

$$r_c = r + d \equiv i - \pi^e + d \tag{9.16}$$

式中,π^e 为预期通货膨胀率,r为实际利息率,i为名义利息率。实际利息率可写为:

$$r = i - \pi^e \tag{9.17}$$

如果预期通货膨胀率是0,名义利息率是5%,那么实际利息率也是5%。如果预期通货膨胀率是10%,名义利息率也是10%,

实际利息率就是0。在上述例子中，由于后者比前者的r_c低，在其他不变的情况下（最重要的是资本的边际产品价值不变），后者的理想资本存量就比前者大。

当资本租用成本较低的时候，投资开支就较高。但是，在名义利息率较低时，则不一定出现投资开支较高的情况，因为资本的租用成本取决于实际利息率而不是名义利息率。

(3)税收与资本租用成本

除去利息率和折旧成本以外，税收也影响资本的使用成本。影响资本使用成本的两个主要的税收变量是公司收入税和投资税减免。公司收入税基本上是公司利润的一个比例，因此公司支付其利润的一个比率，假定为t，作为收入税。投资税减免是从对企业投资开支所征收的税收中减去一个确定的比例，比如说τ。投资税减免以τ的比率降低了资本品的价格，因此投资税减免降低了资本的租用成本。

公司收入税对理想的资本存量没有影响。在存在公司收入税的情况下，厂商会使其税后的资本边际产品价值等于其税后的资本租用成本，以保证资本对利润的边际贡献等于使用该资本的边际成本。理解公司收入税的影响的关键是征税以后，厂商从收入中支付的利息减少了。

假定，最初没有公司收入税，没有通货膨胀，没有折旧，利息率为10%，理想的资本存量为K^*，这样，资本的边际产品价值也等于10%（因为厂商利润最大化原则是"资本的使用成本＝资本的边际产品价值"）。现在，假定公司收入税为34%，利息率不变，由于征收了34%的税收，资本10%的边际产品价值减少到现在的6.6%[10%×(1－34%)＝6.6%]。但是，如果利息率仍在10%的水平上不变，并且企业被允许从利息支付中减少34%的税收（用于利息支付的资金免税），这相当于企业支付的利息也降低了34%，即10%的利息率在征税后相当于10%(1－34%)＝6.6%。

这意味着税后资本的使用成本也是6.6%。因为理想的资本存量是由“资本的边际产品价值＝资本的使用成本”决定的，而有没有公司收入税，资本的边际产品价值和资本使用成本都等于6.6%，所以，公司收入税不影响理想的资本存量。但是当投资是用发行股票的办法筹资时，就不是如此了。

(4)股票市场与资本成本

厂商可以不靠借钱，而是靠出售股票来筹资。人们购买股票是预期可以赚到“红利”，如果企业成功，其股票价格上升的话，还可以获得“资本收益”。当其股票价格较高的时候，公司通过出售相对较少的股票就可以获得较多的货币收入；而股票价格较低时，筹集同量的货币就需要出售更多的股票。因此企业的所有者、现在的股东们就愿意在其股票价格较高时靠增发股票来筹集资金。

在估计资本的使用成本时，经济学家有时假定，投资计划是由借款和增发股票两种方法合在一起来筹资的。股票资本的成本（即通过股票筹资的成本）通常用企业红利对其股票价格的比率来衡量。“红利/股票价格”之所以被看作是股票资本的成本，是因为红利是企业的实际支付，股票价格则是通过出售该股票可以得到的资金，如果红利小、股价高，就意味着用较少的支付就可以使用较大的资金，股票价格越高，股票筹资的成本就越低，全部资本的使用成本就越低。这就是为什么在股票市场繁荣时（牛市）是投资的好时机的原因。

(5)财政政策和货币政策对理想资本存量的影响

公式(9.14)说明，当预期产量上升和资本租用成本下降时，理想的资本存量就上升。根据公式(9.15)，当实际利息率和折旧率下降、投资税减免上升时，资本的租用成本就会上升。公司税的上升很可能通过增发股票的途径减少理想的资本存量。这些结果的最重要意义在于，它们意味着财政政策和货币政策会对理想的资本存量产生影响。

财政政策可以通过公司税率 t 和投资税减免率 τ 产生影响。财政政策也可以通过其对 IS 曲线位置的影响从而对利息率的影响来影响资本需求。一个高税收、低政府开支的财政政策会使实际利息率保持在较低的水平上，从而促进对资本的需求。货币政策也可通过对市场利息率的影响来影响对资本的需求。中央银行降低名义利息率的政策会使企业希望有更多的资本，这一对资本需求的扩张又会引起投资开支的增加。

2. 从理想的资本存量到投资

实际资本存量往往不同于理想的资本存量，这样，企业就会从现在实际资本存量向理想的资本存量调整。由于从计划投资到完成投资计划是需要一段时间的，如果这段时间太短，投资完成得过快，企业的开支就可能过大，因此厂商不愿意在瞬间将其资本存量调整到其理想的水平，而是逐渐地调整其资本存量。

(1)资本存量的调整

存在着许多有关资本存量调整速度的假说。这里我们只介绍"逐渐调整假说"或"浮动加速器模型"(Flexible Accelerator Model)。逐渐调整假说的一个基本观点是，在现存资本存量与理想资本存量之间的缺口越大，企业的投资率就越大。

假定上一期期末资本存量为 K_{-1}，理想资本存量与实际资本存量之间的缺口为 (K^*-K_{-1})，厂商将加在上一时期资本存量 K_{-1} 上的是缺口 (K^*-K_{-1}) 的一个比率 λ，这样到本时期末，实际资本存量为：

$$K=K_{-1}+\lambda(K^*-K_{-1}) \qquad (9.18)$$

公式(9.18)表明，到本时期末，实际资本存量将达到上一期实际资本存量与理想资本存量之差额的某一水平。为了将资本存量从 K_{-1} 增加到 K 的水平，厂商净投资的数量必须达到 $I=K-K_{-1}$，因此净投资可写为：

$$I=\lambda(K^*-K_{-1}) \qquad (9.19)$$

这就是净投资的逐渐调整公式。

在图 9.5 中，我们表明了资本存量怎样从最初 K_1 的水平调整到 K^* 的水平。假定调整速度为 $\lambda=0.5$，即每一时期都从现在的资本存量水平调整到目标水平的一半。第一时期，净投资应是 $0.5(K^*-K_1)$，第二时期，净投资应是余下一半的一半。依次类推，每次都是余下一半的一半，直到达到实际资本存量要达到的目标水平。λ 越大，缺口减小的速度越快。

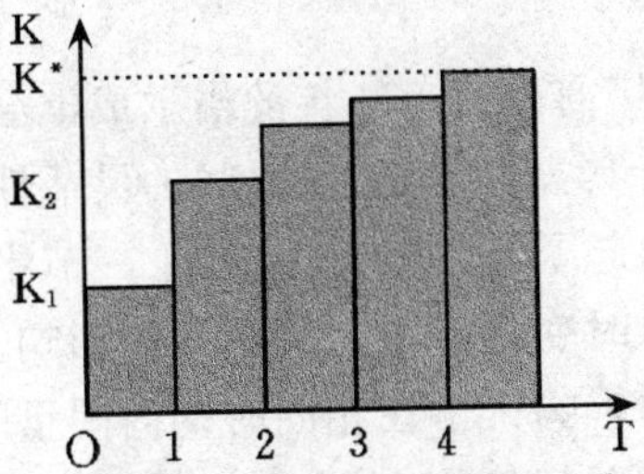

图 9.5　资本存量的调整过程

如图 9.5 所示，现在的资本存量为 K_1，理想的资本存量为 K^*，第一时期资本存量调整到缺口 (K^*-K_1) 的一半，即调整到 K_2，然后每次调整到余下缺口的一半，直到达到理想的资本存量水平 K^*。这就是所谓逐渐的调整过程。

在公式(9.19)中，现期的投资开支是由理想的资本存量 K^* 和实际资本存量 K_{-1} 决定的。任何提高理想资本存量的因素都会提高投资率。因此，预期产量的增长、实际利息率的下降、投资税减免的增加，都会提高投资率。此外，在公式(9.19)中包含着动态的行为因素，因为其行为所依赖的经济变量值是若干个时期的，而不是现期的。公式(9.19)中的动态因素有两个来源：第一个因素是预期，理想资本存量 K^* 依赖于厂商对未来产量或持久产量的估计。第二个因素是调整过程中的时滞。

(2)投资的时间因素与投资税减免

浮动加速器模型对投资的动态过程提供了一个有益的概括，但它却没有给予投资的时间因素以足够的重视。因为投资通常要几年才能完成，因此在执行投资计划时就在时间上存在着一定的灵活性。例如，某厂商打算在三年内购置某种机器设备，假定他知道一年后将提高投资税减免率，他就很可能延迟一年投资，并在后两年加快投资速度。这样，他就可获得投资税减免来作为等待一年的报酬。

类似地，如果厂商预期下一年的借款成本会比今年低，他就可能等上一年再执行其投资计划。"时间的灵活性"在"投资税减免"与"收入税"之间引起了有趣的反差。在上一节中我们知道，收入税的持久变化比其暂时变化对消费有更大的影响。然而，暂时的投资税减免对投资率的影响大于在相同时期内同量的持久投资税减免对投资率的影响。其原因在于：如果厂商知道投资税减免是暂时的，他就会挤压其投资于现期，以占有高减免的优势。如果存在投资税减免的持久性变化，那么，理想的资本存量会上升，并且会有更多的投资，但却不会有太大的投资量。正是由于这个原因，有人提出将投资税减免的暂时变化作为一个高度有效的反周期的政策措施。然而，这却不是一个简单的政策工具，因为对时间和减免税期限的预期很可能会加剧投资的不稳定性。

为了在经验研究中使用公式(9.19)来解释投资行为，就必须用某个实际指标来代替公式中理想的资本存量 K^*，通常，用"科布—道格拉斯(Cobb—Douglas)函数"形式来描述净投资函数，用公式表示为：

$$I=\lambda\left(\frac{\gamma Y}{r_c}-K_{-1}\right) \tag{9.20}$$

公式(9.20)表示，投资与现期产量正相关(式中不再考虑预期产量)，与资本的租用成本负相关。早期的经验研究证据表明，投资函数公式(9.20)对企业固定资本投资提供了一个合理的解释。然而,公式(9.20)却应通过允许投资对产量变化作出缓慢的反应来加以修正。实际上,投资对产量的反应不像图 9.5 那样,而是像图 9.6 那样,产量变化对投资的主要影响出现在两个时期的时滞之后。

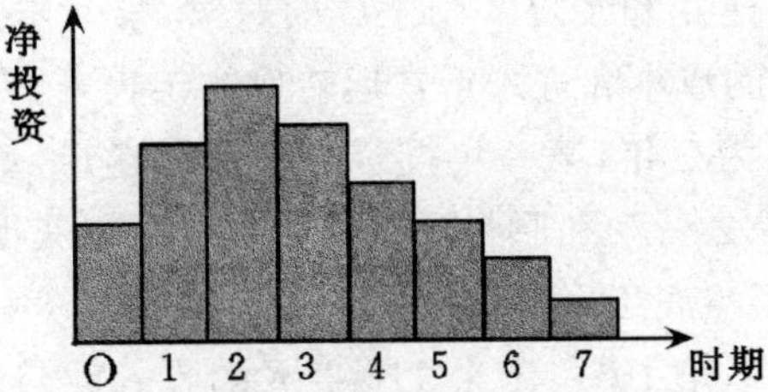

图 9.6　投资调整中的时滞

图 9.6 显示出的行为有两个潜在的原因。第一,时滞的形式反映出对未来产量预期的方式。产量的持续增长会使厂商确信,在长期应增加资本存量。第二,其依赖于投资过程持续的时间。图 9.6 也表明,在长期,理想资本存量的变化怎样被转化为投资计划以及其怎样被执行。这两种解释都是有道理的,都反映了企业固定资本投资对经济变化的反应存在着时滞。

新古典的企业固定资本投资理论的主要结论可以概括如下:

①净投资开支是由实际资本存量与理想资本存量之间的差异来左右的。

②理想资本存量依赖于资本的租用成本和预期产量水平。资本需求随预期产量的增长、投资税减免率的增长以及实际利息率的下降而增长。这后一点证明并修正了标准的投资需求函数(由于区分了名义利息率和实际利息率)。而在所谓标准的投资函数中,投资是与名义利息率负相关的。

③货币政策和财政政策通过影响理想的资本存量(尽管较长时期地存在着时滞)来影响投资。

④经验研究的证据大致与新古典的理论相一致，但也为改善这一理论留有余地。

二、投资的收入流贴现分析法

人们在作投资决策时，通常使用"未来收入流贴现分析法"。在人们决定是否建立和装备一个工厂的时候，第一步是计算使工厂进入正常运转的成本和进入正常运转后的年收入。为了简便，假定一项投资计划为三年，第一年投资 100 美元建厂，第二年产生 50 美元的收入(除去劳动和原料开支以后)，第三年获得 80 美元的收入，并于第三年年底工厂解体。

如果利息率是 10%，未来 110 美元的收入就与现在的 100 美元等值。这样，就要对未来收入进行贴现计算。如果现值增量(即收入现值减去投资成本)是正的，投资计划就可行。假定现在的利息率为 12%(表 9.3 针对上述例子列出了未来收入的现值)，第二年 50 美元的收入其现值为 44.65 美元，第三年 80 美元收入的现值为 63.76 美元。第二年 1 美元的现值仅为 1/1.12＝0.893 美元，第三年 1 美元的现值仅为 $1/1.12^2$＝0.797 美元。企业未来收入的现值总额为(44.65＋63.76＝)108.41 美元，减去投资成本 100 美元，该投资未来净收入的现值是正的，即(108.41－100＝)8.41 美元。该项投资可以实施。

表 9.3　未来收入贴现分析与现值

	第一年	第二年	第三年	贴现后净收入
现金或收入	－100	＋50	＋80	
1 美元的现值	1	1/1.12 ＝0.893	$1/1.12^2$ ＝0.797	
成本和收益现值	－100	44.65 ＝50×0.893	63.76 ＝80×0.797	8.41 ＝44.65＋63.76 －100

如果利息率为 18%，就会作出不执行投资计划的决策。

如果某项投资收益是未来若干年内逐渐收回的，用 R_1 表示第一年的收入，R_2 表示第二年的收入，用 R_n 表示第 n 年的收入，未来预期收入的现值（PV）公式为：

$$PV=\frac{R_1}{(1+r)}+\frac{R_2}{(1+r)^2}+\cdots+\frac{R_n}{(1+r)^n}=\sum_{i=1}^{n}\frac{R_i}{(1+r)^i}$$

投资决策的这一方法，可以应用于任何时期和任何复杂的投资计划，它似乎远不同于新古典"理想资本存量和调整速度"的方法。实际上，这两种方法是一致的。首先，我们可以将理想资本存量看作企业打算拥有的机器和设备的存量；其次，调整速度告诉我们安装这些机器设备有多快。由于这两种方法是一致的，投资决策的分析可以使用其中的任何一个。例如，用未来收入贴现法，可以用对企业未来收入现值的分析代替理想资本存量法中对未来产量预期影响的分析。

前面所述的浮动加速器模型实际上是早期投资模型的一般化，即对简单加速器模型的一般化。简单加速器模型认为，投资开支是比例于产量变化的，而且不受资本成本的影响。简单加速器模型的基本观点是，当厂商需要上产更多产品时他们才安装新机器设备。有人认为简单的加速器模型是不适当的，因为它没有考虑资本使用成本对投资的影响。有一些研究证明，投资是受到资本成本和产量预期两方面影响的。另外一些研究则证明，资本成本不是影响投资的主要因素。

企业投资资金的来源如何也对投资决策有着重要的影响。在美国，制造业的投资来源主要是自有资金，即企业的留利。美国制造业企业自有资金占总投资资金来源的 67.9%～75.9%，企业外部资金来源只占较小的比例。这一情况意味着投资将主要受企业收入的影响。当企业准备投资又无外部资金来源的时候，企业自身的资产和收入就起着决定性的作用。在另外一些国家，如日本，企业投资的很大一部分是靠外部筹集的。一般地说，企业越大越容易得到外部资金来源，由于其信誉高，无论是通过银行还是通过债券或股票市场都容易得到资金。在经济繁荣时期比在经济衰退时期容易得到外部资金。在中央银行实行扩张性货币政策时期比在货币紧缩时期容易获得信贷资金。因此信贷资金的配置或配给就是除内部资金以外，影响投资的另一个因素。这个因素影响的大小取决于这个国家或地区企业习惯上对外部资金的依赖程度。

考虑到上述因素，投资决策不仅受到利息率的影响，也受到其过去收入中储蓄的影响和现期利润的影响。资本成本也必然影响着投资决策，因为企业要比较持有可获利息收入的各种金融资产以及投资于机器设备之间的利弊得失。也确有证据表明，投资率受到企业留利和利润以及资本成本的影响。

一般说来，投资比消费波动要大得多，而且呈现出明显的周期性。在加速器模型中，投资与产量的密切联系为投资波动提供了一种解释。还有两个其他解释：建立在预期的不确定性基础上的解释和投资时间浮动基础上的解释。

在凯恩斯的《通论》中，他强调投资决策是在不确定性的基础上作出的。投资决策在相当大的程度上依赖于人们的情绪是悲观还是乐观，而人们的情绪则有很大的不确定性。第二个影响投资波动的额外因素就是我们已经指出的，投资决策可以被延期。如果企业计划投资时经济正在经历着衰退，企业就宁可等到衰退结束、经济恢复开始的时候投资。这个因素实际上有力地支持着“产量影响投资”的观点，即投资与GDP有密切关系。

三、住宅投资和存货投资

住宅投资是投资需求中的一个重要组成部分，它对总需求的影响巨大。一般地说，住宅投资与经济周期有密切的关系，也是需求调节政策中的一个重要方面。存货在西方经济学中习惯上被归入投资，其主要原因有两个方面：首先，当人们实际购买的商品和劳务（即用实际购买行为计算的总需求）小于总供给的时候，由于存在着工资价格粘性，会在相当长的一段时期内（至少接近 1 年）存在着供大于求的状况，也就是供大于求将在相当长的时期内处于稳定状态，失业增加，并充斥整个时期。而“稳定”状态恰好是“均衡”概念的核心，因此，将存货计算在投资中，就与“非充分就业的均衡”概念相一致，也能够更充分地说明这种“非充分就业的均衡状态”需要调整的性质。如果将存货从投资中分离出来，从而不再计入总需求，就会产生一个悖论，即总供求不等的稳定状态。其次，将存货看作投资可以解释为存货增加的厂商自己花钱购买了自己的产品。但是，无论怎样处理存货的归属，存货的增减都与失业的增减密切相关，也标志着经济状况的兴衰。因此，虽然将存货归为投资，但对存货的研究总是具有独立的意义。

1. 住宅投资

住宅包括单一家庭住宅和多家庭住宅，简称即住宅(Housing)。住宅由于有较长寿命而被看作是一种资产，是人们可以持有的许多资产中的一种。在住宅上的投资在任何一年都只占现存住宅存量的一个很小比例，大约 3%左右。住宅投资就是指新增的住宅所耗费的投资。

在图 9.7 中，对住宅的需求曲线为向右下倾斜的 DD_0 曲线，住宅的价格 P_H 越低，住宅的需求量越大。需求曲线的位置依赖于许多经济变量。首先，个人越富有，他就越希望拥有住宅，因此财富的增长就会使 DD_0 移动到 DD_1。其次，对住宅的需求还依赖于其他资产的实际收入。其他资产的实际收入越低，持有住宅这种资产的吸引力就越大，如债券、股票的收入越低，对住宅的需求就越大，住宅的需求曲线就由 DD_0 上移到 DD_1。最后，住宅的需求也依赖于住宅本身的收入。住宅总收入包括住宅的租金和住宅价值增值的资本收益(Capital Gains)，住宅成本包括抵押贷款利息、房地产税和折旧，住宅的净收入等于总收入减去住宅成本。住宅的净收入增加(通过削减房地产税、降低抵押贷款利息率等等)会增加住宅需求，使 DD_0 右移至 DD_1。

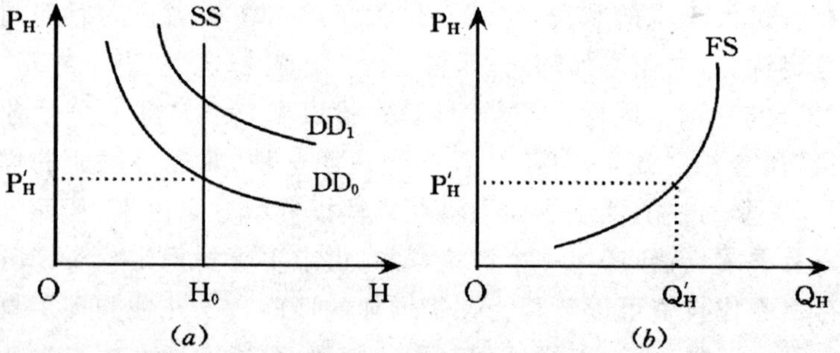

图 9.7　住宅供求的变动

房产的价格由住宅存量的供求曲线的交点决定，在任何时点，住宅存量的供给都是固定的，如图 9.7(*a*)中的 SS 曲线所示。

现在讨论投资率的决定。如图 9.7(*b*)所示，将新住宅看作是住宅价格 P_H 的函数，FS 是新住宅的供给曲线。FS 曲线的位置受建筑业生产要素成本和影响建筑业成本的技术因素的影响。FS 曲线又称"流量供给曲线"(Flow Supply Curve)，因为它代表着某一时期进入市场的新住宅的流量。"存量供给曲线 SS"则代表某一时点市场现有住宅的存量。给定资产市场上确立的住宅价格为 P'_H，就会有 Q'_H 的新住宅，住宅资产的价格越高，新住宅的供给越大。任何影响对现存住宅需求的因素都会影响住宅价格 P_H，从而影响住宅的投资率。同样，任何影响流量供给曲线 FS 的因素都会影响住宅投资率。

假定利息率上升，住宅投资者如果投资于债券等其他资产就可获得这一利息收入上升的好处，于是对住宅的需求就下降，住宅价格下降，引起住宅投资率下降。

由于现有住宅存量相对于新住宅供给要大得多，所以有理由忽略新住宅供给对住宅价格的影响。然而在整个时期内，新建筑增加了住宅存量，使 SS 曲线右移。在一个没有增长的经济中，当住宅存量不变时，就达到了住宅部门的长期均衡。住宅存量不变要求总住宅投资等于折旧或住宅净投资等于 0。这时，住宅资产的价格水平恰好在长期使住宅建设率或住宅投资率等于折旧率。如果人口或收入和财富在一不变的比率上增长，长期均衡就是，住宅建设增长率足以涵盖折旧和稳定增长对住宅存量的需求。在一个经济中，由于持续变化造成的不稳定，住宅建设往往达不到长期均衡。

由于住宅建设不可能立即对住宅价格变化做出反应，所以新住宅供给不是对现期住宅价格做出反应，而是对预期该建筑完成后通行的价格做出反应。然而，这个时滞是相当短暂的，它小于标准住宅建设期限(一年)。住宅建设的资金来源往往与抵押贷款有密切的关系，而住宅建设持续的时间会影响抵押贷款的获得难度。由于抵押贷款是建筑商获得资金的一个主要方式，这样，流量供给曲线的位置就受到抵押贷款利息率的影响和抵押贷款获得数量的影响。

2. 货币政策和住宅投资

货币政策对住宅投资的影响是强有力的，部分原因是绝大多数住宅都是用抵押贷款购买的。自 30 年代以来，抵押贷款已经成了 20 年和 30 年的典型长期信贷工具。这种长期信贷每个月都要偿还一定的货币量，直到贷款到期。中国自 1999 年至 2000 年间随着住宅的市场化改革不断深入，住宅抵押贷款迅速发展起来，大大促进了我国房地产业的市场化进程。而自 1999 年以来，为了治理连续 3 年的通货紧缩，我国人民银行连续 7 次降低利息率，对刺激住宅抵押贷款的迅速发展起到了关键性的作用。货币政策对住宅投资的影响表现得十分明显。

货币政策对住宅投资的有力影响是因为住宅需求对利息率非常敏感，包括对名义利息率和实际利息率都非常敏感。因为住宅抵押贷款对居民来说总是一笔大额的款项，利息率的微小变动都意味着每月还款额的较大变动。表9.4列出了50000美元抵押贷款的利息率每上升一倍所造成的月还款额增加接近一倍的情况。也正因为如此，货币政策对住宅投资产生了重大的影响。

表9.4 50000美元抵押贷款的月偿还额

利息率(%)	5	10	15
每月偿还(美元)	292	454	640

抵押贷款的偿还是每个月偿还一个固定数量的货币额，因此，名义利息率对住宅投资也有重要的影响。

3. 存货投资

存货由原料、在制品和待售存货构成。一般地说，存货的变化依赖于经济的可变性。产品生产的成本越小，产品运输的速度越快，存货—销售额比率往往就越小。

(1)预期到的和未预期到的存货投资

当存货增加时，就出现存货投资。存货投资的中心问题是区分预期到的(理想的)存货投资和未预期到的(非理想的)存货投资。

在两种情况下，存货投资提高：①如果销售额比预期的低，企业就有未出售的商品积累，这时就出现未预期到的存货投资；②企业计划增加存货，即出现预期到的存货投资。这二者对总需求具有完全不同的含义：前者，出现未预期到的存货投资是总需求比人们预期的要低的结果。而后者，自愿的存货增加会增加总需求(I=固定资产投资+存货投资)。

(2)经济周期中的存货

存货投资比总需求中任何其他部分都更呈现出与周期成比例变动的现象。衰退开始时，存货投资达到最高，衰退结束时达到最低，一般是结束前一季度达到最低，甚至负存货投资。

复习思考题

1. 生命周期的消费理论怎样处理现期收入对消费的影响?

2. 生命周期的消费理论中有哪些假定前提?这些假定与实际情况有哪些差距?

3. 什么是财富效应?财富是怎样影响人们的消费的?在消费不足的情况下,怎样利用财富效应来增加消费?

4. 根据持久收入理论,分析社会保障系统的发展将会对现期的消费和储蓄分别产生什么影响?

5. 为什么说新古典的投资理论与收入流贴现分析法本质上是一致的?

6. 影响投资的政策因素有哪些?它们怎样影响投资行为?

7. 简述影响住宅投资的因素。

8. 存货投资分为几类?它们各自对经济周期有什么意义?

第十章　开放的宏观经济模型

前面各章基本上是在一个封闭的国民经济中研究宏观经济运行及其调节政策，在当代，各个国家的经济都不是孤立、封闭的，而是开放的、彼此紧密相联系的，因此，这一章要建立一个开放的宏观经济模型，以说明一国经济及其宏观政策与世界其他经济之间怎样相互联系、相互影响。将宏观经济扩展到开放条件下进行分析，对理解我国加入 WTO 以后的宏观经济运行也有重要的参考价值。

第一节　国际收支与汇率

国际贸易是商品在国家间的交换关系，国际间资本流动是国家间及不同国家私人部门间的债权债务关系，这些关系的变化产生了一国的国际货币收支变动。同时，由于主权国家的因素，国际间相互的货币支付要求不同国家货币之间相互兑换，因而产生了不同货币间的汇率问题。这些问题都是认识开放性宏观经济所必须了解的。

一、国际收支与国际收支平衡表

国际收支是不同国家政府及私人部门之间相互购买商品、借贷资金而形成的国际间的资金往来。当本国公民购买外国的产品、服务或金融资产，或者向国外贷出资金时，就使本国的资金流向外国，称为本国的国际支出；反之，当外国公民向本国公司购买商品、服务或购买本国的金融资产，或者本国从国外借入资金时，就使资金从国外向国内流动，称为本国的国际收入。这种资金在国家间的流动就形成国际收支。由于资金流动背后的原因是多种多样的，所以国际收支不一定总是平衡的，国际收入大于国际支出的情况，称为国际收支盈余，也叫做国际收支顺差；反之，则称为国际收支赤字，也叫做国际收支逆差。

为了反映本国的国际收支状况，各国都要编制国际收支平衡表。一国的国际收支平衡表(Balance of International Payments)是对该国与世界其他各国经济交往的系统记录。国际收支平衡表同其他会计报表一样，根据复式簿记原理记录全部国际收支的项目。在国际收支平衡表中，凡使资金流入本国的项目均记入贷方，凡使资金流出本国的项目均记入借方。譬如，美国出口 612 亿美元美国货物，就将 612 亿美元记在美国国际收支平衡表中商品贸易项目的贷方；如果美国公司使用国外的商船运送货物，支付给国外船公司 7 亿美元运费，就将 7 亿美元记在美国国际收支平衡表的服务项目的借方。如果美国向国外提供 5 亿美元贷款，就把 5 亿美元记入资本项目的借方；如果美国借入 2 亿美元资金，就把 2 亿美元记入资本项目的贷方。

国际收支平衡表由三类项目组成：经常项目、资本项目和官方储备项目。经常项目主要包括商品贸易、服务贸易、投资收益、国际间转移支付等，资本项目主要是私人和政府在国际间借入或贷出的资金流动，官方储备包括本国金融当局拥有的黄金、外汇的增减、对外国中央银行负债的增减等项目。

表 10.1 是简化的国际收支平衡表。

表 10.1 国际收支平衡表示例

项 目	贷方(+)	借方(-)	净贷(+) 净借(-)
Ⅰ. 经常项目			-148
商品贸易	(出口)	(进口)	
服务			
投资收益	(汇入利息)	(汇出利润)	
国际转移支付	(接受赠与)	(对外援助)	
Ⅱ. 资本项目			89
私人贷款			
政府贷款	(借入资金)	(贷出资金)	
Ⅲ. 官方储备变动			59
持有黄金	(黄金输出)	(黄金输入)	
外汇储备	(外汇减少)	(外汇增加)	
对外债权或债务	(对外债务增加)	(对外债权增加)	
错误与遗漏			0
总计			0

注:贷方、借方栏目内括号中的文字不是国际收支平衡表的内容,只是举例说明引起相应项目货币流动的内容。

在国际收支平衡表中,经常项目和资本项目之和的余额如果是正值,代表国际收支的顺差,反之代表逆差。国际收支的顺差和逆差都必须通过官方储备项目的变动加以抵消,使国际收支平衡表的总计为 0。譬如,在上表中经常项目存在着 148 亿美元的逆差,资本项目存在 89 亿美元的顺差,两项合计,存在着 59 亿美元的国际收支逆差。为弥补这一差额,需要支出外汇储备,或者输出黄金,或者向国外借款增加在国外的债务。如果国际收支与官方储备变动之间不能互相抵消,则说明在统计中存在着错误或遗漏,需要在错误和遗漏项目填写相应数字加以调整,使总计为 0。

如果一个国家长期处于国际收支的不平衡状况,特别是长期存在逆差,就会导致官方储备的不断减少,最终出现支付危机。因此，一国必须努力实现国际经常项目和资本项目下的平衡。顺便指出，对于贸易逆差不能简单地把它等同于有害。如果一国进口大量生产设备提高国内生产能力，从而增强了长远的生产与出口能力，那么，暂时的逆差对于经济的长远发展是有利的。

二、外汇市场与汇率

一般地说，每个国家都有自己的货币①，在本国使用自己的货币充当交换媒介、计价标准、支付手段等等。当货币在国家间流动时，必须伴随有不同货币间的兑换。对于一个国家来说，凡是用外国货币计价的各种金融资产和现钞统称为外汇。包括本国货币在内的国际间进行货币兑换交易形成的相互关系，构成外汇市场。外汇市场是由经营外汇交易业务的银行及其他金融机构共同的活动构成的。

1. 汇率及其标价法

两种不同的货币之间的兑换比率叫做汇率。一种货币的汇率通常有两种表示方法：第一种表示方式是用一定量外币来表示本国货币的“价格”，称为“间接标价法”。例如，对于美国，用日元、欧元等在外汇市场为美元标价，如 1 美元＝100 日元。用这种标价方法，当本币的外币价格上升时，说明本国货币对于外国货币升值；反之，表示本国货币对于外国货币贬值。第二种表示方式是用本币为外币标价，称为“直接标价法”。我国人民币汇率通常采用的就是直接标价法，例如 2000 年 12 月 13 日，人民币汇率为 100 美元＝827.71 元人民币，100 日元＝7.4513 元人民币。用这种表示方法，当一定量外币折算成的本币减少时，表示本币对外币升值；反之，则表示本币对外币贬值。

---

① 有些地区，如香港、澳门、台湾等，由于历史原因也有自己的货币。此外，一些国家，如欧盟成员国虽有主权，却正在使用统一的货币“欧元”。

2. 本币在外汇市场上的供求曲线

本国货币在外汇市场上的需求是与本国的出口联系在一起的，当外国人要购买本国的产品和劳务时，他必须用外币兑换本国的货币，或者说，在外汇市场上购买本国的货币以便用来购买本国的产品和服务，这就构成了外汇市场上对本币的需求。当本国人购买外国产品和服务时，也就是产品进口，需要用本币去兑换外币，即在外汇市场上卖出本币，买入外汇，这就构成了外汇市场上对本币的供给。因此，外汇市场上本币的供给与本国的进口直接相连，外汇市场上本币的需求与本国的出口直接相连。需要注意的是，这里的进口，不仅是指经常项目的进口，因为本国人购买外国的金融资产（如债券和股票）时也需要卖出本币、买进外币，也是外汇市场上本币供给的源泉。同样，当外国人购买本国的金融资产时，也会在外汇市场上买入本币，也会形成外汇市场上对本币的需求。

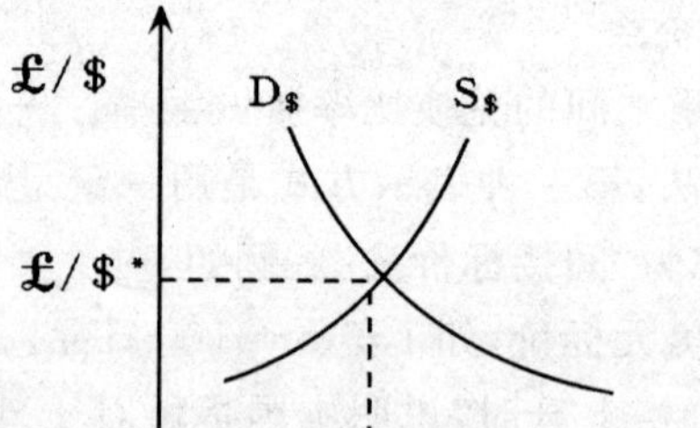

图 10.1　美元在外汇市场上的供求

现在以英、美两国为例来说明本币在外汇市场上的需求曲线。我们用间接标价法来表示汇率。假定我们站在美国人的角度来考虑，美元为本币，英镑为外币，间接标价法就是用美元的英镑价格来表示美元的汇率。这样，美元汇率上升就意味着美元升值，美元汇率下降就意味着美元贬值。当美国商人向英国出口商品和服务时，英国进口商人必须在外汇市场上买入美元，这就构成了对美元的需求。当美元贬值时，同量的英镑所能购买的美国商品就会增加，于是英国进口商对美国商品的购买量就会增加，也就是美国的出口增加，美国出口的增加意味着外汇市场上对美元的需求增加。显然，随着美元汇率的降低，美国的出口会增加，外汇市场上对美元的需求量也会增加。于是，美元在外汇市场上的需求曲线就是向右下倾斜的。如图10.1中的$D_{\$}$所示。

当美国进口英国的商品和服务的时候，美国商人必须在外汇市场上卖出美元，买入英镑。这时，如果美元汇率下降，就意味着同量美元所能购买的英国商品和服务的数量减少，于是，进口减少，需要在外汇市场上卖出美元的数量减少，美元的供给减少。美元在外汇市场上的供给随汇率的下降而下降，随汇率的上升而上升，美元的供给曲线为一条向右上倾斜的曲线。

三、浮动汇率制度与均衡汇率

浮动汇率制度是指在政府不对外汇市场进行干预的条件下，任由外汇市场上各种货币的供求来决定其汇率的一种制度。在图10.1中，一旦美元的供给曲线和需求曲线确定了，那么，就有惟一的均衡汇率£/$\$^*$。这时外汇市场上美元的供求相等，同时也意味着美国的国际收支均衡。美元的供求均衡数量为$\$^*$，这也是美国进出口的均衡数量。因为美元的供给就是美国的进口，美元的需求就是美国的出口，美元的供求相等也就是美国的进口、出口相等。如果不考虑美国以外的其他国家之间的进出口使用美元结算（许多国家的货币就是如此），那么，从理论上说，只要实行浮动汇率制度，国际收支总是可以自动调整到均衡的状态。但是，美元汇率将会随国际收支的变动而变动。

外汇市场如同其他市场一样，一种货币的价格也是由供求决定的，如果汇率偏离了均衡水平，供求机制会将汇率调整到均衡水平，只是这种调整过程总是伴随着国际收支的变化。我们仍然用上面的例子来说明均衡的调整过程。如图 10.2，假定由于某种原因，美元汇率处于非均衡汇率£/$₁上，这时，同均衡汇率相比，实际汇率提高了，英国进口商用同量英镑所能购买的美国商品的数量减少，于是英国商人要减少对美国商品的购买，购买量将从原来的 $* 的水平下降到 $D_\$$ 的水平，这也是对美元的需求量。与此同时，美国人发现，其货币能够兑换更多的英镑，英国的产品和劳务相对于均衡汇率状态下的价格水平要便宜得多，于是美国的进口增加，由原来的 $* 增加到 $S_\$$ 的水平，这也就是美元在外汇市场上的供给量。美国的出口减少、进口增加会导致其国际收支出现逆差，也就是美元在外汇市场上的供给大于需求。美元供给多、需求少造成了美元汇率下降的压力。由于美元的需求不足，会导致美元汇率下跌，直到消除逆差，重新达到国际收支均衡。这时会回到原来的均衡汇率水平。

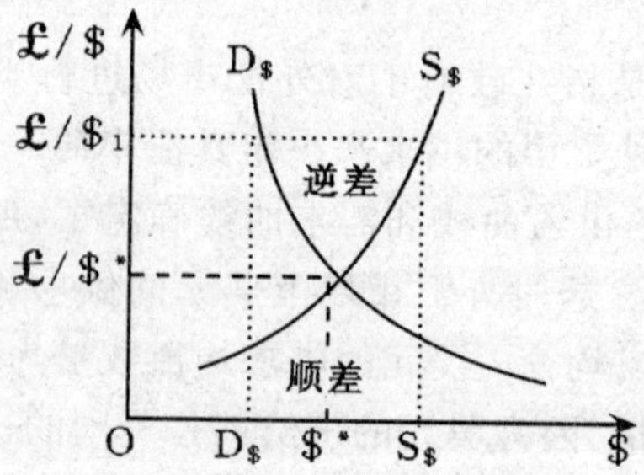

图 10.2 国际收支出现差额时，外汇市场上汇率的变化

相反，当汇率低于均衡汇率的时候，情况正好相反。由于英国进口商用同量的英镑能够购买更多的美国商品，美国的出口会增加，导致对美元的需求增加。而美国的进口商用同量的美元只能购买更少的英国商品，美国的进口减少，导致美元的供给减少。对于英国的进口商来说，由于英镑相对于美元升值，同量英镑购买的美国商品增加，导致美国的出口增加，对美元的需求增加，结果美国的国际收支出现盈余。美国国际收支盈余造成了美元升值的压力，或者说，美元的供给不足会导致美元汇率上升，直到美国的国际收支盈余消失，汇率重新达到均衡汇率的水平。

概括地说，浮动汇率制度下，汇率将处于经常变动之中；也正是由于汇率的灵活性使得国际收支总是能够自动调节到均衡的状态。浮动汇率的好处是国际收支总是处于均衡状态，其不足是汇率不稳定。

四、固定汇率制度与对汇率的干预

固定汇率制度由来已久，早期的固定汇率是建立在金本位或金汇兑本位的基础上的，由于各国货币都有固定的含金量，所以其兑换比例在相当长的时期内固定不变。布雷顿森林体系就是一种特殊的金本位制度，这个制度的核心是美国货币与黄金挂钩，各国货币与美元挂钩，长时期维持各国货币之间的固定汇率。在布雷顿森林货币体系崩溃之后，固定汇率体系便解体了，代之而起的是浮动汇率体系。固定汇率体系的好处是国际间的物价体系稳定，有利于国际贸易和投资的发展，浮动汇率制度则缺乏这种稳定性。因此，布雷顿森林体系崩溃后，许多国家之间为了营造区域内稳定的货币环境，往往在世界总的浮动汇率体系下寻求局部的汇率稳定。如早期的欧洲货币体系就统一对美元浮动，而其内部实行盯住汇率，各成员国之间保持比较稳定的货币兑换关系。东南亚国家在1997年以前长期实行盯住汇率，为其自80年代以来的经济增长创造了良好的货币环境。香港特区也实行盯住美元的汇率制度。虽然目前已经不再存在纯粹的"固定汇率制度"，但是，一些有限浮动汇率制度和盯住汇率制度都有类似固定汇率制度的地方，特别是实现"盯住"的措施与维持固定汇率的干预措施几乎完全一样。

固定汇率制度，是根据历史沿革的情况以及目前的对外经济关系，将本币与其他国家货币的兑换率维持在固定不变比例上的一种汇率制度。在黄金非货币化以后，这种固定汇率不再能够靠货币内在的含金量和各国货币当局保证按金平价兑付黄金的承诺来维持，而是靠货币当局对外汇市场的干预来维持。

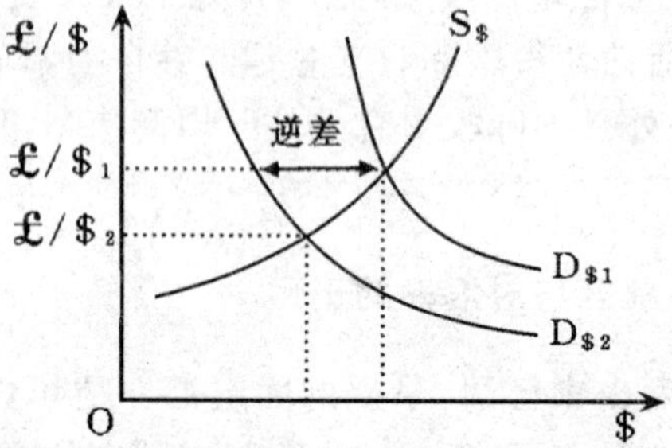

图 10.3　国际收支状况引起的汇率变动

如图 10.3 所示，假定最初均衡汇率为$£/\$_1$，货币当局试图将此汇率固定化。在国际收支不发生变化的时候，由于这个汇率下的国际收支均衡，也就不存在汇率上升或下跌的压力，货币当局也不必采取任何干预汇率的措施。假定由于某种原因，如外国发生经济危机，导致本国出口锐减，会使得对本国货币的需求曲线向左移动到$D_{\$2}$的位置。由于出口锐减，而进口不变，出现了国际收支逆差。这时，外汇市场上本币的需求小于其供给，出现汇率下跌的压力。如果任由汇率自由波动，新的均衡汇率将会下降到$£/\$_2$。但是，货币当局需要维持固定汇率不变，仍然保持在$£/\$_1$的汇率水平，它就必须设法将对本币的需求曲线拉回到原来$D_{\$1}$的位置。为了做到这一点，货币当局可以用本国的外汇储备在外汇市场上买回本币，提高本币的需求；也可以与其他国家的货币当局协商，共同干预，即共同在外汇市场收购美元(沿用美元为本币的例子)，推动美元需求上升。至于其他国家是否能够协作，除去谈判技巧之外，核心问题是联合干预的利益。由于汇率是两国间货币兑换的比例，其变化将影响双方，影响一个区域，甚至影响整个世界，往往有两国间和多国间的共同利益，这种共同利益往往是联合干预的动力基础。

第二节 开放的宏观经济模型

在这一节里，要在以上关于国际收支和汇率知识的基础上，进一步研究国际收支、汇率等与国内宏观经济之间相互影响、相互制约的关系，建立一个能够反映国际收支状况的、开放的宏观经济模型。

一、国际收支与国内宏观经济变量

国际收支除受到汇率的影响以外，更主要的是受国内宏观经济变量的影响，其中，主要有国内的价格水平、实际国民收入水平、利率水平等。在价格水平一定的情况下，主要是后两项对国际收支产生影响。

1. 实际国民收入与经常项目

经常项目中最主要的是由商品和服务的进出口引起的国际收支，因此，在这里用进出口的研究来反映经常项目的变动规律。假定国内价格水平和外汇市场上的汇率不变，一般来说，一国的出口状况取决于其他国家的收入状况，与本国国民收入水平无关。而进口受本国国民收入水平影响很大，随着本国国民收入水平的提高，本国居民会有更多的收入用于购买国外产品。因此，进口的数量随着本国的国民收入水平提高而提高，可以把进口看作本国实际国民收入的函数。用 IM 表示进口，用 Q 表示实际国民收入，用 PM 表示进口倾向（即，进口额占实际国民收入的比重），那么，进口函数就可以写为：

$$IM = PM \cdot Q$$

如果我们定义边际进口倾向为增加一单位实际国民收入引起

的进口增量，用 MPM 来代表，边际进口倾向就可以表示为 $MPM = \Delta IM/\Delta Q$。如果边际进口倾向不随着收入的变化而变化，进口函数也可以写成：$IM = MPM \cdot Q$。

我们用图 10.4 反映进出口与实际国民收入的关系。

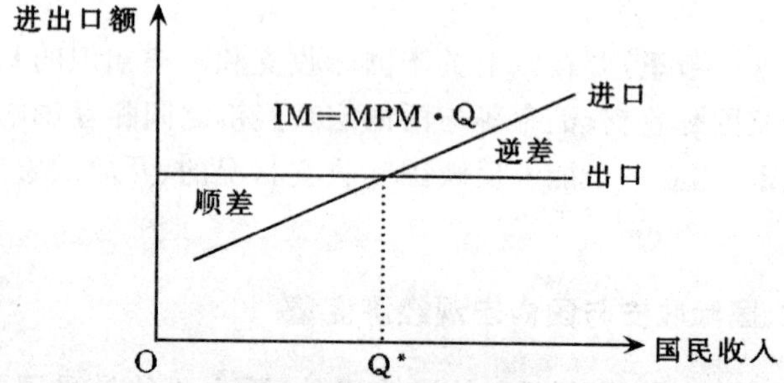

图 10.4　进出口与实际国民收入的关系

在图 10.4 中，横轴表示实际国民收入，纵轴表示进出口额。由于出口额不受本国国民收入的影响，所以出口为一常数，表现为与横轴平行的一条直线。进口额随着国民收入的增长而提高，因而具有正斜率。该图表明，在实际国民收入等于 Q^* 时，进出口相等，因而经常项目是平衡的。在低于这一水平的阶段，出口大于进口，存在着贸易顺差。随着国民收入增加，进口越来越多，当国民收入增长超过 Q^* 以后，进口超过出口，出现贸易逆差。

2. 利率与资本项目

资本项目反映货币资本在国际间的流入和流出。例如，国外购买本国的金融资产或本国向国外政府、金融机构借入资金时，就引起国外资金向国内流动；反之，引起国内资金向国外流动。引起这种流动的一个最重要的因素就是国内与国外的利率差。假定，国外利率水平是固定的，那国内的利率变动就会使资金流入和流出。在正常情况下，国内利率水平提高会吸引资金向国内流动；反之，会使资金向国外流动。因此，利息率水平的变动就影响着资本项目的平衡状况。

利率与资本项目的关系可以用图 10.5 来表示。

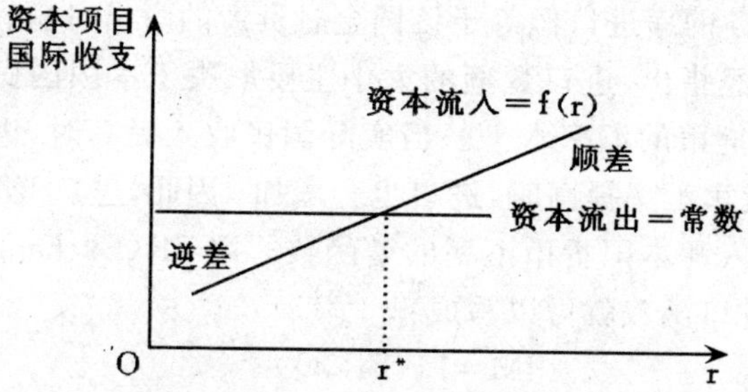

图 10.5 利率与资本项目的关系

在利率为 r^* 的水平上，资本的流入与流出数量相等，资本项目平衡。当利率低于这一水平时，资本流出大于流入，出现资本项目逆差；当利率高于 r^* 的水平时，资本流入大于流出，资本项目出现顺差。

二、外部均衡曲线的推导

外部均衡就是国际收支的均衡，它既包括经常项目的均衡，也包括资本项目的均衡。根据上面对经常项目和资本项目变动的分析，可以推导出整个国际收支的情况。

1. 国际收支平衡的公式

国际收支平衡是指经常项目的差额与资本项目的差额之和为零。用 EX 代表出口，IM 代表进口，则：

经常项目的差额＝EX－IM

在资本项目中，如果把资本向国内流动理解为本国金融资产的出口，用 AX 来表示；同样，把资本的外流理解为国外金融资产的进口，用 AM 来表示，则：

资本项目的差额＝AX－AM

用 EB(External Balance)代表国际收支的差额，则 EB＝EX－

IM＋AX－AM。如果国际收支实现平衡，则 EB＝0，这时 IM－EX＝AX－AM。这一表达式的经济含义为，国际收支实现平衡时，一国商品和服务的净进口额等于该国金融资产的净出口额。

前面曾经指出，进口数额的大小主要取决于本国国民收入的高低和本国货币的汇率水平。当实际国民收入提高时，进口会增加；当本国货币汇率提高时，进口也会增加。因此，进口 IM 是本国实际国民收入和本国货币汇率的增函数。用 ER（Exchange Rate）表示汇率，进口函数就可以写成：

$$IM = f_{im}(ER, Q)$$

出口 EX 也可以看作本国货币汇率 ER 的函数，汇率越高，则本国产品在国外的价格就越高，因而竞争越不利，从而出口会减少。所以，出口是本国货币汇率的减函数。出口函数可以写成：

$$EX = f_{ex}(ER)$$

在国际收支的资本项目中，金融资产的进出口都是国内利率的函数。在正常情况下，国内利率越高则资金流入越多，而流出则会减少。金融资产的出口和进口函数可以分别写为：

$$AX = f_{ax}(r) \text{和} AM = f_{am}(r)$$

这样，上面的国际收支平衡表达式就可以改写为：

$$f_{im}(ER, Q) - f_{ex}(ER) = f_{ax}(r) - f_{am}(r)$$

将该表达式左端的商品、服务净进口额用 MP 代表，将右端的金融资产净出口额用 XP 来代表，当国际收支达到平衡时，MP＝XP。

在浮动汇率制度下，通过外汇市场上汇率变动对进出口进行自发调节，实现国际收支的平衡。

2. 外部均衡曲线 EB

外部均衡曲线又称国际收支平衡曲线。EB 是在一国国际收支平衡条件下，所有利率水平与国民收入数额的组合点的轨迹。它反映的是在一定的汇率水平下，为保持国际收支的平衡，利率与国民收入应实现怎样的组合。这里,我们用几何合成的方法推导 EB 曲线。作为推导依据的公式就是 $MP=f_{im}(ER,Q)-f_{ex}(ER)$,$XP=f_{ax}(r)-f_{am}(r)$ 和 $MP=XP$。

在汇率一定的情况下,商品、服务的净进口额 MP 是实际国民收入的增函数;金融资产的净出口额 XP 是利率的增函数。据此,分别画出 MP 和 XP 的函数图像。同时,分别以 XP 和 MP 为横轴和纵轴,画出 XP=MP,即 EB=0 时的图像。将 MP、MP=XP、XP 三个图像在图 10.6 中按(*a*)、(*b*)、(*c*)顺序摆放。

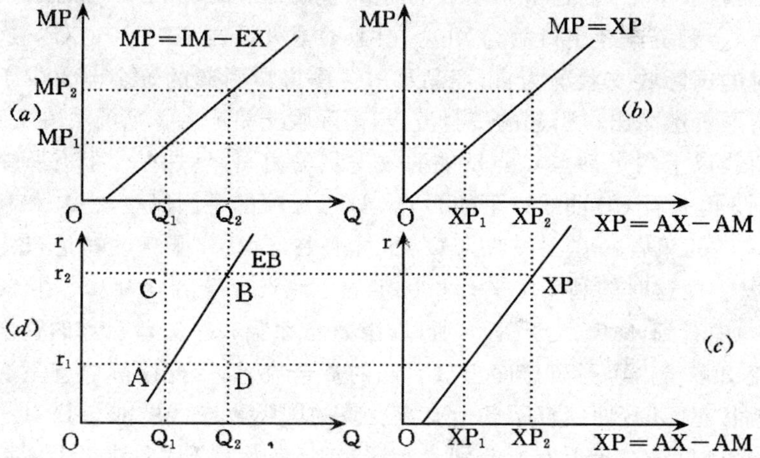

图 10.6 EB 曲线的推导

现在根据图(*a*)、(*b*)、(*c*)推导图(*d*)中的国际收支平衡曲线 EB。当图(*a*)中实际国民收入等于 Q_1 时,有商品和服务的净进口 MP_1。从图(*b*)中可以找到与 MP_1 相等时的金融资产净出口 XP_1,对应 XP_1 可以在图(*c*)中找到对应的利率 r_1。这样,对应实际国民收入水平 Q_1,可以找到利率 r_1。在 Q_1 和 r_1 的组合情况下,可以使商品和服务的净进口等于金融资产的净出口,实现国际收支的平衡。因此,在图(*d*)上的点 A 就是国际收支平衡曲线 EB 上的一个点。以同样的方法，可以找到使国际收支实现平衡的点B，还可以找到更多的点，在这些点上所反映的实际国民收入和利率的组合都可以使国际收支达到平衡。将这些点用一条平滑的曲线连接，就形成国际收支平衡曲线EB。

现在我们对图(*d*)作进一步的考察。我们已经知道，在EB曲线上的各点代表的实际国民收入和利率的组合都是使国际收支平衡的组合。现在看EB曲线以外的点代表的国民收入与利率的组合情况。图中C点是国民收入Q_1和利率r_2的组合。在国民收入Q_1的水平上，商品和服务的净进口为MP_1，而在利率r_2的水平上，金融资产净出口额为XP_2。在图(*b*)中可看到MP_1小于XP_2，这时的国际收支状况为：由商品和服务净进口引起的资金流出少于金融资产净出口引起的资金流入，国际收支呈顺差。所有处在EB曲线以上的点都与C点反映的收支状况相同，只是在量上有所差别。再来看EB曲线以下的D点。D点反映的是国民收入Q_2和利率r_1的组合。在国民收入Q_2的水平上，商品和服务的净进口为MP_2，而这时的利率水平r_1所决定的金融资产净出口为XP_1。从图(*c*)中看到，MP_2大于XP_1，所以，由商品和服务净进口引起的资金流出多于由金融资产净出口引起的资金流入，因此国际收支呈逆差状态。EB曲线以下的所有点反映的国际收支性质都与D点相同，也只是在量上有所差别。概括起来讲，凡是EB曲线以上区域的点所反映的国民收入与利率的组合都会使国际收支出现顺差，凡是EB曲线以下区域的点所反映的国民收入与利率的组合都会使国际收支出现逆差，所有EB曲线上的点都表示外部均衡，即国际收支平衡。

3. 汇率变动对EB曲线的影响

EB曲线的位置，会因经济体系中一些重要变量的变动而改变。这些变量主要有商品净进口函数和金融资产的净出口函数、汇率、国内一般价格水平等。但是，在这里我们仅考虑汇率变动对EB

曲线的影响。

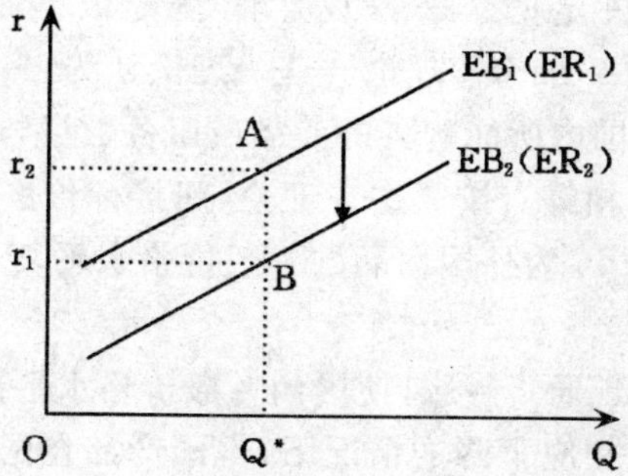

图 10.7　汇率升降与 EB 曲线的位置

如图 10.7 所示，假定最初外部均衡实现于 EB_1 曲线上的 A 点（r_2 和 Q^* 的组合点），由于外部均衡已经实现，所以必然有一个均衡汇率 ER_1 与之相应。现在，假定利息率从 r_2 下降到 r_1，而实际国民收入仍为 Q^* 不变。由于利息率下降，外国人购买的金融资产额会减少，本国人购买外国的金融资产额会上升，从而导致金融资产的净出口额 XP 下降。此外，由于假定实际国民收入仍为 Q^* 不变，因此产品和服务的净进口额 MP 不变。结果，利息率的下降会导致产品和服务的净进口大于金融资产的净出口，即 $MP>XP$，原来的外部均衡被利息率的下降所破坏。当国际收支出现逆差时，汇率将会下跌。本国的货币汇率下跌会刺激本国商品和服务的出口，使 EX 增加；同时也会减少外国产品和服务的进口，使 IM 减少，直到汇率下跌使外部均衡重新实现。新的均衡汇率显然低于最初的均衡汇率，新的均衡点将在 B 点，新的均衡利息率将是低于最初均衡利息率的 r_1。已经降低了的利息率 r_1、实际国民收入 Q^* 和新的汇率 ER_2 将构成新的均衡状态。这意味着 EB 曲线向下移动了，移动到图 10.7 中的 EB_2。

4. 国内一般价格水平变动对 EB 曲线的影响

一般价格水平对 EB 曲线位置的影响是通过汇率机制发生

的。经济学家们认为，长期中汇率基本上是由各国商品和服务的相对价格水平来决定的。这一观点的理论依据是购买力平价(Purchasing-Power Parity)理论。这一理论认为，一国的汇率倾向于使一笔货币在国内所能购买的商品或服务数量与在国外购买的商品或服务数量相等。按照这一理论，间接标价法所表现的汇率 $ER=P_f/P$。其中 P_f 为外国商品的一般价格水平，P 为本国商品的一般价格水平。

如果本国出现通货膨胀，使国内一般价格水平提高，即使在本国货币汇率没有相应下降的情况下，本国产品在国外的价格也会提高，而进口商品变得相对便宜。这就打破了原有汇率下货币在国内外的购买力平衡。按照购买力平价理论，货币在国内的购买力下降导致的国内外购买力的不平衡会引起本国货币的贬值。但是，在通货膨胀的背景下，一方面，本国货币的贬值只能抵消本国物价上涨对出口的抑制，并不能增加出口；另一方面，当国外商品进入本国市场后，按照比原来更昂贵的价格出售，有可能引起进口量的增加。这样，商品和服务的净进口函数曲线也会移动。为使国际收支保持平衡，必须有利率的相应变动，调节资本项目变动。因此变动了的利率水平与不变的国民收入的重新组合会引起 EB 曲线的移动。

三、开放的宏观经济模型

将 EB 曲线加入 IS－LM 模型，也就把国际收支平衡的问题引入了关于国内商品市场和货币市场同时均衡问题的讨论，使原有的 IS－LM 模型更适应开放经济的分析。

图 10.8 是加入了 EB 曲线的 IS－LM 模型的曲线图。

在图 10.8 中，IS、LM、EB 三条曲线相交于 E 点。E 点所反映的利率 r^* 和实际国民收入 Q^* 的组合同时落在三条曲线上，因此，这时的利率和国民收入会使商品市场、货币市场以及国际收支同时达到平衡。如果国际收支平衡曲线高于E点，处于EB′的位置，国内商品市场和货币市场同时均衡时的利率和国民收入组合就不能同时使国际收支达到平衡。这时在既定的国民收入水平上，由于利率偏低，使资本流入少于净进口所需的资金流出，因而，国际收支存在赤字。国际收支赤字的存在，会使官方储备(例如黄金、外汇)减少。如果国际收支平衡曲线低于E点，处于EB″位置，E点的利率与国民收入组合会使国际收支出现盈余，从而使官方储备增加。

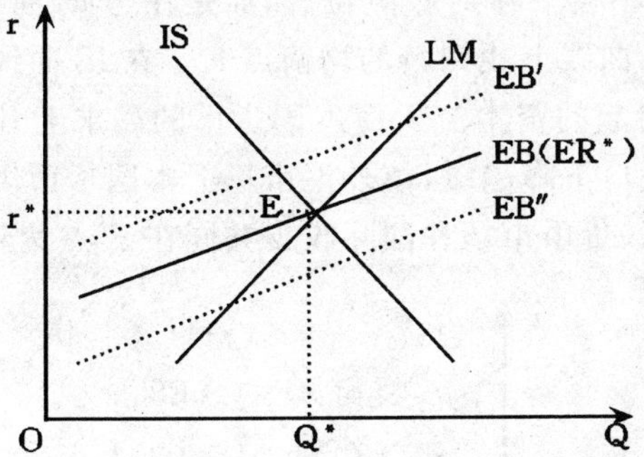

图 10.8　产品市场、货币市场及国际收支的三重均衡

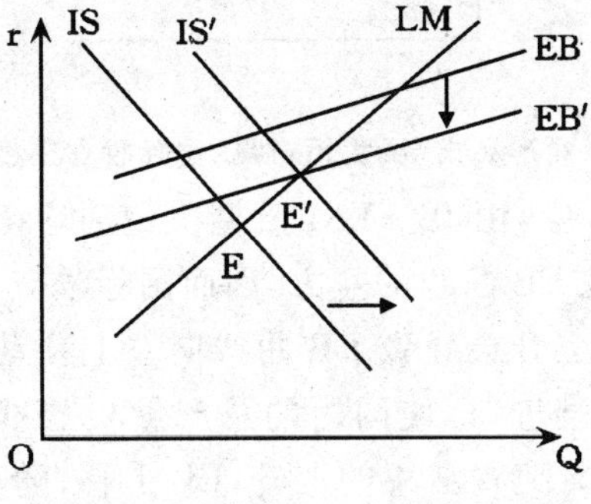

图 10.9　汇率对产品市场、货币市场、国际收支三重均衡的调节(一)

如图 10.9 所示，在浮动汇率制度下，产品市场、货币市场和国际收支三者可以通过汇率的调节自动达到均衡。在国际收支存在逆差的情况下，外汇市场上本国货币需求就会小于供给，致使本国货币出现贬值压力。本国货币的贬值使商品的出口增加、进口减少。商品贸易的这一变化实际上是使进口函数曲线下移，从而引起 EB 下移。

在 EB 曲线下移的同时，由于商品进口减少，出口相对增加，因而 IS 曲线向右移动。这又导致国民收入的增加和利率的上升。利率上升使资本流入增加，国民收入的增加使商品进口下降趋缓，因而 EB 曲线不会下降到 E 点位置，而是在与 IS 曲线同时向右的移动中在 LM 曲线上找到新的均衡点 E′。在 IS 曲线向右移动时，利率上升所引起的资本流入使本国货币的需求上升；国民收入增加引起的净进口下降趋缓，使外汇市场上本国货币供给增加趋缓，最终产品市场、货币市场和国际收支共同在 E′点达到新的均衡。

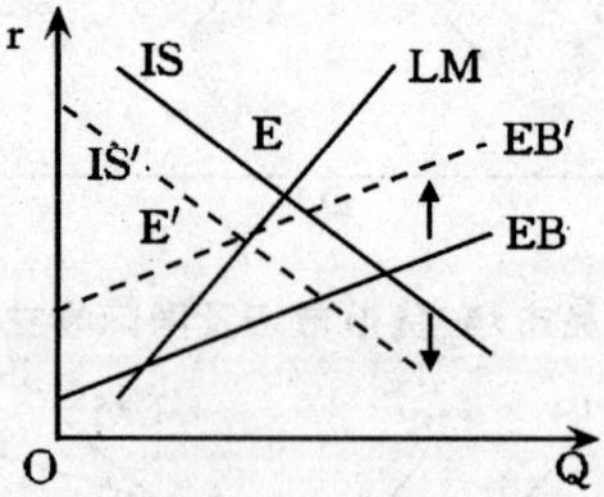

图 10.10　汇率对产品市场、货币市场、国际收支三重均衡的调节(二)

在图 10.10 中，由 IS—LM 模型决定的均衡国民收入和利率的组合点 E 落在 EB 曲线的左方，因而国际收支存在顺差。这会使汇率上升，汇率上升会导致 EB 曲线向左上移动；同时，汇率上升会抑制出口，鼓励进口，使国内的总产量 Q 减少，导致 IS 曲线向左下移动。结果，随着汇率的上升，EB 上移；随着总产量（或实际国民收入）Q 的下降，IS 下移，总会沿着 LM 曲线相交于一点，如图中的 E′点，实现三重均衡。上述均衡机制可以概括如下。

如果IS曲线与LM曲线相交于EB曲线的右边：

出现国际收支逆差，ER↓，EB曲线右下移，Q↑，IS曲线右上移

结果：r↑，Q↑，ER↓，IS、LM、EB三条曲线交于一点

如果IS曲线与LM曲线相交于EB曲线的左边：

出现国际收支顺差，ER↑，EB曲线左上移，Q↓，IS曲线左下移

结果：r↓，Q↓，ER↑，IS、LM、EB三条曲线交于一点

以上开放的宏观经济模型，也可以用商品市场、货币市场及国际收支的均衡公式来表达。

在商品市场达到均衡时，有以下公式：

$$I(r,Q)+GP+f_{ex}(ER)+f_{ax}(r)=S(Q)+NT(Q)+f_{im}(ER,Q)+f_{am}(r)$$

货币市场的均衡公式为：

$$MS=MD(Q)+MD(r)$$

国际收支平衡的公式为：

$$f_{im}(ER,Q)-f_{ex}(ER)=f_{ax}(r)-f_{am}(r)$$

在以上公式中，r、Q、ER分别为利率、实际国民收入、汇率，GP为政府购买支出，NT(Q)为净税收函数，I(r,Q)为投资函数，S(Q)为储蓄函数，$f_{ex}(ER)$和$f_{im}(ER,Q)$分别为商品和服务出口函数和进口函数，$f_{ax}(r)$和$f_{am}(r)$分别为金融资产的出口函数和进口函数，MS和[MD(Q)+MD(r)]分别为货币供给、货币需求函数。

以上三个平衡公式联立，解出的利率r、实际国民收入Q以及汇率ER，即为使三个市场同时达到均衡的利率、实际国民收入和汇率。

第三节　开放经济的宏观经济政策

如同在IS—LM模型中一样，在开放的宏观经济模型中，尽管通过投资与储蓄、货币供给与需求以及外汇市场的供给与需求等机制，可以使商品、货币以及对外经济贸易等市场自动达到均衡，但是，均衡的实现并不一定是在既消除非自愿失业，又无通货膨胀的国民收入水平上。因此，政府仍需要运用宏观经济政策加以调节，以实现宏观经济运行目标。

在加入了对外经济关系后，情况要比IS—LM模型更加复杂。这时不理想的均衡状况可能有以下几种情况：第一，商品市场、货币市场以及对外经济都实现均衡，但均衡点的国民收入不是没有通货膨胀的充分就业水平；第二，国内实现了没有通货膨胀的充分就业，但是对外经济中存在着国际收支的赤字或盈余；第三，国内国民收入水平高于或低于充分就业水平，同时对外经济中也存在着不平衡。

当这三种情况中任何一种情况出现时，都需要政府运用宏观经济政策加以调节。

一、浮动汇率制度下的财政政策

财政政策的作用机制是通过政府的财政支出和税收等手段，对国民经济中总支出的数量施加影响，进而改变IS曲线的位置，以调节均衡国民收入水平，达到宏观经济政策的目标。

假定最初商品市场、货币市场和国际收支都同时处于均衡状态，但这时的均衡是在低于充分就业的水平上，因而，政府采用扩张性财政政策加以调节。在图10.11中，扩张性财政政策引起IS_A向右移动，使国民收入增长和利率提高。国民收入提高后会引起净进口的增加，抵消了财政政策的一部分效果。图中所示，有了对外经济贸易的影响，一项本可把 IS_A 曲线推至 IS_B 的扩张性财政政策，只把 IS_A 曲线推至 IS_C。因此，在开放条件下，为实现充分就业的扩张性政策需要更大的力度。如图 10.11 所示，财政政策引起的利率提高幅度较高，它所引起的资本流入量会超过因净进口增加而产生的货币支出增加量，国际收支出现顺差。因此，外汇市场上本国货币需求大于供给，汇率出现上升趋势。这会鼓励商品和服务的进口增加，引起 EB 曲线上升。IS 曲线右移和 EB 曲线上升的共同作用下，商品市场、货币市场、国际收支有可能在充分就业的条件下，同时达到均衡。这时，国民收入、利率、汇率均有所提高。

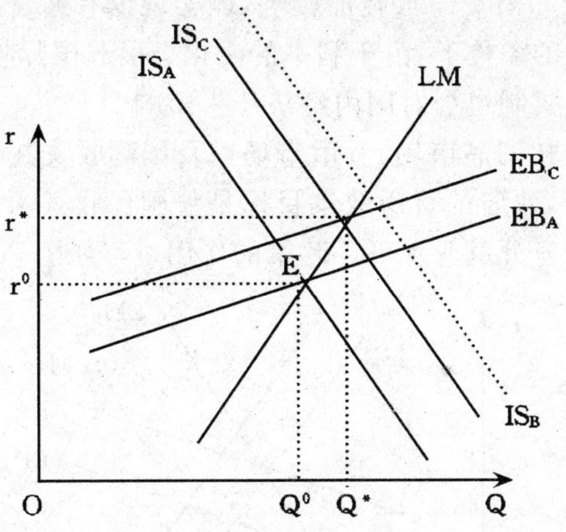

图10.11　通过财政政策使产品市场、货币市场、国际收支同时实现均衡

运用紧缩性财政政策抑制经济过热、治理通货膨胀的过程与此相反，读者可以自己根据以上所讲和前面所学的知识加以推导。

美国在 1982 年到 1985 年间的扩张性财政政策可以看作是类似上述过程的一个例子。这一时期，扩张性财政政策使财政赤字不断扩大，随之而来的是政府不断扩大的债务。它使利息率大幅度上升，从而吸引了大量国外资金流入。国外资金的流入使对美元的需求大幅度上升，美元升值。美元升值进而抑制了美国的产品和服务出口，刺激了美国商品和服务的进口。这样，在对外经济贸易中，经常项目逆差与资本项目顺差平衡，实现国际收支的平衡。其结果，这一时期在高利率、高汇率、高财政赤字以及经常项目逆差和资本项目顺差的情况下，达到商品市场、货币市场和国际收支的三重均衡。

二、浮动汇率制度下的货币政策

货币政策是通过调节货币供应量，影响利率水平和商品需求，进而对投资和消费需求施加影响，以实现没有通货膨胀的充分就业。在开放的条件下，由于利率的变化会引起国际收支的变化，进而通过这一机制也会对国内经济产生影响。

假定最初商品市场、货币市场以及国际收支在通货膨胀条件下形成均衡，政府的货币政策目标是将国民收入水平减少到没有通货膨胀的充分就业水平。政策的作用过程如图 10.12 所示。

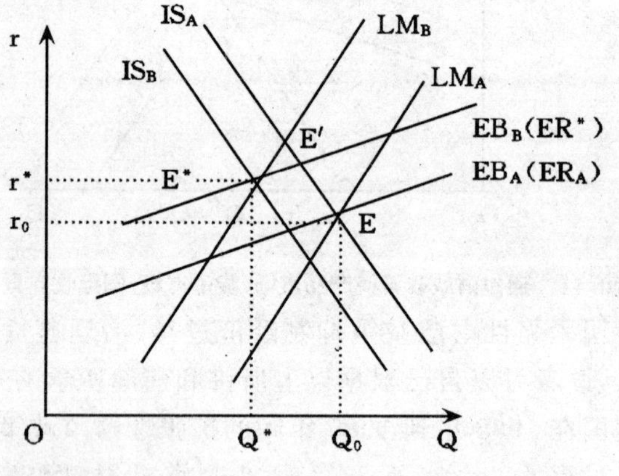

图 10.12 运用货币政策实现产品市场、货币市场、国际收支的均衡

在图 10.12 中，货币当局减少货币供应量使 LM 曲线从 LM_A 左移至 LM_B，使利率上升，国民收入有所下降。这样使国内两个市场的均衡点移至EB曲线的左上方。在这种状态下，国际收支出现顺差，引起本国货币升值，EB曲线向上移动。其结果，净进口的增加使国民收入循环中漏出加大，IS曲线左移，国民收入进一步下降。最终在E^*处，即国民收入Q^*、利率r^*、汇率ER^*的组合点上实现均衡。这里Q^*是没有通货膨胀的充分就业国民收入目标值。货币政策作用的最终结果，均衡利率和均衡汇率都有所上升，而国民收入有所下降。

由于加入了国际收支对IS曲线的影响，紧缩性货币政策对于利率提高的作用效果减弱，而对国民收入的抑制作用加强。

关于扩张性货币政策的作用机制，请读者自己进行推导。

三、固定汇率制度下国际收支的调节

在固定汇率下，汇率缺乏对国际收支的调节功能，因此，为使国际收支实现平衡，只能通过国内宏观经济政策实现本国在国际经济贸易往来中的收支平衡。

1. 国际收支赤字的调节

在开放的宏观经济模型中，国际收支赤字表现为IS曲线与LM曲线的交点落在EB曲线的右下方，这时汇率出现下跌的压力。但是由于汇率固定，使贸易逆差无法通过汇率调整加以消除，因此，政府需要运用紧缩的货币政策提高国内利率以吸引资本流入，进而消除国际收支的逆差。但是这样做，会使国内投资下降进而使国民收入下降。如果此时国内经济处于低于充分就业的均衡，这种政策会加剧国内经济的衰退。因此，需要运用扩张性财政政策右移IS曲线，以便在固定汇率条件下，实现商品市场、货币市场及国际收支的均衡。以上过程可以用图10.13反映。

在图10.13中，IS曲线与LM曲线最初分别处于IS_A、LM_A的位置，如果单纯运用紧缩性货币政策，会使国民收入下降过多，因此同时采取扩张性财政政策，使两曲线分别移至IS_B、LM_B的位

置，在充分就业的国民收入水平 Q^* 上实现三个市场的均衡。

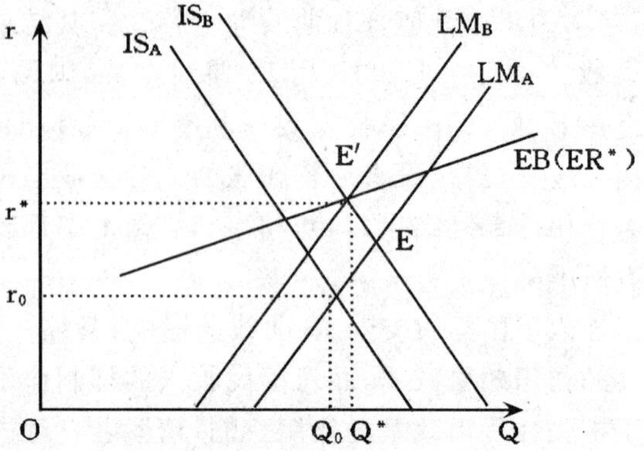

图 10.13 固定汇率下，消除国际收支赤字的宏观经济政策

2. 对国际收支盈余的调节

固定汇率下，当出现国际收支盈余时，IS 曲线与 LM 曲线的交点落在 EB 曲线的左上方。这时，国际收支存在顺差，货币受到升值压力。由于汇率固定，EB 曲线不能上移，因而需要运用扩张

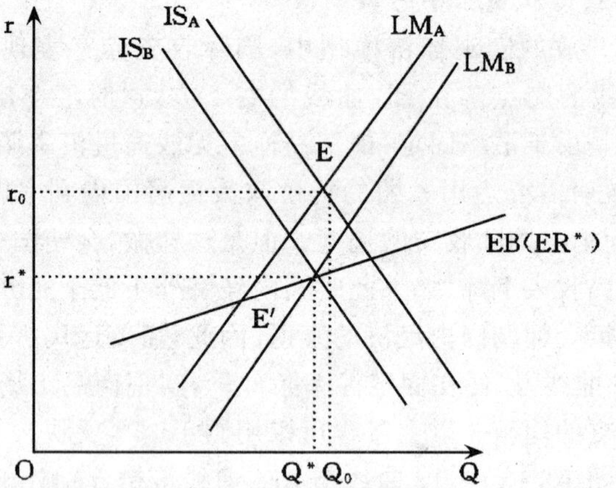

图 10.14 固定汇率下，消除国际收支盈余的宏观经济政策

性货币政策降低利率,减少国外资本的净流入。但是如果经济处于通货膨胀的均衡状态,扩张性货币政策会加剧通货膨胀,因此,需要有紧缩性财政政策对通货膨胀加以抑制,从而实现没有通货膨胀的充分就业下的国际收支平衡。上述过程可用图 10.14 反映。

在图 10.14 中,IS 曲线与 LM 曲线最初分别处于 IS_A、LM_A 的位置,如果单纯运用扩张性货币政策,会使经济过热,从而通货膨胀加剧,因此同时采取紧缩性财政政策,使两曲线分别移至 IS_B、LM_B 的位置,在充分就业的国民收入水平 Q^* 上实现三个市场的均衡。

复习思考题

1. 国际收支平衡表中,官方储备交易差额与经常项目、资本项目的关系是怎样的?

2. 汇率有哪几种主要决定方式?它们各自对外汇市场上的供求有何影响?

3. 国际收支状况与外汇市场的平衡之间的关系是怎样的?

4. 什么是国际收支平衡?它是否是指国际收支平衡表所有项目之和为零?是否意味着经常项目与资本项目各自同时达到平衡?

5. 国际收支平衡曲线 EB 两侧的平衡状态是怎样的?为什么?

6. 开放的宏观经济模型包含哪些最基本的均衡关系?请用图示和公式说明三重均衡的实现条件和实现过程。

7. 在浮动汇率制度下,紧缩性财政政策会产生什么结果?这一政策效应的实现机制是怎样的?

8. 在浮动汇率制度下,紧缩性货币政策会有怎样的结果?这一政策效应与在封闭经济中有何不同?

9. 在固定汇率制度下,应怎样运用财政政策和货币政策消除国际收支中的顺差和逆差?

第十一章　经济增长理论

在前面的章节中，我们基本上是用静态的方法和比较静态的方法来讨论宏观经济问题，在所有的模型中，尚未真正加入时间因素；此外，前面的章节虽然曾涉及供给方面，从而在一定意义上涉及了长期性的问题，但是，并没有将不同时期连续起来考察。在本章和随后一章中，我们将采用动态的方法，研究长期的经济增长问题。经济增长理论是宏观经济学中的一个重要组成部分。它是在凯恩斯宏观经济学基础上进一步动态化研究的成果。经济增长理论可以追溯到古典经济学。人类对经济增长的研究从经济学建立时就开始了，因此，经济增长理论有古典和现代之分。这里重点介绍现代经济增长理论。

第一节　经济增长和现代经济增长理论

在这一节中，将对经济增长理论所涉及的最基本的概念，以及经济增长理论发展的概况做一个必要的介绍。

一、经济增长的定义

在现代经济增长理论中，经济增长被定义为：一个国家在一定时期内实际人均产出水平的提高（或人均实际产品和劳务的增加）速度。经济增长反映着一个国家一定时期生产能力扩张的速度。它的重要意义在于它决定着一定时期一个国家的人民生活水平和这个国家的“国力”。

在计算经济增长时，一般我们用一定时期内国民收入(NI)或国民生产总值(GNP)、国内生产总值(GDP)来表示。但是为了准确、真实地计算经济增长速度，我们在使用这些经济指标时必须考虑到三个因素的影响：

(1)价格因素。我们为了计算真实的经济增长速度，首先必须在使用的经济指标中排除通货膨胀的影响。也就是说，不能用现行的价格指标计算，而要用不变的价格指标计算。这样计算出的才是实际GNP、GDP或NI。

(2)人口因素。为了反映人民生活水平的真实变动情况，我们还要将产出的实际增长用当时的人口数量来除，得出人均实际GNP、GDP或NI。

(3)生产能力的利用程度。因为在衡量一个国家经济增长速度当中有生产能力的增长和产出增长的差别(时滞或实际差别)，所以在表达经济增长速度时不能忽略这种不同。我们如果用生产能力的增长来解释一个国家的经济增长，往往忽略了实际生产当中常常出现的生产能力的闲置或半闲置状态。其实这样的指标往往不能真实地反映一个国家的人民生活水准的提高速度。在生产能力有很大程度的闲置时，生产能力的增长和产出的增长这两个指标会有所不同。这时用实际人均产出来反映经济增长，不能反映出生产能力的增长(这时这个国家的一部分经济增长是潜在的)；用生产能力实际增长来反映经济增长，就不能真实地反映实际产出增长(这时人民生活水准的改善可能得不到真实的反映)。这样，在经济增长统计指标当中还有一个概念，这就是所谓的"潜在的经济增长"，即如果全部生产能力充分利用可能达到的产值增长。

潜在的经济增长能够反映那部分没有得到利用的生产能力所应该提供的经济增长。因为如果一定时期内生产能力不能得到充分利用，那么一部分国民产出就不能被生产出来。换句话说，如果那一部分生产能力不处于闲置状态，这个国家的实际人均产出还应该更高。这部分产出没有被生产出来,不是由于生产能力的扩张不够,而是仅仅由于社会需求不足(或其他原因)而不能被生产出来。"潜在的经济增长"这个概念表明,人均生产能力提高了,但是由于一部分生产能力得不到利用,人均实际产出可能得不到提高。这部分生产能力表现为,既不能用于生产消费,也不能用于生活消费,即表现为一种"资源浪费"。为了反映这样的指标,有的国家用一定水准的失业率来衡量经济利用生产能力的程度。这个指标越小,表明经济达到其增长潜力的程度就越高。例如,美国曾经用4%的失业率作为生产能力利用程度的一个界限。

二、经济增长的决定因素

决定经济增长的因素又称经济增长源。一定时期一国产量或生产能力的增长决定于很多因素,但是所有这些因素无非是两大类:一类是生产要素投入数量的增加;二是生产要素使用效率,即生产率的提高。

例如,美国经济学家和统计学家丹尼森(Dannison)就把决定经济增长的因素分为七种,而这七种因素又可以归纳为两大类:

1. 生产要素的投入量

(1)就业人数及其年龄、性别构成;

(2)包括非全日工作的工人在内的工时数;

(3)就业人员的教育年限;

(4)资本存量的多少。

2. 要素生产率

(1)资源配置;

(2)规模经济;

(3)知识的进展。

很显然,前四项涉及投入生产过程的生产要素的数量,它们决定着生产规模的大小;而后三项反映生产要素生产率的高低,它们决定着单位生产要素的使用效率。这两方面共同决定一定时期内一国的生产能力的大小，当然也决定总产量的多少。因此经济增长速度的快慢取决于这两个方面。

测算生产要素的投入量一般比较容易，只要统计一定时期各种生产要素使用的数量就行了；但是关于要素生产率的测算要注意有个别要素生产率和全要素生产率之分。

个别要素生产率是指产量和某一特定生产要素的投入量之比，如劳动生产率(Y/L)和资本生产率(Y/K)。个别要素生产率可以衡量某一特定生产要素的使用效率。

全要素生产率是指总产量和全部投入的生产要素量之比。假定投入生产过程的全部生产要素只有劳动和资本，那么全要素生产率就是产出与劳动和资本之比 Y/(L+K)。

三、经济增长和经济发展

经济增长和经济发展这两个概念的英文分别是 Economic Growth 和 Economic Development。它们常被认为是可以相互通用的。其实两者并不完全相同。从经济含义看，它们至少有三个区别：

第一，经济增长是一个“速度”指标。它反映的是一国社会财富增加的速度。因此，在测量上，我们一般用百分比，而不是用绝对数量来表示。而经济发展则是一个“水平”概念。它反映的是一国人民生活水准(甚至综合国力)的高度，即一个国家人均社会财富的拥有量。例如，我们常常在说一个国家的富裕程度时，并不用增长率来表示，而是用人均实际收入水平，即人均多少美元来表示。有些富裕国家即使某个时期经济增长速度可能并不高，甚至还比不上某些穷国，但是人均生活水平还是比较高，甚至要高得多。这就是经济发展程度的差别。

第二，只有生产能力和实际收入的增长才真正是经济增长。相比之下，经济发展则必须从很多方面来说明，如制度、结构、技术进步、自然条件、地理位置、资源配置和文化教育以及福利保障，甚至平均人口的寿命等。正因为如此，有不少经济学家说，某些国家只有经济增长而没有经济发展。这是因为这些国家经济增长速度可能很快，但并没有发生上述提到的诸方面，特别是经济结构的变化。再比如，我们常常听到不少经济学家把发达国家称为"工业国"或"后工业国"，而这样称有些发展中国家则显然不合适。严格来说，经济发展离不开经济增长，经济增长也是经济发展的条件和指标之一，但是经济增长不等于经济发展。

第三，从时间上看，经济发展是研究更长时期的经济变动，而经济增长则是研究一定时期内(一般是逐年的)经济活动的变动。从这个意义上看，经济发展和经济增长是相互联系的。一个国家只有不断实现经济增长，或提高经济增长速度，经济发展才有可能；反过来看，一个国家经济的长期发展有助于生产能力的积累和扩张，从而为加速经济增长提供良好的条件。正因为如此，经济学家在研究发展中国家的经济时，往往离不开对经济增长理论和实践的分析。但是这只是在研究经济发展的基本条件和途径，而并不是经济发展本身。在实践当中，有些国家单纯追求富裕，而不求发展，最终往往不能长久维持富裕。

可见，任何一个国家，既需要经济增长，也需要经济发展。经济发展问题不仅仅是发展中国家面临的问题，也是发达国家面临的问题。尽管发达国家已经比较发达了，但是经济发展并没有达到顶点。战后以来发达国家经济比以往有了新的发展，这充分体现在技术进步、经济管理方式、生产结构和社会经济关系的变化、教育、R&D 以及人均收入等方面。

四、现代经济增长理论产生的理论背景

现代西方经济增长理论的形成和发展首先应归功于 30 年代的凯恩斯革命和后凯恩斯主义者对凯恩斯理论的进一步发展。

1936 年凯恩斯《通论》的出版标志着西方经济学开始从微观、静态、定量和短期的分析方法的限制中走出来。凯恩斯革命的贡献就在于，他打破了新古典的分析框架，开始了现代西方宏观经济学的研究。凯恩斯关于国民收入的总量分析，尽管是短期、静态的，但是他的理论分析方法和提出的一些理论观点却为现代经济增长理论奠定了基础。

现代经济增长理论直接产生于对凯恩斯经济学的修正和扩展，或者是对凯恩斯经济学发展和完善的努力。凯恩斯的就业理论是一种短期分析；他关心的是宏观经济的均衡，不是增长；他的目的在于解决有效需求不足问题；他的理论在短期内可能成立，但是从长期看，他的理论体系很难说明现实经济活动。例如，在短期内，通过增加投资可能通过乘数原理增加有效需求，但是这里没有考虑储蓄，只强调了投资的作用。从长期看，储蓄还是投资的源泉，当然也是经济增长的源泉。如果不考虑储蓄，只考虑投资，恐怕财政赤字和债务负担终究要影响到经济增长。而且，投资不仅有需求效应，还有供给效应。从需求效应看，投资可以带来总收入和就业的增加；从供给效应看，投资的结果首先是生产能力的增加。在有效需求不足的情况下，生产能力达不到充分利用的程度，如果为了刺激有效需求而增加投资，结果很可能与凯恩斯推论相反：投资增加→生产能力利用率进一步下降→资本的边际收益递减→投资下降→有效需求进一步下降→需要更多的支出来刺激投资→不断增加净投资→债务负担加重……因此，要研究投资活动的最终影响，必须把凯恩斯宏观经济理论中的短期静态方法转变为长期动态的研究。

第二节　哈罗德—多马模型

哈罗德—多马模型是对凯恩斯总量模型（特别是 I＝S 公式）

动态化的结果。由于这个模型先后由英国的哈罗德和美国的多马分别独立提出，因而被称为哈罗德—多马模型。

哈罗德在30年代初就已经是英国知名经济学家，曾是凯恩斯领导的青年经济学者小组成员，与理查德·卡恩(Richard F. Kahn)(提出“乘数原理”)和琼·罗宾逊(Joan Robinson)等人一起参加了凯恩斯宏观经济学的酝酿、研究和创建过程。《通论》出版以后，哈罗德很快就萌发了将《通论》中的I—S分析扩展到长期分析的思想，并在《通论》出版不久，在他出版的《商业周期》一书中，第一次提出了经济以稳定状态增长的说法。1938年，他写了“论动态经济理论”一文，并在同凯恩斯等人多次交换意见后，于1939年初修改发表。哈罗德在这篇文章里，创造性地把凯恩斯的宏观经济学从短期、静态理论发展到长期、动态理论，以致使在西方经济学中消逝了一个多世纪的经济增长理论得以复兴。以后他又在一系列作品中对自己的经济增长理论作了进一步的修正和系统化，其中最有代表性的作品就是1948年出版的《动态经济学导论》。

多马是波兰人(1914年出生)，1930年～1931年曾在中国哈尔滨学过法律。后到美国，于1936年毕业于加利福尼亚大学。后在美国许多大学(包括密执安大学、哈佛大学、芝加哥大学等)任教。多马在40年代和50年代做了与哈罗德类似的研究，并得出了几乎一样的结果。

哈罗德和多马得出同样的研究成果不是偶然的。凯恩斯的宏观经济学在调节经济不平衡上的作用非常重要，但是凯恩斯经济学的短期、静态分析解释不了长期经济波动问题。从长期看，强调投资能够创造收入，但同时投资也扩大生产能力，如何在创造收入的同时又能防止生产能力的过剩，是实现长期均衡的关键。作为凯恩斯的门徒，设法将这一理论动态化是必然的研究课题。而且沿着凯恩斯的思想方法，他们形成了所谓的“加速原理”。将这一原理与凯恩斯的总量分析结合就形成了哈罗德—多马模型。

一、哈罗德—多马模型的基本假设前提

哈罗德—多马模型的假定前提可以概括如下。

(1)储蓄率不变。S/Y=S=平均储蓄倾向。储蓄率不变意味着储蓄倾向不变,所以储蓄在国民收入中的比重不变:$\Delta S/\Delta Y=S/Y$。平均储蓄倾向决定着为了实现充分就业必须转化为投资(I)的储蓄(S)的量。

(2)资本存量的增长不变。K/Y=一国资本存量与总收入的比率。假定K/Y的值不变,意味着经济增长过程中不存在资本利用程度变动的影响。

(3)边际产量所需的资本的增量$\Delta K/\Delta Y$可以等于平均资本系数K/Y,也可以不等于K/Y。如果$\Delta K/\Delta Y=K/Y$,则哈罗德称之为中性技术变动或中性技术进步。严格来说,所谓中性技术进步就是指增长一单位产量所需资本量不变,或者说既不减少也不增加。

(4)资本生产率(Y/K)等于资本的平均生产率,并等于增加新投资所直接增加的生产能力。资本生产率是多马模型中的一个重要概念。多马认为新投资会损害旧投资,因为新投资要和旧投资争劳动力和其他生产要素,结果会使旧投资的产量下降。所以投资潜在的社会平均生产率小于平均资本生产率:$\Delta Y/I<Y/K$。

(5)其他假设:①分析开始时,满足充分就业的收入水平已经存在;②不存在政府干预;③封闭的经济,不存在国际贸易;④固定资本+流动资本=K=I;⑤在生产过程中K/L不变。

二、哈罗德经济增长理论的基本内容

哈罗德的经济增长理论是他在"论动态理论"(《经济学杂志》1939年3月)中提出的,主要内容包括两个方面:一是长期、连续实现充分就业均衡的条件;二是经济增长的不稳定性特征。前者涉

及三个基本方程式，后者涉及“乘数原理”和“引致投资”的关系。

1. 哈罗德模型的三个基本方程式

哈罗德的第一个方程式为实际经济增长率：

$$G=s/C \tag{11.1}$$

其中，G 表示单位时间内国民收入的增长率ΔY/Y；s 是储蓄率(即 S/Y)；C 表示资本一产出比，K/Y=ΔK/ΔY。这个公式实际上是凯恩斯总量均衡基本公式 I=S 的动态化表达。如果将 ΔY/Y、S/Y 和 ΔK/ΔY(=I/ΔY)代入公式 G=s/C 便可以看出，由于 GC=s，代入后则成为：

$$\Delta Y/Y \cdot I/\Delta Y=S/Y$$
$$I/Y=S/Y$$
$$I=S$$

可见，这个模型在经济增长中反映了实际投资与实际储蓄之间的恒等关系。这里 S 决定于 Y，I 决定于 ΔY，这是经济增长的基本关系，被哈罗德称为实际经济增长率。

第二个方程是“有保证的经济增长率”：

$$Gw=sd/Cd \tag{11.2}$$

公式中的 Gw 表示有保证的经济增长率；Cd 表示追求最大利润的厂商所满意的资本一产出率，ΔK/ΔY=I/ΔY；sd 表示人们愿意进行的储蓄率，sd=Sd/Y。哈罗德假定储蓄者的储蓄意愿总会实现的，所以人们愿意进行的储蓄率等于实际储蓄率。由于这时的资本一产出比是资本家所满意的，因此，这时社会上的投资量也是资本家所愿意进行的投资。在这样的投资与储蓄水平下实现的经济增长率是有保证的。

第三个方程式是自然增长率。

哈罗德的“有保证的经济增长率”(Gw)只涉及了实现产量增长所需要的资本量问题，不涉及人口增长和技术进步。但是，经济增长的潜力还在于“人口增长和技术进步范围内所允许达到的增长率”。自然增长率就是指潜在的或最大可能的经济增长率，也就是适应于劳动力增长和技术进步的经济增长率。用 Gn 表示自然增长率，a 表示技术进步率，用 n 表示劳动力增长率，那么自然增长率的公式就是：

$$Gn = n + a \tag{11.3}$$

由于一年内自然增长率决定于平均劳动力和年平均劳动生产率的增长率，如果用字母 l 表示年平均劳动力增长率，用 t 表示年平均劳动生产率，那么自然增长率公式又可以写成：

$$Gn = l + t + lt \tag{11.4}$$

其中，lt 是劳动力由于使用新技术而增加的产量，如果它的数值很小，可以略去不计。如果 $l = 1\%$，$t = 2\%$，则：

$$Gn = 1\% + 2\% + 1\% \times 2\% = 3.02\%$$

哈罗德的三个经济增长基本公式之间是什么关系呢？按照哈罗德的认识，假定经济一开始就处于充分就业状态，要保持长期充分就业，实际增长率就必须等于自然增长率：$G = Gn$；如果要维持稳定的经济增长，还必须充分利用生产能力，那么实际增长率就必须等于“有保证的增长率”：$G = Gw$。如果二者兼而有之，即长期保持充分就业的稳定经济增长（充分发挥潜能的经济增长），就必须使三个增长率都相等：$G = Gn = Gw$。

三个增长率相等意味着这个国家的经济增长速度是按 $s/C = sd/Cd = n + a$ 的固定比例增长。如果实际情况真是这样，这个国家的经济增长速度既能保证企业的资本得到充分利用，又能让全部有能力的人得到就业，而且是在最先进的技术条件下全力投入经济活动，结果所有就业的人口都得到相应的工资，企业得到最大利润。

2. 经济增长的不稳定原理

实际上，哈罗德的三个公式在现实中达到相等是很困难的。因为无论是 G 和 Gw 还是 G 与 Gn 之间都不存在内在的联系，它们常常是不相等的。但是一旦有两者之间不能相等，就无法调整到均衡状态，而且二者背离越来越大，其结果不是经济停滞就是长期通货膨胀。这是因为：

从 G 和 Gw 的联系来看，如果二者相等 Gw=G，在储蓄率一定的情况下，必须有 Cd 等于 C，即资本家满意的资本－产出率=实际的资本－产出率。但是前者取决于投资者的意愿，后者取决于很多不确定的因素，如利息率、生产要素价格等等的影响。在实际经济活动中，市场的变动往往改变投资者的心理判断。如果投资者主观上感到资本品短缺，或产品需求看好，就会引起投资需求增加，结果必然导致 G>Gw。反之，就会减少投资需求，投资不足，将造成 G<Gw。

当经济出现 G>Gw 时，意味着 C<Cd，即实际的资本－产出率小于资本家满意的资本－产出率。这意味着资本家的资本、存货与增加的产出相比较少，因而会增加实际投资，从而超过计划投资，从而使收入进一步增加，从而 G 与 Gw 的差距进一步拉大，结果 G 背离 Gw 越来越远，当 s 不足以承受这样的投资需求增长时，经济增长处于通货膨胀状态。

反之，如果实际经济增长率小于有保证的经济增长率，即 G<Gw，表明实际投资小于计划投资。资本需求小于资本供给，总产量不能全部售出，存货增加，表现为生产过剩。在这种情况下，由于成本提高，利润下降，生产进一步收缩。这样，不但原来的经济增长率不能维持，而且由此引起生产能力利用程度进一步降低，因此在相当长时间内不会出现经济增长，生产停滞和生产能力的闲置增加。

哈罗德认为，由于乘数原理和加速原理的共同作用，一旦实际经济增长偏离均衡经济增长，那么非但不能通过市场调节恢复到均衡路线上，反而会偏离均衡路线越来越远，从而形成累积性反均衡运动。任何高于均衡经济增长的实际增长都会连续加速，任何低于均衡经济增长的实际经济增长都会连续减速。因此，经济增长具有内在的不稳定性。

从Gw和Gn的联系看，问题就更复杂了。决定Gw的两个变量sd和Cd决定于微观经济行为，即内生变量。而Gn是由n和a两个外生变量决定的，它们涉及社会、文化水平、教育等等多种因素的影响。这两个经济增长率之间不存在内在联系。因此哈罗德本人也承认，“若二者之间相同的话，这倒是非常巧合的事”。但是，哈罗德认为，如果Gn大于Gw，经济会趋向于长期膨胀，因为这意味着劳动力供给大于劳动力需求，由于劳动力充足，工资趋向于偏低，利润因此会比较高，高利润将刺激投资的不断扩大。这样，企业力图增加资本存量，引起投资需求大于投资供给，资本品供求条件又引起资本品订货迅速增加，于是需求拉动的通货膨胀必然发生。可见，实际增长率大于有保证的增长率（G＞Gw），则会出现自然增长率大于有保证的增长率（Gn＞Gw），二者的后果一样，都会引起通货膨胀。

反之，如果自然增长率小于有保证的增长率（Gn＜Gw），结果会相反，出现停滞和萧条。原因是劳动力供给不足，工资趋向于偏高，利润因此受到影响，低利润率会挫抑企业扩大投资的动力，这又必然减少企业对资本品的需求，资本品订货也会因此而加速减少，结果必然引起生产过剩，进而发生经济停滞和经济萧条。

在哈罗德的模型中，G、Gn和Gw对初始均衡状态的细微背离都会引起越来越背离均衡状态的局面，更严重的是经济中没有内在力量能够使经济自动恢复到均衡状态。这就是著名的哈罗德“不稳定原理”，也被称为“哈罗德刃锋”，即三个增长率不能有丝毫的背离，只能沿着三者相等的路线前进，就像走在一条像刀刃一样狭窄而危险的路上一样。

之所以这样，就是由于加速原理的作用，一旦偏离，就会引发越来越大的背离。如图11.1所示。

(a)图表示，由于某种原因，有保证的增长率发生了偏差，出现

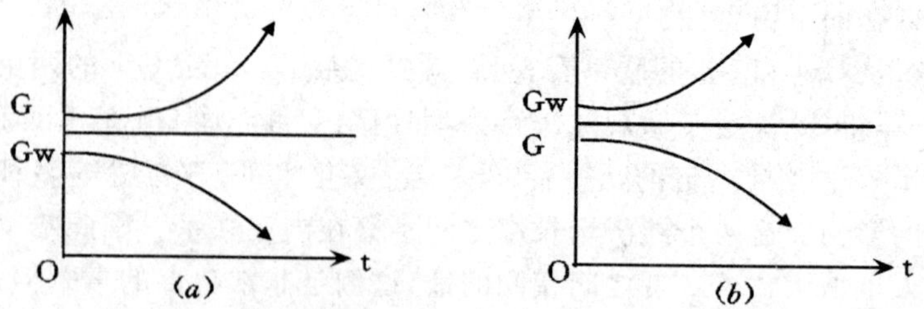

图 11.1　哈罗德"不稳定原理"

G>Gw。结果订货增加，使实际增长率连续加速，最终导致实际增长率背离有保证的增长率越来越远，以至很可能发生通货膨胀。(*b*)图则相反，如果实际增长率滑落到有保证的增长率以下，G<Gw，订货就会有下降倾向，实际增长率因此将进一步下降，发生与有保证的增长率反方向的背离，其结果可能是经济萧条。

可见，动态经济模型与静态经济模型的区别正如哈罗德所说，静态均衡四周包围着向心力，而均衡增长路线四周包围着离心力。

三、多马模型

多马模型与哈罗德的模型几乎一样。如果说有什么区别的话，那就是，哈罗德更强调上一期收入水平变动对本期投资的影响；而多马则更强调本期储蓄完全转化为投资时，本期投资对下一期生产能力的影响。可以说，多马是向前看，而哈罗德是向后看。其实原理都一样。

1. 多马经济增长原理

多马强调投资有双重影响，一是需求效应，净投资通过乘数作用可扩大收入和就业；二是供给效应，投资可增加新的生产能力。多马认为，凯恩斯只强调了前者，而忽略了后者。

多马强调投资引起的生产能力的增长，只有在下一期得到充分利用，投资者才愿意增加投资，所以下一期总需求必须与包括了新的生产能力在内的总供给一致。这就是经济增长的基础。

(1)生产能力的增长

从供给方面来看,一个收入期的净投资为 I 美元时,它将导致的生产能力的增长可以用 I 的潜在社会平均生产率来确定。其公式为:

$$\delta = \Delta Y / I \tag{11.5}$$

如果一国的潜在生产能力用 ΔYq 来表示,则:

$$\Delta Yq = I\delta \tag{11.6}$$

这个公式说明,一国潜在生产能力等于一定量投资所能增加的生产能力的程度。假定净投资为 70 亿美元,投资的潜在社会平均生产率是 0.3,即每 1 美元能增加 0.3 美元的生产能力,则一国的总生产能力可达到 21 亿美元:$I\delta = 70 \times 0.3 = 21$ 亿美元。

(2)总需求的增长

投资对生产能力的影响与对国民收入的影响是不同的。这不仅因为投资可以通过乘数原理使总需求几倍于投资量;还由于在已知的边际储蓄倾向下,国民收入的增加不是投资的函数,而是投资增量的函数。

我们用 ΔYd 表示每年总收入增量,ΔI 表示每年投资增量,a 表示任何已知的边际储蓄倾向,那么每年总收入增量公式就是:

$$\Delta Yd = \Delta I(1/a) \tag{11.7}$$

从公式中我们看出,$a = \Delta s / \Delta Y$,相当于哈罗德模型中的 s。1/a 实际上是投资乘数。它说明每年总收入绝对量的增加取决于投资增量和乘数。

(3)充分就业均衡增长

要使经济处于充分就业均衡状态,必须使总收入的增长等于生产能力的增长。换句话说,只有总收入与生产能力按同比率增加,才能保持这种状态。前面已经证明每年潜在生产能力的增加量是 $\Delta Yq = I\delta$,而每年总收入增加量是 $\Delta Yd = \Delta I(1/a)$,由此可以得到充分就业均衡增长公式：

$$\Delta I(1/a)=I\delta \tag{11.8}$$

这就是多马的经济增长基本公式。如果在公式两边都乘以 a 并除以 I，便得到：

$$\Delta I/I=a\delta \tag{11.9}$$

这个公式的左边是投资的年相对增长率，右边是储蓄倾向与投资平均生产率的乘积。这表明，要保持不断的充分就业，每年的投资就必须按 $a\delta$ 的速度增长。

如设 δ＝每年 25%，a＝12%，Y＝每年 1500 亿美元，要保持充分就业，投资量应该是 1500×12/100，生产能力的增长速度应该是 1500×12/100×25/100，同时总收入也必须与生产能力保持同样的增长速度：(1500×12/100×25/100)/1500＝12/100×25/100＝$a\delta$＝3%。

2. 多马模型与哈罗德模型

将多马模型与哈罗德模型相比，我们会发现它们除了使用的符号不同外，表达的变量关系几乎是一样的。在多马模型中需求的增长等于投资增量 ΔI 乘以乘数 1/a。用哈罗德模型的符号，乘数是 1/s。多马模型生产能力增长公式 $\Delta I/I=\delta a$ 中的 $\delta=\Delta Y/I$，它正好相当于哈罗德模型有保证增长公式中 Cd 的倒数。我们知道 $Cd=\Delta K/\Delta Y=K/\Delta Y=I/\Delta Y$。可见，多马模型的增长公式中的 δa 相当于哈罗德模型的 sd/Cd。实际上两个增长公式是相等的：$\Delta I/I=\delta a=Gw=sd/Cd$。

不仅如此，从多马公式看，一旦投资增长率 $\Delta I/I$ 相对于 δa 稍向上偏离，即实际增长率偏离有保证的增长率 sd/Cd，由于乘数 1/a的作用和加速原理，投资就会进一步增长；反之，投资则加速减少。这表明要实现长期充分就业均衡，投资增长率不仅必须等于有保证的增长率，还必须等于潜在的增长率，即哈罗德的自然增长率。多马曾明确指出："符号 δ 表示我们所谓的投资的潜在社会平均生产率。”[1]多马模型不仅公式可以相互替换，而且同样都包含了“不稳定原理”。多马说：“私人资本主义的显著特征是，当失业是它的实际收入和它的生产能力之间差额的函数时，趋于提高国民收入的标准措施（即投资）也扩大生产能力。很可能国民收入的增加要大于生产能力的扩大，但整个的问题是收入的增加是暂时的，当生产能力持久增加时，收入的增加就会消失（通过通常的倍数作用）。就失业问题来看，投资一方面可以治病，但同时也会引起更大的疾病。”[2]

四、哈罗德—多马经济增长模型的特点

哈罗德—多马模型的特点是强调资本积累对经济增长的促进作用。其方法上的一个弱点是，它假定创造一个固定不变的资本—产出比率并假定资本和劳动之间不可替代的关系（例如，固定的生产要素投入比率）。对于一个模型而言，这些假设是“关键”性的，但在现实的经济增长中是不恰当的。这些假设同时也引出了“不稳定原理”，它告诉人们，一个经济最好是在“刃锋”均衡增长中达到平衡。这种性质与现实的经济增长并不一致。因此，该模型的这两个假定后来受到了剑桥学派和新古典学派的挑战。

第三节 新古典经济增长理论

二战后，英国和美国的凯恩斯主义者在解决哈罗德—多马模型的“刃锋问题”上也存在很大的区别。新古典综合派以美国的萨缪尔森、托宾（Tobin）、索洛（Solow）和米德（Meade）等人为代表，新剑桥学派以英国的罗宾逊（Joan Robinson）、卡尔多（Kaldor）和

---

① 多马.经济增长理论.中译本.商务印书馆，1983年.第91页

② 多马.经济增长理论.中译本.商务印书馆，1983年.第103页

意大利经济学家帕西涅迪(Passinetti)为代表。两派在经济增长理论上的分歧突出地表现在两个不同的模型上:新古典经济增长模型和剑桥模型。

新古典经济增长模型中最具代表性的是索洛模型。它最突出的特点是以新古典的价值论和分配论为理论基础的总量分析。

索洛认为,哈罗德—多马的"关于有保证的增长率与自然的增长率之间的这种根本的对立实质上是来自于下述苛刻的假定的:生产在不变的要素比例的前提下发生。在生产中,劳动对资本不存在替代的可能性。如果这个假定被抛弃,那么,所谓不稳定的平衡的刃锋观念也就烟消云散了"。

一、索洛模型的假设前提

(1)所有商品的价格都完全具有弹性;

(2)资本和劳动力两大生产要素之间存在替代关系;

(3)充分就业均衡是随时可以达到的,实际产出总是和潜在产出相等;

(4)只有一种商品被生产,这种商品既用于消费也用于投资;

(5)储蓄就是投资,储蓄被看作以固定储蓄率决定的当年收入的一部分。

二、生产函数与产出增长率

根据边际生产力论,各种生产要素的边际产品价值总和等于总产品价值。因此,总收入是各种生产要素的函数。生产方程式为:

$$Y=F(K,L) \tag{11.10}$$

公式中,Y 代表实际产出,K 代表资本投入,L 代表劳动投入。假定生产购买收益不变,这个生产函数就是一个一次齐次函数。这表明不存在特别稀缺的、无法增加的资源。

设产出中用于储蓄的部分是一个常数,用字母 s 表示,那么储

蓄率就是 $sY(t)$。资本存量用字母 $K(t)$ 表示，净投资就是资本存量的增长率：$\frac{\Delta K}{\Delta t}=\dot{K}$。这样 $\dot{K}=sY$，即资本存量增长率等于储蓄率，s 为产出中用于储蓄的份额。将公式(11.10)代入这个公式，结果我们得到：

$$\dot{K}=sF(K,L) \tag{11.11}$$

在不存在技术进步的情况下，n 是哈罗德的自然增长率，即劳动以一个不变的相对比率 n 增长。于是：

$$L(t)=L_0e^{nt} \tag{11.12}$$

在公式(11.11)中 L 代表总就业量，而在公式(11.12)中 L 代表劳动的可供量。假定经济是充分就业的，那么把公式(11.12)代入公式(11.11)，就得到一个基本方程式：

$$\dot{K}=sF(K,L_0e^{nt}) \tag{11.13}$$

公式(11.13)是一个微分方程，它含有一个变量 $K(t)$。该式说明，如果劳动达到充分就业 L_0e^{nt}，资本积累轨迹必定成立。根据这个公式，我们可以推算出可使全部可供的劳动都得到充分就业的资本存量的时间轮廓。一旦知道了资本存量和劳动力的时间轮廓，我们就可以从生产函数中算出相应的实际产出的时间轨迹。

三、增长模型

在公式(11.13)的基础上引入一个新的变量——资本—劳动比率，用字母 r 表示：$r=K/L$。这样就有 $K=rL=rL_0e^{nt}$。让 K 对时间 t 求导，得到：

$$\dot{K}=L_0e^{nt}\dot{r}+nrL_0e^{nt}$$

把上式代入公式(11.13)，得到：

$$(\dot{r}+nr)L_0e^{nt}=sF(K,L_0e^{nt})$$

因为规模报酬不变，所以我们可以将函数中的两个变量都除以 $L=L_0e^{nt}$，结果得：

$$(\dot{r}+nr)L_0e^{nt}=sL_0e^{nt}F(K/L_0e^{nt},1)$$

等式两边都约去相同的因子，最终得到：

$$\dot{r}=sF(r,1)-nr \tag{11.14}$$

这是索洛模型的基本方程式。这个公式中的函数 sF(r,1)就是单位劳动所使用的资本量 r 变化时的总产量曲线。另外，它还表明单位劳动的产出是单位劳动拥有资本量的函数。当 $\dot{r}=0$ 时，资本－劳动比率就是一个常数，资本存量的扩张速度与劳动力增加的速度相同，都等于 n。如图 11.2 所示。

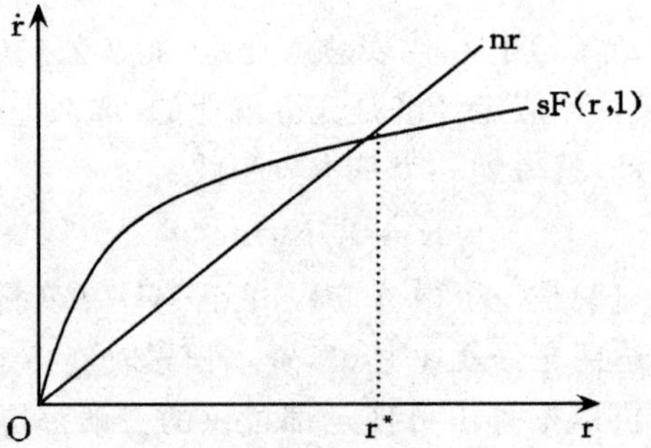

图 11.2 新古典的增长模型

图中横轴 r=K/L，纵轴 $\dot{r}=\Delta K/L$。通过原点的射线具有斜率 n，这条射线代表函数 nr。曲线 sF(r,1)通过原点，并向上凸，表明只有当两种生产要素都是正数时，才会有产出量，而且资本的边际生产力递减。两条线的交点 nr=sF(r,1)，且 r=0。这时资本－劳动比率为 r^*。保持这个比率，资本和劳动也会按比例增长。由于规模报酬不变，实际产出也将按 n 比率增长，从而使单位劳动的平均产出保持不变。

当 $r>r^*$，$nr>sF(r,1)$时，由于公式(11.14)，r 将趋向于下降，最终等于 r^*。反过来，如果 $r<r^*$，图 11.2 说明这时 $nr<sF(r,1)$，于是 r 趋于上升，最终等于 r^*。因此，r^* 是个均衡 K/L，是稳定的。无论 K/L 处于什么值，经济都会按自然增长率增长。产出增长率

总是在资本增长率和劳动增长率之间。

这个模型由于假定所有商品的价格都是完全富于弹性的，并且在两种生产要素——资本和劳动之间存在弹性为正数的替代关系，通过 K/L 的变动，就可以实现充分就业的均衡，即达到实际产出总是和潜在产出相等，从而避免了哈罗德—多马模型中的不稳定状况。

四、索洛余值与技术进步的测度

索洛 1957 年发表的一篇文章里提到用科布—道格拉斯(Cobb—Douglas)生产函数可以分析经济增长源。他从这个生产函数中推出所谓“索洛余值”作为衡量技术进步的测度标准。

科布—道格拉斯生产函数具有以下形式：

$$Y=AK^{\alpha}L^{\beta}(\alpha+\beta>1\text{ 且 }1>\alpha>0) \qquad (11.15)$$

在等式中，A 表示所有生产要素的生产能力的参数，亦即在资本与劳动比率保持不变的情况下，生产方法的改进引起的总产出水平提高比率；α 是资本存量的外生变量，它衡量产出的资本投入的弹性；β 是劳动的外生变量，它衡量产出的劳动投入弹性。α 和 β 的比重反映总产出在资本和劳动之间的分配比率。给定生产的规模收益不变，α 和 β 相加等于 1。比如当时在美国，资本收入约占国民总收入的 1/3，劳动收入约占 2/3，这样，$\alpha=1/3$，$\beta=2/3$。

令字母 A 为技术水平，K 为资本存量，L 为劳动投入量，则总收入 Y 的增长率将等于 A 的增长率、K 的增长率和 L 的增长率三者的加权相加之和。这样，等式(11.15)就可以写成：

$$\Delta Y/Y=\Delta A/A+\alpha\Delta K/K+\beta\Delta L/L \qquad (11.16)$$

重新调整等式(11.16)，得到余值 ΔA/A 来表示技术进步对经济增长的贡献：

$$\Delta A/A=\Delta Y/Y-(\alpha\Delta K/K+\beta\Delta L/L) \qquad (11.17)$$

这就是所谓的“索洛余值”。在 1957 年的这篇论文中，按照这样的等式逻辑，索洛对美国1909年～1949年的GDP进行了估计。结果他发现：这段时期美国平均GDP年增长率（$\Delta Y/Y$）为2.9%，其中0.32%是资本积累（$\alpha\Delta K/K$）的贡献，1.09%来自劳动投入增加（$\beta\Delta L/L$），而其余的1.49%可以归功于技术进步（$\Delta A/A$）。但是问题是，索洛的技术进步（$\Delta A/A$）是外生因素，因为在索洛模型中，技术水平是给定的，因而是可以不考虑的因素。这是索洛模型的一个明显弱点，也是后来引起很大争议的问题。尽管存在致命的“内生化”问题，但是“索洛余值”的意义还是受到了西方经济学界的高度重视。正如很多人说的，索洛余值“衡量了我们忽略的东西”。

第四节　新剑桥学派的经济增长理论

新剑桥学派的主要代表是琼·罗宾逊（Joan Robinson）、卡尔多（kaldor）和帕西涅迪（Passinetti）等人。他们把古典经济学中李嘉图的分配理论引入凯恩斯主义经济学，试图证明通过收入分配的调整可以改变储蓄率（S/Y），从而能够克服“哈罗德刃锋”问题。

一、假设前提与剑桥公式

（1）一个国家或一个经济中，只有两个阶级：资本家和工人；

（2）资本家的收入完全来自利润，工人的收入完全来自工资；

（3）每个阶级分别有固定的储蓄倾向，并且资本家储蓄大于工人储蓄，工人储蓄几乎等于零（$Sk>Sw$，$Sw=0$）；

（4）长期内经济趋于充分就业均衡。

设Y＝国民收入，W＝工资，P＝利润，g＝经济增长率，K＝资本存量，那么如果$Sw=0$，则：

$$P/K=g/Sk \tag{11.18}$$

这一公式，表明均衡利润率取决于经济增长率和资本家的储蓄倾向。

调整公式(11.18)，得到著名的剑桥经济增长公式：

$$g = P/K \cdot Sk \tag{11.19}$$

公式(11.19)表明经济增长取决于利润率和资本家储蓄倾向。这个公式的意义在于：

(1)通过资本家的储蓄倾向，建立了利润率与经济增长之间的关系(正比)；

(2)长期均衡经济增长可以通过调节分配以改变利润率来实现；

(3)只有一个阶级的储蓄行为对经济增长具有绝对意义，“另一个阶级的储蓄倾向对经济增长几乎没有影响”(后来帕西涅迪进一步论证了即使工人阶级储蓄不等于零，但由于 $Sw < Sk$，对经济增长产生决定性影响的还是资本家阶级的储蓄倾向)。

二、罗宾逊的资本积累模型

罗宾逊在《资本积累》和《论经济增长理论》中系统地研究了经济增长与利润率之间的关系。她认为资本积累，从而经济增长的主要机制不在于调节 K/L，而是要调节利润率。她说，新古典用 K/L 的提高和人均资本不变条件下(K/L 不变)资本使用量扩大等概念毫无用处。凯恩斯的“血气冲动”也不行。资本积累并非人的天性，而是一种社会行为。企业投资决策直接根源于其生存和发展的机制(这就是竞争精神)。所以在血气冲动既定情况下，资本积累主要取决于利润率。

1. 资本积累与利润率的关系

由于投资越多利润率越高，所以投资或资本积累决定利润率。反过来，预期利润率会通过影响投资决策而影响资本积累。一般的规律是：过去的投资决定现在的利润率，现在的利润率又影响企业家对未来利润率的预期，而未来利润率的预期直接影响现在的投资决策。如果预期利润率等于可实现的利润率，则投资量为使经济稳定增长所需要的数量；如果二者不相等，经济增长就会出现波动。

2. 罗宾逊的经济增长模型

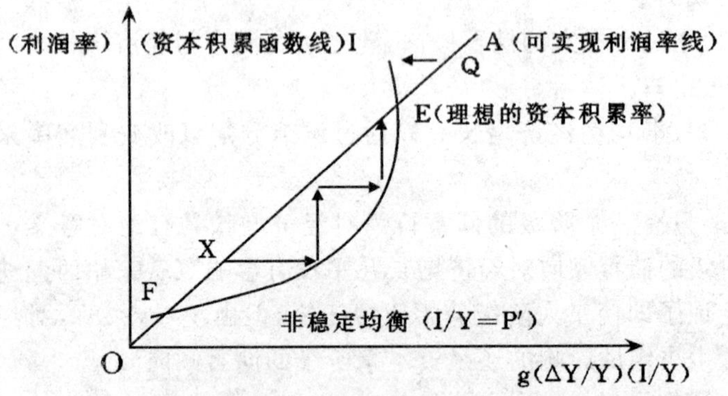

图 11.3 罗宾逊的经济增长模型

图 11.3 中横轴为资本积累率和经济增长率，纵轴是利润率。直线 A 为可实现利润率曲线，表示对应各种可能的资本积累率可实现的利润率（根据剑桥公式，它是一条直线，其斜率等于 Sk）；曲线 I 是资本积累函数线，表示对应各种不同预期利润率可能的计划资本积累率，其凹状表明连续增加积累需要更大的利润率来引致。

图中 F 和 E 是两个均衡点。其中 F 点是一个非稳定均衡点。当经济位于 X 点时，利润率预期所引致的计划资本积累会大于生产该利润水平所需的资本积累，其结果资本积累增长导致经济增长。如果经济位于 Q 点，利润率预期所引致的计划资本积累小于生产该利润水平所需的资本积累，结果就是经济萧条。只有 E 点决定了理想的资本积累率和经济增长率。

罗宾逊认为，利润率的变动不是无限的，而且对资本积累的影响也是有限的。利润率变动有一个有效区间。资本家可能接受的最低利润率是由企业的垄断程度决定的。而利润率的最高限度是由现存分配关系决定的。罗宾逊称之为“通货膨胀关口”。利润率实际变动范围只能限于这两者之间。

考虑到利润率变动的有效区间,应对图 11.3 作以下修正。

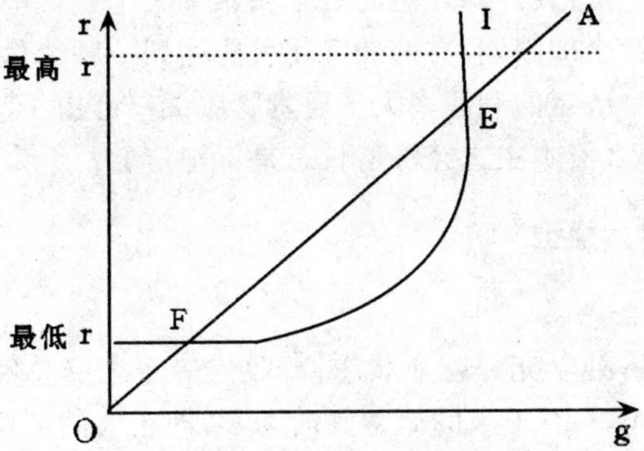

图 11.4 罗宾逊修正模型

图 11.4 中,最高 r 是资本家所能接受的最低利润率,最低 r 是由分配关系所容许的最高利润率。

罗宾逊认为有两种增长率,一种是通过利润率引致的资本积累(投资)达到的理想资本积累率下的经济增长率。另一种是可能的经济增长率,即由技术进步和劳动力增长所决定的增长率,也称自然增长率。罗宾逊认为,如果可能的增长率=理想的增长率,经济就会出现增长的“黄金时代”。在这种情况下:(1)工资与劳动产出率(Y/L)同步增长。(2)技术进步。技术进步可划分为两种:一是由新发明引起创新;二是由分配关系引致的资本深化即 K/L 提高。这两种技术进步都会使经济中的不稳定因素增加。罗宾逊认为,只有中性技术进步才能使经济保持稳定的经济增长。

在资本积累中,如果利润中消费=0,那么适合经济增长的资本存量全部用于吸收劳动就业，因此是最佳经济增长。但是在现实中，由于很多因素的作用，黄金时代很难达到。于是经济可能达到弱黄金时代，即适合于经济增长的资本存量不足以吸收全部劳动力就业。在这种情况下，失业的存在使马尔萨斯机制起作用，促使人口减少，最终经济能够实现理想的增长率。有时经济可能达到"受约束的黄金时代"，即理想的资本积累率大于人口增长率，从而引起资源和资金的限制。有时经济还可能达到一种伪黄金时代，即理想的增长率决定的利润率大于通货膨胀关口。由于"黄金时代"很难达到，那么资本主义经济增长总是不稳定的。

三、卡尔多模型

1. 假设条件

假定经济处于充分就业状态；总收入等于工资总额与利润总额之和：$Y=W+P$；工人的储蓄倾向为零，即工人的工资全部用于消费：$Sw=0$；而资本家储蓄倾向大于工人储蓄倾向：$Sp>Sw$；总储蓄决定于收入分配和不同收入者的储蓄倾向：$S=SwW+SpP$。

2. 分配公式（利润率与投资率）

因为工人的储蓄$=SwW$，而资本家的储蓄$=SpP$，且 $Sp>Sw$，所以总储蓄$=S=SwW+SpP$，代入 $Y=W+P$，$W=Y-P$，则：

$$S=Sw(Y-P)+SpP$$

$$S=(Sp-Sw)P+SwY$$

公式两边都除以 Y，则：

$$S/Y=(Sp-Sw)P/Y+Sw$$

如果 $S=I$，则：

$$I/Y=(Sp-Sw)P/Y+Sw$$

如果 $Sw=0$，则：

$$I/Y=Sp\cdot P/Y \qquad (11.20)$$

所以：　　$I=SpP$，$P=1/Sp\cdot I$（$1/Sp$ 是乘数）

公式(11.20)表明,投资－产出比率是利润－产出比率的函数(I/Y 是 P/Y 的函数)。这意味着当经济不平衡时,可以通过调节 P/Y 来改变 I/Y。具体来看就是:当投资率 I/Y 高于充分就业水平时,可以通过降低利润率 P/Y 来促使经济达到均衡;反过来,当投资率低于充分就业水平时,可以通过提高利润率促进经济达到均衡。

根据这个推断,我们可以通过直接改变分配的办法来达到调节投资率的目的。因为在正常情况下,价格水平的变动决定于总需求,所以如果使投资率提高,则总需求增大,于是价格水平提高;而总价格水平的提高意味着工人实际工资和实际消费的下降(W/Y↓)以及利润率的提高(P/Y↑)。

3. 资本家消费的调节

根据公式(11.20),假定工人不储蓄,Sw=0,那么:

$$I/Y = Sp \cdot P/Y$$

$$P = 1/Sp \cdot I = I/Sp$$

1/Sp 是投资乘数,它实际上等于 1/(1－MPC)(MPC=资本家边际消费倾向)。这就意味着资本家边际消费倾向越大,乘数 1/(1－MPC)就越大,资本家得到的利润就会越多。因此通过刺激资本家消费,能够提高利润,而利润的提高又能够刺激投资的扩大;反之,减少资本家消费也能够减少投资。在经济处于不均衡状态时,对资本家边际消费倾向的调节可以达到恢复平衡的目的。当 S/Y＞I/Y 时,增加 MPC 使得投资乘数 1/SP 提高,促进利润上升,于是 I/Y 会提高。当 S/Y＜I/Y 时,可以减少 MPC,促使 1/SP 下降,从而利润减少,则 I/Y 会下降。

这种调节和对分配的调节一样可通过价格的变动实现。因为当 S/Y＞I/Y 时,意味着总需求不足,商品市场价格会因此而下降,MPC 会因此而提高,于是投资乘数 1/SP 提高,引起利润提高,从而促进 I/Y 提高。反之则 I/Y 下降。

如果把以上两点综合起来，我们看到，由于特殊的分配关系，资本家投资和消费都能够改变资本家获得的利润，这正好应了卡莱茨基的一句名言："资本家得到他们花掉的，工人花掉他们得到的。"

这样，通过以上调节机制，使哈罗德—多马模型 G=s/C 中的 s(=S/Y)成为可变的变量，于是实际经济增长率可以调节到均衡经济增长率水平，"刃锋问题"得到解决。

与索洛模型相比可以看出，索洛模型说明了当经济增长处于不均衡状态时，市场对 K 和 L 价格的影响会使投资者改变 K/L(生产的技术条件)，从而达到调节哈罗德—多马模型 G=s/C 中的 C(=K/Y)的作用；而罗宾逊和卡尔多模型通过说明资本积累与利润率的关系，找到了调节哈罗德—多马模型中 s 的机制。

第五节　新经济增长理论

20 世纪 80 年代经验研究的一些新发现促使了对索洛模型的修正，结果导致"新经济增长理论"的产生。因此，有人称索洛模型为"旧新古典模型"，而称新经济增长模型为"新新古典模型"。新增长理论最有代表性的经济学家就是罗默和卢卡斯。20 世纪 80 年代经验研究的新发现主要是：(1)趋同现象的存在。1986 年鲍莫尔和亚博拉莫维茨发表了有关研究论文。鲍莫尔发现 16 个国家的生产率和人均收入有"趋同"现象，即落后国家最终赶上了先进国家。他的分析结果是 1870 年～1950 年间 13 个先进国家的生产率落在美国之后，而在 1950 年以后赶上美国。(2)统计数据显示，自 1973 年以后，主要 OECD 国家的生产率增长速度下降。这样的现象引起发达国家，特别是美国的经济学家对生产率增长原因的分析和研究。

这些研究反映出新古典模型无法解释不同国家之间人均收入

的巨大差异这一缺陷。按照新古典模型，经济增长差异的主要原因在于人均资本(K/L)的差异，而实际数据表明，现实中人均资本差异太小，不足以解释现存不同国家人均收入的差异。新经济增长模型力图说明技术进步作为长期人均收入的增长的内生因素与投资决策的关系，而不像在索洛模型中，技术进步是不可解释的。要建立一个内生经济增长理论来代替索洛模型，关键要改变一下资本长期内规模报酬递减的条件。

一、扩展的新古典模型

美国经济学家卢卡斯和罗默等人提出在索洛模型的基础上加入人力资本的考虑。这样，资本的概念就应该有广义和狭义之分。广义资本包括物质资本和人力资本，狭义资本是指物质资本。把人力资本加入模型，生产函数方程式变成：

$$Y=K^{\alpha}H^{\beta}(AL)^{1-\alpha-\beta} \qquad (\alpha+\beta<1) \qquad (11.21)$$

公式中，H 表示人力资本的存量。$\alpha+\beta<1$ 说明广义资本的规模报酬递减。资本比重的大小决定着生产函数，从而决定着报酬递减的速度。

扩展索洛模型的结果，加入了人力资本存量，经济向稳定状态过渡的过程更加缓慢了。国际上大多数国家之间生活水平的差异都能用人力资本和物质资本的积累程度的差异来解释。但问题是，K 和 H 的指数相加的和小于 1，因此这个模型不是经济增长内生化模型，人均收入将按照外生决定的技术进步的速度增长。这表明，扩展的经济增长模型虽然能够解释不同国家之间生活水平的差异，但是仍然不能说明经济持续增长的原因。

二、内生经济增长理论

1986 年，罗默发表了《报酬递增和长期经济增长》，开始了新经济增长理论的研究。他试图用新技术对经济增长的影响说明经济增长的内生性。罗默模型主要显示个别厂商发明的新知识如何“对其他厂商的生产可能区间产生一个正的外部效应，因为知识技术是不能完全专利化加以保护或永远不为人知的”，这就是所谓新知识的“溢出效应”，也被称为新知识的“外部性”。新知识的“溢出效应”使得单个厂商资本存量的增加能够造成厂商知识存量的增加，而单个厂商知识存量增加可以造成整个经济整体知识水平的提高。

1. 单个厂商生产方程式与经济增长

对于单个厂商而言，加入新知识因素后，生产方程式（生产函数）可以写成这样：

$$Y_j = f(K_j, A_jL_j) \tag{11.22}$$

公式中，A_j 表示单个厂商可获得知识量的指数。由于溢出效应，每个厂商技术水平 A_j 的变化和整个经济知识水平保持一致，并随着总资本存量 K 的变化而成比例地变化。如果用总资本存量 K 替换公式（11.22）中的 A_j，公式（11.22）便可以写成：

$$Y_j = f(K_j, KL_j) \tag{11.23}$$

这个公式就是单个厂商 j 的生产方程式。它表示：如果所有厂商的生产力都具有正外溢效应，单个厂商各自扩张企业资本 K_j 的结果使整个经济的总资本存量上升。如果总劳动力存量 L 给定，那么，当总资本存量 K 与各个单个厂商的资本存量 K_j 一起上升时，整个经济总资本增加将会报酬不变。如果总劳动力存量 L 随着总资本存量 K 以相同比率增加，产出增长将大于这个比率。例如，K 和 L 投入增长两倍，那么产出增长就大于两倍，原因就在于知识成为生产方程式中的一个重要因素。这就是说，由于知识这个重要因素带来了边际产出递增的生产力，整个经济就在规模报酬递增条件下增长。

2. AK 模型：一个总量新经济增长模型

知识作为推动经济增长的动力，是体现在物质资本上，还是体现在人力资本上，不同的经济学家有不同的看法。比如，罗默比较强调新知识与物质资本的联系，而卢卡斯的模型就表现出推动经济增长的主要动力是人力资本的积累。卢卡斯认为国家与国家之间社会水准差异的主要原因就是人力资本的差异。但是不管怎样，广义资本的概念包含了人力资本。

AK 模型是最简单的内生经济增长模型。假定技术水平 A 总是一个正数，人口增长率为零，广义资本（物质资本＋人力资本）是决定生产的惟一要素，那么产出水平就和广义资本存量成比例。假定资本的边际产出固定，永远是 A，人力资本与物质资本比例（人力资本/物质资本）固定，那么 AK 模型即：

$$Y=AK \tag{11.24}$$

这个模型说明，如果不考虑人口因素，一个国家的收入水平是由技术水平和广义资本决定的。

假设所有的储蓄都被用于投资，那么资本积累就是这样的：

$$\dot{K}=sY-\delta K=sAK-\delta K \tag{11.25}$$

公式中的 $\dot{K}$ 代表资本积累率，sY 代表储蓄率，δ 是资本存量的折旧率，δK 就是资本折旧量。显然公式（11.25）表明，当储蓄全部用于投资时，资本积累的速度就等于净投资增长率，也等于净技术水平和广义资本决定的收入增长率。

我们调整等式（11.25），又得到：

$$\dot{K}/K=sA-\delta \tag{11.26}$$

因为公式（11.24）表明产出水平（Y）是与社会总资本存量（K）成比例的，所以我们得到产出增长率的公式：

$$g=\dot{Y}/Y=sA-\delta \tag{11.27}$$

公式（11.27）表明，经济增长速度是投资率和技术水平的递增函数。只要 $sA>\delta$，即使没有外生的技术进步，经济也会持续增长。如果人口数量不变，公式（11.27）则表明人均收入水平也是投资和技术水平的递增函数。因此，提高投资率和提高基础技术水平的政府政策就是加快经济增长速度的政策。AK 模型可以用图 11.5 说明。

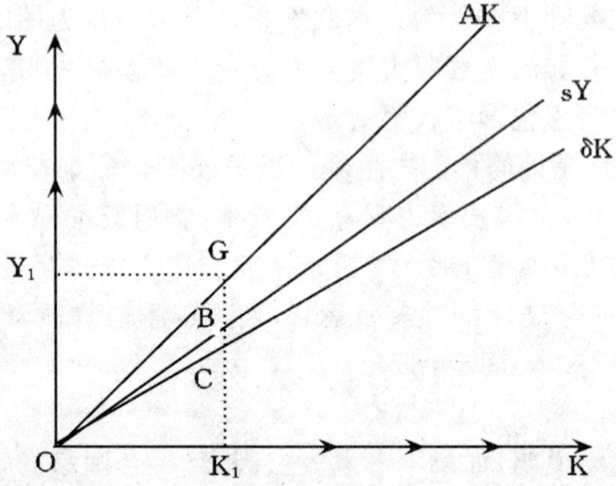

图 11.5　自发增长

图 11.5 表示，如果经济开始时位于 G 点，并有资本存量 K_1，总产出水平为 Y_1，那么可以看出与 B 点对应的总投资大于 C 点对应的总折旧，所以资本存量将持续累积地增加。

3. AK 模型的发展

在 AK 模型中，知识水平的增长因素是一个需要说明的问题。罗默提出一个技术水平真正内生化的模型。这个模型是建立在三个假设前提基础上的：

(1)经济增长的基本推动力是技术变动。技术变动是指生产过程中把生产要素转化为产出的知识技能的改进。

(2)技术变动是内生决定的，是由经济部门内部在受到利益刺激下的故意行为决定的。

(3)知识或思想是指"作为研究新思想的成本一旦投入，以后这些新思想就可以不费成本地重复使用"。因此一个企业或个人对它的使用不妨碍其他企业或个人对它的使用。

事实上，新思想也会具有部分排他性，产品（新思想）的所有者可以通过一定的手段阻止那些没有付费的经济主体使用它。罗默说，"排他性是技术和法律体系的一个函数"。

这三个假设前提有两个重要意义：一是人均知识可以无限积累，因为新思想可以不费成本地重复使用；二是新知识的创造必然涉及利益溢出（外部性），因为新思想具有不完全排他性。以新思想为特征的经济具有"无限"发展和"不完全排他性"这两个特征表明，"产出水平不可能对于所有投入生产的生产要素总能保持总体规模报酬不变"。这实际上是肯定了规模报酬递增存在和不完全竞争的现实性。

1995年罗默完全放弃了他以前把技术作为一种公共产品的假设，认为这实际上是索洛模型的缺陷。在他的新模型中把技术看作一种受私人控制的东西，因而技术具有某种程度的独占性和排他性。这样，技术进步就成为直接影响投资决策的内生因素。

新古典理论在解释不同国家之间的差距时强调"物质差距"（Object Gaps），而新经济增长理论则强调"思想差距"（Idea Gaps）。因此在新经济增长理论家看来，不同国家生活水平差距的主要根源在于由技术差异引起的生产力差距。那些把自己孤立于思想自由流动潮流之外的国家面临经济停滞；而开放贸易政策有助于创新和经济增长，因为市场越大，对发展新思想的激励越大。

第六节　经济增长的测量和经验分析

20世纪50年代以后，发达国家经济增长速度普遍提高。但是作为最具有优势的美国却落在除了英国以外的西欧、日本和苏联的后面。一方面，这引起了美国的关注，并提出了分析影响经济增长的主要因素的任务。另一方面，道格拉斯生产函数和索洛模型的建立，也给这种分析提供了一个方便的方法。

美国最早进行这项工作的是美国国家统计局的米尔斯(Mills)。他在1952年发表了《生产率和经济进步》。后来几位经济学家和统计学家相继进行了比较系统的统计测算和分析。其中最有代表性和最有影响的是肯德里克(Kendrick)和丹尼森(Dannison)。

一、肯德里克的统计分析

1961年肯德里克发表的《美国生产率发展趋势》比较集中地反映了他的研究成果。1973年他又进一步延续他的统计工作,并发表了《美国战后1948年～1969年生产率变化的趋势》。1977年他又发表了《理解生产率:生产率变动动态学导论》。在这些文章中,他对生产率概念进行了重新界定。

1. 部分生产率

部分生产率是指产量和某一特定要素投入量的比,如Y/K、Y/L等。部分生产率只能衡量一段时间内某一特定生产要素的节约,但不能表示生产效率的全部变化,这是因为投入的生产要素结构变化会影响到生产效率的全部变化。

2. 全要素生产率

全要素生产率是指产量和全部投入的生产要素量之比,也称为生产率。全部要素生产率是根据科布—道格拉斯生产函数的方法测算出来的。因为土地和资本都是非劳动性生产要素,所以肯德里克把土地归到资本中。这样,全部投入的生产要素被简化为资本和劳动两种。按照生产函数,一定时期的总产值可以用下式表示:

$$Q_0 = wL_0 + iK_0 \tag{11.28}$$

设T为全要素生产率,且T=1,于是:

$$Q_t = T(w_0 L_t + i_0 K_t) \tag{11.29}$$

如果T>1,则:

$$T = Q_t / (w_0 L_t + i_0 K_t) \tag{11.30}$$

那么，全要素生产率增长率公式就是：

$$T/T_0=(Q_t/Q_0)/[a(L_t/L_0)+b(K_t/K_0)] \tag{11.31}$$

公式(11.31)中的字母 a 和 b 分别代表劳动和资本在基期年份的比重：

$$a=wL_0/Q_0, b=iK_0/Q_0$$

按照以上各公式，肯德里克认为，经济的增长源有两方面：一是全部生产要素投入量的增长；二是全部生产要素生产率的提高。任何一方的增长或提高都可以带来经济的增长。

统计结果反映从 1889 年到 1957 年的 68 年中，美国私人生产部门全部生产要素的增长率每年平均增长 1.7%；而同期实际产值平均每年增长 3.5%。所以这段时期经济增长一半来源于劳动和资本投入量的增加，另一半来源于资本和劳动的生产率的提高。而 1958 年～1966 年间，经济增长的主要贡献是全要素生产率，因为这段时期全部生产要素的生产率提高快于生产要素投入量的增长。

肯德里克列举了一些影响全要素生产率增长的因素，但是无法确定这些因素对全要素生产率的提高作出了多少贡献，因此，全要素生产率的计划算是一种“余值”。

二、丹尼森的分析

丹尼森的工作比肯德里克推进了一步，他把“余值”缩小到“知识的进展”的来源之中。

1. 经济增长源

丹尼森把经济增长源划分为两个大类，包括七个方面。

第一类是生产要素的投入量，包括：(1)就业人数及其年龄、性别构成；(2)包括非全日工作的工人在内的工时数；(3)就业人员的教育年限；(4)资本存量的大小。

第二类属于要素生产率，其中包括：(1)资源配置；(2)规模经济;(3)知识的进展。

2. 经济增长源的确定

丹尼森说,任何一天的产量都决定于各项经济增长源中的许多因素,正是这些因素的变化促进了产量的变化,这就是经济增长。对每一段时期的经济增长的分析就是要鉴别出已经发生变化的因素,以及这些因素变化对产量变化所作的贡献。一个因素贡献的大小决定于它的重要性和它发生变化的量,如果完全没有变化,那么它的贡献就等于零。如土地没有变化,它对经济增长的贡献就等于零。

3. 确定经济增长源贡献的方法

确定经济增长源贡献的方法有两种,一种是分别按全部生产要素投入量和单位投入的产出量的指数序列的增长比例分配该领域的国民收入增长率。各要素分配到的百分点就是其对国民收入总增长的贡献。另一种方法是每个单位要素投入量所作的贡献(百分点)根据它的各个构成因素(如资源配置、知识进展)的指数序列的增长率,按比例地分配到各个构成因素上,就是它们各自对总收入增长的贡献。

按照丹尼森的方法进行统计检验,1929 年~1967 年的 38 年中,美国非住宅性投资的收入增长率($\Delta Y/Y$)平均每年为 2.86%,其中 1.38%来自要素投入量的贡献,1.48%来自单位投入要素产出量的贡献。这就是说,要素投入量的贡献占 48%,而要素生产率的贡献占 52%。后者的贡献大于前者。

就个别增长因素来看,贡献最大的是知识的进展,占 0.93%,其次是劳动生产率,占 0.86%,然后依次是规模经济,占 0.35%,资本(生产率)是 0.35%,资源配置的改善是 0.33%。

如果把 1929 年~1973 年分成 1929 年~1948 年和 1948 年~1973 年两个阶段,前一阶段增长率平均为 2.39%,后一个阶段平均为 3.56%。在后一阶段上,知识进展的贡献高达 1.41%,占要素生产率贡献的71%；教育的贡献占劳动投入量的一半以上；规模经济、资源配置和资本投入量的贡献都大于前一个阶段。

4. 美国和其他发达国家比较

1929年～1973年西欧的经济增长率平均为4.8%，其中35%来自要素投入量的贡献，65%来自要素生产率的贡献。其主要原因在于战后经济恢复中，结构、劳动力规模和教育水平起着重要作用。从要素投入量来看，资本投入量的贡献大于劳动投入量的贡献，二者分别是0.9%和0.8%。

日本1953年～1971年平均经济增长率为8.77%。其中2.1%来自资本投入量的贡献，0.95%来自资源配置的贡献。总体来看，日本的经济增长率中，要素投入量的贡献不如要素生产率的贡献大。

根据这些，丹尼森对美国经济增长的三条建议是：

(1)美国政府要重视教育，为私人资本提供有利的环境。

(2)更多工作，更少闲暇，牺牲目前消费来增加资本和教育、训练、科研等有形和无形投入，以提高未来的产量。

(3)美国今后经济增长率不会太高(任何促进经济增长的方法都不会导致长期可观的经济增长率，因此要珍惜小的变化)，0.1%的增长率就不算小了。

5. 丹尼森分析的缺陷

在丹尼森的分析中存在着以下缺陷：

(1)知识进展的内涵值得商榷。根据丹尼森的分析，只有那些能使单位要素产量增加的知识进展才包括在内。这就等于说，已经上市的最终产品单位成本下降的知识进展才有贡献，而新产品对需求的刺激不包括在内。

(2)这里的分析既然是长期的，那么就应该包括不正规的因素的影响，如就业移民浪潮；自然条件变化的影响，如天气对农业收成的影响等等。

1969 年乔根森(Jorgenson)和格里里齐斯(Griliches)在《对生产率变化的解释》一文中提出了完全不同于丹尼森的计算方法,对丹尼森的计算方法提出了挑战。他们的计算结果是,战后美国GNP 增长几乎全部是由要素投入量的增加带来的。

不管怎样,库兹涅茨和丹尼森对美国经济的统计分析采用了科布—道格拉斯的生产函数。虽然这种方法在指标测度上还有很多不尽人意的地方,但是大体上反映了战后美国和各主要发达国家经济增长的基本情况。

第七节　经济增长的极限

战后西方发达国家所经历的经济增长"黄金时代",一方面给这些国家带来了经济繁荣,另一方面也带来了严重的环境恶化、资源浩劫和贫富差别等一系列"世界难题"。1969 年,由富尔克斯瓦根基金资助、由丹尼斯·梅多斯指导的一个国际小组承担了罗马俱乐部的"关于人类困境研究计划"。这项研究的报告《增长的极限》公开出版以后,引起很大震动并受到广泛关注。

《增长的极限》仔细研究了人类面临的影响经济增长的五大基本因素——人口、农业生产、自然资源、工业生产和环境污染,得出的结论是:"如果世界人口、工业化、污染、粮食生产以及资源消耗按现在的增长趋势继续不变,这个星球上的经济增长就会在今后100 年内达到极限。最可能的结果是人口和工业生产能力这两方面出现颇为突然的、无法控制的衰退或下降。"根据这五大基本因素与经济增长速度之间的关系,这篇报告中提出了一个推断上述结论的"世界模型",这一模型表明,"假设在目前的制度没有重大改变的条件下,人口和工业的增长肯定最迟会在下一个世纪以内停止"。

一、五大基本因素

梅多斯的“世界模型”是在对五个基本因素进行分析的基础上建立起来的。前两项利用一种“正反馈环路”模型进行分析。所谓正反馈环路就是一种“恶性循环”的指数增长的解说。

1. 世界人口的增长

根据联合国的估计，1650 年世界人口大约是 5 亿人，以后以 8.3%的速度增长，到 1900 年的 250 年中增加了一倍。1970 年世界人口总数是 36 亿人，这期间平均增长率为每年 2.1%。按照这样的速度增长，增加一倍需要 33 年。可见人口的增长是超指数的。

人口的增长动态反馈环路结构是这样的(图 11.6)：

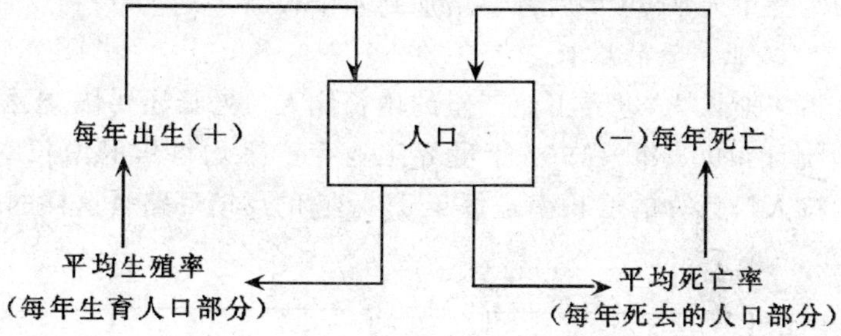

图 11.6　人口增长的动态反馈

图 11.6 的左端是正反馈环路，它表明人口指数增长决定于出生率和生殖率。首先，在一个不变的生殖率下，人口数量越大，每年出生的孩子越多，人口增长就越快；其次，人口的这种增长率还取决于平均生殖率和两代人之间间隔的时间长短，即生殖率越高和两代人之间间隔越短，人口增长越快。

图 11.6 的右端是负反馈环路，它表明人口控制由死亡率决定。如果正反馈环路产生无法控制的增长，负反馈环路会调节增长，使一个系统保持稳定状态。决定控制人口的负反馈环路的死亡

率又取决于人口的一般健康状况。一般人口健康状况越好,死亡率就越低,而对人口增长的控制就越差。

近代世界人口超指数增长的原因就在于正反馈环路比负反馈环路占优势。1650年世界上大多数人口平均寿命是30岁左右。"随着现代医药、公共卫生技术以及生产和分配粮食的新方法的传播,世界各地平均估计寿命目前是53岁,并仍然在上升。"①从全世界来看,人口增长的正反馈环路只略有减弱,而负反馈环路越来越强,因此人口急剧地以指数增长。"除非死亡率出现急剧上升——这是人类肯定要竭力避免的——我们可以预期再过30年世界人口将达到70亿左右。并且,如果我们继续在降低死亡率方面取得成功,而在降低生殖率方面却不能超过以往的成就,那么,今天的每一个人在60年后将要增加到四个人。"

2. 工业产量的增长

梅多斯认为,世界工业产量的增长比人口增长还要快。根据联合国统计,1963年～1968年世界工业生产平均每年的增长率是7%,按人口计算的增长率是每年5%。它的反馈环路是这样的(图11.7):

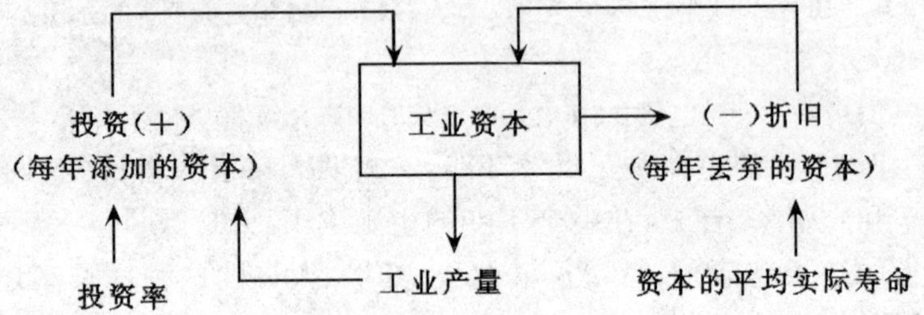

图11.7 资本增长的动态反馈

假定劳动、原材料和其他生产要素量足够使用,那么工业资本

① 梅多斯.增长的极限.中译本.商务印书馆,1984年.第22页

就是工业产量的限制因素。这里所谓的工业资本是指工厂、载重汽车、工具和机器等物质资料。除了用于消费的部分，反映正反馈环路的是进入工业系统的增加资本存量的投资——织机、轧钢机、车床等。新的、更多的资本存量能够生产更多的产品。每年投资越多，资本存量越多，而资本存量越多，工业产量就会越高。

控制工业产量增长的负反馈环路的因素是资本的损耗或折旧。现有的资本越多，平均每年损耗的就越多，损耗越多，明年的剩余就越少。梅多斯认为今天世界上的工业资本存量在指数化增长，它比负反馈环路要强，因此工业增长也是超指数的。

但是，工业生产的增长并不一定意味着世界人民物质生活水平的提高。尽管从全世界范围看，工业产量每年增长 7%，人口每年增长 2%，然而世界工业增长实际上大部分发生在工业化国家中，而工业化国家的人口增长率比较低，这就是说，人口增长率比较高的国家，工业产量增长率并不高。这样，世界大多数人口得不到工业生产增长的好处。这个结构系统表明，“经济增长进程，像今天这样，正在出现的这样，正在无情地扩大世界上富国和穷国之间的绝对鸿沟”[①]。

3. 粮食问题

联合国粮农组织的估计表明，目前大多数发展中国家对粮食的基本要求不能得到满足。尽管世界农业生产总额在增加，但非工业化国家人均粮食生产仅仅勉强维持目前不足的水平。其原因就在于在粮食生产系统中存在相互联系的两个限制因素：物质限制和社会限制。

限制粮食生产的物质因素主要是土地资源。“晚近的研究表明，地球上最多约有 32 亿公顷的土地(78 亿 6 千英亩)可能适宜于农业。此项土地的将近一半，即最肥沃、最方便的那一半，是今天

① 梅多斯.增长的极限.中译本.商务印书馆，1984 年.第 27 页

的耕地。其余的土地将需要人们投入巨额资本去开垦、灌溉或者施肥，然后才能生产粮食。”[①]根据粮农组织的一项报告，开发更多的土地是行不通的。假如高昂的资本费用能够解决，这些土地还是不能满足人类对粮食的需要。“即使乐观地假设全部可能的土地都已经利用，在2000年以前仍然会有严重的土地不足现象，如果按人口计算的土地和人口的增长率仍然像今天这样。”[②]

限制粮食增长的因素主要是粮食增产的成本。土地的开发可能因费用太大以至被社会认为“不经济”，而不能实施。或者即使社会决定付出必要的代价来开发土地，但是由于人口增长太快，以至每一次以高昂代价增加的粮食产量都很快被另一个“危机点”所取代。“以后的每一次危机点需要越来越多的代价去克服。每次从土地上取得增加的产量，费用总比上一次较高。我们不妨把这种现象叫做成本递增律。”[③]不仅如此，随着人口的增加，其他物品和服务的需求也在增加，可以使用的资源也不能全部用于生产粮食。这使得减轻粮食“危机”变得更加困难了。

4. 资源问题

根据美国矿物局、联合国和其他有关资料显示，世界各种资源使用率都在以指数增长。许多资源的使用率比人口增长率还高。人均资源消耗量每年在增加，而且“资源消耗指数增长曲线受到人口增长和资本增长两者的正反馈的推动”。人口和工业的增长又推动人均资源消费量的提高，使得地球上不可更新的资源正在被耗尽。

对比各种资源的储藏量和使用率可看出，“目前重要的不能更新的资源大多数到一百年后将极其昂贵”，“一种又一种的资源会变成贵得令人买不起，这是各种工业所遭遇的经济困难的经济问

---

① 梅多斯. 增长的极限. 中译本. 商务印书馆，1984年. 第31页
② 梅多斯. 增长的极限. 中译本. 商务印书馆，1984年. 第32页
③ 梅多斯. 增长的极限. 中译本. 商务印书馆，1984年. 第34页

题，除此之外，还有生产国和消费国之间关系的无法正确估计的政治问题，因为剩下的资源集中在范围比较有限的地理区域”①。

如何解决日益昂贵的资源对经济发展的限制？人们可以回收、利用废旧材料，可以采用新技术提高有关产品的使用耐久性，还可以节省使用这些资源等等，但是所有这些做法都会遇到成本问题。今天世界上大多数地方认为回收和改进设计是“不经济”的，这就决定了资源对经济增长的限制。

5．污染问题

环境污染影响我们的生态系统。近年来，环境污染状况的恶化体现在四个基本方面：

(1)已经实际作了长期测量的几种污染似乎正按指数增加。

(2)关于这些污染增长曲线的最高限度可能在什么地方，我们一无所知。

(3)生态变化过程中存在自然延迟，这使人们更可能不够重视控制措施，并因此而更可能出乎意外地达到那些最高限度。

(4)许多污染物质传布到全球，它们的有害影响在距离它们产生地点很远的地方出现。

这些以指数增长的污染包括大气中二氧化碳的浓度、废热排放量、核废物释放及海洋、河流和湖泊的生态破坏等等。

大多数污染增长速度比人口增长要快。“有些污染物显然直接和人口增长有关(或者和农业活动有关，农业活动则和人口增长有关)。另一些污染物和工业增长以及技术进步的关系比较密切。错综复杂的世界系统中多数污染物以这样那样的方式受到人口和工业化两者的正反馈环路的影响。”②

更令人担忧的是，我们很难根据现在这些污染指数曲线推断

---

① 梅多斯．增长的极限．中译本．商务印书馆，1984年．第45页

② 梅多斯．增长的极限．中译本．商务印书馆，1984年．第54页

未来的后果，因为我们不知道地球吸收各种污染能力的最大限度，但是我们知道许多地区的环境污染已经超过了这种最大限度。地球对人类环境破坏的承受能力是有限的。

二、世界模型

为了了解人类社会经济增长的原因、增长的限度以及达到这些限度时人类社会－经济系统的运转状况，世界模型描绘了人、粮食、投资、损耗、资源、产量之间的基本关系。

梅多斯等人采取了四个主要步骤构建世界模型。第一，列出五个因素之间的重要因果关系，并找出反馈环路的结构；第二，用全球性资料把各种关系尽可能精确地用数量表示；第三，计算所有这些关系在一定时期内同时发生的作用，找出对全球系统作用最关键的因素；第四，检验目前为提高或改变全球系统作用的各种政策影响。在这四个步骤的工作基础上，梅多斯等人得出了有关世界模型的标准运算图。

所谓"标准的"世界模型运算，是指在一些假设下计算出的各种因素的运动趋势。它假设历史上曾支配世界系统发展的那些物质的、经济的或社会的关系不发生重大改变的前提下，按照1900年～1970年的历史资料计算各个变量。这个模型表明：粮食、工业产量和人口以指数增长，直至迅速减少的资源基础使工业增长不得不降下来。由于系统中的"自然延迟"，人口和污染在工业化的高峰以后继续增加一个时期。最后，由于粮食和医药服务减少而导致死亡率上升，人口增长终于停止。

模型中各种指标大致与历史情况相符。其中人口从1900年的16亿人增加到1970年的35亿人，特别是1940年以后人口增长率提高加快；工业产量、粮食和人均服务以指数增长；而资源基数却在下降，1970年只是1900年的95%，而且此后因人口和工业生产的增长而急剧下降。梅多斯等人认为这是一个过度发展和衰退的系统。按照这样的趋势发展，在2100年以前增长就会受到阻碍。书中指出，“因此我们能有相当把握地说，假使在目前的制度没有重大改变的条件下，人口和工业的增长肯定最迟在下一个世纪以内停止”[①]。

那么，假如由于工艺学方面的新发现或进步能够使资源数量增加一倍，世界模型会是什么样呢？在这样的假设下做出的世界模型是这样的：

新的世界模型把1900年的资源储藏量增加了一倍，其他的指标和原来的一样。这样与前一个模型相比，资源不会那么快就消耗光。但是，“资源仍然消耗得厉害，尽管可以得到的数量增加了一倍，只因工业方面几年的指数增长就足以用掉那些增加的资源，因此，一旦资本集约的农业不可能进行，工业产量就减少，粮食生产又一次下降。这一次的运算中工业增长得足以使环境的自然吸收能力负荷过重。这样，死亡率由于污染和粮食缺乏而上升”[②]。如此看来，世界系统如果没有控制和改善五个基本指标的能力，人类经济活动迟早要不可避免地达到极限。

三、技术进步与增长的极限

人类能不能通过技术进步来克服以上五个基本因素对经济增长的限制？梅多斯等人的答案是否定的。虽然以往300年中，人类以一系列惊人的技术进步，明显加强了对人口和经济增长的限制，使人们对技术进步抱以乐观的态度，但是如果联系模型中的五个因素分析，就会发现技术进步并不能解决问题。

首先，即使人类能够以新技术，比如原子能，解决世界的资源问题，但是就像第二个世界模型一样，其他因素的增长趋势仍然会

---

① 梅多斯. 增长的极限. 中译本. 商务印书馆，1984年. 第94页

② 梅多斯. 增长的极限. 中译本. 商务印书馆，1984年. 第94页

使世界系统走向增长的极限，因为“无限的”资源在世界系统中不是维持增长的关键。

其次，越来越多资源的消耗，只会带来越来越严重的污染。即使先进的技术能够控制工业污染，然而大规模安装污染控制装置会遇到技术上和经济上的限制。例如，一所糖厂减少污染的费用决定于清除有机废物的多少，清除全部废物要比仅从污水中去掉30%的废物多花100倍的费用。再如核动力的使用可能使矿物燃料消耗带来的污染，像二氧化碳和二氧化硫减少，但放射物质的污染却会增多。

最后，技术进步对于提高单位土地粮食产量的可能性是存在的。如果在能够解决污染和资源问题的情况下，先进的技术又能使平均土地产量增加一倍，能不能消除粮食危机？还是不能。因为这三种限制的消除会使人口和工业增长达到更高的水平，污染还会增加。而且土地过度（集约）地使用将导致土壤的腐蚀，粮食产量最终还是要降低。

可见，人口和资本的增长如果不受以上因素的限制，很快就会在指数增长趋势的推动下达到增长的极限。而这两个因素的增长不但不受技术进步的限制，反而被技术进步推动。即使新技术和年龄控制能够使生殖率下降，但是由于资源和粮食的增加、污染的减少，人口和资本还会继续增长。这表明技术进步对于控制世界模型中的基本问题没有效果。

四、有计划地抑制增长

如何避免人类面临的增长危机？惟一的办法就是抑制人口和经济增长速度。这两项指标要控制在什么程度上才能达到避免危机的目的？答案很简单：在世界系统中只要使反馈环路的正反两边相等就行了。具体而言，正负两种反馈环路的平衡要求人口每年的出生率等于死亡率、工业投资率等于损耗率。如果饮食和医药的改善使死亡率大大下降，那么我们就必须想办法控制人口出生率，使出生率也下降到与死亡率相等的水平。

因此为了维持到长远的未来，一个稳定的世界模型所要求的发展政策是，调整人口和工业增长率，逐渐达到出生率和死亡率相等、投资与资源损耗相等；为了减少资源损耗和污染，人类经济活动逐渐调整结构，多一些教育和卫生方面的服务，少一些物质产品的生产；减低工农业单位产量的污染；重视所有的人生产足够的粮食；农业资本优先用于使土地肥沃和保护土壤的投资，而不是用于迅速腐蚀和消耗土地肥力的投资；加强资本品的耐久性并延长其使用寿命，以减少废旧品等等。

如果人类经济在相当长的时期内能够保持平衡，至少要达到三个必要条件：

(1)资本设备和人口数量不变。出生率和死亡率相等，投资率和损耗率相等。

(2)出生率、死亡率、投资率和损耗率都保持在最低限度。

(3)资本和人口水平及二者比率根据社会各项数值予以调节。

这种政策是不是意味着停滞？梅多斯等人不这样认为，因为在前两项准则范围内，企业还可以扩张或缩小，地方人口可以增加或减少，收入分配可以更平均，技术进步还可以带来经济结构的调整等等。

但是世界平衡是必要的，而且很不容易。“有计划地限制增长会有困难，但不是不可能。”①

复习思考题

1. 经济增长与经济发展有哪些区别和联系？

2. 哈罗德—多马模型的核心思想是什么？它的理论价值和缺陷在哪里？

---

① 梅多斯. 增长的极限. 中译本. 商务印书馆，1984 年. 第 140 页

3. 新古典综合派和新剑桥学派对哈罗德—多马模型作了哪些修正和发展？

4. 新增长模型与新古典模型的联系是什么？它最终有没有真正解决技术变动内生化问题？

5. 你认为技术进步在经济增长中到底起什么作用？它与其他变量之间是什么关系？

第十二章　经济周期理论

凯恩斯之后，西方经济学家加强了对经济周期的研究，特别是在数量化和模型化的分析上有新发展，出现了许多经济周期理论和模型。这里仅就其中有代表性的几种予以简要介绍。

第一节　经济周期基本问题概述

一、经济周期的定义

经济周期(Business Cycle)是指总体经济活动的扩张和收缩反复交替出现的过程。对此，有两种不同的解释：早期经济学家对经济周期的定义是建立在实际GNP或总产量绝对量的变动基础上的，认为经济周期是指GNP上升和下降的交替过程。这一定义被称为古典的经济周期定义。现代关于经济周期的定义是建立在经济增长率变化的基础上的，认为经济周期是指经济增长率上升和下降的交替过程。根据这一定义，衰退不一定表现为GNP绝对量的下降，只要GNP的增长率下降，即使GNP的值不是负数，也可以称之为衰退。所以，在西方有增长性的衰退之说。在当代对经济周期的经验研究中，新的定义并没有代替古典的经济周期定义，因为对同一时期经济周期的研究，使用不同的经济周期定义，往往会得出不同的结果。

图12.1是根据产量对长期趋势的偏离绘制的1920年～2000年美国经济周期的情况。图12.2是根据经济增长率绘制的1870

年～1990 年间美国经济周期的情况。

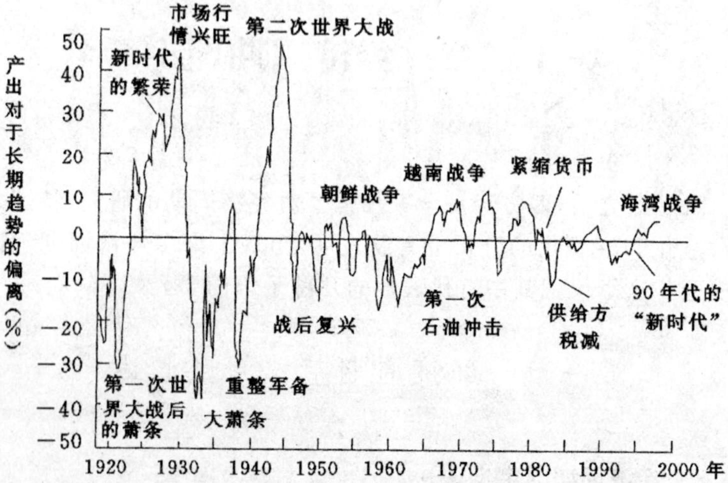

图 12.1　1919 年以来的商业活动

资料来源:[美]萨缪尔森,诺德豪斯.经济学.中文版.华夏出版社,1999 年.第 351 页

对比图 12.1 和图 12.2,可以看出:(1)图 12.2 比图 12.1 波动幅度大。(2)前者比后者所包含的周期数目也多。图 12.1 中,标出了五个衰退时期,图 12.2 中,则标出了八个衰退时期。从 1949 年到 1970 年的 21 年间,图 12.1 中共经历了四个周期,图 12.2 中则经历了七个周期。特别明显的是,从 1961 年到 1969 年,图 12.1 表明,这个期间的经济几乎是持续扩张的。有些西方经济学家就是据此断言经济危机已被消除,经济周期已不复存在。而图 12.2 却表明,这一时期则存在着三次增长率的波动,增长率经历了 1962 年～1963 年、1966 年～1967 年、1969 年～1970 年三个下降时期,其中,1962 年～1963 年、1966 年～1967 年两次下降就是所谓的增长性衰退。

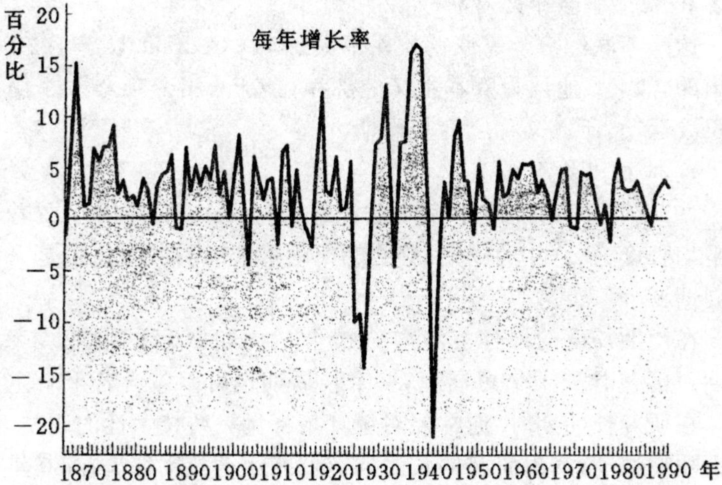

图 12.2 产出变动率:1870 年～1990 年

资料来源:[美]斯蒂格里茨.经济学.中国人民大学出版社,2000 年版.第 768 页

二、经济周期的类型及其阶段

西方经济学按照经济周期时间的长短,把经济周期分为以下几种类型:

1. 朱格拉周期

法国经济学家朱格拉(C. Juglar)于 1862 年出版了《法国、英国及美国的商业危机及其周期》一书,提出了资本主义经济存在着 9 年～10 年的周期波动。一般称之为"朱格拉周期"。这同其他周期类型相比,属于中等长度,因此又称之为中周期。

2. 基钦周期

美国经济学家基钦(J. Kitchen)于 1923 年提出了存在着一种 40 个月左右的周期。这是一种小周期,又称之为"基钦周期"。两三个小周期又合成为一个大周期。

3. 康德拉季耶夫周期

这是苏联经济学家康德拉季耶夫(N. D. Codralieff)于1925年提出的,故名。他认为资本主义经济存在着50年～60年一个周期的长波运动,所以又称之为长周期。

4. 库兹涅茨周期

1930年,美国经济学家库兹涅茨(S. Kuznets)提出存在着一种平均长度为20年的周期,称之为"库兹涅茨周期"。这也是一种长周期。

在周期长度的划分上,9年～10年的周期称为主周期。一个主周期可能包含若干个短周期,一个长周期也可以包含若干个主周期。在研究长周期时,通常要对统计指标做一些技术性的调整,以削平短期波动,突出研究的长周期。例如,康德拉季耶夫在50年～60年长周期的研究中,就用9年平移法消除了若干主周期的波动。

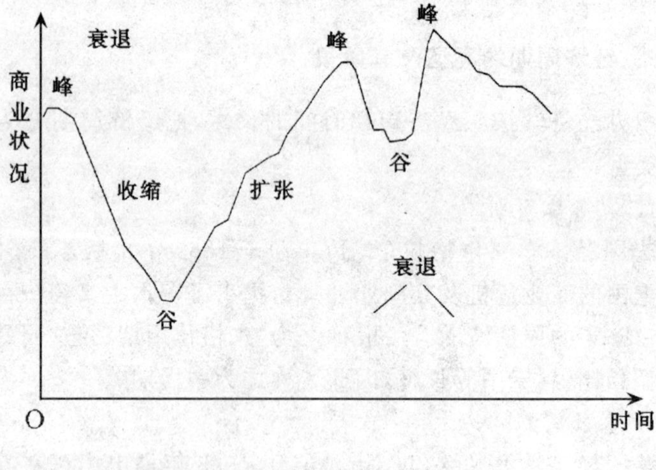

图 12.3 现代经济周期的两个阶段

一般从危机到下一次危机称为一个经济周期。它一般包括四个阶段:危机、萧条、复苏、高涨。第二次大战后,随着资本主义经济的发展,以及政府干预政策的实施,经济周期发生了一些变形。危机和高涨的幅度降低,使得四个阶段的界限难以划分。西方经济学家多不再使用"危机"这个词,并用衰退和扩张两个阶段的划分来代替传统的四个阶段,如图 12.3 所示。经济周期两个阶段相互交替的转折点,分别称为"波峰"和"谷底"。"波峰"和"谷底"不能同传统的"高涨"和"危机"相混淆。"波峰"和"谷底"是时点概念,通常是指一个月的某项指标。例如,在从 1948 年 11 月到 1949 年 10 月的衰退期中,1948 年 11 月是从扩张转向衰退的转折点——"波峰",其终止点 1949 年 10 月是从衰退转向扩张的转折点——"谷底"。

三、经济周期的衡量

衡量经济周期最主要的指标是实际 GNP 或实际国民收入。例如,美国官方对经济衰退的定义就是实际 GNP 连续下降 6 个月或 6 个月以上。此外,工业总产量、就业量、物价水平、销售量、存货变动、投资变动、利息率、利润率以及股票价格指数等等,也都是反映经济周期的重要指标。

经济周期不是仅指国民生产总值或国民收入的周期波动,而且是指总体经济活动的周期性波动。因此,要完整地反映整个经济变量的活动周期,就必须涉及较多的指标。但宏观经济学的核心是国民收入或 GNP 的决定和变动问题。实际 GNP 的周期性波动常常能够代表总体经济活动的周期波动。国民收入或 GNP 的决定过程几乎涉及了国民经济中的所有经济活动,所有的重要经济变量都与国民收入或 GNP 有关。许多经济变量的周期性波动都与 GNP 的周期波动相一致。图 12.4 列出了与国民收入或 GNP 波动一致的一些经济变量的波动情况,其中多数经济指标的波动都有明显的一致性。图中的阴影部分为衰退的年份。这些波动同图 12.1 是一致的。

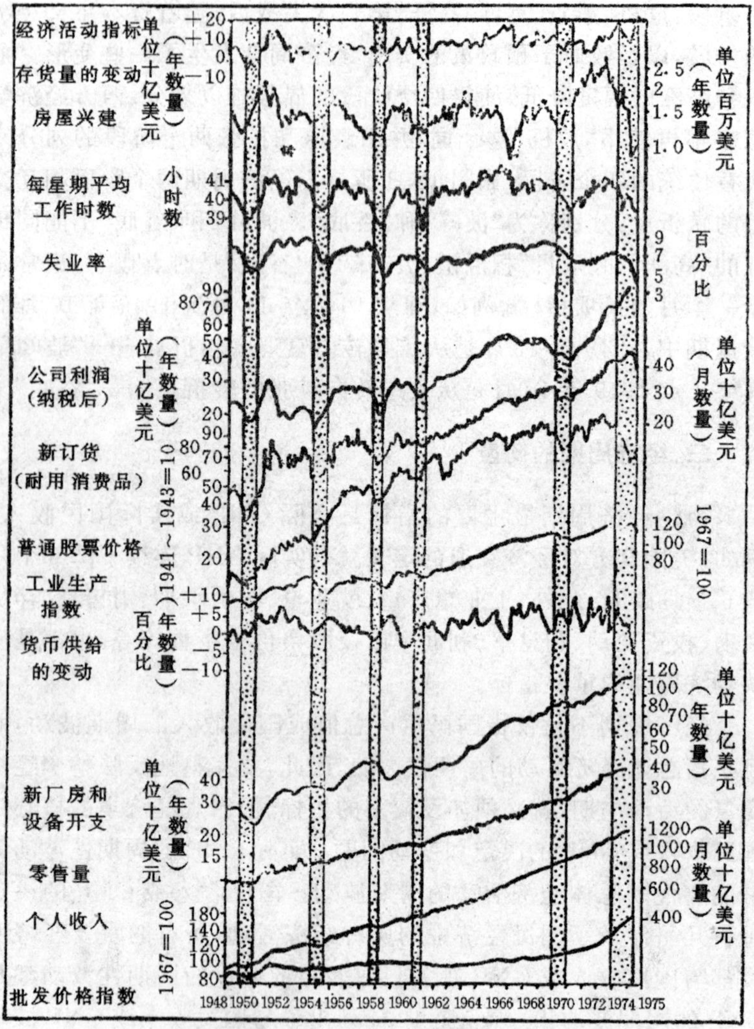

图 12.4　各种经济指标在周期中表现出共同的变动趋势

资料来源：萨缪尔森．经济学．中译本．上册．商务印书馆，1982 年．第 353 页

在对经济周期的长期研究中，人们发现，有些指标与实际 GNP

的波动不同步，它们往往先于 GNP 的变化而变化，或迟于 GNP 的变化而变化。前者被称为领先指标，后者被称为滞后指标。这使一些经济学家用领先指标来预测经济的波动。领先指标通常是根据长期的经验研究来确定的，例如个人收入、新机器设备的订单、建筑合同、股票价格等等，将这些指标进行技术处理，然后制定一个综合性的领先指标，用以准确、及时地预测经济波动。图 12.5 是根据美国商业部 1975 年 5 月公布的领先指标绘制的领先指标波动与 GNP 同步指标波动和滞后指标波动的比较图。从图中可以看出，从经济扩张阶段转向衰退阶段的领先指标通常要早于实际经济波动好几个月，而衰退到扩张的转折点，却早不了多少。

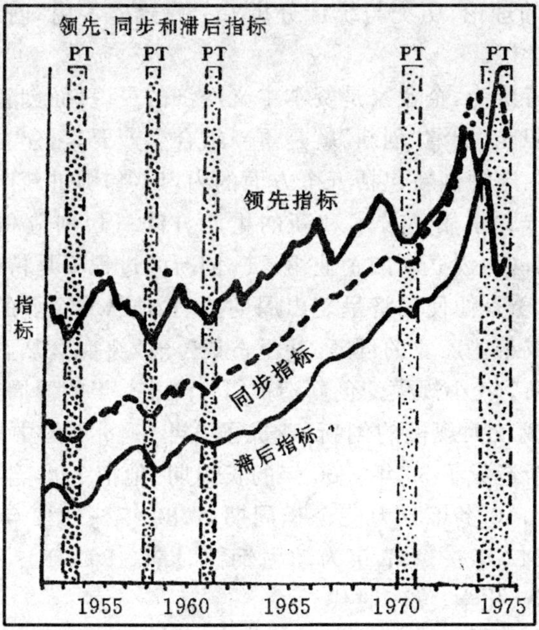

图 12.5　经济周期中领先指标、同步指标、滞后指标的关系

资料来源：萨缪尔森. 经济学. 中译本. 上册. 商务印书馆，1982 年. 第 372 页

第二节 经济周期原因的各种解释

西方经济学关于经济周期原因的分析有外生因素和内生因素之分。外生因素指经济制度以外的诸因素,如战争和政治事件等。内生因素指经济制度本身的诸因素。这里着重列举几种有代表性的内生因素理论。

一、熊彼特的创新理论

美籍奥地利经济学家熊彼特1939年出版了《经济周期:资本主义过程的理论、历史与统计分析》一书,建立了用"创新"解释经济周期的学说。

熊彼特认为,企业家是资本主义经济的灵魂,而创新则是企业家的基本职能。所谓"创新"就是重新组合生产要素,建立一种新的生产函数。这种创新包括五个方面的内容:(1)引进新产品;(2)开辟新市场;(3)采用新技术和新的生产方法;(4)创造和使用新材料、新能源;(5)创立新的企业组织。创新的过程不是持续的,而是阶段性的,于是便使经济呈现出周期波动。他认为企业的创新汇集起来会造成某些产业的创新,甚至造成"产业突变",然后引起整个经济的创新。较小规模的创新造成了3年～4年的短周期,小规模创新汇集成较大规模的创新,造成了9年～10年的中周期,整个经济的创新造成了50年～60年的长周期。他把1780年～20世纪30年代的150多年分为三个长周期:1780年～1842年为产业革命时期,1842年～1897年为动力钢铁时期,1897年～20世纪30年代为电器、化学、汽车时代。

二、弗里德曼的货币原因说

货币学派的代表人物美国经济学家弗里德曼(M. Friedman)

认为，经济波动的基本原因是信用的扩张和收缩。他解释说，20 世纪 30 年代大危机以前，信用的过度膨胀造成过度繁荣，尔后出现贷款拖欠，存款人信心下降，银行挤兑，信用扩张突然终止。信用恐慌造成工商业活动的急速下降和一系列的倒闭风潮。当信用开始恢复后，信贷资金的困难会缓解，人们的信心开始恢复，经济随之回升，直至信用的过度膨胀再次引起衰退。他认为，在美国联邦储备银行制度建立以前，这一过程是自发的、周期性的自然过程。这一制度建立以后，经济周期便与人为的因素即国家或中央银行的货币信贷政策相联系了。从 1914 年联邦储备银行作为美国的中央银行执行职能起，到 1929 年 10 月 4 日证券市场崩溃之前，或者更确切地说，到 1928 年该行第一任行长本杰明·斯特朗去世之前，由于实施了正确的货币政策，例如在信用恐慌出现时，采取了增加货币信贷供给的措施，缓解了信用紧张，从而使经济没有发生大的波动。而斯特朗的继位者却采取了错误的货币政策，当 1929 年信用恐慌出现时，反而限制了货币信贷的供给，从而加剧了信用危机，导致了 1929 年～1933 年的经济大危机。

弗里德曼认为，二次大战后的美国，正是由于依据凯恩斯主义，滥用货币政策，导致了经济的不稳定和不规则的波动。

三、凯恩斯的解释

凯恩斯认为，决定就业量的种种因素都可以用来解释商业循环现象，特别是其中的消费倾向、灵活偏好、资本的边际效率这三大因素。但是，在这三大因素之中，资本的边际效率是更主要的。商业循环的主要原因，是资本的边际效率的循环性变动。所谓循环运动(Cyclical Movement)，是指当经济总体向上前进时，使其向上前进的力量开始时逐渐扩大，相互加强，继而逐渐不支，达到某一点时，向下的力量代之而起，这种向下的力量也是始而逐渐扩大，相互加强，达到最高发展，然后逐渐衰退，最后又让位于相反力量即向上力量。在商业循环中，一个不容忽视而需要特别加以解释的特征就是“恐慌”(Crisis)现象，即需要说明为什么从向上趋势变为向下趋势时，转变得非常骤然、剧烈。凯恩斯认为，经济繁荣(Boom)之后“恐慌”的来临，是由于资本边际效率的突然崩溃。在繁荣阶段，市场充满乐观情绪，繁荣后期，即使资本品已经很多，生产成本在逐渐加大，利息率上升，但人们对资本的未来收益仍作乐观预期，故投资仍继续增加。但一旦乐观过度，失望会骤然来临，而且十分剧烈，资本的边际效率宣告崩溃。这时，人们对未来的看法变得黯淡、不放心，于是灵活偏好大增，利率上涨，投资量急剧减少，市场情绪悲观、无信心，从而导致恐慌。恐慌经过一段时间以后，资本品由于使用、腐蚀或折旧而逐渐显得稀少，于是资本的边际效率开始提高。随着资本边际效率的提高，经济逐渐复苏，于是人们又增强了信心，投资增加，市场又逐渐充满乐观情绪，从而导致经济繁荣。

四、其他解释

其他关于经济周期的解释还有许多种，例如：(1)用机器和耐用消费品的“重置浪潮”来解释经济周期。(2)消费不足说。即认为经济中出现萧条，是由于社会对消费品的需求赶不上消费品生产的增长。(3)投资过度说。这又有货币投资过度论与非货币投资过度论之分：前者认为，银行信用膨胀，利率降低，如市场利率低于均衡利率，则资本市场上对投资资金的需求超过储蓄，资本品的生产扩大，而一旦银行紧缩信用，就会发生经济危机；后者认为，新技术、新产品的发明及新市场的开拓，是经济周期进入高涨阶段的主要原因，等等。这些解释同前面的三种解释都有一定程度的联系，所以就不一一详述了。

第三节　乘数—加速数经济周期模型

二战以来，许多西方经济学家在凯恩斯理论的基础上，发展了经济周期理论，使这一理论数量化、模型化。例如，英国经济学家卡尔多建立了一个用储蓄和投资的关系来解释经济周期的模型；美国经济学家萨缪尔森建立了用乘数和加速数相互作用的过程来解释经济周期的模型；英国经济学家希克斯在“乘数—加速数”模型的基础上，建立了以经济增长为背景的经济周期模型。

一、乘数—加速数模型

投资是实际国民收入增量 ΔQ 的函数，用公式表示为：

$$I=\bar{I}+W\cdot(\Delta Q)$$

为了进行动态分析，较为合理的假定是今年（时期 t）的投资是去年（t－1 期）实际国民收入增量的函数：

$$I_t=\bar{I}+W\cdot\Delta Q_{t-1} \tag{12.1}$$

去年的国民收入增量 ΔQ_{t-1} 是去年国民收入与前年国民收入的差：

$$\Delta Q_{t-1}=Q_{t-1}-Q_{t-2}$$

这样，(12.1)式可写为：

$$I_t=\bar{I}+W(Q_{t-1}-Q_{t-2}) \tag{12.2}$$

该式表明，今年的投资是去年实际国民收入增量的函数。但是，去年国民收入的增加，必然会引起今年消费支出的增加，这样就可假定今年的消费支出增加会引致今年增加资本存量以便明年可扩大产量。因此，今年的投资可看作今年消费支出增量（C_t-C_{t-1}）的函数：

$$I_t=\bar{I}+W(C_t-C_{t-1}) \tag{12.3}$$

该式也是萨缪尔森使用的投资函数。

我们假定，今年的总消费是去年实际国民收入(Q_{t-1})的函数，消费函数可写为：

$$C_t=\overline{C}+MPC\cdot Q_{t-1} \tag{12.4}$$

有了公式(12.3)和(12.4)，就可以列出仅有家庭和企业两部门时的国民收入决定方程。在没有政府和对外贸易的两部门经济中，总支出只有消费和投资(C+I)。假定今年的实际国民收入由今年的总支出决定，即 $Q_t=C_t+I_t$。今年的国民收入决定公式(或均衡公式)便可列为：

$$Q_t=\overline{C}+MPC\cdot Q_{t-1}+\overline{I}+W(C_t-C_{t-1}) \tag{12.5}$$

该式表示，t 时期的实际国民收入或总产量等于自主消费 $\overline{C}$ 加引致消费(去年实际国民收入 Q_{t-1} 与边际消费倾向 MPC 的乘积)，再加上自主投资 $\overline{I}$ 和由加速数 W 与今年消费支出增量(C_t-C_{t-1})所决定的引致投资。如果我们知道边际消费倾向 MPC 和加速数 W，知道前一年的实际国民收入值，就可演示出乘数和加速数相互作用下的经济周期。

假定边际消费倾向 MPC=0.6，加速数 W=1.5，第一年的实际国民收入为 100，将这些数字代入(12.5)式，计算出表 12.1 的系列数字。表中，第(1)列为年份；第(2)列为自主消费 $\overline{C}$，假定其值为 10 不变；第(3)列为根据前一年实际国民收入与边际消费倾向的乘积计算的引致消费，例如第 4 年的引致消费为 110×0.6=66，第 5 年的引致消费为 125×0.6=75，等等；第(4)列为自主投资 $\overline{I}$，它在第 3 年增加到 40；第(5)列是由国民收入变动引致的投资，在本表中它表现为当年消费减去上一年消费的差与加速数的乘积，例如第 5 年的引致投资为当年的消费总额(10+75.0)减去第 4 年的消费总额(10+66.0)，然后乘以加速数 1.5，即 $W(C_t-C_{t-1})=1.5\times[(10+75.0)-(10+66.0)]=13.5$；第(6)列为当年的实际国民收入总额，它是当年(2)、(3)、(4)、(5)列数字之和，例如第 5 年的实际国民收入为 $Q_5=10+75.0+40+13.5=138.5$；

第(7)列为当年国民收入的增长额,它是当年国民收入与上一年国民收入之差;第(8)列是当年国民收入与第1年国民收入之差。

从表12.1中可以看出,第3年由于自主投资$\bar{I}$增加了10,从第2年的30增加到了40,而使当年的国民收入增加到了110。此后经济逐年增长,到第6年国民收入为145.2,达到了第一个波峰,用P标出。从第7年开始国民收入逐年减少,到第11年国民收入为109.0,达到衰退的谷底,用T标出。从第12年开始了新的扩张,到第16年达到第二个波峰。从第17年又开始了一次新的衰退,到第21年达到第二个谷底。从第一个波峰到第二个波峰为一个完整的周期,共10年;或者从第一个谷底到第二个谷底为一个完整的周期,也是10年。

在上述模型中,与经济扩张和收缩关系密切的是边际消费倾向MPC和加速数W。

表12.1 乘数—加速数模型举例

(1) 第t年	(2) $\bar{C}$	(3) $MPC \cdot Q_{t-1}$	(4) $\bar{I}$	(5) $W \cdot (C_t - C_{t-1})$	(6) Q_t	(7) $Q_t - Q_{t-1}$	(8) $Q_t - 100$
1	10	60.0	30	0	100.0		
2	10	60.0	30	0	100.0		
3	10	60.0	40	0	110.0	10.0	10.0
4	10	66.0	40	9.0	125.0	15.0	25.0
5	10	75.0	40	13.5	138.5	13.5	38.5
P6	10	83.1	40	12.1	145.2	6.7	45.2
7	10	87.1	40	6.1	143.2	−2.0	43.2
8	10	85.9	40	−1.8	134.1	−9.1	34.1
9	10	80.5	40	−8.2	122.3	−11.8	22.3
10	10	73.4	40	−10.7	112.7	−9.6	12.7
T11	10	67.6	40	−8.6	109.0	−3.7	9.0
12	10	65.4	40	−3.3	112.1	3.1	12.1
13	10	67.2	40	2.8	120.0	7.9	20.0
14	10	72.0	40	7.2	129.2	9.2	29.2

（续表）

(1) 第t年	(2) $\bar{C}$	(3) $MPC \cdot Q_{t-1}$	(4) $\bar{I}$	(5) $W \cdot (C_t - C_{t-1})$	(6) Q_t	(7) $Q_t - Q_{t-1}$	(8) $Q_t - 100$
15	10	77.5	40	8.2	135.7	6.5	35.7
P16	10	81.4	40	5.9	137.3	1.6	37.3
17	10	82.4	40	1.5	133.9	−3.4	33.9
18	10	80.3	40	−3.1	127.2	−6.7	27.2
19	10	76.3	40	−6.0	120.3	−6.9	20.3
20	10	72.2	40	−6.2	116.0	−4.3	16.0
T21	10	69.6	40	−3.9	115.7	−0.3	15.7

二、五种不同情况

“乘数－加速数”模型所演示出的经济周期，其波动的幅度、周期的长短以及若干周期以后的趋势都取决于乘数和加速数的值。由于在没有政府和外贸部门的经济中，只存在乘数I，而乘数I的定义为 $MULT_I = \frac{1}{1-MPC}$，所以，说乘数和加速数是关键，与说边际消费倾向与加速数是关键是完全一样的。只要改变假定的边际消费倾向值和加速数的值，就会使周期的幅度、时间长度以及长期趋势发生改变。在表12.1中，第6年达到第一次波峰时的实际国民收入为145.2，但第16年达到第二次波峰时的国民收入却减少到137.3。如果继续计算下去，波峰的值会越来越小，最终国民收入将平稳在125的水平上。谷底的长期趋势正好相反，第一次谷底在第11年，国民收入为109.0，而第二次谷底在第21年，国民收入则上升到115.7。如果持续地计算下去，谷底会越来越高，直到国民收入也达到125的水平。这是一种波动幅度逐渐减小，最终趋于平稳在一个不变水平上的情况。

萨缪尔森将经济周期区分为五种不同的情况：(1)实际国民收入由某一稳定值按递减的比率上升（或下降）到另一个稳定值，如

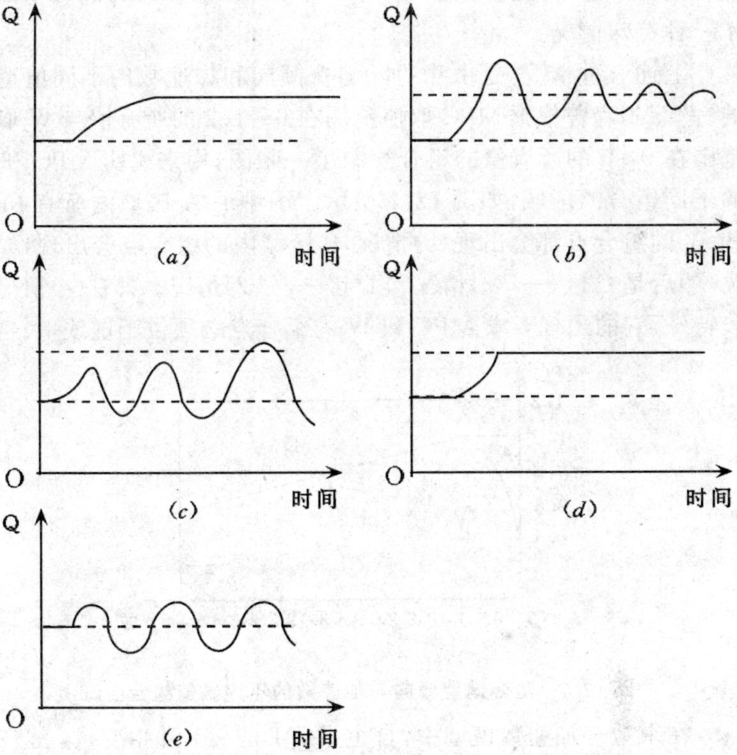

图 12.6　边际消费倾向与加速数不同数值的组合在经济波动中的体现

图 12.6(*a*)所示。(2)实际国民收入经过一段周期波动,由某一稳定值上升到一新的稳定值,如图 12.6(*b*)所示。表 12.1 的例子就属于这种情况,从第 1 年到第 3 年,实际国民收入都稳定在 100 的水平,经过若干年的波动后,将稳定在 125 的水平上。(3)经济波动的幅度越来越大,不再可能出现稳定于某一水平的状况,如图 12.6(*c*)所示。(4)实际国民收入按一递增的变化率上升(或下降)的情况,如图 12.6(*d*)所示。(5)实际国民收入按不变的波动幅度

永远波动下去的情况，如图 12.6(e)所示。萨缪尔森将这种情况看作一种特殊情况。

上述五种情况，是由于边际消费倾向和加速数的不同值造成的。萨缪尔森曾根据 MPC 取值范围在 0～1.2 的所有值与 W 取值范围在 0～5 的所有值的组合绘制了一张图，用来说明 MPC 和 W 的不同组合的区域，如图 12.7 所示。图中的 A 区域内所有 MPC 和 W 的组合点都会出现(a)情况，B 区域内的组合点会出现(b)情况，然后是 C 区——(c)情况和 D 区——(d)情况。只有(e)情况比较特殊，它的出现要求 MPC 和 W 的组合点必须位于虚线上。

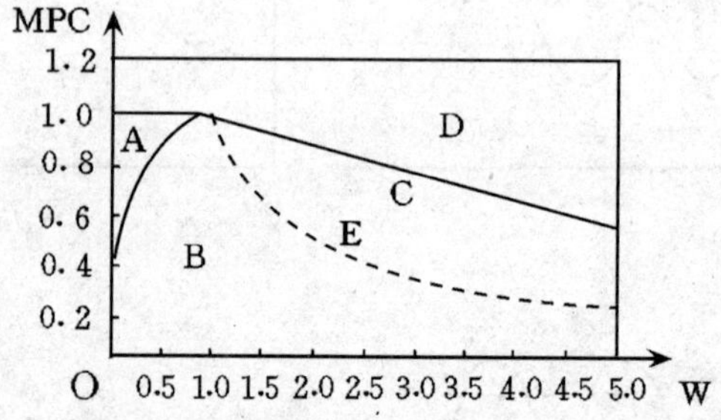

图 12.7　边际消费倾向与加速数的不同数值组合区域

在乘数—加速数模型中，自主投资 $\bar{I}$ 是一个外生变量，表 12.1 中第 3 年的变化即由它从 30 增加到 40 而引起的。因此，$\bar{I}$ 的变动常常会引发新的波动。而 $\bar{I}$ 在公式(12.5)中则可以集中代表国民收入变动以外一切导致投资变动的因素。

第四节　希克斯的经济周期理论

希克斯的经济周期理论是在乘数—加速数模型的基础上发展而来的，在西方经济学界倍受推崇，被认为是具有权威性的一种经济周期理论。

一、希克斯对乘数—加速数模型的发展

希克斯认为，乘数—加速数模型过于暴烈了。如果储蓄是实际国民收入的函数，投资也是实际国民收入的函数，其最简单的函数式假定分别为：

$$S = MPS \cdot Q, \quad I = MPI \cdot Q$$

那么，根据储蓄等于投资，这一等式便可得出：

$$MPS \cdot Q = MPI \cdot Q$$

这一关系式意味着边际储蓄倾向与边际投资倾向相等是达到均衡的一个条件：

$$MPS = MPI$$

但这一条件具有内在的不稳定性，任何偶然的产量增加（即实际国民收入增加）都会通过加速数引致更多的投资，而投资的增加又会产生乘数效应，使产量以数倍的规模增加。但是，总产量在任何时候都不可能无限制地扩张，它有一个由生产力水平规定的极限。如果按照乘数—加速数模型，经济中任何最初的扩张都会使总产量迅速达到这个极限。一旦达到这一极限，产量上升会减慢和停止，这就使乘数和加速数的相互作用将经济推向相反的方向——衰退。而且在简单的模型中，除去最终的经济崩溃以外，没有任何力量可以阻止这种越来越迅速的下降。

希克斯认为要使乘数—加速数模型符合实际，就必须在其简单的模型中加入"冷却剂"，以延缓其"暴涨"、"暴跌"的性质。希克斯加入的第一个冷却剂是"时滞"。"时滞"不但可以延长整个过程的时间长度，也会减缓波动的幅度。这一点在上一节介绍的较复杂的乘数—加速数模型中已得到了一定的体现。但是仅将本期与上一期加以区分并不能根本改变乘数—加速数模型的"暴烈"性质。例如，如果根据下式重新计算表 12.1，就会得出完全不同的结果。

$$Q_t = \overline{C} + MPC \cdot Q_{t-1} + \overline{I} + W(C_{t-1} - C_{t-2})$$

重新计算的结果会显示出，周期的时间长度大大缩短，经济波动也更加频繁了。可见，如何加入时滞，对经济周期的时间长度会产生重要影响。

希克斯加入的另一个“冷却剂”是“自主投资”。所谓“自主投资”，是指由政府操纵的公共投资、由发明引起的投资以及长期投资。之所以称其为“自主投资”，是因为这些投资与现期实际国民收入及其变动无关。它们不是现期或近期实际国民收入的函数，而是一个外生变量，是由实际国民收入以外的因素决定的，不属于引致投资的范围。这种自主投资之所以对乘数—加速数模型具有延缓其波动的性质，是因为它为投资规定了一个最低的下限，在乘数和加速数相互作用导致经济下降时，延缓了衰退。当引致投资为零，仅有自主投资在起作用时，经济会在较低的增长率水平上持续一段时间，使人们改变悲观的情绪，重新对经济产生信心，在引致投资为零或负数的情况下，重新使经济恢复增长。这一点在上一节介绍的乘数—加速数模型中也得到了体现。公式(12.5)中，不随实际国民收入变动而变动的投资$\bar{I}$，就完全是希克斯所提的自主投资。

上一节介绍的乘数—加速数模型是已经加入了时滞和自主投资的较复杂的模型，因此它并没有显示出希克斯所说的“暴烈”的性质。利用上一节的模型可以大大简化我们对希克斯经济周期理论的叙述。

在乘数—加速数模型中，共有五种可能发生的情况。希克斯认为，从长期看，这五种情况都没有排除总产量沿着一种下降趋势波动的可能性。在实际经济中，一次周期的谷底总产量超过前一次波峰的总产量是很平常的事。经济的长期发展不会是围绕着最初的总产量上下波动，而是不断增长着的波动，因此必须在经济增长理论的基础上才能建立符合实际的经济周期理论。希克斯在分析中，用总产量(实际国民收入)的增长率代替了总产量，用投资的增长率代替了投资的绝对量。

二、希克斯的经济周期理论

希克斯假定，自主投资 $\bar{I}$ 的增长率是不变的，加速数和乘数也是不变的。他吸收了哈罗德—多马增长理论中，关于自主投资对均衡收入的比率取决于加速数和乘数的观点。自主投资增长率不变，加速数和乘数也不变，那么自主投资增长率对均衡实际国民收入增长率的比率也就不变。这样，就存在着一条固定比率于自主投资增长率的总产量增长率的长期均衡增长曲线。如果自主投资增长率为一直线，总产量增长率的均衡增长曲线就是与其相平行并高于该直线的一条平行线。实际产量的增长将沿着这一均衡增长曲线上下波动。

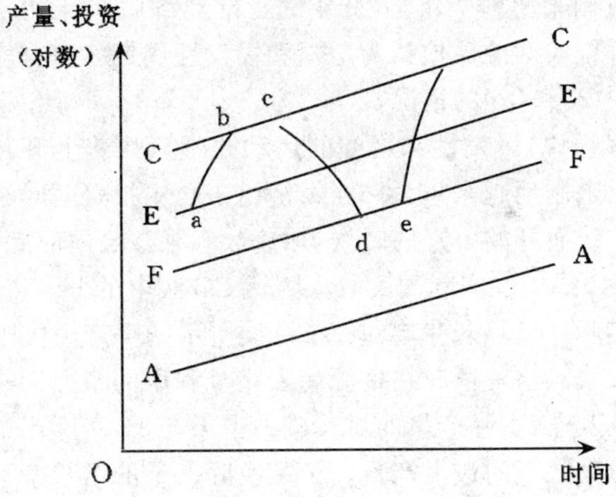

图 12.8　生产力限度对经济波动幅度的限制

如图 12.8 所示，纵轴为用对数标出的自主投资和实际国民收入，横轴为时间。这样，图中各直线表示的变量就有一不变的增长率。直线 AA 表示自主投资，EE 表示实际国民收入的均衡增长路线。由于 AA 表示的自主投资量有一不变的增长率，且自主投资增长率与实际国民收入增长率之间有一固定的比例，因此，EE 所表示的均衡实际国民收入就是自主投资 AA 的一个固定的倍数。图中的直线 CC 表示生产力开足时所能生产的最大产量的增长路线。直线 FF 表示实际国民收入或产量所能下降到的最低水平的轨迹。实际国民收入将围绕均衡增长曲线 EE，并在最高限 CC 和最低限 FF 所限制的范围内波动。

假定由于技术革新等原因，使模型的外生变量发生变化，引起了自主投资 $\bar{I}$ 的暂时激增，尔后自主投资又回到 AA 直线上。如同在上一节的例子中一样，自主投资的变动引发了实际国民收入的波动。希克斯认为，波动的形式取决于加速数和乘数的大小。他根据自己对实际经济周期的经验研究指出，不能用无规则的冲击和减幅周期的机制来解释 7 年至 10 年的正常经济周期，图 12.6(*b*) 的情况是不符合实际的。他认为增幅和爆发性周期才符合实际情况（图 12.6 中(*c*)和(*d*)的情况）。

希克斯解释说，爆发性和增幅的运动并不意味着上升和下降的幅度会毫无限制地越来越大。当经济由于自主投资暂时激增于 a 点，离开 EE 线而开始上升的时候，加速数和乘数会同时起作用，将经济推向 CC 线。在实际国民收入到达 CC 线上的 b 点以前，ab 曲线所示的实际产量增长率超过了 CC 线所示的生产力极限下的最大产量增长率。这种情况在资源尚未充分利用的情况下是可以存在的。但在 b 点，实际产量的增长碰到了天花板，实际产量不可能超过生产力极限下的最大产量。于是实际产量的增长率不再能大于最大产量的增长率，它会下降，并与最大产量增长率相等一段时期，也就是沿着上限 CC，由 b 点移动到 c 点。根据加速数和乘数原理，一旦实际国民收入的增长率突然下降，就立即会引起衰退的加速运动。希克斯用时滞来解释实际产量从 b 点到 c 点的运动，认为实际产量从达到其极限到开始下降有一个时滞。在此期间，实际产量增长率从大于最大产量增长率转向与其大致相等，随后将出现实际产量的下降。从 c 点开始，加速数将把总产量向下拉向其下限。

当实际产量下降时，引致投资会减少，直到引致投资等于零。如果自主投资仍保持原来的增长率不变，实际产量下降到 d 时就会停止，投资不再进一步下降，加速数就失去了作用。从实际产量下降停止到人们恢复信心开始增加投资之间也有一个时滞，它导致实际产量沿 de 低速增长一个时期，随着产量低速增长，加速数会重新起作用。于是到 e 点以后，总产量又开始上升。

即使自主投资在实际产量下降时也发生下降，也不会导致最终的经济崩溃。在这种情况下，固定资产折旧会构成抑制经济下降的最后一道防线。对新机器的需求最终总会导致新的上升运动。

希克斯关于经济周期运动机制的解释，可简单地用符号表示如下。

$\bar{I}$ 暂时激增：

Q↑，$\Delta Q=\Delta\bar{I}\cdot MULT$，引致 I↑，$\Delta I=\Delta Q\cdot W$

$\Delta Q\%>\bar{Q}\%$，$Q=\bar{Q}$，$\Delta Q\%$↓，时滞，Q↓，引致 I↓

$-\Delta I=-Q\cdot W$，$-\Delta Q=-\Delta I\cdot MULT$

当 $I=\bar{I}$ 时，Q 达下限，$\Delta Q\%$保持低水平

时滞，$\Delta Q\%$↑，Q↑

其中，Q 为实际产量，$\bar{Q}$ 为最大产量极限，$\Delta Q\%$为实际产量增长率，$\Delta\bar{Q}\%$为最大产量增长率，I 为总投资，引致 I 为引致投资，ΔQ 和 ΔI 分别为实际产量增量和投资增量。

第五节　长周期理论

1925 年，苏联经济学家康德拉季耶夫发表了题为《经济生活中的长周期》一文，提出了资本主义经济存在着 50 年～60 年一个周期的长期波动。当时，除去一些对经济周期感兴趣的西方经济学

家以外，康德拉季耶夫的长期波动假说并没有引起西方经济学界的普遍关注。但是，20 世纪 70 年代初出现的战后最严重的衰退和整个 70 年代的严重不景气，使人们很容易联想起 40 多年前的“大危机”和随后的长期萧条。一些经济学家敏感地觉察到，在历史惊人的类似背后可能会隐藏着某种规律，于是人们开始热衷于长期波动的研究。从 20 世纪 70 年代初至今，对长期波动的解释各种各样，但普遍受到重视的还是熊彼特在 20 世纪 30 年代提出的“创新说”。这一学说在战后得到了很大发展。

一、长期波动的经验研究

1. 康德拉季耶夫的发现

康德拉季耶夫对美国、英国和法国从 1780 年到 1920 年间的商品价格、有息证券行市、工资、对外贸易、煤炭的消费量和产量以及生铁和铅产量的统计资料进行了研究，并用 9 年平移法消除了 7 年至 10 年的周期波动，结果发现这些统计指标都表现出一致的周期性波动，其周期为 50 年～60 年。图 12.9 至图 12.14 就是康德拉季耶夫本人根据上述资料绘制的统计图表[①]。

图 12.9 是康德拉季耶夫绘制的美、英、法三国的批发物价指数图（英国的资料从 1780 年开始到 1920 年止，美国是从 1790 年到 1920 年，法国是从 19 世纪 50 年代末到 1920 年）。第一个长波从 1789 年到 1849 年，约 60 年。其上升阶段从 1789 年至 1814 年，大约 25 年；其下降时期从 1814 年开始到 1846 年终止，为期 35 年。第二个长波始于 1849 年，止于 1896 年，约 47 年。从 1849 年到 1873 年为上升时期（美国的波峰为 1866 年），1873 年到 1896 年为下降时期。第三个长波始于 1896 年，1896 年至 1920 年为其

① 外国经济学说研究会编. 现代国外经济学论文选. 第 10 辑. 商务印书馆，1986 年. 3～9

上升段。康德拉季耶夫只收集到1920年的统计资料。他估计1920年后应开始下降。

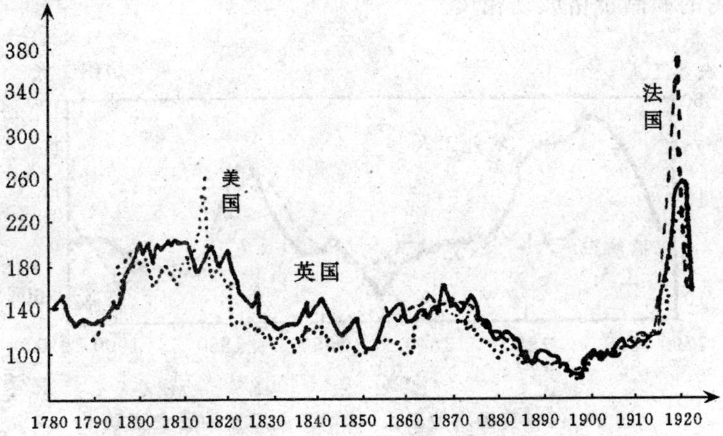

图 12.9 美、英、法历史上批发物价指数波动

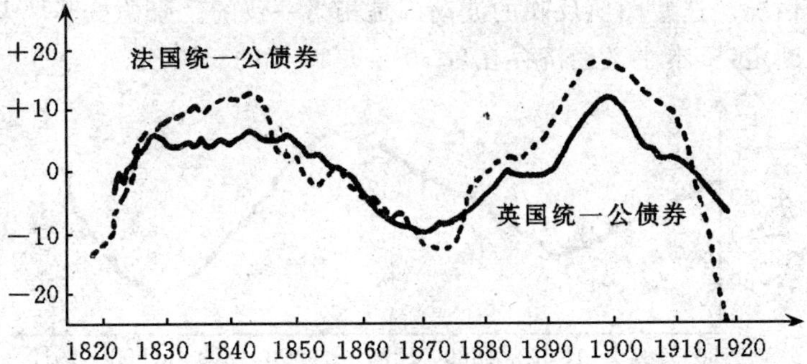

图 12.10 英、法历史上公债价格波动

图12.10为英、法两国1820年～1920年间公债价格的波动情况。一般情况下，证券价格与利息率成反向运动，而利息率与总

体经济活动如总产量的运动同方向变化，这一点可以从反映货币市场均衡的 LM 曲线向右上倾斜看出。图中的债券价格波动恰与上图的商品价格波动相反。

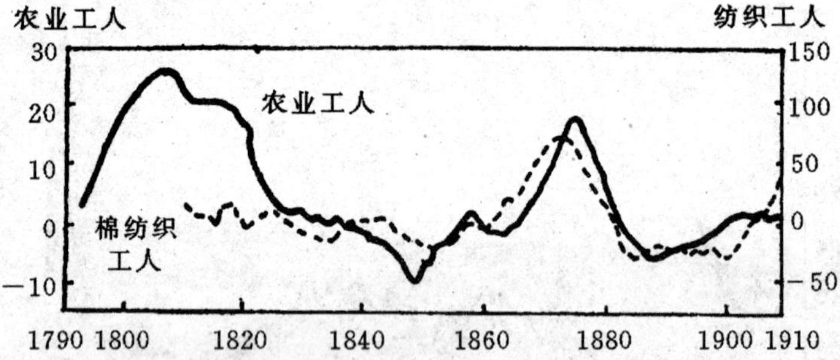

图 12.11　英国农业工人、纺织工人工资的历史变动

图 12.11 为英国农业工人和纺织业工人工资的变动情况，图 12.12 为法国对外贸易的波动情况，图 12.13 为法国煤炭消费量和英国煤炭产量的波动情况，图 12.14 为英国生铁和铅产量的波动情况。这些图所反映的波动都是相当一致的。康德拉季耶夫据此断定，资本主义经济存在着 50 年～60 年的长周期。

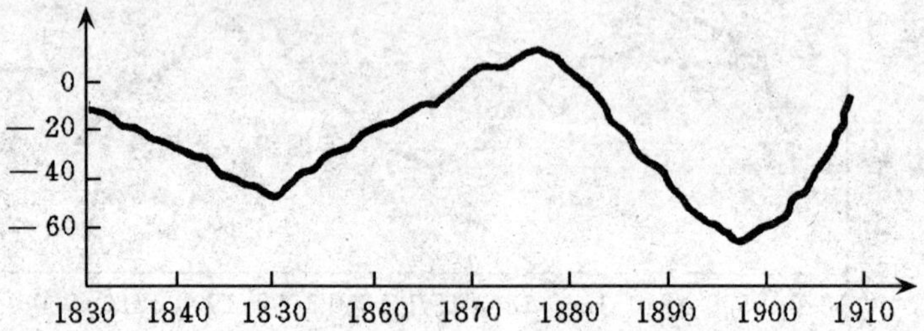

图 12.12　法国对外贸易的波动

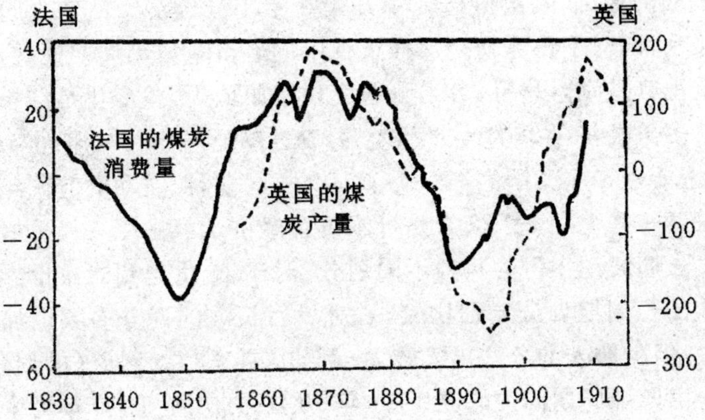

图 12.13　英国、法国煤炭业产量、消费量的历史波动

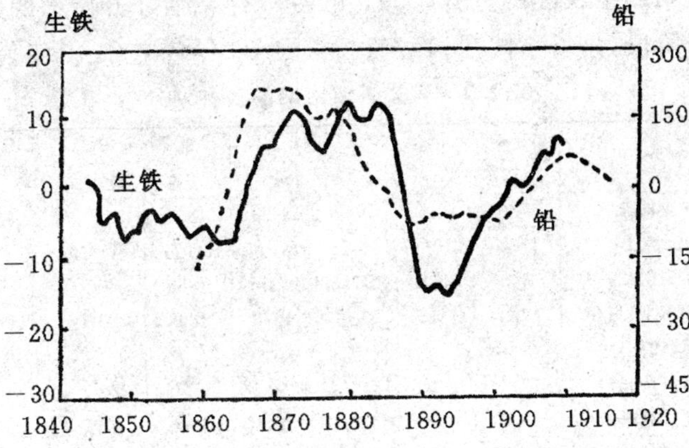

图 12.14　英国、法国生铁和铅产量的历史波动

2. 20 世纪 70 年代以后对长波的经验研究

从 20 世纪 30 年代熊彼特开始研究长期波动起，人们就不断用新的资料来完善对康德拉季耶夫长周期的经验研究。20 世纪 70 年代以后，人们对长周期的存在更坚信不移，并将研究重心转向长

期波动的原因，在经验研究中开始注重不同经济量波动之间的因果关系，同时不再像初期那样重视不同经济量波动周期的共性，而是重视其差别，以便区分出哪些变化是原因，哪些变化是结果。

多数经济学家的研究都表明，从 1789 年到 1973 年的 184 年中，主要资本主义国家都经历了四个长周期，但波动的起讫年份却存在着一些差别。表 12.2 是日本著名经济学家篠原三代平概括的有关长期波动年份的几种不同划分。对于 18 世纪到二次世界大战以前的长周期划分差别比较小，对战后长波的划分多数也都差距不大，但少数人的分法出入较大。例如表 12.2 中罗斯托的划分，他认为第四个周期的波峰在 1951 年，从 1951 年至 1972 年为第四个周期的下降阶段，从 1972 年至 80 年代开始了第五个长波的上升阶段。而多数人认为，从 20 世纪 40 年代末（或 50 年代初）到 70 年代初为第四个长波的上升阶段，从 1973 年以后才开始第四个长波的下降阶段，这一下降阶段一直持续到 80 年代末和 90 年代初。

表 12.2　有关长波时期的各种划分

	第一次长波		第二次长波		第三次长波		第四次长波	
	谷	峰	谷	峰	谷	峰	谷	峰
康德拉季耶夫 A	1789	1814	1849	1873	1896	1920	—	—
(1922)　B	1770	1810/17	1844/51	1870/75	1890/96	1914/20	—	—
德沃尔夫(1929)		1825	1849/50	1873/74	1896	1913	—	—
范・西里亚西-旺特鲁普(1936)	1792	1815	1842	1873	1895	1913		
熊彼特(1936)	1787	1813/14	1842/43	1869/70	1897/98	1924/25	—	—
科林・克拉克(1944)	—	—	1850	1875	1900	1929	1945	(1970?)
杜普里兹(1947～1978)	1789/92	1808/14	1846/51	1872/73	1895/96	1920	1939/46	1974
罗斯托(1978)	1790	1815	1848	1873	1896	1920	1935	1951
曼德尔(1980)	—	1826	1847	1873	1893	1913	1939/48	1973
范・杜因(1982)	—	—	1845	1872	1892	1929	1948	1973

注：A：根据批发物价指数；B：考虑了其他指标。括号内为论文和著作发表年份。

资料来源：外国经济学说研究会编. 现代国外经济学论文选. 第 10 辑. 商务印书馆，1986 年. 第 226 页

二战后，一些指标的波动方向也发生了一些重大变化。战前，价格的波动通常与总产量等其他经济指标的波动是一致的。但战后开始与经济波动完全相反：衰退时，价格不是下降而是上升；经济上升时，价格反而下降。图 12.15 显示出了这种变化。从图中不难看出，1945 年以前，物价随经济衰退而下降，随经济的长期扩张而上升；但 1945 年以后，物价开始与经济波动反向运动，其原因在于战后西方各国政府的通货膨胀政策。图 12.15 虽然是日本的情况，却基本上可代表其他资本主义国家战后的情况。

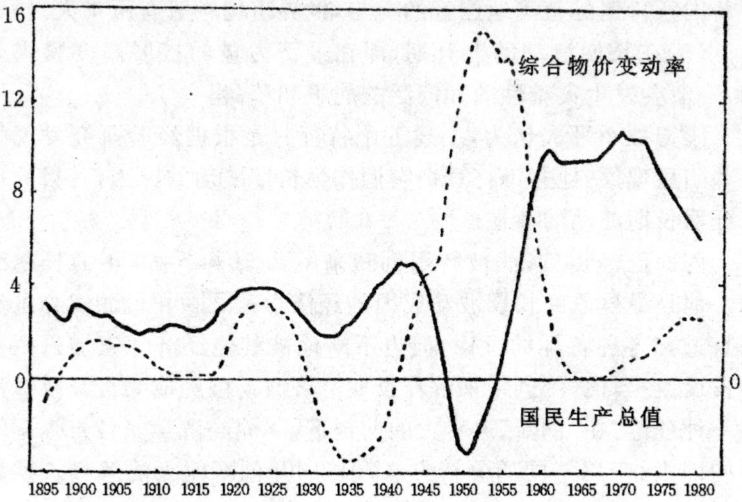

图 12.15　日本经济增长率与通货膨胀率长期波动

资料来源：外国经济学说研究会编. 现代国外经济学论文选. 第 10 辑. 商务印书馆，1986 年. 第 136 页

二、对长期波动原因的解释

康德拉季耶夫概括了长期波动的五个特点：

(1)长期波动包含着传统的周期波动(10 年左右的周期波

动)。在长期波动的上升期,繁荣的年份较多,在下降期则以萧条年份为主。

(2)在长期波动的衰退期间,农业通常出现特别显著的和长期的萧条。

(3)在长期波动的衰退期间,生产和交通运输中有特别多的重要发现和发明,但这些通常只是在下一个长期高涨开始时才能得到大规模的应用。

(4)在一次长周期高涨开始时,通常黄金产量会增长,并且由于新国家特别是殖民地国家的参与,世界市场一般有所扩大。

(5)在长期波动的上升期,即在经济力量的扩展高度紧张时期,一般会发生灾难性的和广泛的战争和革命。

康德拉季耶夫认为,上述五个特征只是根据经验研究发现的一些明显现象。他并不打算把它们作为长期波动的原因,其目的在于证明长期波动的存在。

前面已经提到,熊彼特用创新来解释 50 年～60 年的长期波动。他是最早研究长期波动成因的经济学家之一。他的解释虽然一直遭到各种各样的批评,但也不断地被其他经济学家加以完善和发展。在当代,用创新来解释长期经济波动已经成为最具权威性的一种理论。在"创新"这一大的前提下,不同经济学家各自强调不同的因素,使用不同的分析方法,但"离开创新就无法解释长期波动"似乎已为多数经济学家所接受。

创新的概念前面已经指出,它是企业家对生产要素的重新组合,与科技人员的创造发明是完全不同的两回事。创造发明有时会呈现出某种共生、集群的现象,但这种共生和集群并无特别有规律的周期性,而大规模采用创造发明的企业家的创新活动却有明显的周期性。

创新是一个分阶段的过程,这一过程通常被称为"创新的生命周期"。它由采用阶段、扩散阶段、成熟阶段和下降阶段构成。

采用阶段是创新的起始阶段，它通常处在上一创新浪潮下降期的期末。这时，上一次创新带给经济的活力已经枯竭，经济增长缓慢，且停停走走，市场趋于饱和，投资不旺，有效需求经常不足，企业家开始寻求新的出路。新的创造发明几乎在任何时期都存在，但是在上一创新的扩散和成熟阶段，只能有一部分与上一次创新的具体内容相适应的创造发明被采用，而那些不适应上一次创新的创造发明会被排斥、遗留下来，和后来的创造发明累积在一起，为新的创新活动打下基础。此外，在上一创新周期的下降阶段，由于经济衰退，也会一定程度地刺激新的创造发明。因此，在上一创新浪潮下降阶段的后期，企业家寻找新的创造发明是不困难的。但是，将新的创造发明用于某种生产过程却是困难的。企业家在采用新发明的阶段，不仅要承担技术上、工艺上能否成功的风险，还需承担与现有经济结构发生冲突的风险，这就使采用阶段变得很长。根据库兹涅茨的经验研究，这一阶段一般会长达 20 年左右。

这一时间之所以这样长，有两种不同的解释：一种解释认为，采用新的创造发明是用新技术突破旧技术体系的过程，它必然是困难重重的。另一种解释认为，采用新技术是在旧技术体系下的一些最初变革，它一开始不可能对旧体系造成破坏，而是千方百计地去适应旧的技术体系，否则它就不可能发展。为适应旧技术体系，新技术就不得不考虑利用旧技术体系来提供能源、材料以及配件等等。这就限制了新技术效益的发挥。因此，采用阶段是一个很长的时期。也有一些经济学家认为，采用阶段能否结束并进入扩散阶段的关键在于基础创新的出现。熊彼特把基础创新看作是像工业革命时期的铁路和蒸汽机的采用那样的创新，而当代一些经济学家则把它推广到信息、自动化、能源、合成材料等更广泛的领域。更多的经济学家则更注重技术创新群的出现和它们结成的新的技术体系。

当企业家们纷纷采用新技术、新发明的时候，就会出现创新群。它们相互结合，并和旧的技术体系的某些部分结合在一起，形成新的技术体系。这一阶段被称为新技术的扩散阶段。按照杰伊·W. 福雷斯特(Jay. W. Forrester)的观点，这一阶段与采用阶段可以同称为技术创新阶段。人们看到新技术的采用可以带来更高的利润，于是投资开始增加，总需求开始上升，国民收入增长。在这一新技术的扩散阶段中，一方面由于形成了新的技术体系，会造成对一些不适应这一体系的新技术和发明的排斥；另一方面，随着投资增加，会形成一些新产业，或使某个老产业以全新的面貌出现，其能源、原材料、机器设备以及产品等等都不同于旧技术体系下的情况。如战后的纺织业，就是与合成纤维、自动化等新技术体系结合在一起，改变了旧时的老产业。经济中的新产业和一些较大改变了技术面貌的老产业合成为领先部门，它们与其他产业结合成新的产业结构。于是在领先部门的带动下，整个经济会进入较长期的增长阶段。

在新产业结构形成的初期，高额利润来自新技术、新产品等技术创新，但当技术扩散已经基本结束，与新技术体系相适应的新发明已多被采用，而被排斥的不适应新技术体系的发明创造又不能带来高额利润时，技术创新时期也就结束了。这时，市场竞争更激烈，企业家转向靠管理和经营策略来提高利润，于是进入了福雷斯特所称的"管理创新时期"。当管理创新的效率充分发挥出来之后，便进入创新的成熟阶段。根据库兹涅茨的经验研究，从创新群结成新的技术体系，到整个创新过程进入成熟阶段，需要大约20年的时间，在这一阶段，整个经济将呈现出增长和繁荣为主的景象。

进入创新的成熟期以后，总产量的上升放慢，竞争更加激烈，市场趋于饱和，投资开始沿着下降的趋势发展，对未来经济预期的悲观情绪开始蔓延，经过一段时期便会进入创新的下降阶段。J. V. 杜因(J. V. Duijn)认为，一次创新浪潮的下降阶段，是一个无限制的阶段，它自身的技术体系已经不可能重新使经济上升；但下降阶段的经济衰退则会刺激新的创新浪潮。

福雷斯特认为，在下降阶段，会开始一个“政治创新”的时期。由于经济经常处于衰退，政府的经济政策以及某些经济和政治制度、管理体制等等会发生变革，这种变革会刺激新的创新。创新说的重要代表人物M.格哈德(M. Gerhard)也持类似看法。他认为，资本主义经济制度具有内在的调节机制，它会使创新浪潮重新出现。

创新的生命周期是一个很长的过程，随着其不同阶段的交替，经济呈现出有规律的长期波动。一方面，创新导致了经济波动；另一方面，经济波动又会导致后一个创新浪潮去代替前一个创新浪潮。这就是创新说的基本观点。

对于长周期成因的解释，除创新说以外，还有用黄金供给量、货币供给量和价格波动来说明长周期的理论，用战争和革命来说明长周期的观点，用农业生产的波动来说明长周期的理论，以及用能源的供给来说明长周期的理论，等等。

复习思考题

1. 经济周期有哪两个不同的定义？根据这两个不同定义观测的经济周期会产生什么差别？

2. 怎样衡量经济周期？是否所有经济活动的指标都呈现出周期波动？不同指标波动的起讫时间是否都同步？

3. 请概括经济周期的货币原因说。

4. 在“乘数—加速数模型”中，乘数作用是如何体现的？

5. “乘数—加速数模型”的五种情况是由什么因素决定的？怎样决定的？

6. 用图示简要说明希克斯的经济周期理论。关于周期波动的上限和下限分别是由哪些因素决定的？

7. 截止到20世纪80年代，西方经济大致经历了几次长周期？战后的周期波动与战前有哪些不同？

8. 简述创新周期与长期波动的关系。

第十三章　通货膨胀与失业

宏观经济政策的基本目标是保持充分就业、价格稳定、经济增长。要实现这三个目标，就必须与失业、通货膨胀和缓慢的经济增长作斗争。对此，不同的经济学派通常有不同的理论和主张。在这一章中，我们将以新古典综合派的理论为主，介绍有关通货膨胀和失业的理论。

第一节　失业与通货膨胀的理论

第二次世界大战后的初期，失业与通货膨胀是交替发生的。凯恩斯主义者认为，这时的失业是有效需求不足引起的，通货膨胀则多是过度需求拉起的。只要适当地调节好总需求，就可以消除失业和通货膨胀。但是，20 世纪 60 年代后期以来，失业和通货膨胀并发，造成"滞胀"的局面。这是凯恩斯主义传统理论无法解释的。于是便出现了"成本推进的通货膨胀"的新解释，并把"滞胀"解释成菲利浦斯曲线的右移。

一、需求拉起的通货膨胀

通货膨胀(Inflation)是指物价的普遍上涨。它的基本原因是货币数量相对于产品量过多。需求拉起的通货膨胀是指因需求增长过度，超过了产品的增长速度而引起的通货膨胀。

总需求的增长通常是没有限制的，它可以以 10%的年率增长，也可以以 20%、100%甚至 1000%的年率增长。而总产量却不行，总产量的增长是受生产力水平限制的。根据经验研究，美国生产力限制下的总产量增长的平均年率在4%左右，充分就业下的总产量增长最多不超过7%的年率。只有在失业较严重的情况下，经济从衰退中走向繁荣的时期，总产量可能有较高的增长速度。但市场机制却总是能使名义的(即用货币表现的)总供、求相等。因此，只要总需求的增长速度超过了总产量的增长速度，物价总水平就会上升，这就是所谓需求拉起的通货膨胀。

如图13.1，假定最初的总供求均衡位于E_1点，总需求为AD_1，均衡的总产量为Q_1，一般价格水平为P_1。如果这时存在失业，要消除失业，达到充分就业，只需将总需求由AD_1提高到AD_2，在新的均衡点E_2，一般价格水平会爬升到P_2，而总产量却会较大幅度地上升到Q_2。如果总需求继续扩张，由AD_2扩大到AD_3，价格就会大幅度地上升到P_3，发生典型的“需求拉起的通货膨胀”。

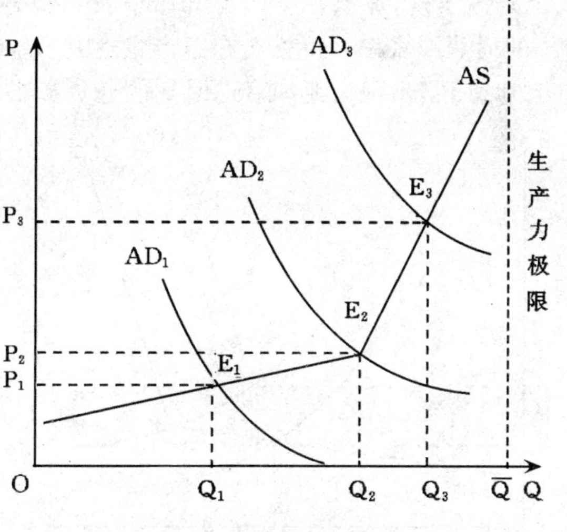

图13.1　需求拉起的通货膨胀

这使我们得到一个一般性的结论：如果经济已经处于充分就业的状态（如图 13.1 中，总产量已达到 Q_2），而总需求却继续扩大，就必然会引起"需求拉起的通货膨胀"。

在充分就业以下，如果总需求的扩张速度超过了产量增长的速度，也会造成需求拉起的通货膨胀。如图 13.2 所示。假定生产力的年增长率为 4%，这意味着在充分就业状态下，总产量要以每年 4%的速度扩张，也就是从 Q_3 到 Q_2 假定需要一年的时间，而且 $Q_2=Q_3\cdot(1+4\%)$。假定现在经济处于失业状态，总产量为 Q_1，它低于充分就业的总产量 Q_3。从 Q_1 到 Q_2，总产量需增加 10%（即 $Q_2=Q_1\cdot(1+10\%)$）。如果总需求由 AD_1 到 AD_2 的扩张是在一年内逐渐实现的，那么从 Q_1 增加到 Q_3，会使原生产力开足，总产量会增加 6%。此后，生产力会增长 4%，使总产量由 Q_3 再逐渐增长到 Q_2。结果，价格只会由 P_1 爬升到 P_2，失业也会消除。如果总需求从 AD_1 到 AD_2 的扩张不是在一年内逐渐实现，而是在半年内，或更短的几个月内实现，那么在生产力开始增长到 Q_2 以前，就会出现至少 4%的通货膨胀率。价格会在总产量达到 Q_3，或达到 Q_3 以前就迅速上升到 P_3，出现失业和衰退时期的通货膨胀。

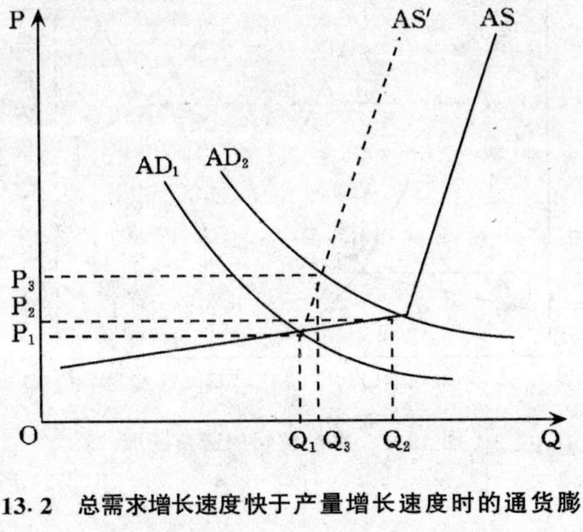

图 13.2　总需求增长速度快于产量增长速度时的通货膨胀

新古典综合派认为,70年代的滞胀,有一部分原因就是这种衰退时期需求增长速度过快,使产量无法跟上造成的。他们指出,美国在1965年～1969年、1971年～1974年、1975年～1979年、1980年～1981年、1983年～1985年间都经历了需求拉起的通货膨胀。

那么,过度的总需求是如何造成的呢?当整个经济扩张时期,总需求持续地跑在总产量前面的时候,人们就很容易看清,总需求增长的最终原因还在于货币供给量的增长。需求拉起的通货膨胀只是一个症状,货币供给的过度增长则是病因。

根据国民收入循环模型,我们知道,有1美元的产品便有1美元的收入,要使消费者的开支超过最终产品的价值,消费者不但要全部花掉自己的全部收入,还必须从金融市场中取出自己以前的储蓄或者去金融市场借钱,否则就不可能由消费过度引起总需求超过总产量(或总供给量)。消费者很少全部花掉自己的收入,而且在经济扩张时期,边际消费倾向会随收入的增长而递减,因此,要使消费过度成为需求过度的一个因素,关键就在于消费者是否要从金融市场抽走大量的资金(包括借款和取储蓄)。对于企业部门也是如此,它只有使自己的支出超过收入才能引起过度需求,要做到这一点,企业也必须从金融市场获得大量的资金(包括取走储蓄和借款)。如果政府开支超过其税收,就会引起总需求上升,但这时,政府也必须靠发行债券来弥补赤字,从金融市场筹集大量的资金。总之,无论是上述哪一种原因引起总需求过度,或者是所有这些原因共同引起总需求过度,都必须由金融市场提供额外的大量货币资金。

除非金融市场恰好处于非均衡状态,货币的供给大于其需求,从而有大量的剩余货币资金可供上述的过度开支之用,否则它就不能为过度的总需求提供货币资金。在货币市场供求均衡的状态下,如果中央银行不扩大货币供给,政府部门和私人部门(包括消费者和企业)就只能为现有的货币资金而相互竞争。通常,政府发行的债券会挤掉一部分私人开支,这样,在政府开支过度的同时,由于私人开支会相应减少,结果就不会引起严重的通货膨胀。

从理论上讲,消除挤出效应,从而引起总需求过度的途径有两个:一是货币流通速度的增长;二是货币供给量的增长。多数关于货币流通速度的经验研究表明,在长期,货币流通速度近似于一个不变的常量。例如,在美国,M_1 的流通速度经常保持在每年 3%的增长率水平上,而 M_2 的流通速度的年增长率为零。货币流通速度只能在短期波动时造成总需求的暂时性过度增长,它不能解释长期的总需求过度。只有货币供给增长率超过总产量增长率才是总需求过度的最根本原因。许多经验研究也证明,通货膨胀率与货币供给增长率有极为密切的关系。

二、成本推进的通货膨胀与结构性通货膨胀

需求拉起的通货膨胀虽然可以解释从失业状态向充分就业调整过程中的某些通货膨胀,却不能解释长期的滞胀局面。于是新古典综合派提出了"成本推进的通货膨胀"来解释 20 世纪 60 年代末以来出现的滞胀。

新古典综合派认为,导致滞胀的最根本原因是总供给水平的下降,也就是总供给曲线向左上移动。这会导致更低的总产量水平和更高的价格水平。引起总供给曲线(AS)向左上移动的原因是生产成本提高和生产要素的供给量减少。这种由成本提高引起的物价上涨称做成本推进的通货膨胀。在过快的经济增长过程中,要素的供给量会越来越少,这使生产要素的稀缺程度增大,从而导致生产要素价格上升,使总供给曲线向左上移动,引起成本推进的通货膨胀。只要经济增长超过了生产要素供给增长的限度,使生产要素的稀缺程度提高,就会引发成本推进的通货膨胀。换句话说,只要生产要素的供给赶不上经济增长的要求,就会引起成本推进的通

货膨胀。

石油输出国组织在1973年至1974年和1979年至1980年的两次石油禁运和石油提价就是这种成本推起通货膨胀的典型例子。石油的紧缺和油价提高是造成这一时期总供给曲线左上移的重要原因之一。它造成了总供给减少(或增长缓慢)和物价的普遍上涨。但是,石油价格提高并不是20世纪70年代成本提高的惟一原因。例如,在美国,石油输出国组织(OPEC)的石油只占美国石油总消费量的一半左右,而包括石油部门在内的任何一个部门对GNP的贡献最多不超过5%,根据估算,石油涨价因素引起的通货膨胀不到这一时期通货膨胀率的1/3。20世纪70年代成本普遍提高的另一原因是工资的上涨,以及由此而引起的钢铁、煤炭等生产资料价格的上涨。

也有一些新古典综合派的经济学家认为,20世纪70年代的滞胀是由市场结构的不完全造成的,他们提出了结构性通货膨胀的概念。他们认为,20世纪70年代的通货膨胀在很大程度上是由个别市场的结构不完整造成的。这种市场结构的不完整造成了工资刚性和某些商品的价格刚性,它们只能上升而不能下降。在经济衰退时期,适度的总需求提高本不会引起通货膨胀,这是因为在某些商品因需求上升而价格上涨的同时,另外一些商品的价格会下降,这会使总的价格水平保持稳定,或只有较轻微的上升。但是,局部市场的价格刚性使市场机制遭到破坏,市场结构不再是完整的。当需求上升时,将不再有个别商品价格下降的现象,或价格下降的商品极少,不足以抵偿价格上升的商品,使总价格水平上升。与此同时,工资和产品价格刚性会在总需求提高时,造成总供给曲线的上移,使产量减少,价格进一步提高。如图13.3所示,最初经济处于衰退状态,总需求曲线为AD_1,总供给曲线为AS_1,总产量和一般价格水平分别为Q_1和P_1。如果市场完全,不存在价格刚性和工资刚性,当总需求由AD_1提高到AD_2时,一般价格水平只有轻微提高，从 P_1 提高到 P_2，总产量则有较大增长，从 Q_1 增加到 Q_2，使经济在基本上不引起通货膨胀的情况下实现充分就业。但是，在存在工资和价格刚性、市场不完全的情况下，总需求由 AD_1 提高到 AD_2 的同时，由于成本提高，会使总供给曲线由 AS_1 上升到 AS_2，于是，总产量只由 Q_1 小幅度增加到 Q_3，而价格却会由 P_1 大幅度上涨到 P_3，出现滞胀的局面。

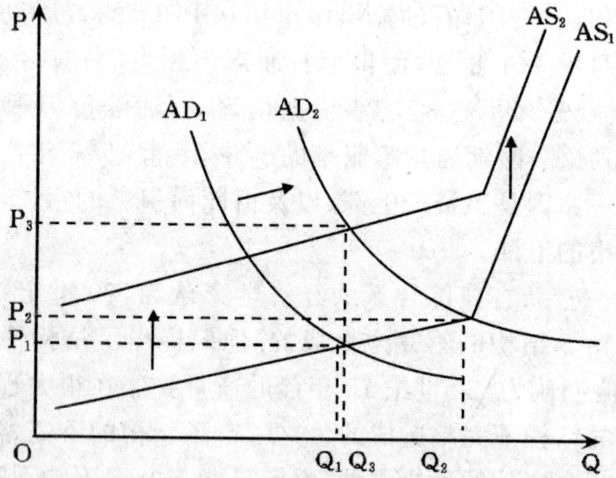

图 13.3　成本推动的通货膨胀

通货膨胀预期通常是引起 AS 曲线上移的另一因素。当总需求上升时，人们会预期发生通货膨胀，这会导致工资和利息率的上升，工资和利息率的提高会增加生产成本，使总供给曲线 AS 向左上移动，引起价格水平提高和产量减少。图 13.3 也可用来说明通货膨胀预期引起的滞胀。当衰退时期总需求由 AD_1 提高到 AD_2 的时候，人们会预期发生通货膨胀，工资和利息率将提高，引起总供给曲线由 AS_1 提高到 AS_2，造成滞胀的局面。

无论是用石油涨价，还是用市场的不完全和人们的通货膨胀预期来解释滞胀，其最终原因都是成本提高引起了总供给曲线 AS 的左上移，使价格提高、产量减少所致。

三、菲利浦斯曲线

菲利浦斯曲线是由英国经济学家菲利浦斯(A. W. Phillips)于20世纪50年代创立的[①]。他研究了1861年到1957年间,英国失业率与名义工资变化率(ΔW%)之间的关系,发现这二者之间存在着负相关的关系,在失业率大致在6%～7%时,工资变动率为零,工资会达到一个稳定的水平。图13.4就是这种最初的菲利浦斯曲线。它表明,当失业率小于6%～7%时,工资就会上升;当失业率大于7%时,工资就会下降。

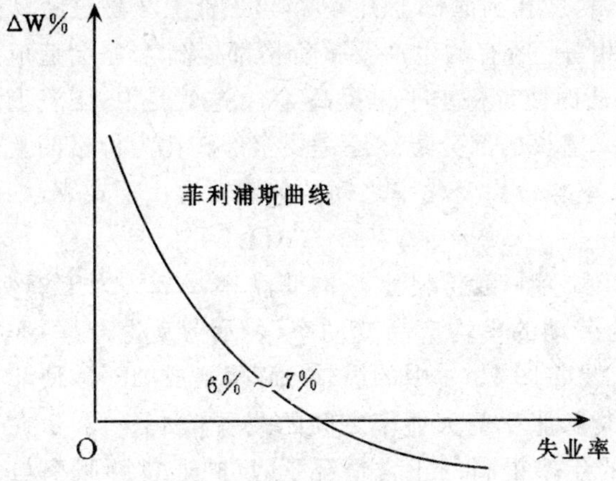

图13.4　反映名义工资变化率与失业率关系的菲利浦斯曲线

最初的菲利浦斯曲线并不是人们熟知的反映通货膨胀率与失业率关系的曲线。但是,由于单位工资成本占单位生产成本的比例较大,所以,工资的上升可以转化为价格的上升。一般说来,只有工资上涨率与劳动生产率的上升率相同时,价格才不变,只要工资

① Phillips. The Relation between Unemployment and the Rate of Change of Money Wage Rates in the United Kingdom, 1861～1957. Economics. 1958

上涨的速度超过劳动生产率提高的速度，价格水平就会上涨。例如，劳动生产率提高2%，这会使单位产品的劳动成本降低2%，如果工资也恰好上升2%，价格就不会发生变化；如果工资上升的幅度超过2%，就会引起价格上升。当然，劳动成本并不是全部成本，它的增长率也不会直接转变为成本的增长率或价格的上涨率。但是，工资的上涨超过劳动生产率的上涨会提高劳动占国民收入(NI)的份额，这意味着土地所有者和资本所有者的收入占国民收入的比例减少，这会引起租金、利息和利润以与工资超过劳动生产率相同的幅度上涨。如果工资上涨6%，劳动生产率上升2%，最终会引起租金、利息和利润都上升4%，与工资上涨超过劳动生产率上升的幅度相等。所有的生产要素价格都提高4%，会造成生产成本提高4%，从而使价格水平也提高4%。这就是说，工资上涨率超过劳动生产率增长的部分最终还是要全部转化为价格的上涨。这样，工资变化率与价格变化率之间的关系便可用下式表示：

$$\Delta P\% = \Delta W\% - \Delta(Q/L)\%$$

式中，$\Delta P\%$为一般价格水平的变动率，$\Delta W\%$为工资变动率，$\Delta(Q/L)\%$为劳动的平均产品变动率(表示劳动生产率)。根据这一公式，很容易将图13.4中的纵轴$\Delta W\%$换成$\Delta P\%$，使菲利浦斯曲线表示通货膨胀率与失业率之间的关系。如图13.5，在劳动生产率以2%的年率提高的正常情况下，反映通货膨胀率与失业率关系的菲利浦斯曲线可由图13.5中的原菲利浦斯曲线垂直减少(下降)2%得到。

菲利浦斯曲线表明，通货膨胀率与失业率之间存在着相互替代的关系，要使通货膨胀率降低，失业率就会提高；要使失业率降低，就会引起高通货膨胀率。整个20世纪60年代，新古典综合派对菲利浦斯曲线表示的这种关系深信不疑。但20世纪70年代的滞胀打破了这种简单的替代关系，新古典综合派开始用菲利浦斯曲线的右上移动来解释失业率和通货膨胀率之间的长期关系。

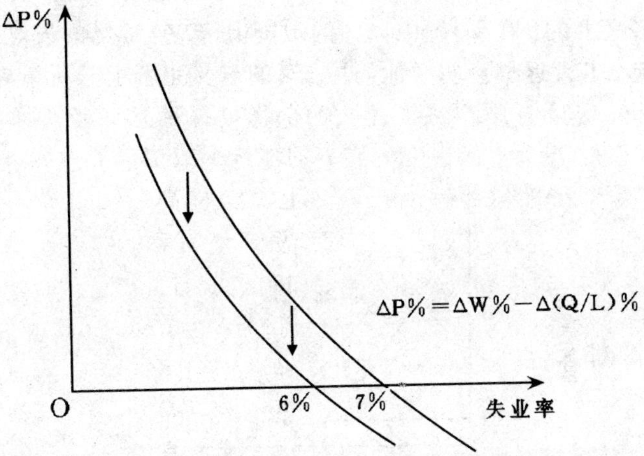

图 13.5　反映通货膨胀与失业率关系的菲利浦斯曲线

早在 20 世纪 60 年代初，美国经济学家、货币学派的创始人弗里德曼就否认失业率与通货膨胀率之间存在着菲利浦斯曲线所表示的相互替代关系。他把使价格长期稳定的失业率（如图 13.5 中的 6%或 7%）称做自然失业率（Natural Rate of Unemployment）。他认为，失业率只可能在短期低于自然失业率；在长期，将失业率调整到自然失业率以下的努力是徒劳的，它只会引起通货膨胀和经济的不稳定。新古典综合派则利用自然失业率的思想来解释菲利浦斯曲线的长期变动。

图 13.6 中的（*a*）图为反映工资变动率与失业率关系的菲利浦斯曲线，（*b*）图为反映通货膨胀率与失业率关系的菲利浦斯曲线。假定使价格稳定的自然失业率为 6%，如果打算通过增加总需求使失业率下降到 4%，根据（*a*）图中的菲利浦斯曲线，工资必须以 5%的比率上升，这意味着要雇用大量的摩擦性失业工人。假定劳动生产率以每年 2%的速度提高，与 4%的失业率相应的通货膨胀率应为 3%（见（*b*）图）。工人工资提高的 5%中，应剔除 3%的通货

膨胀因素，他们的实际工资仅提高了 2%，最初 5%的工资提高仅仅是名义上的。在(a)图中，2%的工资上涨应与 6%的失业率组合在一起。工人迟早会明白他们被 5%的名义工资上升所愚弄，他们的实际工资只上升了 2%。工人的选择只有两个，要么要求实际工

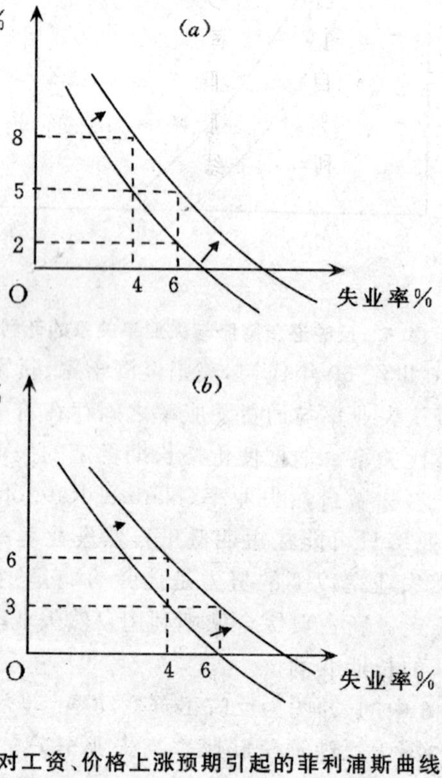

图 13.6 由对工资、价格上涨预期引起的菲利浦斯曲线外移

资也上升 5%，要么放弃现在的工作，使失业率回到 6%。这意味着：或者将名义工资提高到 8%，使失业率达到 4%；或者保持 5%的名义工资上涨率，使失业率回到 6%。如图 13.6(a)所示，这两种情况都出现在原菲利浦斯曲线的右上侧，这表明反映工资变动率

与失业率关系的菲利浦斯曲线向右上移动了。与此相应，4%的失业率不再与3%的通货膨胀率相适应，而是与6%的通货膨胀率相适应，3%的通货膨胀率与6%的失业率相适应。如图13.6(*b*)所示，反映通货膨胀率与失业率关系的菲利浦斯曲线也向右上移动了。现在，如果仍坚持4%的失业率，其代价就不再是3%的通货膨胀率，而是6%的通货膨胀率了。当工人得知通货膨胀率已达6%时，他们就会发现自己的实际工资仍然只上升了2%(8%的名义工资上涨率减去6%的通货膨胀率)，于是新一轮工资谈判就会开始。从长期看，菲利浦斯曲线会越来越向右上移动，如图13.7所示。

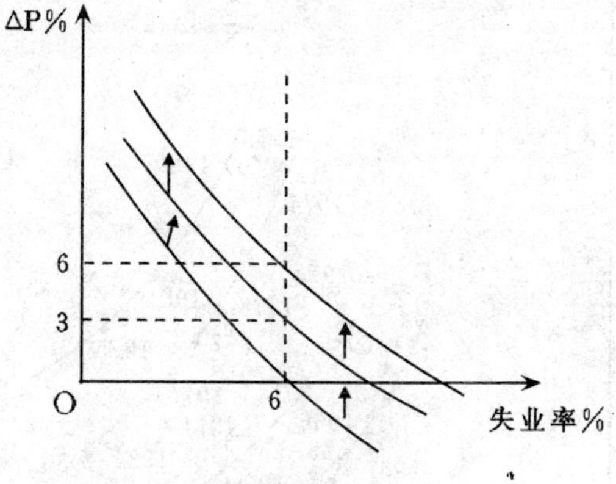

图13.7　菲利浦斯曲线的长期上移趋势

造成菲利浦斯曲线右上移动的原因是工人保持其实际工资上涨率与通货膨胀率相一致的行为，以及他们对通货膨胀的适应性预期(Adaptive Expectation)。工人们会根据他们过去的经验对未来的通货膨胀作出预期，并以此为基础提出增加工资的要求。在短期，只要工人相信他们的实际工资正在提高，失业率就会保持在较低的水平上。但从长期看，工人的名义工资提高会引起通货膨胀，而通货膨胀又会蚕食其实际工资，使实际工资下降，工人要求提高实际工资的行为会造成工资—物价的轮番上涨。结果，使失业率降低到自然失业率以下的长期努力会化为泡影，失业率不但会回到其自然失业率的水平，还会造成越来越严重的通货膨胀。在新古典综合派看来，自然失业率就是充分就业的失业率，使失业率下降到充分就业失业率水平以下必然会引起通货膨胀，菲利浦斯曲线的右移正是经常试图将失业率降低到6%以下的政策与工人适应性预期综合作用的结果。

图 13.8 标出了从 1964 年到 1984 年 20 年间美国失业率和通货膨胀率的 20 个组合点，它们显示出这 20 年间菲利浦斯曲线向右上移动的情况。

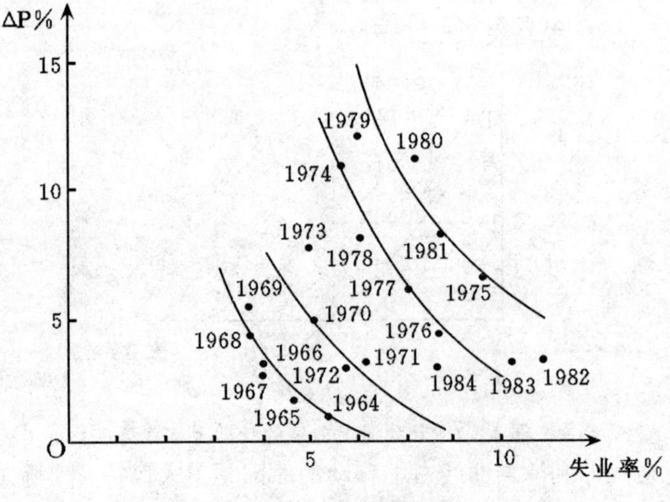

图 13.8 历史上菲利浦斯曲线的外移趋势

新古典综合派认为，错误的宏观政策会使菲利浦斯曲线向右上移动，而正确的政策会使菲利浦斯曲线向左下移动。如图 13.9 所示，假定最初失业率为 5%，通货膨胀率为 12%，经济位于点 A。假定政府为降低通货膨胀率减少了总需求 AD，总需求的减少会引起总产量的下降和失业率的上升。但人们对通货膨胀的适应性预期却不能使通货膨胀率很快降下来，通货膨胀率仍将在12%的年率上持续一段时期。于是通货膨胀率和失业率的组合点便由图13.9中的A点移动到了B点。随着销售量的下降，对劳动的需求会减少，工人在工资谈判中的力量减弱，对通货膨胀的预期也会减弱，通货膨胀率开始下降。当组合点由图13.9中的B点移回到菲利浦斯曲线上的C点以后，政策制定者便面临一个重要的选择：是将已经上升的失业率降低到最初的水平还是继续降低通货膨胀率。如果选择后者，继续降低通货膨胀率，人们对通货膨胀的预期会进一步下降，组合点会由C点下降到D点。这意味着菲利浦斯曲线向左下移动了。如果总需求保持一个缓慢的、稳定的增长率，总产量会增长，失业率会下降，组合点会进一步向E点和F点移动（美国1983年～1984年就属于这种现象），直到保持一个自然的失业率水平。如果政策保持稳定，经过较长一个时期，通货膨胀率会达到零，失业率会保持在自然失业率的水平。

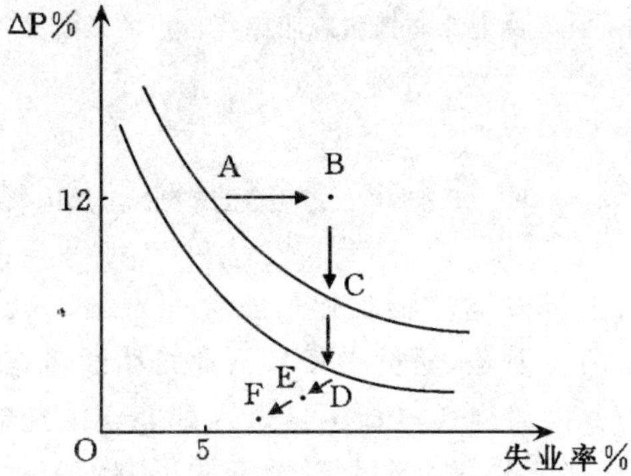

图 13.9 宏观经济政策对菲利浦斯曲线移动方向的作用

进入20世纪80年代以后，不少新古典综合派经济学家开始用失业率与通货膨胀率之间螺旋形变化的替代关系来代替20世纪70年代关于菲利浦斯曲线右上移的解释。如图13.10所示，当扩张性的宏观政策不适当，并且与人们对通货膨胀的适应性预期结合在一起的时候，失业率与通货膨胀率的组合点会沿图13.10中的螺旋形路线由A点向K点运动。当宏观政策适当且稳定的时候，则会发生与图中箭头方向相反的螺旋形变动。

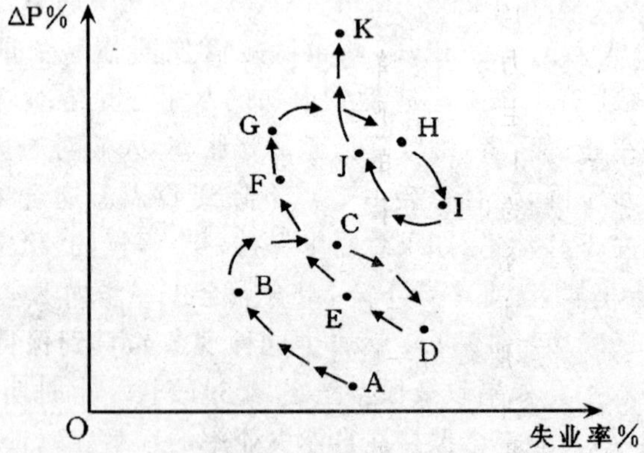

图13.10　失业率与通货膨胀率组合点的螺旋形移动

第二节　通货膨胀与失业对经济的影响

几乎没有人怀疑通货膨胀和失业会损害国民经济，损害人们正常的社会生活。但是，通货膨胀与失业将给经济造成什么损害，人们将如何为此而付出代价却不是人人都能说清楚的。在这一节中，我们将分析通货膨胀与失业对经济的影响。

一、通货膨胀与国民收入循环

绝大多数人认为，通货膨胀（物价上涨）会降低人们的实际收入，从而降低人们的生活水平。这实际上是一个错误的认识。根据关于国民收入循环的理论，有1美元的最终产品就必然有1美元的国民收入。当价格上涨一倍时，国民收入也会上涨一倍。结果，实际国民收入会保持不变。对于不同的个人，通货膨胀可能会使一些人的实际收入上升，但也会使另一些人的实际收入下降，总的实际收入水平和平均的实际收入水平会保持不变。价格普遍上涨一倍，单位货币的购买力就会下降一半，人们的货币收入也会因价格的加倍而加倍，实际生活水平不会因此而受到影响。

在通货膨胀期间，一些人的名义收入增长会低于价格上涨的幅度，这会使这些人的生活水平下降；但另外一些人名义收入增长的幅度会超过物价上涨的幅度，他们的生活水平会提高。如果名义工资提高的幅度低于通货膨胀率，就意味着租金、利息和利润上升的幅度会高于通货膨胀率。一些人的所失会成为另外一些人的所得。通货膨胀会造成收入的重新分配。

那么，为什么在通货膨胀期间抱怨收入下降的人总是大大超过那些不抱怨的人呢？这是因为，除非名义收入提高幅度大大超过通货膨胀率，否则人们就很难区分其名义收入与实际收入。当名义收入增加时，人们最初很容易把它当作是实际收入提高，当他们发现物价普遍上涨时，又很容易把一切物价上涨都当成是实际收入的下降，从而忽视实际收入比以前已经增长了的事实。货币假象(Money Illusion)会把实际收入的变动掩盖起来，使人不易察觉。

一般地说，通货膨胀不会使总产量下降从而引起实际收入的下降，但也有一些例外。在实行紧缩政策的初期，当总需求下降引起总产量下降时，人们的通货膨胀预期并不立即下降。这会使通货膨胀持续一段时期。在这种情况下，人们抱怨生活水平下降才符合实际情况。这时，多数人在通货膨胀中的所失会超过少数人的所得。例如，美国在1970年～1971年、1974年～1975年、1981年～1982年就是如此。但是，造成生活水平下降的真正原因并不是通货膨胀，而是总需求紧缩引起的经济衰退。所以，人们实际生活水平的下降与否并不与通货膨胀直接相关，而是与总产量水平直接相关。

真正的例外是价格上升的幅度大于货币供给上升幅度时发生的。由于实际货币供给(M)等于名义货币供给(MS)除以一般价格水平($M=\frac{MP}{P}$)，所以在通货膨胀率大于名义货币供给的增长率时，实际货币供给就会下降。这会引起实际利息率的上升，造成总需求 AD 的下降，从而使总产量减少，引起人们实际生活水平下降。这种情况的出现有两种方式：第一种是由于通货膨胀率的变化一般要滞后于货币供给增长率变化两年左右，所以在实行反通货膨胀政策时，货币供给的增长率就会小于通货膨胀率，这种情况通常出现在衰退开始的初期。但是，由于在整个衰退和扩张时期，价格变动都滞后于货币供给量的变动，所以从长期看，通货膨胀不会引起实际货币供给量的减少。通货膨胀引起实际货币供给减少，从而引起实际生活水平下降的第二种方式出现在发生成本推进型通货膨胀的时候。实际成本的提高会使总供给曲线左上移，造成总产量减少，使实际生活水平下降。

二、通货膨胀与收入再分配

通货膨胀对人们实际收入的总水平通常没有多大影响，但它却会使收入和财富重新分配，使一些人从中受益，使另一些人从中受损。

通货膨胀会降低那些有固定货币收入的人们的实际收入，使他们的生活水平下降。那么，哪些人有固定的货币收入呢？人们最常提到的是一些有固定年金收入的老年人，包括领取退休金和社会保险养老金的那些人。这些人的货币收入通常是固定的和近似于固定的，当通货膨胀发生时，这种固定收入的购买力就会下降，使他们的实际生活水平下降。实际上，许多国家在通货膨胀严重时期，大都制定将社会保险金与消费物价指数挂钩的法令和制度，因此，真正有固定收入的人所占的比例是很小的。

人们一般认为，通货膨胀会使长期储蓄的实际价值降低，损害储户的利益。实际情况可能如此，也可能不如此，这要看利息率相对于通货膨胀率的变化而定。如果利息率提高的幅度大于通货膨胀率的上升幅度，贷者就会受益，而借者就会受损。在通货膨胀时期，贷者会根据自己预期的未来通货膨胀率提高贷款的利息率。如果实际通货膨胀率高于贷者预期的通货膨胀率，贷者就会受损，借者就会受益。如果储户预期的通货膨胀率低于后来实际发生的通货膨胀率，储户就受损，银行就得益。如果储户预期将要从银行得到的实际利息率过低，他们就不会选择银行存款，而会选择购买其他有利可图的金融资产或实际资产，如政府债券、股票和房地产等等。只要人们的储蓄加入了整个经济中国民收入的循环流，其收入就会随价格的升降而升降。他们的资产收入——利息、租金和红利等等既可能以高于通货膨胀率的速度上升，也可能以低于通货膨胀率的速度上升。在一些人因通货膨胀而受损的同时，总会有另一些人因此而受益。

通货膨胀也会影响税收，并通过税收影响国民收入在政府和私人部门之间的再分配。人们的货币收入是与价格水平一同增长的，而税收又随着人们收入的增长而增长。在累进所得税制度下，收入税的增长会快于价格和收入上升的速度。当一个人的货币收入增长时，他会被列入一个更高税率的纳税等级，这种现象被称为“税收等级爬升”(Tax Bracket Creep)。它使个人收入占国民收入的比例减小，使政府收入占国民收入的比例增大，个人之所失恰好是政府之所得。

通货膨胀也会导致国民收入在国际间的再分配。当某国的通货膨胀率高于其他国家时，一方面，该国的消费者会发现外国同类产品的价格相对下降了，于是该国对外国产品的购买量增大，使本国的国民收入大量流往国外。另一方面，通货膨胀率高的国家，其同类产品的价格会相对上涨，导致其出口量减少。进口增大和出口减少会导致一个净增的流向国外的国民收入流量。如果存在着自由汇率制度，净增的流向国外的国民收入流量会使本国货币贬值，即本国货币的外币价格下跌。这会阻止国民收入的继续流出，使本国商品的国际价格恢复到以前的水平。

三、通货膨胀的危害

通货膨胀不会降低人们的总实际收入水平并不等于它是无害的。通货膨胀会造成市场扭曲，增加经济活动中的不确定性，引起社会的普遍不满，危害国民经济和社会生活的正常发展。

通货膨胀会造成国民收入的重新分配，因此会加剧市场竞争。为了在重新切割国民收入这块大蛋糕时保持自己原有的份额，人们会强化自己的竞争手段。他们知道，如果不采取一些措施，通货膨胀会危及他们的实际收入。他们往往不能准确地预测通货膨胀会使他们的实际收入下降多少。如果价格已经增长了一倍，绝大多数人都会努力使自己的名义收入增加一倍以上。但是，只要实际收入并不增加，绝大多数人的名义收入就不会增加一倍以上。当他们发现自己的目标并未实现的时候，就会感到受到了通货膨胀的损害。更激烈的竞争与普遍的失望和抱怨会造成社会生活的动荡不安。

通货膨胀会增加市场的不确定性，加大投资的风险，使投资减少，资本存量增长缓慢，造成经济增长乏力。假设投资者和向其提供贷款的银行对通货膨胀率的预期相同，都是10％，假定名义利息率是15％，当实际通货膨胀率高于预期通货膨胀率10％时，实际利息率就低于5％，投资者获益，银行受损；如果实际通货膨胀率低于预期通货膨胀率10％，实际利息率就高于5％，投资者会支付更高的利息给银行。预期通货膨胀率与实际通货膨胀率的差额对投资者和银行都是至关重要的。如果通货膨胀率是稳定的，或稳定变化的，人们对通货膨胀率的预期就会更准确一些。但是，实际通货膨胀率的变动是不稳定的，它在政府扩张政策和紧缩政策的交替作用下经常发生难以预料的变化，这就使投资者更难确定投资决策，一些正常情况下可以实现的投资会因此而取消，申请贷款的人会大量减少，银行的存款创造活动也会受到影响。在通货膨胀时期，政府的紧缩政策随时可能出现，对投资者来说，这意味着随时可能出现实际通货膨胀率低于其预期通货膨胀率的情况，如果投资决策稍有不慎，就可能一方面支付更高的实际利息率从而面临投资成本提高的局面；另一方面又因紧缩政策使价格下降而面临销售收入减少的局面。由于市场风险增加，投资者必须在其正常实际收入上加上更大的风险收入，这就使投资机会变得更少。

造成通货膨胀率多变的主要因素有两个，一个是宏观政策的多变性，另一个是菲利浦斯曲线在通货膨胀过程中的右移。菲利浦斯曲线的右移过程表明，一旦通货膨胀发生，它就会沿着螺旋形的路线以一种不稳定的方式波动。总之，通货膨胀会使几乎所有的社会成员感到紧张和不安，会破坏正常的经济生活，使社会各阶层普遍滋生不满情绪，造成经济和社会的动荡。

四、失业的代价

通货膨胀给人们带来的实际危害通常会因货币假象而不易看清，但失业的危害却很容易被人们认识。在通货膨胀发生时，一些人受到损害的同时会有另一些人得益；但在失业率提高时，却几乎没有人能从中获益，因为失业率的上升意味着总产量会下降，人们的总实际收入会下降。

曾任美国前总统约翰逊首席经济顾问的美国经济学家阿瑟·奥肯（Arther OKun）研究了失业变动对总产量的影响，提出了所谓“奥肯定律”(OKun’s Law)。他认为,从非充分就业的失业率到充分就业的失业率引起的失业率的变动率,与从非充分就业到充分就业的总产量变动率之间存在着下述关系:

$$\frac{Q_{FE}-Q}{Q}=\alpha(U\%-U_{FE}\%)$$

式中,Q_{FE}为充分就业的总产量,Q 为实际总产量,$U_{FE}\%$为充分就业的失业率,U%为实际失业率。该式表明,经济从失业向充分就业的变动过程中,总产量的变动率(公式左边)与失业率的变动率(公式右边)之间存在着倍数为 α 的固定比例关系。根据奥肯的经验研究,α 值大约等于 3。这就是说,失业率每上升 1%,总产量就减少 3%。例如,失业率由充分就业下的 5.5%上升到 8.5%,失业率上升了 3%,总产量的变动率将是:

$$(8.5\%-5.5\%)\times3=3\%\times3=9\%$$

失业率上升 3%,意味着总产量下降了 9%,这 9%的总产量下降就是失业率上升 3%的代价或成本。根据奥肯定律计算,美国 1981 年～1982 年失业率由 7.5%上升到了 10.5%,失业率增加了 3%,如按 1983 年的美元价值计算,总产量的损失达 2700 亿美元。失业率的上升使经济付出了沉重的代价。失业率上升引起的产量损失不可能在失业率下降的时候得到补偿,人们不可能指望所有的工人在一年内干出两年的活,失去的将永远失去,不正常的情况是不能用正常情况来弥补的。

失业率上升带来的损害对不同的阶层、工业部门和地区往往也是轻重不一的。例如,美国在 1981 年～1982 年间,失业率上升造成的 2700 亿美元的产量损失大都集中于房屋建筑业和汽车工业,这两个部门总产量损失高达 2500 亿美元。由于美国汽车工业集中在靠近大湖区的几个州内,所以失业的打击在地域上也相当集中。在这些部门和地区内,失业对人们的损害几乎处处都能感觉到,而在与上述部门关系不密切的部门以及其他地区,人们多是通过新闻媒介才知道失业率上升造成的损害。此外，在失业率上升时，受打击最大的阶层是一般工人。

第三节　供给学派及其政策

供给学派是在美国经济滞胀中诞生的学派，这一学派的政策主张在里根总统任职期间部分地获得了成功。西方经济学家通常将其划为保守主义或自由主义经济学派。这是因为供给学派同新古典理论一样，否定政府对经济的干预，其理论基础也与萨伊定律相一致，是萨伊定律在当代的一种再现。

供给学派反对凯恩斯主义的需求决定论，认为强调需求管理就只能进行短期调整，从而忽视其干预政策的长期影响，造成滞胀和经济长期不稳定的恶果。供给学派强调供给方面，强调改善生产力增长的长期条件。在短期，总供给是由总需求来限制的，但在长期，总供给则是由生产力的增长（及其条件）来限制的。当生产力增长的时候，一般价格水平会下降，总产量会提高。因此，在滞胀的情况下，只要能够使生产力增长，就可以一箭双雕，既可以制止物价上涨的趋势，又可增加产量，提高就业水平，从而摆脱滞胀的窘境。供给学派强调供给的重要性，实际上就是强调生产力长期增长的重要性。

供给派的主要政策主张可简要地概括如下：

(1)削减个人所得税的税率，以增加劳动的供给，提高劳动生产率和储蓄率。

(2)削减公司税率，增加公司利润，增加公司投资的信心，以扩大总投资。

(3)削减政府开支，以减少非生产性的公共开支，这将有利于增加私人的生产性开支。由于削减了政府开支，会减少财政赤字，减少公债的发行，避免公债对私人投资的“挤出效应”。

(4)控制货币供给量于一稳定的增长率上，以使通货膨胀率逐步降低，提高人们的实际收入，增加储蓄和投资。

(5)减少政府的一些不必要的规章制度，以促进投资并降低生产成本。

(6)减少政策的多变性，增强其长期性和稳定性，以减少由此而给经济带来的不确定性，增强消费者和投资者对未来的信心。

在上述主张中，减税是供给学派政策主张的核心，也是其最具特色的政策主张。稳定货币供给虽然对供给学派来说也十分重要，但这一主张却是货币学派早就提出并长期坚持的。

20 世纪 60 年代末，当美国国会中的供给学派议员提出其减税方案的时候，正值滞胀严重的时期。他们的主张被凯恩斯主义者斥责为"天方夜谭"。根据凯恩斯主义的传统理论，减税会增加人们的收入，从而增加总需求，这会在已经发生通货膨胀的情况下使通货膨胀更严重，减税会为通货膨胀火上浇油。但供给学派却争辩说，减税会增加人们的收入和公司利润，提高其投资的信心，而投资增加并不仅仅是短期内的总需求增加，其更重要的作用是增加资本存量，促进经济增长，一旦经济增长开始，一方面会降低失业率，另一方面又会增加总供给量，从而降低通货膨胀率。

凯恩斯主义者与供给学派争论的另一焦点是关于减税政策与财政赤字的关系问题。根据凯恩斯主义的传统观点，减税会造成财政赤字的进一步扩大。但是供给学派经济学家阿瑟·拉弗(Arther Laffer)却提出了完全相反的观点。他认为在税率较高的情况下，减税不但不会减少税收，反而会增加税收。如图 13.11 所示，纵轴为总税收额，横轴为税率。在税率为 0 时，总税收为 0。随着税率向大于 0 的方向提高，总税收开始增加。例如，税率由 0 提高到 20%，总税收由 0 增加到 500 亿美元。如果税率不断提高，总会出现一最佳税率，图中假定为 45%，使总税收达到最大(1000 亿美元)。如果税率超过其最佳值继续提高，如图中的 60%，总税收反而会减少到 850 亿美元。这是因为,收入中交税的比例过高,高收入就不如低收入合算,人们宁愿少工作,少得一些收入,使自己降到较低的纳税等级。这样,国民收入会下降,总税收额反而不如税率较低时大。如果税率提高到 100%,人们的收入要全部纳税,人们就不再工作了,不工作就没有收入,税收也就失去了来源,所以税率为 100%时税收额也为 0。图中表示税率与总税收关系的曲线称为拉弗曲线。拉弗认为,美国在 20 世纪 70 年代末的税率属于过高的,因此不必担心减税会造成赤字的进一步扩大。拉弗曲线所表明的关系并不是减税政策的主旨,减税的目的不是增加税收,而是推动经济增长和总供给增加,以使失业率和通货膨胀率同时下降。拉弗曲线的作用主要是消除人们对减税会扩大赤字的担心,为实施减税政策扫除障碍。

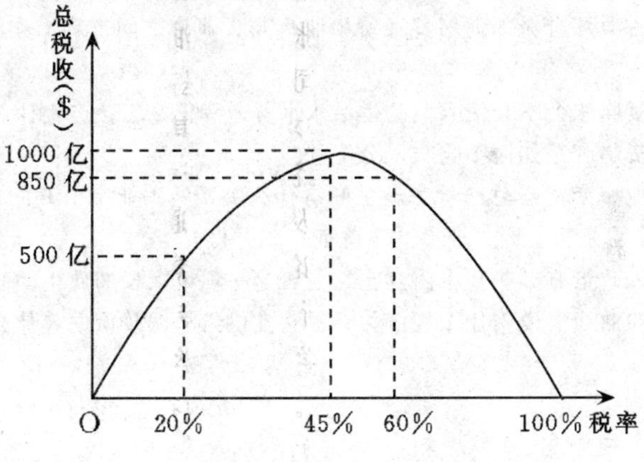

图 13.11 拉弗曲线

20 世纪 80 年代初,供给学派的主张在里根政府领导下的美国获得了部分成功,通货膨胀得到了抑制,经济开始增长,从而使美国摆脱了滞胀的局面。事实上,供给学派的政策并没有使政府开支减下来,但减税却使财政赤字大幅度上升,高赤字导致了政府公债的增加和利率持续维持在较高水平。这引起了国外资金在20世纪80年代中后期大量涌入美国，美元一度升值，并使其贸易逆差增加。这一切都为美国经济进入20世纪90年代后的衰退打下了基础。尽管事实并不像供给学派预想的那样好，但是，供给学派毕竟使经济学界和政府开始重新重视供给方面，并开始重视其政策的长期稳定性和经济增长的长期条件。

复习思考题

1. 解释下列概念：

通货膨胀、需求拉起的通货膨胀、成本推进的通货膨胀、结构性通货膨胀、滞胀

2. 菲利浦斯曲线反映什么关系？新古典综合派如何解释工资上涨率、失业率、通货膨胀率三者之间的关系？

3. 新古典综合派如何解释通货膨胀率与失业率之间螺旋形交替上升的机制？

4. 通货膨胀会不会使人们的生活水平普遍降低？它会产生什么危害？

5. 通货膨胀是如何影响收入分配的？

6. 失业率变动与总产量变动之间有什么关系？失业率上升的代价是怎样衡量的？它是否会因失业率的下降而得到补偿？

7. 收入政策有哪些基本内容？它是否是一项可以长期使用的政策？

8. 拉弗曲线要说明什么经济关系？它在供给学派政策中起什么作用？

再版跋

本书自1992年初版至今，已8年有余。在历时8年中，它为许多高校所采用。作为本科生的教科书或教学参考书，先后印刷9次，发行逾14万册。

现在这个再版本，除去将初版书中明显的差错和阐述不十分清楚的地方做了修正和改进之外，主要是根据我们自己的教学实践，听取一些师生们的修改意见和建议，并吸取最近中外出版的新教材中的新成果，从加强其理论性、实用性、准确性出发，进行了修订，以求其更臻完善。其主要改动有：

上册，微观经济学部分，原第8章第2节第3目“博弈论”，将其扩展为1章，即第9章“博弈论与寡头市场分析”，以对寡头市场做进一步的分析和探讨；原有关要素价格的第9章和第10章，将其合并为第10章，即“要素价格与使用量”；对原第11章有关一般均衡的数学分析加以简化了，增加了有关竞争性均衡与经济效率以及公平与效率关系的讨论；新增加了一章第12章“市场失灵与政府的作用”。另外，补充了两个附录，即附录Ⅰ数学注释，附录Ⅱ复习思考题中计算题答案要点。

下册，原第1章“古典宏观经济理论”改为“宏观经济学的产生与发展”，原“导言”的有关内容吸收到其中；第2、3、4章中的一些内容做了一些不大的改动；第5章增加了IS－LM模型的数学表达式；第6章删去了第五节“庇古效应”的内容，改为“工资粘性与总供给曲线”；将原来第9章综合财政政策的一部分内容分别放在第7章和第8章，第9章改为“宏观经济的行为基础”，增加了对消费函数和投资函数的深入讨论；第10章做了一些必要的改动；将“经济增长理论”放在第11章，其内容有较大篇幅的增加；原第14章删去，其中一些必要的内容，如理性预期学派的理论和主张已经在新增改的内容中有了更具体的体现。其他章节也都做了一些必要的修正和改动。

本书的上册、下册由魏埙教授负责总编纂。上册主要是由蔡继明教授负责修改,其中的第 9 章和第 12 章由北京大学光华管理学院博士生王勇撰写;下册主要由刘骏民教授和柳欣教授负责修改,张俊山副教授、刘澜飙副教授、姚国庆博士和陈英副教授参加了下册的修改和新内容的撰写工作。

本书再版中难免有不妥之处,恳请读者批评指正。

魏　埙

2000.12.